高等学校"十二五"规划教材·土木工程系列

公路工程概预算与工程量清单计价

主编 苑宝印 张明健

哈尔滨工业大学出版社

内 容 简 介

本书内容共 9 章,主要包括概述、公路工程施工图的识读、公路工程定额理论、公路工程工程量清单计量理论、公路工程费用的构成与计算、公路工程定额工程量计算及应用、公路工程工程量清单计量规则及应用、公路工程概预算的编制以及公路工程竣工结(决)算。

本书内容简练、层次清晰、图文并茂、实例丰富,适合公路工程相关专业大专院校师生参考使用,也可作为公路工程概预算、工程造价及项目管理工作人员的常备工具书。

图书在版编目(CIP)数据

公路工程概预算与工程量清单计价/苑宝印,张明健主编. —哈尔滨:哈尔滨工业大学出版社,2011.10(2020.7 重印)

高等学校"十二五"规划教材·土木工程系列

ISBN 978-7-5603-3389-2

Ⅰ.①公… Ⅱ.①苑…②张… Ⅲ.①道路工程-概算定额-高等学校-教材②道路工程-预算定额-高等学校-教材③道路工程-工程造价-高等学校-教材 Ⅳ.①U415.13

中国版本图书馆 CIP 数据核字(2011)第 181527 号

责任编辑	王桂芝 段余男
封面设计	刘长友
出版发行	哈尔滨工业大学出版社
社 址	哈尔滨市南岗区复华四道街 10 号 邮编 150006
传 真	0451-86414749
网 址	http://hitpress.hit.edu.cn
印 刷	哈尔滨久利印刷有限公司
开 本	787mm×1092mm 1/16 印张 20.25 字数 490 千字
版 次	2011 年 10 月第 1 版 2020 年 7 月第 5 次印刷
书 号	ISBN 978-7-5603-3389-2
定 价	45.00 元

(如因印装质量问题影响阅读,我社负责调换)

《公路工程概预算与工程量清单计价》

编写人员

主　编　苑宝印　张明健
参　编　（按姓氏笔画排序）

　　卜泰巍　王志力　王晓东　王　艳
　　刘云鲲　刘　奔　刘恩娜　吕万东
　　孙丽娜　余元超　张润骁　张　璐
　　李　娜　周建华　郭　健　陶红梅

前　言

随着我国交通事业的飞速发展,公路建设问题已成为众所瞩目的焦点。此前,我国交通部已于2007年10月公布了新编《公路工程基本建设项目概算预算编制办法》(JTG B06—2007)及与之配套执行的《公路工程概算定额》(JTG/T B06—01—2007)、《公路工程预算定额》(JTG/T B06—02—2007)、《公路工程机械台班费用定额》(JTG/T B06—03—2007),2009年又公布了《公路工程标准施工招标文件》(2009版)及《公路工程标准施工招标资格预审文件》(2009版)。由此可见,公路工程造价管理、概预算的编制以及工程量清单计价工作的重要性。

为了满足广大公路工程造价人员的学习要求,编者在充分了解和掌握公路工程最新规范的基础上,听取了现场工程技术人员的有关建议,本着实用、通俗、简练的原则,编写了本书。

本书的编写参阅和借鉴了多种文献资料,在此向有关作者表示衷心地感谢。

限于编者水平有限,书中不妥之处在所难免,恳请广大读者批评指正。

编　者

2011.09

目 录

第1章 概述 1
- 1.1 公路工程基本建设 1
  - 1.1.1 公路工程基本建设的概念 1
  - 1.1.2 公路工程基本建设的特点 1
  - 1.1.3 公路工程基本建设的内容 1
  - 1.1.4 公路工程基本建设的程序 2
- 1.2 公路工程项目的划分 5
  - 1.2.1 建设项目 5
  - 1.2.2 单项工程 5
  - 1.2.3 单位工程 6
  - 1.2.4 分部工程 6
  - 1.2.5 分项工程 6
- 1.3 公路工程造价计价的相关概念 6
  - 1.3.1 工程造价的概念 6
  - 1.3.2 工程造价计价的概念 7
  - 1.3.3 工程计价的基本方法与模式 8
  - 1.3.4 工程造价计价特点 9

第2章 公路工程施工图的识读 12
- 2.1 工程识图基础知识 12
  - 2.1.1 图纸幅面 12
  - 2.1.2 图线及比例 13
  - 2.1.3 尺寸标注 15
- 2.2 公路工程施工图常用图例 18
- 2.3 公路工程施工图识读方法及要求 23
  - 2.3.1 道路路线图的识读 23
  - 2.3.2 道路交叉图的识读 25
  - 2.3.3 桥涵工程图的识读 27
  - 2.3.4 隧道工程图的识读 28
  - 2.3.5 交通工程安全设施图的识读 29

第3章 公路工程定额理论 31
- 3.1 定额概述 31
  - 3.1.1 定额的概念 31

3.1.2　定额的作用 ………………………………………………………… 31
　　　3.1.3　定额的特点 ………………………………………………………… 31
　3.2　公路工程施工定额 …………………………………………………………… 33
　　　3.2.1　施工定额的概念 ……………………………………………………… 33
　　　3.2.2　劳动定额的编制 ……………………………………………………… 33
　　　3.2.3　材料消耗定额的编制 ………………………………………………… 35
　　　3.2.4　机械台班使用定额的编制 …………………………………………… 38
　3.3　公路工程概算定额 …………………………………………………………… 39
　　　3.3.1　概算定额的概念 ……………………………………………………… 39
　　　3.3.2　概算定额的组成 ……………………………………………………… 40
　　　3.3.3　概算定额的编制 ……………………………………………………… 42
　　　3.3.4　概算定额查用方法 …………………………………………………… 42
　3.4　公路工程预算定额 …………………………………………………………… 43
　　　3.4.1　预算定额的概念 ……………………………………………………… 43
　　　3.4.2　预算定额的内容 ……………………………………………………… 44
　　　3.4.3　预算定额的编制 ……………………………………………………… 44

第4章　公路工程工程量清单计量理论 …………………………………………… 46
　4.1　公路工程工程量清单 ………………………………………………………… 46
　　　4.1.1　工程量清单的概念 …………………………………………………… 46
　　　4.1.2　工程量清单的作用 …………………………………………………… 46
　　　4.1.3　公路工程工程量清单说明 …………………………………………… 47
　　　4.1.4　公路工程工程量清单格式 …………………………………………… 48
　4.2　公路工程工程量清单计量 …………………………………………………… 51
　　　4.2.1　公路工程工程量清单规则说明 ……………………………………… 51
　　　4.2.2　公路工程量清单计量规则总则 ……………………………………… 52

第5章　公路工程费用的构成与计算 ……………………………………………… 55
　5.1　公路工程费用构成与计算程序 ……………………………………………… 55
　　　5.1.1　公路工程费用构成 …………………………………………………… 55
　　　5.1.2　公路工程概、预算费用项目划分 …………………………………… 56
　　　5.1.3　公路工程建设各项费用的计算程序及计算方式 …………………… 72
　5.2　建筑安装工程费 ……………………………………………………………… 73
　　　5.2.1　直接费 ………………………………………………………………… 73
　　　5.2.2　间接费 ………………………………………………………………… 83
　　　5.2.3　利润 …………………………………………………………………… 86
　　　5.2.4　税金 …………………………………………………………………… 86
　5.3　设备及工具、器具购置费 …………………………………………………… 86
　　　5.3.1　设备购置费 …………………………………………………………… 86
　　　5.3.2　工具、器具及生产家具购置费 ……………………………………… 89
　　　5.3.3　办公和生活用家具购置费 …………………………………………… 89

5.4 工程建设其他费用 …… 89
5.4.1 土地征用及拆迁补偿费 …… 89
5.4.2 建设项目管理费 …… 90
5.4.3 研究试验费 …… 92
5.4.4 建设项目前期工作费 …… 92
5.4.5 专项评价(估)费 …… 93
5.4.6 施工机构迁移费 …… 93
5.4.7 供电贴费 …… 93
5.4.8 联合试运转费 …… 93
5.4.9 生产人员培训费 …… 94
5.4.10 固定资产投资方向调节税 …… 94
5.4.11 建设期贷款利息 …… 94

5.5 预备费 …… 94
5.5.1 价差预备费 …… 95
5.5.2 基本预备费 …… 95

5.6 回收金额 …… 96

第6章 公路工程定额工程量计算及应用 …… 97
6.1 公路工程定额项目划分 …… 97
6.1.1 公路工程概算定额项目划分 …… 97
6.1.2 公路工程预算定额项目划分 …… 97

6.2 路基工程定额工程量计算 …… 98
6.2.1 路基工程概算定额工程量计算 …… 98
6.2.2 路基工程预算定额工程量计算 …… 101
6.2.3 路基工程定额工程量计算应用实例 …… 103

6.3 路面工程定额工程量计算 …… 104
6.3.1 路面工程概算定额工程量计算 …… 104
6.3.2 路面工程预算定额工程量计算 …… 106
6.3.3 路面工程定额工程量计算应用实例 …… 108

6.4 隧道工程定额工程量计算 …… 109
6.4.1 隧道工程概算定额工程量计算 …… 109
6.4.2 隧道工程预算定额工程量计算 …… 111
6.4.3 隧道工程定额工程量计算应用实例 …… 114

6.5 桥涵工程定额工程量计算 …… 115
6.5.1 桥涵工程概算定额工程量计算 …… 115
6.5.2 桥涵工程预算定额工程量计算 …… 128
6.5.3 桥涵工程定额工程量计算应用实例 …… 141

6.6 防护工程定额工程量计算 …… 144
6.6.1 防护工程预算定额工程量计算 …… 144
6.6.2 防护工程定额工程量计算应用实例 …… 145

6.7 交通工程及沿线设施定额工程量计算 ·················· 146
6.7.1 交通工程及沿线设施概算定额工程量计算 ·················· 146
6.7.2 交通工程及沿线设施预算定额工程量计算 ·················· 150
6.7.3 交通工程及沿线设施定额工程量计算应用实例 ·················· 152
6.8 临时工程及其他定额工程量计算 ·················· 152
6.8.1 临时工程工程概算定额工程量计算 ·················· 152
6.8.2 临时工程及其他工程预算定额工程量计算 ·················· 153
6.8.3 临时工程定额工程量计算应用实例 ·················· 153

第7章 公路工程工程量清单计量规则及应用 ·················· 155
7.1 路基工程工程量计量 ·················· 155
7.1.1 路基工程细目 ·················· 155
7.1.2 路基工程工程量清单计量规则 ·················· 158
7.1.3 路基工程工程量计量方法 ·················· 171
7.1.4 路基工程工程量清单计量应用实例 ·················· 176
7.2 路面工程工程量计量 ·················· 178
7.2.1 路面工程细目 ·················· 178
7.2.2 路面工程工程量清单计量规则 ·················· 179
7.2.3 路面工程工程量计量方法 ·················· 184
7.2.4 路面工程工程量清单计量应用实例 ·················· 187
7.3 桥梁涵洞工程工程量计量 ·················· 190
7.3.1 桥梁涵洞工程细目 ·················· 190
7.3.2 桥梁涵洞工程工程量清单计量规则 ·················· 192
7.3.3 桥梁涵洞工程计量方法 ·················· 201
7.3.4 桥梁涵洞工程工程量清单计量应用实例 ·················· 206
7.4 隧道工程工程量计量 ·················· 207
7.4.1 隧道工程细目 ·················· 207
7.4.2 隧道工程工程量清单计量规则 ·················· 210
7.4.3 隧道工程计量方法 ·················· 221
7.4.4 隧道工程工程量清单计量应用实例 ·················· 224
7.5 安全设施及预埋管线工程工程量计量 ·················· 226
7.5.1 安全设施及预埋管线工程细目 ·················· 226
7.5.2 安全设施及预埋管线工程工程量清单计量规则 ·················· 228
7.5.3 安全设施及预埋管线工程计量方法 ·················· 232
7.5.4 安全设施及预埋管线工程工程量清单计量应用实例 ·················· 233
7.6 绿化及环境保护工程工程量计量 ·················· 235
7.6.1 绿化及环境保护工程细目 ·················· 235
7.6.2 绿化及环境保护工程工程量清单计量规则 ·················· 237
7.6.3 绿化及环境保护工程计量方法 ·················· 239
7.6.4 绿化及环境保护工程工程量清单计量应用实例 ·················· 240

- 7.7 房建工程工程量计量 ... 241
  - 7.7.1 房建工程细目 ... 241
  - 7.7.2 房建工程工程量清单计量规则 ... 246
  - 7.7.3 房建工程工程量清单计量应用实例 ... 271

第8章 公路工程概预算的编制 ... 272
- 8.1 公路工程概预算文件的组成 ... 272
  - 8.1.1 公路工程概预算的作用 ... 272
  - 8.1.2 公路工程概预算文件的组成 ... 272
- 8.2 公路工程概预算文件的编制 ... 282
  - 8.2.1 公路工程概算文件的编制 ... 282
  - 8.2.2 公路工程预算文件的编制 ... 283

第9章 公路工程竣工结(决)算 ... 285
- 9.1 公路工程竣工结算 ... 285
  - 9.1.1 竣工结算的概念 ... 285
  - 9.1.2 竣工结算的依据 ... 285
  - 9.1.3 竣工结算的程序 ... 285
  - 9.1.4 竣工结算的办理 ... 286
  - 9.1.5 竣工结算的审查 ... 287
- 9.2 公路工程竣工决算 ... 287
  - 9.2.1 工程竣工决算的概念 ... 287
  - 9.2.2 工程竣工决算的作用 ... 288
  - 9.2.3 工程竣工决算的内容 ... 288
  - 9.2.4 工程竣工决算的编制 ... 291
  - 9.2.5 工程竣工决算的审查 ... 292

附录1 全国冬季施工气温区划分表 ... 293

附录2 全国雨季施工雨量区及雨季期划分表 ... 297

附录3 全国风沙地区公路施工区划分表 ... 301

附录4 设备与材料的划分标准 ... 302

附录5 某公路工程工程量清单计价案例 ... 305

参考文献 ... 312

第1章 概　述

1.1 公路工程基本建设

1.1.1 公路工程基本建设的概念

基本建设,是固定资产的建筑、购置和安装,是国民经济各部门为扩大再生产而进行的增加固定资产的各种活动的总和。例如工厂、矿山、公路、铁路、港口、学校、医院等工程的建设,以及机具、车辆、各种设备等的购置和安装。

公路工程基本建设是新建、改建、扩建、重建的公路工程,是通过规划、勘察、施工以及有关的经济活动来实现。按项目性质分为新建、改建、扩建和重建,其中新建和改建是最主要的形式;按经济内容可分为生产性建设和非生产性建设(例如为国防需要所修建的专用公路);按项目建设总规模和总投资可分为大型、中型和小型项目,其划分标准国家有明文规定。

1.1.2 公路工程基本建设的特点

公路工程的施工不同于一般工业生产和其他土建工程的施工,公路工程基本建设具有以下特点:

1. 施工流动性大

公路工程的产品都是固定性的构造物,即固定于一定的地点不能移动。由于公路线长、点多,不仅施工面狭长,而且工程数量的分布也不均匀,所以,公路工程的施工流动性很大,要求各类工作人员和各种机械围绕这一固定产品在不同的时间和空间进行施工。工程所需的人工、材料、机械设备必须合理地调配,而且施工队伍要不断地向新的施工现场转移。

2. 施工周期长

公路工程是线型构造物。路基、路面、桥梁、涵洞、隧道等工程的体形庞大,又不可分割,加之工作面狭长,使得产品的生产周期较长,需较长时间地占用人力、物力资源,直到整个施工周期结束,才能出产品。

3. 施工管理工作量大

公路工程因技术等级所处的环境不同,其组成结构千差万别、复杂多样,不仅类型多、工序复杂,而且每项工程具有不同的要求、不同的施工条件,甚至要个别设计、个别施工。所以,公路工程的施工自始至终都要求设计、施工、材料、运输等各部门必须通力协作,密切配合,使施工的连续性不被破坏或中断,并有条不紊地把各工序组织起来,使人力、物力资源在时间、空间上得到最好的利用。

4. 受自然因素影响大

公路工程是裸露于自然界中的构造物,除承受行车作用外,还要受各种自然因素的影响,例如日光、雨水、冰胀等,这些气候条件对公路构造物的工程施工造成了一定的困难;并且在使用期间还要不断地进行维修和养护,才能保证公路工程构造物的正常使用。

1.1.3 公路工程基本建设的内容

为适应国民经济各部门生产、流通及人民生活水平发展的需要,必须通过新建、扩建和重建等三种基本建设形式来实现固定资产扩大再生产,达到不断扩大项目运行能力的目的。

公路建设是通过固定资产维护、固定资产更新和技术改造、基本建设三条途径来实现固定资产的简单再生产和扩大再生产。它们之间既有相同之点,又有区别之处。相同之点主要有:第一,它们都是我国固定资产再生产不可缺少的组成部分,都是社会主义现代化建设事业的重要手段;第二,都需要消耗一定数量的人力、财力和物力。区别之处主要有:第一,资金来源有所不同;第二,管理方式方法不同;第三,任务与分工不同。

公路建设固定资产再生产的管理方式是:公路小修保养由各部门内自行安排和管理;公路大中修工程由各部门提出计划报上级主管部门批准后,自行管理和安排;对于新建、改建、扩建、重建的工程项目一般由地方(省、市)政府主管部门下达任务,对其中列入基本建设投资的必须纳入全面统一的基本建设计划,一切基本建设活动必须按照国家规定和要求进行管理,一切基本建设资金活动必须通过中国人民建设银行进行拨款和监督以及办理结算。

公路工程基本建设活动的内容构成主要有三部分:
(1)建筑安装工程。
(2)设备、工具、器具的购置。
(3)其他基本建设工作,如设计、招标、征地、质检与监理等。

1.1.4 公路工程基本建设的程序

根据交通部2006年第6号令发布的《公路建设监督管理办法》,我国公路工程基本建设程序如图1.1所示。

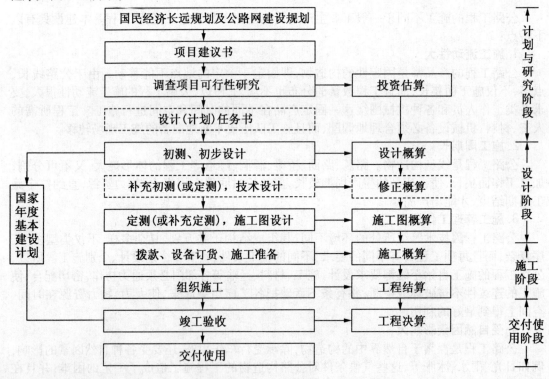

图1.1 公路工程基本建设程序

公路工程基本建设程序中各阶段的具体内容如下:

1. 项目建议书

根据发展国民经济的长远规划和公路网建设规划,提出项目建议书。项目建议书是进行各项准备工作的依据,对建设项目提出包括目标、要求、原料、资金来源等文字设想说明,作为进行可靠性研究的依据,项目建议书一般应包括以下几个方面内容:

(1)建设项目提出的必要性和依据。
(2)产品方案、拟建规模和建设地点的初步设想。
(3)资源情况、建设条件、协作关系等的初步分析。
(4)投资估算和资金筹措设想。
(5)经济效益和社会效益的估计。

2. 可行性研究

可行性研究是根据国民经济发展规划、路网规划和公路建设五年计划,通过踏勘和调查研究,提出项目的建设规模、技术标准并进行简要的经济效益分析,编制项目建议书。不同行业的建设项目,其可行性研究内容可以有不同的侧重点,但是一般要求具备以下基本内容:

(1)项目提出的背景和依据。
(2)建设规模、产品方案、市场预测和确定的依据。
(3)技术工艺、主要设备、建设标准。
(4)资源、原材料、燃料、动力、运输、供水等协作配合条件。
(5)建设地点、厂区布置方案、占地面积。
(6)项目设计方案、协作配套工程。
(7)环保、防震等要求。
(8)劳动定员和人员培训。
(9)投资估算和资金筹措方式。
(10)经济效益和社会效益。

3. 工程勘测

工程勘测是运用各种科学技术方法,为查明工程项目建设地形、地貌、土质、岩性、地质构造、水文等自然条件而进行的测量、测试、观察、勘探、鉴定和综合评价等工作,为设计和施工提供可靠的依据,一般分为初测和定测两个阶段。

(1)初测。初测是两阶段设计的第一阶段(初步设计阶段)的外业勘测工作。初测的目的是根据计划任务书确定的修建原则和路线基本走向,通过现场对所有价值方案的勘测,从中确定采用的路线,搜集编制初步设计文件的资料。初测的任务是要对路线方案作进一步的核查落实,并进行导线、高程、地形、桥涵、路线交叉和其他资料的测量、概预算资料等调查工作,进行纸上定线和有关的内业工作。

(2)定测。定测是施工图设计阶段的外业勘察和调查工作。其具体任务是:根据上级批准的初步设计,具体核实建筑方案,实地标定路线或放线,并进行详细测量和调查工作。

4. 设计文件

设计文件是对拟建工程在技术上和经济上的全面和详尽的安排,是安排建设项目、控制投资、编制招标文件、组织施工和竣工验收的依据。公路基本建设项目根据工程结构的复杂性和难易程度,一般采用分阶段设计。

(1)第一阶段设计。对于技术简单、施工方案明确、修建任务紧急的小型工程可直接做一阶段设计,即施工图设计。

(2)第二阶段设计。对于一般工程应采用两阶段设计,即初步设计和施工图设计。

初步设计应根据批准的可行性研究报告的要求和初测资料,拟订修建原则,制定设计方案,计算主要工程数量,编制设计概算及图表资料。

施工图设计是在批准的初步设计文件的基础上,对项目的设计方案、技术措施等做进一步的补充测定,使设计更加具体和深化,并最终确定工程数量、编制施工组织计划和施工图预算文件。

(3)第三阶段设计。对于技术复杂的工程应采用三阶段设计,即初步设计-技术设计-施工图设计。

初步设计是根据批准的可行性报告,拟定修建原则,制定设计方案,计算主要工程数量,编制初步设计文件和工程概算。

技术设计是根据批准的初步设计,对重大、复杂的技术问题做进一步的勘探和论证,解决初步设计中尚未解决的问题,落实技术方案,计算工程数量,提出修正的施工方案,编制修正概算。

施工图设计是根据批准的技术设计文件,对建设项目做更深入细致的设计。所以,施工图设计是最全面、最详尽的设计,也是工程项目的最终设计。

根据交通部的规定,设计文件必须由具有相应资质等级的公路勘察设计单位编制。当一个项目由两个或两个以上单位设计时,主管单位或委托单位应指定一个设计单位协调统一文件的编制,编写总说明和汇编总概(预)算。设计单位应对设计质量负责,并按规定不得任意更改。若必须更改,应按交通部现行的《公路工程基本建设管理办法》的规定办理。

5. 列入年度基本建设计划

当建设项目的初步设计和概算经上报批准后,才能列入国家基本建设年度计划。建设单位根据国家计委颁布的年度基本建设计划控制数字,按照批准的可行性研究报告和设计文件,编制本单位的年度基本建设计划,报经批准后,再编制物资、劳动、财务计划。这些计划分别经过主管机关审批平衡后,作为国家安排生产、物资分配、劳力调配和财政拨款(或贷款)的依据,并通过招投标或其他方式落实施工单位和工程监理单位。

6. 施工准备

为了保证施工的顺利进行,在施工准备阶段,建设单位、勘测设计单位和施工单位、建设银行应分别做好如下准备工作:

(1)建设单位。组织基建管理机构,办理登记及拆迁;做好施工沿线有关单位或部门的协调工作,抓紧配套工程项目的落实,组织分工范围内的技术资料、材料、设备的供应。

(2)勘测设计单位。按照技术资料供应协议,按时提供各种图纸资料,做好施工图纸的会审及交底工作。

(3)施工单位。组织机具、人员进场,进行施工测量,修筑便道及生产、生活等临时设施,组织材料、物资采购、加工、运输、供应及储备,做好施工图纸的接收工作,熟悉图纸的要求,编制实施性施工组织设计和施工预算,提出开工报告,按投资隶属关系报请提交基建主管部门核准。

(4)建设银行。会同建设、设计、施工单位做好图纸的会审,严格按计划要求进行财政拨款或贷款。

7. 组织施工

在建设年度计划批准后,即可组织施工。工程地质勘察、平整工地、旧有建筑物拆除、临时建筑、施工用水、电、路工程施工,不算正式开工。项目新开工时间,是设计文件中规定的任何一项永久性工程,第一次正式破土开槽开始施工的日期。

施工单位要遵照施工程序合理组织施工,施工过程中应严格按照设计要求和施工规范,确保工程质量,安全施工;推广应用新工艺、新技术,努力缩短工期,降低造价;同时应注意做好施工记录,建立技术档案。监理单位严格监理,建设单位搞好投资与质量控制。

8. 竣工验收

竣工验收是基本建设全过程的最后一个程序,也是一项十分严肃和细致的工作。施工单位应首先做好竣工验收工作,发现有不合设计要求和验收标准之处,要及时修竣;同时整理好各种原始记录,并分类整理成册,然后统制竣工说明书、竣工图表和竣工决算。

负责竣工验收的单位根据工程规模和技术复杂度,组成验收委员会或验收组。验收委员会或验收组应由银行、物资、环保、劳动、统计及其他有关部门的专家组成,建设、接管、勘察设计、监理、施工等单位参加验收工作。

竣工验收应按照国家建委"关于基本建设项目竣工验收暂行规定"和交通部颁布的"公路工程验收办法"的要求,认真负责地对全部基本建设工程的质量、数量、期限、建设规模、技术标准、使用条件等进行全面的审查。对建设单位和施工单位编报的固定资产移交清单、隐蔽工程验收单和竣工决算等都应进行仔细检查。特别是竣工决算,它是反映整个基本建设工作所消耗的全部国家建设资金的综合性文件,也是通过货币指标对全部基本建设工作的全面总结。

基建项目竣工验收合格后,应立即移交给生产部门正式使用,并迅速办理固定资产交付使用的转账手续,加强固定资产的管理,竣工决算应上报财政部门批准核销。

1.2 公路工程项目的划分

建设项目由许多部分组成,依次可以划分为:建设项目、单项工程、单位工程、分部工程和分项工程。

1.2.1 建设项目

建设项目又称基本建设项目,一般指符合国家总体建设规划,能独立发挥生产功能或满足生活需要,其项目建议书经批准立项和可行性研究报告经批准的建设任务。例如工业建设中一个工厂,一座矿山;民用建设中的一个居民区,一幢住宅,一所学校;交通基础设施中的一条公路,一座独立大、中型桥梁或一座隧道等均为一个建设项目。

1.2.2 单项工程

单项工程又称工程项目,它是建设项目的组成部分,是具有独立的设计文件,在竣工后能独立发挥设计规定的生产能力或效益的工程。例如在工业建设工程中企业的各生产车间、办公楼、食堂、住宅等;某学校的一座新建教学楼;某公路工程中独立合同段的路线、大桥、隧道等。工程项目划分的标准,由于工程专业性质的不同而不完全一样。

公路建设的单项工程一般指独立的桥梁工程、隧道工程,这些工程一般包括与已有公路的接线,建成后可以独立发挥交通功能。但是一条路线中的桥梁或隧道,在整个路线未修通前,并不能发挥交通功能,也就不能作为一个单项工程。

1.2.3 单位工程

单位工程是单项工程的组成部分,它是单项工程中可单独进行设计,可以独立组织施工,并可单独作为成本计算对象的部分。例如单项工程中的生产车间的厂房土建工程、机械设备安装工程等都是单位工程。

公路建设项目中,常把一条公路中一段路线作为一个单项工程,其中各个路段或同一合同段内的路基、路面、桥梁、隧道都可作为单位工程。

1.2.4 分部工程

分部工程是单位工程的组成部分,一般是按单位工程中的主要结构、主要部位来划分的。例如工业与民用建筑中将土建工程作为单位工程,而土石方工程、打桩工程、砌筑工程等则为分部工程。

在公路建设工程中,分部工程的确定是在工程项目界定的范围内,以工程部位、工程结构和施工工艺为依据,并考虑在工程建设实施过程中便于进行工程结算和经济核算。例如按工程部位划分为桥梁基础工程、桥梁上(下)部工程、路基工程、路面工程等,按工程结构和施工工艺划分为土石方工程、混凝土工程、砌筑工程等。

1.2.5 分项工程

分项工程是分部工程的组成部分,是根据分部工程划分的原则,再进一步将分部工程分成若干个分项工程。各种分项工程,每一单位消耗的活劳动和物化劳动都是不等的,因为分项工程是按照不同的施工方法、不同的工程部位、不同的材料、不同的质量要求和工作难易程度来划分的,所以它是概、预算定额的基本计量单位,故也称为工程定额子目或称工程细目。例如路基土石方分为松土、软石等各类土石成分,基础砌石分为片石、块石等;基础工程可划分为围堰、挖基、基础砌筑、回填等分项工程。有了表示活劳动和物化劳动的工程定额子目标准,就能根据设计资料确定建设工程造价的直接费和需要的人工、材料等数量。它与分部工程一样,是以 1 000 m^3 天然实体或 10 m^3 砌体等定额单位来表示的。

在实际工作中,有了这种分部、分项工程的划分标准,无论是进行定额资料的测定,制定概、预算定额中的人工、材料、机械使用台班等消耗标准,还是编制建筑安装工程造价等,就有了一个统一的尺度。这样就可实现建设工程造价管理工作的科学化和标准化,起到规范人们从事建设工程造价管理的行为,从而取得较好的经济效益和社会效益。

1.3 公路工程造价计价的相关概念

1.3.1 工程造价的概念

在与市场经济相适应的建设项目管理体制下,建设工程造价针对建设市场的需求主体和供给主体应有两种含义。

1. 工程造价是从项目筹建到竣工交付全过程发生的全部费用

这是工程造价的第一种含义。建设工程造价,一般是建设项目或单项工程造价,即该建设项目有计划地进行固定资产投资及形成相应无形资产和铺底流动资金的一次性费用总和;是从项目业主角度,为获得一项具有生产能力的固定资产所需的全部建设成本。根据我国现行的制度规定,包括建筑工程、安装工程、设备工(器)具购置、其他费用、预留费用,与建设项目总概算范围大体一致。从业主角度,投资一个项目,目的是获取未来收益,未来收益扣减初始固定资产投资、流动资产投资、项目运营期的经营成本和上缴各项税费,若有盈余,才值得投资,从经济上讲项目是可行的。投资高低成为影响项目未来经济效益的决定性因素,所以,作为业主,追求工程造价的降低成为其"天生的本能"。

公路工程造价是公路工程交通基建、养护项目从筹备到竣工验收交付使用所需的全部费用,即建筑安装工程费用、设备及工具(器具)购置费、工程建设其他费用和预留费用的总和。对于公路基本建设工程,还应包括固定资产投资方向调节税和建设期贷款利息等。

在后面章节中如无特殊说明,工程造价是第一种含义的造价。

2. 工程造价是工程交易价格或工程价格

这是工程造价的第二种含义。建设工程造价是指工程价格,即为建成一项工程,预计或实际在土地市场、设备市场、技术劳务市场,以及承包市场等交易活动中所形成的建筑安装工程的价格和建设工程总价格。强调的是在工程的建造过程中而形成的价格,与招(投)标阶段的标底、报价、合同价、结算价大体一致。

从建设工程市场交易的角度,反映不同层次的工程、设备或其他标的物的交易价格。最为典型的是公路的土建工程。工程交易价格包括的费用主要是工程施工成本、利润、税金等费用,与公路概、预算中的建筑安装工程费用相当。

既然是"价格",按照传统的经济理论,商品价格应围绕价值波动,而价值是由社会平均必要劳动量所决定。所以,反映行业或社会平均水平的施工图预算在过去很长的时期成为发包方和承包方之间进行价款结算的依据。但是价值取决于社会平均水平要有一个前提,就是买方与卖方的力量基本均衡。

在市场经济条件下,随着建设工程招标投标制的推行,改变了这种计价模式。由于建设市场是严重供过于求的买方市场,业主追求的是通过招标选择能保证工期和质量、报价最低或比较低的承包商,因而工程交易价格主要取决于竞争和供求关系的影响。所以,今后确定报价的思路不要过多依赖"标底",主要应取决于本企业的技术和管理水平。你要想中标,一是报价要较低,这样才有竞争力;二是报价要合理,主要应依据反映个别成本水平的企业定额和企业内部测算的综合取费的费率。

1.3.2 工程造价计价的概念

工程造价计价就是计算和确定建设工程项目的工程造价,简称工程计价,也称工程估价。其具体是指工程造价人员在项目实施的各个阶段,根据各个阶段的不同要求,遵循计价原则和程序,采用科学的计价方法,对投资项目最可能实现的合理价格做出科学的计算,从而确定投资项目的工程造价,编制工程造价的经济文件。

1.3.3 工程计价的基本方法与模式

1. 工程计价的基本方法

工程计价的形式和方法有多种,各不相同,但是工程计价的基本过程和原理是相同的。工程计价的基本方法是成本加利润,但是对于不同的计价主体,成本和利润的内涵是不同的。对于政府而言,成本反映的是社会平均水平,利润水平也是社会平均利润水平。对于业主而言,成本和利润则是考虑了建设工程的特点、建筑市场的竞争状况以及物价水平等因素确定的。业主的计价既反映了其投资期望,也反映了其在拟建项目上的质量目标和工期目标。对于承包商而言,成本则是其技术水平和管理水平的综合体现,承包商的成本属于个别成本,具有社会平均先进水平。

2. 工程计价的模式

影响工程造价的主要因素有基本构造要素的单位价格和基本构造要素的实物工程数量。在进行工程计价时,基本子项的工程实物量可以通过工程量计算规则和设计图纸计算得到,它可以直接反映工程项目的规模和内容;基本子项的单位价格有直接工程费单价及综合单价两种形式。

直接工程费单价是分部分项工程单位价格,它是一种仅仅考虑了人工、材料、机械资源要素的价格形式;综合单价是分部分项工程的单价,既包括直接费、间接费、利润和税金,也包括合同约定的所有工料价格变化等一切风险费用,它是一种完全价格形式。与这两种单价形式相对应的有两种计价模式,即定额计价模式和工程量清单计价模式。

(1) 定额计价模式。建设工程定额计价是我国长期以来在工程价格形成中采用的计价模式,又称工料单价法计价,是国家通过颁布统一的估价指标、概算定额、预算定额和相应的费用定额,对建筑产品价格有计划管理的一种方式。它又分为定额单价法和实物量法两种。定额单价法是在计价中以定额为依据,按定额规定的分部分项子目,逐项计算工程量,套用定额单价(或单位估价表)确定直接工程费;然后按规定取费标准确定构成工程价格的其他费用和利税,获得建筑安装工程造价。实物量法指按统一的(预算)工程量计算规则和预算定额确定分部分项工程的人工、材料、机械台班消耗量后,按照资源的市场价格计算出各分部分项工程的工料单价,以工料单价乘以工程量汇总得到直接工程费;再按照市场行情计算措施费、间接费、利润和税金等综合取费,汇总得到单位工程费用。公路工程概算、预算的编制采用的是定额计价模式中的实物量法编制方法。公路工程实物量法编制预算的基本流程,见式(1.1)、式(1.3)。

$$\begin{matrix}某分项工程\\直接工程费\end{matrix} = \sum_{i=1}^{N} \left[分项工程量_i \times \sum_{j=1}^{N} (完成单位分项工程工料机数量_{ij} \times 工料机单价_{ij}) \right] \quad (1.1)$$

$$其他工程费 = \sum_{i}^{N} (某分项工程直接工程费_i \times 工料机单价_{ij}) \quad (1.2)$$

$$某分项工程建安费 = 直接费 + 其他工程费和间接费 + 计划利润 + 税金 \quad (1.3)$$

长期以来,我国发(承)包计价以工程概、预算定额为主要依据。因为工程概、预算定额是我国几十年计价实践的总结,具有一定的科学性和实践性,所以用这种方法计算和确定工程造价过程简单、快速、准确,也有利于工程造价管理部门的管理。但是预算定额是按照计划经济的要求制定、发布、贯彻执行的,定额中工、料、机的消耗量是根据"社会平均水平"综合测定的,费用标准是根据不同地区平均测算的,所以企业采用这种模式报价时就会表现为平均主义,企业不能结合项目具体情况、自身技术优势、管理水平和材料采购渠道价格进行自主报价,不能充分调动企业加强管理的积极性,也不能充分体现市场公平竞争的基本原则。

(2)工程量清单计价模式。工程量清单计价模式,又称综合单价法。它是建设工程招(投)标中,按照国家统一的工程量清单计价规范,招标人或其委托的有资质的咨询机构编制反映工程实体消耗和措施消耗的工程量清单,并作为招标文件的一部分提供给投标人;由投标人依据工程量清单,根据各种渠道所获得的工程造价信息和经验数据,结合企业定额自主报价的计价方式。

对应于公路工程投标报价,投标人根据业主提供的有工程数量的工程量清单填报综合单价和合价。在我国的一般建设工程的工程量清单计价模式中,分部分项工程量清单计价表中的综合单价中仅包含人工费、材料费、机械费、管理费、利润和一般风险费,不含措施费、规费和税金,这三种费用另行计价。而公路工程量清单中工程细目表中的综合单价是全费用单价或完全价格,是指完成本计价工程细目所需的全部工程内容和费用内容的费用,包括完成该细目下所有工程内容所需的成本、利润、税金和一般风险费。以清单中所给的工程量与该综合单价相乘,得到"合价",见公式(1.4)。

$$投标价 = \sum_{i=1}^{N}(清单中某计价工程细目_i \times 某计价工程细目综合单价_i) +$$
$$单项包干项目总额价 + 计日工 + (不可预见费的)暂定金额 \quad (1.4)$$

结算时以"实际发生的经监理人签认的工程数量,与承包商所填报的综合单价进行计量与支付"。这些,体现了"单价合同"的特点。

所以,投标时工程量清单中的工程量作为暂定的估算数量,仅用于投标、评标的共同计算基础,不用于计量与支付;报价计算的核心工作是以清单中的计价工程细目为编制单元,借助《公路工程基本建设项目概算预算编制办法》(JTG B06—2007)中公路概、预算的基本表格,完成综合单价分析。

与定额计价模式相比,采用工程量清单计价,能够反映出承建企业的工程个别成本,有利于企业自主报价和公平竞争;同时,实行工程量清单计价,工程量清单作为招标文件和合同文件的重要组成部分,对于规范招标人计价行为,在技术上避免招标中弄虚作假和暗箱操作及保证工程款的支付结算都会起到重要作用。

由于工程量清单计价模式需要比较完善的企业定额体系以及较高的市场化环境,短期内难以全面铺开。所以,目前我国建设工程造价实行"双轨制"计价管理办法,即定额计价法和工程量清单计价法同时实行。工程量清单计价作为一种市场价格的形成机制,主要在工程招(投)标和结算阶段使用。

1.3.4 工程造价计价特点

建设工程的生产周期长、规模大、造价高,可变因素多,所以工程造价具有下列特点:

1. 单件计价

建设工程是按照特定使用者的专门用途,在指定地点逐个建造的。每项建筑工程为适应不同使用要求,其面积和体积、造型和结构、装修与设备的标准及数量都会有所不同,而且特定地点的气候、地质、水文、地形等自然条件及当地政治、经济、风俗习惯等因素,必然使建筑产品实物形态千差万别。再加上不同地区构成投资费用的各种价格要素(例如人工、材料)的差异,最终导致建设工程造价的千差万别。所以建设工程和建筑产品不可能像工业产品那样统一地成批定价,而只能根据它们各自所需的活劳动和物化劳动消耗量,按国家统一规定的一整套特殊程序来逐项计价,即单件计价。

2. 多次计价与动态计价

(1)多次计价。建设工程周期长,按建设程序要分阶段进行,相应地也要在不同阶段多次计价,以保证工程造价确定与控制的科学性。多次计价是一个逐步深化、逐步细化和逐步接近实际造价的过程,其过程如图1.2所示。

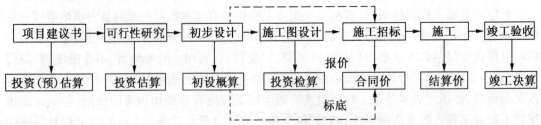

图1.2 建设程序与造价计价环节

1)投资估算。投资估算是在项目建议书和可行性研究阶段对拟建项目所需投资,通过编制估算文件预先测算和确定的过程。项目建议书阶段编制的初步投资估算或投资预估算,经有关部门批准后,即作为拟建项目进行投资计划和前期造价控制的工作依据。国家或交通运输部批复的可行性研究报告是建设项目规模和投资控制的依据,批准的投资估算是建设项目造价控制的法定限额。

2)概算造价。概算造价包括初步设计概算和技术设计修正概算。初步设计概算是在初步设计阶段,根据设计意图,通过编制工程概算文件预先测算和确定的工程造价。修正概算是在采用三阶段设计的技术设计阶段,根据技术设计的要求,通过编制修正概算文件,预先测算和确定的工程造价。它对初步设计概算进行修正调整,比概算造价准确,但是受概算造价控制。

概算或修正概算是初步设计文件或技术设计文件的重要组成部分。概算应控制在批准的建设项目可行性研究报告投资估算允许浮动幅度范围内。概算经批准后是基本建设项目投资最高限额,是编制建设项目计划、确定和控制建设项目投资的依据,是控制施工图设计和施工图预算的依据,是衡量设计方案经济合理性和选择最佳设计方案的依据,是考核建设项目投资效果的依据。以批准的初步设计进行施工招标的工程,其标底或造价控制值应在批准的总概算范围内。

3)预算造价。预算是施工图设计文件的重要组成部分,是设计阶段控制工程造价的主要指标。预算经审定后,是确定工程造价、编制或调整固定资产投资计划和考核工程成本的依据。预算应根据施工图设计的工程量和施工方法,按照规定的定额、取费标准、工资单价、材料设备预算价格依据现行《公路工程基本建设项目概算预算编制办法》(JTG B06—2007)在开工前编制并请审批。

以施工图设计进行施工招标的工程,经审定后的施工图预算,是编制标段清单预算、工程标底或造价控制值的依据,也是分析、考核施工企业投标报价合理性的参考。对不宜实行招标而采用施工图预算加调整价结算的工程,经审定后的施工图预算,可作为确定合同价款的基础或作为审查施工企业提出的施工预算的依据。

施工图预算是考核施工图设计经济合理性的依据。施工图设计应控制在批准的初步设计及其概算范围之内。若单位工程预算突破相应概算,应分析原因,对施工图设计中不合理部分进行修改,对其合理部分应在总概算投资范围内调整解决。

4) 合同价。合同价是在工程招(投)标阶段通过签订总承包合同、建筑安装工程承包合同、设备材料采购合同,以及技术和咨询服务合同确定的价格。合同价属于市场价格的性质,它是由承(发)包双方根据市场行情共同议定和认可的成交价格,但它并不等同于实际工程造价。现行有关规定的三种合同价形式是:固定合同价、可调合同价和工程成本加酬金合同价。

5) 结算价。结算价是在合同实施阶段,在工程结算时按合同调价范围和调价方法,对实际发生的工程量增减、设备和材料价差等进行调整后计算和确定的价格,结算价是该结算工程的实际价格。

6) 实际造价。实际造价是竣工决算阶段,通过为建设项目编制竣工决算,最终确定的实际工程造价。

以上说明,多次性计价是一个由粗到细、由浅入深、由概略到精确的计价过程,是一个复杂而重要的管理系统。

(2) 动态计价。一项工程从决策到竣工交付使用,有一个较长的建设周期,由于不可控因素的影响,在预计工期内,许多影响工程造价的动态因素,例如工程变更、设备材料价格、工资标准以及费率、利率、汇率的变化必然会影响到造价的变动。此外,计算工程造价还应考虑资金的时间价值。所以,工程造价在整个建设期中处于不确定状态,直至竣工决算后才能最终确定工程的实际造价。

静态投资是以某一基准年、月的建设要素的价格为依据所计算出的建设项目投资的瞬时值,但它会因工程量误差而引起工程造价的增减。静态投资包括建筑安装工程费,设备和工、器具购置费,工程建设其他费用,基本预备费。

动态投资是为完成一个工程项目的建设,预计投资需要量的总和。它除了包括静态投资所含内容之外,还包括建设期贷款利息、投资方向调节税、涨价预备金、新开征税费,以及汇率变动引起的造价调整。静态投资和动态投资虽然内容有所区别,但是二者有密切联系。动态投资包含静态投资,静态投资是动态投资最主要的组成部分,也是动态投资的计算基础。

3. 组合计价

一个建设项目可以分解为许多有内在联系的独立和不能独立的工程。从计价和工程管理的角度,分部分项工程还可以分解。建设项目的这种组合性决定了计价的过程是一个逐步组合的过程。这一特征在计算概算造价和预算造价时尤为明显,所以也反映到合同价和结算价。其计算过程和计算顺序是:分部分项工程单价→单位工程造价→单项工程造价→建设项目总造价。

4. 市场定价

工程建设产品作为交易对象,通过招(投)标、承(发)包或其他交易方式,在进行多次预估的基础上,最终由市场形成价格。交易对象可以是一个建设项目,可以是一个单项工程,也可以是整个建设工程的某个阶段或某个组成部分。常将这种市场交易中形成的价格称为工程承(发)包价格,承(发)包价格或合同价是工程造价的一种重要形式,是业主与承包商共同认可的价格。

第2章 公路工程施工图的识读

2.1 工程识图基础知识

2.1.1 图纸幅面

(1)图纸幅面及图框尺寸,应符合表2.1的规定。

表2.1 幅面及图框尺寸　　　　　　　　　　　　　　　　　　　　单位:mm

尺寸代号＼幅面代号	A0	A1	A2	A3	A4
$b \times l$	841×1 189	594×841	420×594	297×420	210×297
c	10			5	
a	25				

注:表内尺寸代号见图2.1。

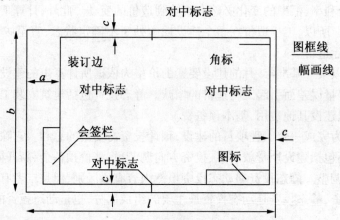

图2.1 封面格式

(2)需要微缩复制的图纸,其一个边上应附有一段准确米制尺度,四个边上均附有对中标志,米制尺度的总长应为100 mm,分格应为10 mm。对中标志应画在图纸各边长的中点处,线宽应为0.35 mm,伸入框内应为5 mm。

(3)图纸的短边一般不应加长,长边可加长,但是应符合表2.2的规定。

表2.2 图纸长边加长尺寸　　　　　　　　　　　　　　　　　　　　单位:mm

幅面尺寸	长边尺寸	长边加长后尺寸						
A0	1 189	1 486	1 635	1 783	1 932	2 080	2 230	2 378
A1	841	1 051	1 261	1 471	1 682	1 892	2 102	
A2	594	743	891	1 041	1 189	1 338	1 486	1 635
		1 783	1 932	2 080				
A3	420	630	841	1 051	1 261	1 471	1 682	1 892

注:有特殊需要的图纸,可采用 $b \times l$ 为 841 mm×891 mm 与 1 189 mm×1 261 mm 的幅面。

(4)图纸以短边作为垂直边称为横式,以短边作为水平边称为立式。一般 A0~A3 图纸宜横式使用;必要时,也可立式使用。

(5)一个工程设计中,每个专业所使用的图纸,一般不宜多于两种幅面,不含目录及表格所采用的 A4 幅面。

2.1.2 图线及比例

1. 图线

(1)图线宽度选取。图线的宽度 b,宜从下列线宽系列中选取:2.0、1.4、1.0、0.7、0.5、0.35(mm)。每个图样,应根据复杂程度与比例大小,先选定基本线宽 b,再选用表 2.3 中相应的线宽组。

表 2.3 线宽组   单位:mm

线宽比	线宽组					
b	2.0	1.4	1.0	0.7	0.5	0.35
$0.5b$	1.0	0.7	0.5	0.35	0.25	0.18
$0.25b$	0.5	0.35	0.25	0.18(0.2)	0.13(0.15)	0.13(0.15)

注:①需要微缩的图纸,不宜采用 0.18 mm 及更细的线宽。
②同一张图纸内,各不同线宽中的细线,可统一采用较细的线宽组的细线。
③表中括号内的数字为代用线宽。

(2)常见线型宽度及用途。工程建设制图常见线型宽度及用途见表 2.4。

表 2.4 工程建设制图常见线型宽度及用途

名称		线型	线宽	一般用途
实线	粗	———————	b	主要可见轮廓线
	中	———————	$0.5b$	可见轮廓线
	细	———————	$0.25b$	可见线、图例线
虚线	粗	- - - - - - -	b	见各有关专业制图标准
	中	- - - - - - -	$0.5b$	不可见线
	细	- - - - - - -	$0.25b$	不可见线、图例线
单点长画线	粗	—·—·—·—	b	见各有关专业制图标准
	中	—·—·—·—	$0.5b$	见各有关专业制图标准
	细	—·—·—·—	$0.25b$	中心线、对称线等
双点长画线	粗	—··—··—	b	见各有关专业制图标准
	中	—··—··—	$0.5b$	见各有关专业制图标准
	细	—··—··—	$0.25b$	假想线、成型前原始轮廓线
折断线		—∧—	$0.25b$	断开界线
波浪线		∼∼∼	$0.25b$	断开界线

(3)图框线、标题栏线。工程建设制图图纸的图框线和标题栏线,可采用表 2.5 的线宽。

表2.5　图框线、标题栏线的宽度　　　　　　　　　　　　单位:mm

幅面代号	图框线	标题栏外框线	标题栏分格线、会签栏线
A0、A1	1.4	0.7	0.35
A2、A3、A4	1.0	0.7	0.35

(4)总图制图图线。总图制图应根据图纸功能,按表2.6规定的线型选用。

表2.6　总图制图图线

名称		线型	线宽	一般用途
实线	粗	———	b	1. 新建建筑物±0.00高度的可见轮廓线 2. 新建的铁路、管线
	中	———	$0.5b$	1. 新建构筑物、道路、桥涵、边坡、围墙、露天堆场、运输设施、挡土墙的可见轮廓线 2. 场地、区域分界线、用地经线、建筑红线、尺寸起止符号、河道蓝线 3. 新建建筑物±0.00高度以外的可见轮廓线
	细	———	$0.25b$	1. 新建道路路肩、人行道、排沙沙沟、树丛、草地、花坛的可见轮廓线 2. 原有(包括保留和拟拆除的)建筑物、构筑物、铁路、道路、桥涵、围墙的可见轮廓线 3. 坐标网线、图例线、尺寸线、尺寸界线、引出线、索引符号等
虚线	粗	------	b	新建建筑物、构筑物的不可见轮廓线
	中	------	$0.5b$	1. 计划扩建建筑物、构筑物、预留地、铁路、道路、桥涵、围墙、运输设施、管线的轮廓线 2. 洪水淹没线
	细	------	$0.25b$	原有建筑物、构筑物、铁路、道路、桥涵、围墙的不可见轮廓线
单点长画线	粗	—·—	b	露天矿开采边界线
	中	—·—	$0.5b$	土方填挖区的零点线
	细	—·—	$0.25b$	分水线、中心线、对称线、定位轴线
粗双点长画线		—··—	b	地下开采区塌落界线
折断线		——〈——	$0.5b$	断开界线
波浪线		～～～	$0.5b$	断开界线

注:应根据图样中所表示的不同重点,确定不同的粗细线型。例如,绘制总平面图时,新建建筑物采用粗实线,其他部分采用中线和细线;绘制管线综合图或铁路图时,管线、铁路采用粗实线。

2. 比例

图样的比例应为图形与实物相对应的线性尺寸之比。

比例的符号为":",比例应以阿拉伯数字表示,例如1:5,1:10,1:100等。比例宜注写在图名的右侧,字的基准线应取平;比例的字高宜比图名的字高小一号或二号,如图2.2所示。

平面图 1:100　　⑥1:20

图2.2　比例的注写

(1)常用绘图比例。绘图所用的比例,应根据图样的用途与被绘对象的复杂程度选用,常用绘图比例见表2.7,并应优先用表中常用比例。

表2.7 常用绘图比例

常用比例	1:1,1:2,1:5,1:10,1:20,1:50,1:100,1:150,1:200,1:500,1:1 000,1:2 000,1:5 000,1:10 000,1:20 000,1:50 000,1:100 000,1:200 000
可用比例	1:3,1:4,1:6,1:15,1:25,1:30,1:40,1:80,1:250,1:300,1:400,1:600

(2)总图制图比例。总图制图采用的比例,宜符合表2.8的规定。

表2.8 总图制图比例

图 名	比 例
地理、交通位置图	1:25 000 ~ 1:200 000
总体规划、总体布置、区域位置图	1:2 000,1:5 000,1:10 000,1:25 000,1:50 000
总平面图、竖向布置图、管线综合图、土方图、排水图、铁路、道路平面图、绿化平面图	1:500,1:1 000,1:2 000
铁路、道路纵断面图	垂直:1:100,1:200,1:500 水平:1:1 000,1:2 000,1:5 000
铁路、道路横断面图	1:50,1:100,1:200
场地新面图	1:100,1:200,1:500,1:1 000
详图	1:1,1:2,1:5,1:10,1:20,1:50,1:100,1:200

2.1.3 尺寸标注

(1)尺寸应标注在视图醒目的位置。计量时,应以标注的尺寸数字为准,不得用量尺直接从图中量取。尺寸应由尺寸界线、尺寸线、尺寸起止符和尺寸数字组成。

(2)尺寸界线与尺寸线均应采用细实线。尺寸起止符宜采用单边箭头表示,箭头在尺寸界线的右边时,应标注在尺寸线之上;反之,应标注在尺寸线之下,箭头大小可按绘图比例取值。

尺寸起止符也可采用斜短线表示。把尺寸界线按顺时针转45°,作为斜短线的倾斜方向。在连续表示的小尺寸中,也可在尺寸界线同一水平的位置,用黑圆点表示尺寸起止符。尺寸数字宜标注在尺寸线上方中部。当标注位置不足时,可采用反向箭头。最外边的尺寸数字,可标注在尺寸界线外侧箭头的上方,中部相邻的尺寸数字可错开标注,如图2.3所示。

(3)尺寸界线的一端应靠近所标注的图形轮廓线,另一端宜超尺寸线1~3 mm。图形轮廓线、中心线也可作为尺寸界线。尺寸界线宜与被标注长度垂直;当标注困难时,也可不垂直,但尺寸界线应相互平行,如图2.4所示。

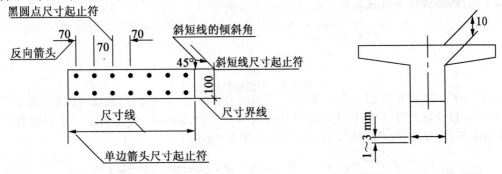

图2.3 尺寸要素的标注　　　　　图2.4 尺寸界线的标注

(4)尺寸线必须与被标注长度平行,不应超出尺寸界线,任何其他图线均不得作为尺寸线。在任何情况下,图线不得穿过尺寸数字。相互平行的尺寸线应从被标注的图形轮廓线由近向远排列,平行尺寸线间的间距为5~15 mm。分尺寸线应离轮廓线近,总尺寸线应离轮廓线远如图2.5所示。

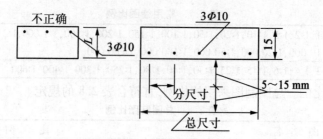

图 2.5 尺寸线的标注

(5)尺寸数字及文字书写方向应按图 2.6 标注。

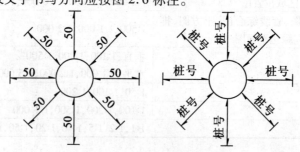

图 2.6 尺寸数字、文字的标注

(6)当用大样图表示较小且复杂的图形时,其放大范围应在原图中采用细实线绘制圆形或较规则的图形圈出,并用引出线标注,如图 2.7 所示。

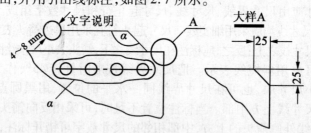

图 2.7 大样图范围的标注

(7)引出线的斜线与水平线应采用细实线,其交角 α 可按 90°、120°、135°、150°绘制。当视图需要文字说明时,可将文字说明标注在引出线的水平线上,如图 2.7 所示。当斜线在一条以上时,各斜线宜平行或交于一点,如图 2.8 所示。

图 2.8 引出线的标注

(8)半径与直径可按图 2.9(a)标注。当圆的直径较小时,半径与直径可按图 2.9(b)标注;当圆的直径较大时,半径尺寸的起点可不从圆心开始,如图 2.9(c)所示。半径和直径的尺寸数字前,应标注"$r(R)$"或"$d(D)$",如图 2.9(b)所示。

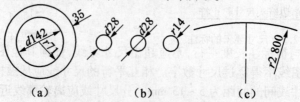

图 2.9 半径与直径的标注

(9)圆弧尺寸宜按图 2.10(a)标注,当弧长分为数段标注时,尺寸界线也可沿径向引出,如图 2.10(b)所示。弦长的尺寸界线应垂直该圆弧的弦,如图 2.10(c)所示。

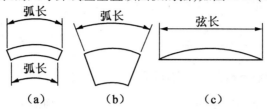

图 2.10 弧、弦的尺寸标注

(10)角度尺寸线应以圆弧表示。角的两边为尺寸界线,角度数字宜写在尺寸线上方中部。当角度太小时,可将尺寸线标注在角的两条边的外侧,角度数字宜按图 2.11 标注。

(11)尺寸的简化画法应符合下列规定:

1)连续排列的等长尺寸可采用"间距数乘间距尺寸"的形式标注,如图 2.12 所示。

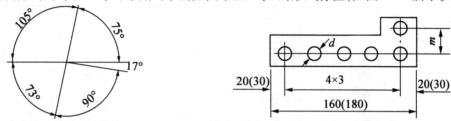

图 2.11 角度的标注　　　　　**图 2.12 相似图形的标注**

2)两个相似图形可仅绘制一个。未示出图形的尺寸数字可用括号表示。若有数个相似图形,尺寸数字各不相同时,可用字母表示,其尺寸数字应在图中适当位置列表示出,见表 2.9。

表 2.9 间距数乘间距尺寸

编号	尺寸	
	m	d
1	25	10
2	40	20
3	60	30

(12)倒角尺寸可按图 2.13(a)标注,当倒角为 45°时,也可按图 2.13(b)标注。

(13)标高符号应采用细实线绘制的等腰三角形表示。高为 2~3 mm,底角为 45°。顶角应指至被注的高度,顶高向上、向下均可。标高数字宜标注在三角形的右边。负标高应冠以"-"号,正标高(包括零标高)数字前不应冠以"+"号。当图形复杂时,也可采用引出线形式标注,如图 2.14 所示。

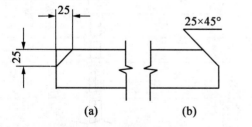　　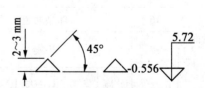

图 2.13 倒角的标注　　　　　**图 2.14 标高的标注**

(14)当坡度值较小时,坡度的标注宜用百分率表示,并应标注坡度符号。坡度符号应由细实线、单边箭头以及在其上标注的百分数组成。坡度符号的箭头应指向下坡。当坡度值较大时,坡度的标注宜用比例的形式表示,例如 1:n,如图 2.15 所示。

(15)水位符号应由数条上长下短的细实线及标高符号组成。细实线间的间距宜为 1 mm,如图 2.16 所示,其标高的标注应符合规定。

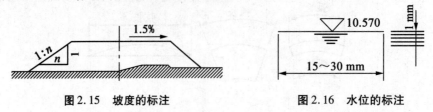

图 2.15　坡度的标注　　　　　图 2.16　水位的标注

2.2　公路工程施工图常用图例

公路工程施工图常用图例见表 2.10 ~ 2.12。

表 2.10　公路工程常用图例

项目	序号	名称		图例
平面	1	涵洞		
	2	通道		
	3	分离式立交	1. 主线上跨 2. 主线下穿	
	4	桥梁 (大、中桥按实际长度绘)		
	5	互通式立交 (按采用形式绘)		
	6	隧道		
	7	养护机构		
	8	管理机构		
	9	防护网		
	10	防护栏		
	11	隔离墩		
纵断面	12	箱涵		
	13	管涵		
	14	盖板涵		
	15	拱涵		
	16	箱型通道		
	17	桥梁		
	18	分离式立交	1. 主线上跨 2. 主线下穿	
	19	互通式立交	1. 主线上跨 2. 主线下穿	

续表 2.10

项目	序号	名　称	图　例
材料	20	细粒式沥青混凝土	
	21	中粒式沥青混凝土	
	22	粗粒式沥青混凝土	
	23	沥青碎石	
材料	24	沥青贯入碎砾石	
	25	沥青表面处置	
	26	水泥混凝土	
	27	钢筋混凝土	
	28	水泥稳定土	
	29	水泥稳定砂砾	
	30	水泥稳定碎砾石	
	31	石灰土	
	32	灰石粉煤灰	
	33	石灰粉煤灰土	
	34	石灰粉煤灰砂砾	
	35	石灰粉煤灰碎砾石	

续表 2.10

项目	序号	名称		图例
材料	36	泥结碎砾石		
	37	泥灰结碎砾石		
	38	级配碎砾石		
	39	填隙碎石		
	40	天然砂砾		
	41	干砌片石		
	42	浆砌片石		
	43	浆砌块石		
	44	木材	横	
			纵	
	45	金属		
	46	橡胶		
	47	自然土		
	48	夯实土		

表 2.11 公路工程平面设计图图例

图 例	名 称	图 例	名 称
(平算式雨水口图例)	平算式雨水口（单、双、多算）	(护坡图例)	护坡 边坡加固
(偏沟式雨水口图例)	偏沟式雨水口（单、双、多算）	(边沟过道图例)	边沟过道（长度超过规定时按实际长度绘）
(联合式雨水口图例)	联合式雨水口（单、双、多算）	(大、中、小桥图例)	大、中、小桥（大比例尺时绘双线）
$D_N××\ L=××m$	雨水支管	(涵洞一字洞口图例)	涵洞（一字洞口）
		(涵洞八字洞口图例)	涵洞（八字洞口） （需绘洞口具体做法及导流措施时宽度按实际宽度绘制）
(标柱图例)	标柱	(倒虹吸图例)	倒虹吸
(护栏图例)	护栏	(过水路面图例)	过水路面 混合式过水路面
(台阶、破碾、坡道图例)	台阶、破碾、坡道	(铁路道口图例)	铁路道口
(盲沟图例)	盲沟	(渡槽图例)	渡槽
(管道加固图例)	管道加固 按管道图例	(隧道图例)	隧道
(水簸箕、跌水图例)	水簸箕、跌水	(明洞图例)	明洞
(挡土墙、挡水墙图例)	挡土墙、挡水墙	(栈桥图例)	栈桥（大比例尺时绘双线）

续表2.11

图 例	名 称	图 例	名 称
	铁路立交(长、宽角按实际绘)		迁杆、伐树、迁移、升降雨水口、探井等
	边沟、排水沟及地区排水方向		迁坟、收井等(加粗)
	干浆砌片石(大面积)	d = 10 mm	整公里桩号
	拆房(拆除其他建筑物及刨除旧路面相同)		街道及公路立交按设计实际形状(绘制各部组成)参用有关图例

表2.12 路面结构材料断面图例

图例	名称	图例	名称	图例	名称
	单层式沥青表面处理		水泥混凝土		石灰土
	双层式沥青表面处理		加筋水泥混凝土		石灰焦渣土
	沥青砂黑色石屑(封面)		级配砾石		矿渣
	黑色石屑碎石		碎石、破碎砾石		级配砂石
	沥青碎石		粗砂		水泥稳定土或其他加固土
	沥青混凝土		焦渣		浆砌块石

2.3　公路工程施工图识读方法及要求

2.3.1　道路路线图的识读

1. 路线平面图识读

路线平面图中包含有大量信息,在读图时,应着重注意判读图中的以下数据:

(1)里程桩号。里程桩号的表示如下:"K"表示千米,K 后面的数字表示距路线起点的整千米数,例如 K88,表示该点距路线起点距离为 88 km;整千米桩后面的"+"号表示整千米加上某一距离,该距离单位为米,如 K88+688,表示该点距路线起点距离为 88 km+688 m;两个整千米桩之间标有百米桩,以数字 1,2,3,…,9 表示,表明至前一个整千米桩的距离,例如标示为 6 的百米桩,表明至前一个整千米桩的距离为 600 m。

(2)在公路路线平面图中常常存在断链情况的标注。例如,假定在图中交点 JD185 与 JD186 之间标有"K66+500=K64+350 断链 2 150 m 长"的桩点,该桩点称为断链桩;该桩点具有两个里程数,前一个里程数用于该桩点以前路线里程的计量,后一个里程数用于该桩点以后路线里程的计量。计量的有效范围为至前或至后一个断链桩点为止,若无前、后断链桩点存在,则顺延至路线起点或终点。

路线局部改线后,路线长度发生增减,计量路线长度的里程会发生变化,为了将里程数的变化范围限制在改线范围之内而设置断链桩;断链桩以前的里程按改线后的实测里程,而断链桩以后的里程仍按改线前的里程。

断链桩点位标注的两个里程数,当"="号前面的里程数大于后面的里程数时称为"长链";当"="号前面的里程数小于后面的里程数时称为"短链"。

(3)路线平面图中绘有等高线,沿等高线梯度方向标注的数字,例如 280,290,300 等,为该等高线的高程,标于 10 m 高差的等高线上。

(4)平面图的空余位置列有曲线表,表中的符号为汉语拼音字母,其含义可查设计文件常用符号表。在路线平面图中,主要符号有 JD(交点)、$\triangle$Z(左偏角,表示路线沿前进方向左偏的角度,$\triangle$ 即为新的路线前进方向与原来的路线前进方向的夹角)、$\triangle$Y(右偏角,表示路线沿前进方向右偏的角度,$\triangle$ 即为新的路线前进方向与原来的路线前进方向的夹角)、R(平曲线半径)、T(切线长)、L(曲线长)、E(外矢距)、ZY(直圆点——直线段与圆曲线的交点)、YZ(圆直点——圆曲线与直线段的交点)、ZH(直缓点——直线段与缓和曲线的交点)、HZ(缓直点——缓和曲线与直线段的交点)、HY(缓圆点——缓和曲线与圆曲线的交点)、YH(圆缓点——圆曲线与缓和曲线的交点)、QZ(曲线中点)、BM(水准点)等。

(5)图中还用相应的图示示出了桥梁、隧道、涵洞等构造物,请参阅有关图例。

(6)图中路线两侧地形、地物的判读,在具备基本的地形图的读图知识后就很容易读懂。

2. 路线纵断面图识读

路线纵断面图中包含有大量信息,在读图时,应注意判读以下数据:

(1)里程桩号。里程桩号栏系按图示比例标有里程桩位、百米桩位、变坡点桩位、平曲线和竖曲线各要素桩位以及各桩之间插入的整数桩位;一般施工图设计纵断面图中插入整数桩位后相邻桩的间距不大于 20 m;数据 K××,表示整千米数,如 K56 表示该处里程为 56 km;

100,200,…为百米桩,变坡点桩、曲线要素桩大多为非整数桩。

(2)地面高程、设计高程、填高挖深。纵坐标为高程,标出的范围以能表达出地面标高的起伏为度;将外业测量得到的各中线桩点原地面高程与里程桩号对应,把点绘在坐标系中,连接各点即得出地面线;将按设计纵坡计算出的各桩号设计高程与里程桩号对应,点绘于坐标系中,连接各点得出道路的设计线;并将地面高程和设计高程值列于与桩号对应的、图幅下方表中地面高程栏和设计高程栏;设计线在地面线以上的路段为填方路段,每一桩号的设计高程减地面高程之值即为填筑高度,即图幅下方表中的填(高)栏中之值;地面线在设计线以上的路段为挖方路段,每一桩号的地面高程减设计高程之值即为挖深值,在挖(深)栏中表示。在纵断面图中示出的填挖高度仅表示该处中线位置的填挖高度,填挖工程量还要结合横断面图才能进行计算。

(3)坡度、坡长。坡度、坡长栏中之值系纵坡设计(拉坡)的最终结果值,在纵坡设计中,通常将变坡点设置在直线段的整桩号上,故坡长一般为整数;在图幅下方表中的坡长、坡度栏中,沿路线前进方向向上倾斜的斜线段表示上坡,向下倾斜的斜线段表示下坡;在斜线段的上方示出的值是坡度值(百分数表示,下坡为负),斜线段下方示出的值为坡长值(单位为 m)。

(4)平曲线。平曲线栏中示出的是平曲线设置情况,沿路线前进方向向左(表示左偏)或向右(表示右偏)的台阶垂直短线仅次于曲线起点和终点,并用文字标出了该曲线的交点编号(如 JD119)、平曲线半径(例如 $R=1\ 200$)、曲线长(如 $L=190$)。

(5)土壤地质概况。图幅下方土壤地质概况栏中分段示出了道路沿线的土壤地质概况。

(6)竖曲线。在纵断面图上用两端带竖直短线的水平线表示竖曲线,竖直短线在水平线上方的表示凹竖曲线,竖直短线在水平线下方的表示凸竖曲线;竖直短线分别要与竖曲线起点和终点对齐,并标出 R(竖曲线半径)、T(竖曲线切线长)、E(竖曲线外距);在工程量计算中会涉及竖曲线的里程桩号、设计高程、地面高程。

(7)结构物。在纵断面图上用竖直线段标出了桥梁、涵洞的位置;在竖直线段左边标出了结构物的结构形式、跨(孔)径、跨(孔)数,例如"$6\sim30\ m$ 预应力混凝土 T 形梁桥",表示设置有 6 跨,每跨 30 m 的预应力混凝土 T 形梁桥;在竖直线段右边标出的,例如 K66+180,表示该结构物的中心桩号为 K66+180;有隧道时,标出了隧道的进、出口位置,里程桩号、隧道名称。

(8)长、短链。若路线存在长链或短链的情况,在纵断面图中的相应桩点也标出了长链、短链的数据。

3. 路线横断面图识读

(1)路基标准横断面图。通常,设计图中的路基标准横断面图上标注有各细部尺寸,例如行车宽度、路肩宽度、分隔带宽度、填方路堤边坡坡度、挖方路堑边坡坡度、台阶宽度、路基横坡坡度、设计高程位置、路中线位置、超高旋转轴位置、截水沟位置、公路界、公路用地范围等。标准横断面图中的数据仅表示该道路路基在通常情况下的横断面设计情况,在特定情况下,例如存在超高、加宽等时的路基横断面的有关数据应在路基横断面图中查找。

(2)路基横断面图。路基横断面图是按照路基设计表中的每一桩号和参数绘制出的横断面图。图中除表示出了该横断面的形状外,还标明了该横断面的里程桩号,中桩处的填(高)挖(深)值,填、挖面积,以中线为界的左、右路基宽度等数据。

(3)路面结构设计图的判读。在路面结构设计图的判读中,应重点读懂并弄清如下内容:

1)路面结构层的设置与层次划分。

2)每一结构层的组成。
3)各结构层的尺寸、用材(料)与施工技术、施工工艺要求。
4)工程量的计算规则、方法与计算结果及其与造价编制中对工程量计算要求的一致性。
在读图过程中,应将图、表结合起来阅读和理解。

2.3.2 道路交叉图的识读

1.互通式立体交叉设计图识读

(1)互通式立体交叉一览表及其阅读。在该表中表示出了全线互通式立体交叉的数量及设计的基本情况,表中包含的内容有全线各互通式立体交叉的名称、中心桩号、起讫桩号、地名、互通形式、交叉方式、被交叉公路名称及等级;表中分别按主线、匝道、被交叉公路列出了设计速度、最小平曲线半径、最大纵坡、全长,路面结构类型及厚度,跨线桥、匝道桥结构类型及数量(米/座)以及桥涵、通道等。

通过互通式立体交叉一览表的阅读,对全线互通式立体交叉的设置情况,各立交的基本设计参数、工程规模等有一个全面了解。

(2)互通式立体交叉设计图及其阅读。互通式立体交叉设计图包括以下内容:

1)互通式立体交叉平面图。该图类似于路线平面图,在图中绘出了被交叉公路、匝道、变速车道、跨线桥及交角,互通式立体交叉区综合排水系统等。

2)互通式立体交叉线位图。该图绘出了坐标网格并标注了坐标,示出了主线、被交叉公路及匝道(包括变速车道)中心线、桩号(千米桩、百米桩、平曲线主要桩位)、平曲线要素等,列出了交点、平曲线控制点坐标。

3)互通式立体交叉纵断面图。该图类似于路线纵断面图,在图中示出了主线、被交叉公路、匝道的纵断面。

4)匝道连接部设计图和匝道连接部标高数据图。匝道连接部设计图中示出了互通式立体交叉简图及连接部位置,绘有匝道与主线、匝道与被交叉道路、匝道与收费站、匝道与匝道等连接部分的设计图(包括中心线、行车道、路缘带、路肩、鼻端边线,未绘地形),并示出了桩号、各部尺寸、缘石平面图和断面图等。

匝道连接部标高数据图示出了互通式立体交叉简图及连接部位,绘出了连接细部平面(包括中心线、中央分隔带、路缘带、行车道、硬路肩、土路肩、鼻端边线,未绘地形),示出了各断面桩号、路拱横坡和断面中心线以及各部分宽度。

5)互通式立体交叉区内路基、路面及排水设计图表。该部分图表中有路基标准横断面图、路基横断面设计图、路面结构图、排水工程设计图、防护工程设计图等,并附有相应的表格。

6)主线及匝道跨线桥桥型布置图表。

7)主线及跨线桥结构设计图表。

8)通道设计图表、涵洞设计图表。

9)管线设计图。管线设计图中示出了管线的布置(包括平面位置、标高、形式、孔径等),检查井的布置、结构形式等。

10)附属设施设计图。在该部分设计图中示出了立体交叉范围内的其他各项工程,例如挡土墙、交通工程、沿线设施预理管道、阶梯、绿化等工程的位置、形式、结构、尺寸、采用的材料、工程数量等方面的内容。

11)互通式立体交叉设计图包含的图纸内容较多,既有道路方面的,也有桥涵结构方面的,还有防护、排水等方面的设计图。在读图时,要系统地阅读,要将各部分图纸的有机联系、相互之间的关系弄清楚,特别要注意核定其位置关系、构造关系、尺寸关系的正确性及施工方面的协调性、施工方法的可行性。

2. 分离式立体交叉设计图识读

(1)分离式立体交叉一览表及阅读。分离式立体交叉一览表中,给出了各分离式立体交叉的中心桩号及各被交叉公路名称及等级、交叉方式及与主线的交角、设计荷载、孔数与孔径、桥面净宽、桥梁总长度、上部构造、下部构造、被交叉公路改建长度、最大纵坡等。

通过该一览表的阅读,可以掌握本工程所含分离式立体交叉的数量、各分离式立体交叉的设计形式(上跨或下穿)、立交桥的桥梁结构形式及工程规模、被交叉公路的情况等方面内容。

(2)分离式立体交叉设计图及阅读。分离式立体交叉设计图册包括以下内容:

1)分离式立体交叉平面图。该图的范围包括桥梁两端的全部引道在内,图中示出了主线、被交叉公路或铁路、跨线桥及交角、里程桩号和平曲线要素,护栏、防护网、管道及排水设施位置等。

2)分离式立体交叉纵断面图。该图与路线纵断面图类似,有时该图与平面图一并绘制在一幅图面上。

3)被交叉公路横断面图和路基、路面设计图。该图示出了被交叉公路的标准横断面图、路基各横断面图、路面结构设计图等。

4)分离式立体交叉桥的桥型布置图。该图示出了分离式立体交叉桥的桥型布置,图中表示出了该设计桥梁的结构形式,桥的平面、纵断面(立面)、横断面,墩台设计情况、地质情况、里程桩号、设计高程,路线的平曲线、竖曲线设计要素等。

5)分离式立体交叉桥结构设计图。该图中示出了桥的上部结构、下部结构、基础等各部分结构的细部构造、尺寸、所用材料以及对施工方法、施工工艺方面的要求等。

6)其他构造物设计图。若被交叉公路内有挡土墙、涵洞、管线等其他构造物时,则需在该图中示出。

由于分离式立体交叉设计图包含的图册较多,涉及的工程内容包括道路、桥梁、涵洞、支挡结构等,所以,应系统地阅读,将各部分图纸之间的关系、相互之间的联系弄清楚,特别是与造价编制有关的,例如工程数量、所用材料及数量、施工方法、技术措施等。

3. 平面交叉工程设计图识读

(1)平面交叉工程数量表。在该表中列出了除交通工程及沿线设施以外的,在平面交叉区内(包括交叉区内主线)的所有工程量及材料数量等。

(2)平面交叉布置图。在该图中绘出了地形、地物、主线、被交叉公路或铁路、交通岛等;并注明了交叉点桩号及交角,水准点位置、编号及高程,管线及排水设施的位置等。

(3)平面交叉设计图。该图中示出了环形和渠化交叉的平面、纵断面和横断面及标高数据图等。

对该部分图表的阅读主要是结合平面交叉布置图和设计图核定其工程数量表中的数量。

4. 管线交叉工程设计图识读

(1)管线工程数量表。该表中列出了管线交叉桩号、地名、交叉方式、交角、被交叉的管线长度及管线类型、管线上跨或下穿、净空或埋深,以及工程数量、材料数量等。

(2)管线交叉设计图。管线交叉处如果设计有人工构造物的,应在该图中示出,包括其细部构造。

5. 人行天桥工程设计图识读

(1)人行天桥工程数量表。在该表中列出了除交通工程及沿线设施外的人行天桥的数量、每座天桥的工程量或材料数量。

(2)人行天桥设计图。人行天桥设计图与桥梁设计图类似,在该图中示出了人行天桥的结构形式,立面图、平面图、横断面图,各细部结构和尺寸、所用材料、高程等。

由于人行天桥结构通常比较简单,所以读懂该部分图表较容易,只需要对照设计图,核对人行天桥工程数量表中的数据即可。

6. 通道工程设计图识读

通道是专供行人通行的,从道路路面以下穿越的构造物。

(1)通道工程数量表。该表中列出了除交通工程及沿线设施以外的,通道范围内的所有工程数量或材料数量。

(2)通道设计图。通道设计图包括通道布置图和通道结构设计图。通道布置图中示出了全部引道在内的平面、纵断面、横断面、地质断面、地下水位等;通道结构设计图中示出了通道的结构形式、细部构造、尺寸、设计高程、地质情况、所用材料等,该图与小桥、涵洞结构设计图类似。

2.3.3 桥涵工程图的识读

1. 阅读设计说明

阅读设计图的总说明,以便弄清桥(涵)的设计依据、设计标准、技术指标、桥(涵)位置处的自然、地理、气候、水文、地质等情况;桥(涵)的总体布置,采用的结构形式,所用的材料,施工方法、施工工艺的特定要求等。

2. 阅读工程数量表

在特大、大桥及中桥的设计图纸中,列有工程数量表,在表中列有该桥的中心桩号、河流或桥名、交角、孔数和孔径、长度、结构类型、采用标准图时采用的标准图编号等,并分别按桥面系、上部、下部、基础列出材料用量或工程数量(包括交通工程及沿线设施通过桥梁的预埋件等)。

该表中的材料用量或工程量,结合有关设计图复核后,成为编制造价的依据。在该表的阅读中,应重点复核各结构部位工程数量的正确性、该工程量名称与有关设计图中名称的一致性。

3. 阅读桥位平面图

特大、大桥及复杂中桥有桥位平面图,在该图中示出了地形、桥梁位置、里程桩号、直线或平曲线要素,桥长、桥宽、墩台形式、位置和尺寸,锥坡、调治构造物布置等。通过该图的阅读,应对该桥有一个较深的总体概念。

4. 阅读桥型布置图

由于桥梁的结构形式很多,因此,通常要按照设计所取的结构形式,绘出桥型布置图。该图在一张图纸上绘有桥的立面(或纵断面)、平面、横断面;并在图中示出了河床断面、地质分界线、钻孔位置及编号、特征水位、冲刷深度、墩台高度及基础埋置深度、桥面纵坡以及各部尺寸和高程；弯桥或斜桥还示出桥轴线半径、水流方向和斜交角；特大、大桥图中的下部各栏中还列出里程桩号、设计高程、坡度、坡长、竖曲线要素、平曲线要素等。在桥型布置图的读图和熟悉过程中，要重点读懂和弄清桥梁的结构形式、组成、结构细部组成情况以及工程量的计算情况等。

5. 阅读桥梁细部结构设计图

在桥梁上部结构、下部结构、基础及桥面系等细部结构设计图中，详细绘制出了各细部结构的组成、构造并标示了尺寸等；若采用标准图来作为细部结构的设计图，则在图册中对其细部结构可能没有一一绘制，但是在桥型布置图中一定会注明标准图的名称及编号。在阅读和熟悉这部分图纸时，重点应读懂并弄清其结构的细部组成、构造、结构尺寸和工程量；并复核各相关图纸之间的细部组成、构造、结构尺寸和工程量的一致性。

6. 阅读调治构造物设计图

如果桥梁工程中布置有调治构造物，例如导流堤、护岸等构造物，则在其设计图册中应绘制平面布置图、立面图、横断面图等。在读图中应重点读懂并弄清调治构造物的布置情况、结构细部组成情况及工程量计算情况等。

7. 阅读小桥、涵洞设计图

小桥、涵洞的设计图册中，通常有布置图，结构设计图，小桥、涵洞工程数量表，过水路面设计图和工程数量表等。

在小桥布置图中，绘出了立面（或纵断面）、平面、横断面、河床断面，标明了水位、地质概况、各部尺寸、高程和里程等。

在涵洞布置图中，绘出了设计涵洞处原地面线及涵洞纵向布置，斜涵还绘制有平面和进出口的立面情况、地基土质情况、各部尺寸和高程等。

对结构设计图，采用标准图的，则可能未绘制结构设计图，但是在平面布置图中则注明有标准图的名称及编号；进行特殊设计的，则绘制有结构设计图；对交通工程及沿线设施所需要的预埋件、预留孔及位置等，在结构设计图中也应予以标明。

图册中应列有小桥或涵洞工程数量表，在表中列有小桥或涵洞的中心桩号、交角（若为斜交）、孔数和孔径、桥长和涵长、结构类型；涵洞的进出口形式，小桥的墩台、基础形式；工程及材料数量等。

对设计有过水路面的，在设计图册中则应有过水路面设计图和工程数量表。在过水路面设计图中，绘制有立面（或纵断面）、平面、横断面设计图；在工程数量表中，列有起讫桩号、长度、宽度、结构类型、说明、采用标准图编号、工程及材料数量等。

在对小桥、涵洞设计图进行阅读和理解的过程中，应重点读懂并熟悉小桥、涵洞的特定布置、结构细部、材料或工程数量、施工要求等。

2.3.4 隧道工程图的识读

1. 隧道（地质）平面图

隧道（地质）平面图中，绘（标）出了地形、地物、导线点、坐标网格、隧道平面位置、路线线形、路线里程；设 U 形回车场、错车道、爬坡车道的，在图中示出了其位置和长度；图中还示出了隧道洞口、洞身、斜井、竖井、避车洞及钻孔、物探测线位置及编号等；高速公路、一级公路的隧道（地质）平面图中还示出了人行横洞、车行横洞、紧急停车带的位置等。

2. 隧道(地质)纵断面图

隧道(地质)纵断面图中示出了地面线、钻孔柱状图、物探测线位置、岩脉、岩性及界面线,绘出了隧道进口位置及桩号、洞身、斜井、竖井、避车洞及消防等设施预留洞等;图的下部还示出了工程地质、水文地质、坡度及坡长、地面高程、设计高程、里程桩号、围岩类别、衬砌形式及长度等;高速公路、一级公路还示出了人行横洞、车行横洞、紧急电话洞室、电缆沟等在纵断面上的位置。

3. 隧道洞口、洞门设计图

隧道洞口、洞门设计图主要表明洞口、洞门的形状、结构形式、尺寸、所用材料和洞顶截、排水设施等的设置以及洞口与路堑的衔接情况。洞门的类型有端墙式、翼墙式、柱式、台阶式、环框式等形式。

4. 明洞设计图

洞顶覆盖层薄、不宜大开挖修建路堑又难于用暗挖法修建隧道的地段,路基或隧道洞口受不良地质、边坡坍方、岩堆、落石、泥石流等危害又不宜避开、清理的地段,铁路、公路、沟渠和其他人工构造物必须在该公路上方通过而又不宜采用隧道或立交桥涵跨越时,通常设计为明洞;当明洞作为整治滑坡的措施时,则按支挡工程设计,并应采取综合治理措施,以确保滑坡体稳定和明洞安全。明洞的结构形式有拱形明洞、棚式明洞、箱形明洞。

5. 隧道衬砌断面图

隧道衬砌断面图表明了隧道衬砌的类型、形式、结构尺寸和所用的材料。通常,隧道衬砌所使用的材料主要有混凝土、钢筋混凝土、锚杆与锚喷支护、石料、装配式材料等;在断面形式上主要有直墙式衬砌、曲墙式衬砌、圆形断面衬砌、矩形断面衬砌以及喷混凝土衬砌、锚喷衬砌和复合式衬砌等。此外,在该图中还示出了防水层、开挖与回填、电缆沟、路面结构、排水管沟的设置等。

6. 隧道附属设施设计图

隧道附属设施包括通风、照明、供电设施及运营管理设施,其设计图有入口设施设计图、安全信号设计图、紧急救援设计图、通风设施设计图、监视监控报警设计图、通信设施设计图、供电设计图、照明设计图、消防设计图等。

7. 洞内行车道路面设计图

洞内行车道路面通常采用水泥混凝土路面,也有采用沥青混凝土路面的。其水泥混凝土路面或沥青混凝土路面与道路工程的水泥混凝土路面、沥青混凝土路面结构层相同;但是在洞内采用水泥混凝土路面时,墙部设置有变形缝,路面等处也相应设置有变形缝;有的隧道在洞内路面结构层以下还设置有反拱。

2.3.5 交通工程安全设施图的识读

1. 交通工程安全设施图

平面布置图是在路线平面图上重点示出了安全、监控、收费、通信、服务等各类设施的布置位置、数量、形式等;横断面布置图则是在路基标准横断面图上示出了护栏、防眩板(网或树)、通信管道(电缆沟或槽)、标志、植树、隔离栅等的布置位置。对该类图的阅读和熟悉,重点在于掌握各种设施布置的位置、数量和形式。

2. 安全设施图

（1）安全设施一览表。在该表中,列出了安全设施的名称、编号、规格型号、布置位置、桩号、数量(或长度)等;在表中还汇总列出了各种安全设施的总数量。

（2）标志一览表。在标志一览表中,列出了标志名称、编号、布置位置、桩号、板面图式、尺寸及编号(图标编号)、反光要求、支撑结构形式、数量等。

（3）安全设施材料数量表。在该表中,按各种安全设施分别列出了序号、名称、规格型号、单位质量、材料数量等。该表中的数据是安全设施造价编制的重要依据,其数据应对照各设计图予以核定。

（4）护栏设计图。在该图中分别绘出了路侧护栏、中央分隔带护栏的结构设计图和护栏端部、过渡段、防撞垫、活动护栏、混凝土基础等设计图;并列出了单位材料数量表。

（5）防眩设计图。在该图中,示出了防眩设施的结构设计图和各部件设计图;并列出了单位材料数量表。

（6）隔离栅设计图。该图中绘出了隔离栅的结构图,斜坡路段、端部及拐角结构处理图,跨沟渠、通道、桥梁、互通式立体交叉等围封处理图和开口处大门设计图;并列出了单位材料数量表。

（7）桥上防护网设计图。在该图中绘出了桥上防护网的结构图和各部件设计图;并列出了单位材料数量表。

（8）混凝土护柱设计图与导流块设计图。若设置有混凝土护柱或车流的混凝土导流设施,则在该图中示出了混凝土护柱或混凝土导流块的结构、尺寸、所用材料、工程数量等。

（9）里程碑、百米桩、公路界碑设计图。在该图中示出了里程碑、百米桩、公路界碑的规格、尺寸、所用材料、数量等。

（10）标志结构设计图。在该图中,按不同类型分别绘出了结构设计图、连接件及锚固大样图、基础结构及配筋图、板面布置图等;并列出了单位材料数量表。

（11）标线设计图。在该图中分别绘出了标准路段标线设计大样图及出入口标线、导流标线、收费广场标线、平交路口渠化标线、车行道宽度渐变段标线、导向箭头、路面文字标记、立面标记、突起路标等的设计图;并列出了单位材料数量表。

（12）视线诱导标结构设计图。在该图中,示出了视线诱导标的结构组成、尺寸、所用材料等;并列出了单位材料数量表。

（13）安全设施布置图。在该图中绘出了各互通式立体交叉区域、服务区、收费广场以及公路交通条件比较复杂、安全设施相对集中路段的布置图。

在该部分图表的阅读和熟悉中,应读懂和弄清设施的布置情况、结构组成情况、所用材料、施工方法、工程量或材料数量等与造价编制有关的技术、经济方面的内容和指标,要对照工程数量表和结构图阅读和理解。

第 3 章　公路工程定额理论

3.1　定额概述

3.1.1　定额的概念

定额是在正常的施工生产条件下,完成单位合格产品所必需的人工、材料、施工机械设备及资金消耗的数量标准。不同的产品有不同的质量要求,所以,不能把定额看成是单纯的数量关系,而应看成是质和量的统一体。考查个别的生产过程中的因素不能形成定额,只有从考查总体生产过程中的各生产因素,归结出社会平均必需的数量标准,才能形成定额。同时,定额反映一定时期的社会生产力水平。

3.1.2　定额的作用

1. 定额是编制计划的基础

工程建设活动需要编制各种计划来组织与指导生产,而计划编制中又需要各种定额来作为计算人力、物力、财力等资源需要量的依据,定额是编制计划的重要基础。

2. 定额是确定工程造价的依据和评价设计方案经济合理性的尺度

工程造价是根据由设计规定的工程规模、工程数量及相应需要的劳动力、材料、机械设备消耗量及其他必须消耗的资金确定的。其中,劳动力、材料、机械设备的消耗量又是根据定额计算出来的,定额是确定工程造价的依据。同时,建设项目投资的大小又反映了各种不同设计方案技术经济水平的高低。所以,定额又是比较和评价设计方案经济合理性的尺度。

3. 定额是组织和管理施工的工具

建筑企业要计算、平衡资源需要量,组织材料供应,调配劳动力,签发任务单,组织劳动竞赛,调动人的积极因素,考核工程消耗和劳动生产率,贯彻按劳分配工资制度,计算工人报酬等,都要利用定额。所以,从组织施工和管理生产的角度来说,企业定额又是建筑企业组织和管理施工的工具。

4. 定额是总结先进生产方法的手段

定额是在平均先进的条件下,通过对生产流程的观察、分析、综合等过程制定的,它可以最严格地反映出生产技术和劳动组织的先进合理程度。所以,我们就可以以定额方法为手段,对同一产品在同一操作条件下的不同的生产方法进行观察、分析和总结,从而得到一套比较完整的、优良的生产方法,作为生产中推广的范例。

3.1.3　定额的特点

1. 权威性

工程建设定额具有很大权威,这种权威在一些情况下具有经济法规性质。权威性反映统一的意志和要求,也反映信誉和信赖程度以及反映定额的严肃性。

工程建设定额的权威性的客观基础是定额的科学性。只有科学的定额才具有权威,但是在社会主义市场经济条件下,它必然涉及各有关方面的经济和利益关系。赋予工程建设定额以一定的权威性,就意味着在规定的范围内,对于定额的使用者和执行者来说,不论主观上愿意不愿意,都必须按定额的规定执行。在当前市场不规范的情况下,赋予工程建设定额以权威性是十分重要的。但是在竞争机制引入工程建设的情况下,定额的水平必然会受市场供求状况的影响,从而在执行中可能产生定额水平的浮动。

应该指出的是,在社会主义市场经济条件下,对定额的权威性不应该绝对化。定额毕竟是主观对客观的反映,定额的科学性会受到人们认识的局限。与此相关,定额的权威性也就会受到削弱核心的挑战。更为重要的是,随着投资体制的改革和投资主体多元化格局的形成,随着企业经营机制的转换,它们都可以根据市场的变化和自身的情况,自主的调整自己的决策行为。所以在这里,一些与经营决策有关的工程建设定额的权威性特征就弱化了。

2. 科学性

工程建设定额的科学性首先表现在定额是在认真研究客观规律的基础上,自觉地遵守客观规律的要求,实事求是地制定。所以,它能正确地反映单位产品生产所必需的劳动量,从而以最少的劳动消耗而取得最大的经济效果,促进劳动生产率的不断提高。

定额的科学性还表现在制定定额所采用的方法上,通过不断吸收现代科学技术的新成就,不断完善,形成一套严密的确定定额水平的科学方法。这些方法不仅在实践中已经行之有效,而且还有利于研究建筑产品生产过程中的工时利用情况,从中找出影响劳动消耗的各种主客观因素,设计出合理的施工组织方案,挖掘生产潜力,提高企业管理水平,减少以至杜绝生产中的浪费现象,促进生产的不断发展。

3. 统一性

工程建设定额的统一性,主要是由国家对经济发展的有计划的宏观调控职能决定的。为了使国民经济按照既定的目标发展,就需要借助于某些标准、定额、参数等,对工程建设进行规划、组织、调节、控制。而这些标准、定额、参数必须在一定的范围内是一种统一的尺度,才能实现上述职能,才能利用它对项目的决策、设计方案、投标报价、成本控制进行比选和评价。

工程建设定额的统一性按照其影响力和执行范围来看,有全国统一定额、地区统一定额和行业统一定额等;按照定额的制定、颁布和贯彻使用来看,有统一的程序、统一的原则、统一的要求和统一的用途。

在生产资料私有制的条件下,定额的统一性是很难想像的,充其量也只是工程量计算规则的统一和信息提供。我国工程建设定额的统一性和工程建设本身的巨大投入和巨大产出有关。它对国民经济的影响不仅表现在投资的总规模和全部建设项目的投资效益等方面,而且往往还表现在具体建设项目的投资数额及其投资效益方面,因而需要借助统一的工程建设定额进行社会监督。这一点和工业生产、农业生产中的工时定额、原材料定额也是不同的。

4. 稳定性与时效性

工程建设定额中的任何一种都是一定时期技术发展和管理水平的反映,因而在一段时间内都表现出稳定的状态。稳定的时间有长有短,一般为5~10年。保持定额的稳定性是维护定额的权威性所必需的,更是有效的贯彻定额所必要的。若某种定额处于经常修改变动之中,那么必然造成执行中的困难和混乱,使人们感到没有必要去认真对待它,很容易导致定额权威性的丧失。工程建设定额的不稳定也会给定额的编制工作带来极大的困难。

但是工程建设定额的稳定性是相对的。当生产力向前发展了,定额就会与已经发展了的生产力不相适应。因而,它原有的作用就会逐步减弱以至消失,需要重新编制或修订。

5. 系统性

工程建设定额是相对独立的系统。它是由多种定额结合而成的有机的整体,它的结构复杂,有鲜明的层次,有明确的目标。

工程建设定额的系统性是由工程建设的特点决定的。按照系统论的观点,工程建设就是庞大的实体系统。工程建设定额是为这个实体系统服务的。因而工程建设本身的多种类、多层次就决定了以它为服务对象的工程建设定额的多种类、多层次。从整个国民经济来看,进行固定资产生产和再生产的工程建设,是个有多项工程集合体的整体。其中包括农林水利、轻纺、机械、煤炭、电力、石油、冶金、化工、建材工业、交通运输、邮电工程,以及商业物资、科学教育文化、卫生体育、社会福利和住宅工程等。这些工程的建设都有严格的项目划分,例如建设项目、单项工程、单位工程、分部分项工程;在计划和实施过程中有严密的逻辑阶段,例如规划、可行性研究、设计、施工、竣工交付使用,以及投入使用后的维修。与此相适应必然形成工程建设定额的多种类、多层次。

3.2 公路工程施工定额

3.2.1 施工定额的概念

施工定额是以同一性质的施工过程或工序为测定对象,确定工人在正常施工条件下,为完成单位合格产品所需劳动、机械、材料消耗的数量标准。公路工程施工定额是施工企业直接用于公路工程施工管理的一种定额。施工定额由劳动定额、材料消耗定额和机械台班定额组成,是最基本的定额。

3.2.2 劳动定额的编制

1. 分析基础资料,拟定编制方案

(1)影响工时消耗因素的确定。

1)技术因素:完成产品的类别,材料、构配件的种类和型号等级,机械和机具的种类、型号和尺寸以及产品质量等。

2)组织因素:操作方法和施工的管理与组织,工作地点的组织,人员组成和分工,工资与奖励制度,原材料和构配件的质量及供应的组织以及气候条件等。

(2)计时观察资料的整理。对每次计时观察的资料进行整理之后,要对整个施工过程的观察资料进行系统地分析研究和整理。

整理观察资料的方法大多是采用平均修正法。平均修正法是一种在对测时数列进行修正的基础上求出平均值的方法。修正测时数列,就是剔除或修正那些偏高、偏低的可疑数值,目的是保证不受那些偶然性因素的影响。

当测时数列受到产品数量的影响时,采用加权平均值则是比较适当的。因为采用加权平均值可在计算单位产品工时消耗时,考虑到每次观察中产品数量变化的影响,从而使我们也能获得可靠的值。

(3)日常积累资料的整理和分析。日常积累的资料主要有四类:第一类是现行定额的执行情况及存在问题的资料;第二类是企业和现场补充定额资料,例如因现行定额漏项而编制的补充定额资料,因解决采用新技术、新结构、新材料和新机械而产生的定额缺项所编制的补充定额资料;第三类是已采用的新工艺和新的操作方法的资料;第四类是现行的施工技术规范、操作规程、安全规程和质量标准等。

(4)拟定定额的编制方案。编制方案包括以下内容:

1)提出对拟编定额的定额水平总的设想。

2)拟定定额分章、分节、分项的目录。

3)选择产品和人工、材料、机械的计量单位。

4)设计定额表格的形式和内容。

2. 确定正常的施工条件

(1)拟定工作地点的组织。工作地点是工人施工活动的场所。拟定工作地点时,要特别注意使工人在操作时不受妨碍,所使用的工具和材料应按使用顺序放置于工人最便于取用的地方,以减少疲劳和提高工作效率,工作地点应保持清洁和秩序井然。

(2)拟定工作组成。拟定工作组成就是将工作过程按照劳动分工的可能划分为若干工序,以达到合理使用技术工人的目的。可以采用两种基本方法:一种是把工作过程中简单的工序划分给技术熟练程度较低的工人去完成;另一种是分出若干个技术熟练程度较低的工人,去帮助技术熟练程度较高的工人工作。采用后一种方法就把个人完成的工作过程变成小组完成的工作过程。

(3)拟定施工人员编制。拟定施工人员编制即确定小组人数、技术工人的配备,以及劳动的分工和协作。原则是使每个工人都能充分发挥作用,均衡地担负工作。

3. 确定劳动定额消耗量的方法

时间定额是在拟定基本工作时间、辅助工作时间、不可避免的中断时间、准备与结束的工作时间,以及休息时间的基础上制定的。

(1)拟定基本工作时间。基本工作时间在必须消耗的工作时间中占的比重最大。在确定基本工作时间时,必须细致、精确。基本工作时间消耗一般应根据计时观察资料来确定。其做法是:首先确定工作过程每一组成部分的工时消耗;其次,再综合出工作过程的工时消耗。若组成部分的产品计量单位和工作过程的产品计量单位不符,就需先求出不同计量单位的换算系数,进行产品计量单位的换算;然后再相加,求得工作过程的工时消耗。

(2)拟定辅助工作时间和准备与结束工作时间。辅助工作时间和准备与结束工作时间的确定方法与基本工作时间相同,但是,若这两项工作时间在整个工作班工作时间消耗中所占比重不超过5%~6%,则可归纳为一项,以工作过程的计量单位表示,确定出工作过程的工时消耗。

若在计时观察时不能取得足够的资料,也可采用工时规范或经验数据来确定。若具有现行的工时规范,就可以直接利用工时规范中规定的辅助和准备与结束工作时间的百分比来计算。例如,根据工时规范规定各个工程的辅助和准备与结束工作、不可避免中断、休息时间等项,在工作日或作业时间中各占的百分比。

(3)拟定不可避免的中断时间。在确定不可避免中断时间的定额时,必须注意只有由工艺特点所引起的不可避免中断才可列入工作过程的时间定额。

不可避免中断时间也需要根据测时资料通过整理分析获得,也可以根据经验数据或工时规范,以占工作日的百分比表示此项工时消耗的时间定额。

(4)拟定休息时间。休息时间应根据工作班作息制度、经验资料、计时观察资料,以及对工作的疲劳程度作全面分析来确定。同时,应考虑尽可能地利用不可避免的中断时间作为休息时间。

从事不同工种、不同工作的工人,疲劳程度有很大差别。为了合理确定休息时间,往往要对从事各种工作的工人进行观察、测定,以及进行生理和心理方面的测试,以便确定其疲劳程度。国内外往往按工作轻重和工作条件好坏,将各种工作划分为不同的级别。例如我国某地区工时规范将体力劳动分为六类:最沉重、沉重、较重、中等、较轻、轻便。

划分出疲劳程度的等级,就可以合理规定休息需要的时间。在上面引用的规范中,按六个等级其休息时间见表3.1。

表3.1 休息时间占工作日的比重

疲劳程度	轻便	较轻	中等	较重	沉重	最沉重
等级	1	2	3	4	5	6
占工作日比重/%	4.16	6.25	8.33	11.45	16.7	22.9

(5)拟定定额时间。确定的基本工作时间、辅助工作时间、准备与结束工作时间、不可避免中断时间和休息时间之和,就是劳动定额的时间定额。根据时间定额可计算出产量定额,时间定额和产量定额互成倒数。

利用工时规范,可以计算劳动定额的时间定额,其计算公式为

$$作业时间 = 基本工作时间 + 辅助工作时间 \tag{3.1}$$

$$规范时间 = 准备与结束工作时间 + 不可避免的中断时间 + 休息时间 \tag{3.2}$$

$$工序作业时间 = 基本工作时间 + 辅助工作时间 =$$
$$基本工作时间/[1 - 辅助时间(\%)] \tag{3.3}$$

$$定额时间 = 作业时间/[1 - 规范时间(\%)] \tag{3.4}$$

3.2.3 材料消耗定额的编制

1. 材料消耗定额的制定方法

材料消耗定额必须在充分研究材料消耗规律的基础上制定。科学的材料消耗定额应当是材料消耗规律的正确反映。材料消耗定额是通过施工生产过程中对材料消耗进行观测、试验以及根据技术资料的统计与计算等方法制定的。

(1)观测法。观测法也称现场测定法,是在合理使用材料的条件下,在施工现场按一定程序对完成合格产品的材料耗用量进行测定,通过分析、整理,最后得出一定的施工过程中单位产品的材料消耗定额。

利用现场测定法主要是为了编制材料损耗定额,也可以提供编制材料净用量定额的数据。其优点是能通过现场观察、测定,取得产品产量和材料消耗的情况,为编制材料定额提供技术根据。

观测法的首要任务是选择典型的工程项目,其施工技术、组织及产品质量,均要符合技术

规范的要求；材料的品种、型号、质量也应符合设计要求；产品检验合格，操作工人能合理使用材料和保证产品质量。

在观测前要充分做好准备工作，例如选用标准的运输工具和衡量工具，采取减少材料损耗的措施等。

观测的结果，要取得材料消耗的数量和产品数量的数据资料。

观测法是在现场实际施工中进行的。观测法的优点是真实可靠，能发现一些问题，也能消除一部分消耗材料不合理的浪费因素。但是，用这种方法制定材料消耗定额，由于受到一定的生产技术条件和观测人员的水平等限制，仍然不能把所有消耗材料不合理的因素都揭露出来。同时，也有可能把生产和管理工作中的某些与消耗材料有关的缺点保存下来。

对观测取得的数据资料要进行分析研究，区分哪些是合理的，哪些是不合理的，哪些是不可避免的，以制定出在一般情况下可以达到的材料消耗定额。

(2) 试验法。试验法是在材料试验室中进行试验和测定数据。例如，以各种原材料为变量因素，求得不同强度等级混凝土的配合比，从而计算出每立方米混凝土的各种材料耗用量。

利用试验法，主要是编制材料净用量定额。通过试验，能够对材料的结构、化学成分和物理性能以及按强度等级控制的混凝土、砂浆配合比作出科学的结论，为编制材料消耗定额提供有技术根据的、比较精确的计算数据。但是，试验法不能取得在施工现场实际条件下由于各种客观因素对材料耗用量影响的实际数据，这是该法的不足之处。

试验室试验必须符合国家有关标准规范，计量要使用标准容器和称量设备，质量要符合施工与验收规范要求，以保证获得可靠的定额编制依据。

(3) 统计法。统计法是通过对现场进料、用料的大量统计资料进行分析计算，获得材料消耗的数据。这种方法由于不能分清材料消耗的性质，所以不能作为确定材料净用量定额和材料损耗定额的精确依据。

对积累的各分部分项工程结算的产品所耗用材料的统计分析，是根据各分部分项工程拨付材料数量、剩余材料数量及总共完成的产品数量来进行计算。

采用统计法，必须要保证统计和测算的耗用材料和相应产品一致。在施工现场中的某些材料，往往难以区分用在各个不同部位上的准确数量。所以，要有意识地加以区分，才能得到有效的统计数据。

用统计法制定材料消耗定额一般采取两种方法：

1) 经验估算法。经验估算法是指以有关人员的经验或以往同类产品的材料实耗统计资料为依据，在通过研究分析并考虑有关影响因素的基础上制定材料消耗定额的方法。

2) 统计法。统计法是对某一确定的单位工程拨付一定的材料，待工程完工后，根据已完产品数量和领、退材料的数量，进行统计和计算的一种方法。这种方法的优点是不需要专门人员测定和实验。由统计得到的定额有一定的参考价值，但其准确程度较差，应对其分析研究后才能采用。

(4) 理论计算法。理论计算法是根据施工图，运用一定的数学公式，直接计算材料耗用量。计算法只能计算出单位产品的材料净用量，材料的损耗量仍要在现场通过实测取得。采用这种方法必须对工程结构、图纸要求、材料特性和规格、施工及验收规范、施工方法等先进行了解和研究。计算法适宜于不易产生损耗且容易确定废料的材料,例如木材、钢材、砖瓦、预制构件等材料。因为这些材料根据施工图纸和技术资料从理论上都可以计算出来,不可避免的损耗也有一定的规律可找。

理论计算法是材料消耗定额制定方法中比较先进的方法。但是,用这种方法制定材料消耗定额,要求掌握一定的技术资料和各方面的知识,以及有较丰富的现场施工经验。

2. 周转性材料消耗量的计算

在编制材料消耗定额时,某些工序定额、单项定额和综合定额中涉及周转性材料的确定和计算,例如劳动定额中的架子工程、模板工程等。

周转性材料在施工过程中不属通常的一次性消耗材料,而是可多次周转使用,经过修理、补充才逐渐消耗尽的材料。例如,模板、钢板桩、脚手架等,实际上它也可作为一种施工工具和措施。在编制材料消耗定额时,应按多次使用、分次摊销的办法确定。

周转性材料消耗的定额量是每使用一次摊销的数量,其计算必须考虑一次使用量、周转使用量、回收量和摊销量之间的关系。

(1)一次使用量。一次使用量是周转性材料一次使用的基本量,即一次投入量。周转性材料的一次使用量根据施工图计算,其用量与各分部分项工程部位、施工工艺和施工方法有关。

(2)周转使用量。周转使用量是周转性材料在周转使用和补损的条件下,每周转一次的平均需用量,根据一定的周转次数和每次周转使用的损耗量等因素确定。

1)周转次数是周转性材料从第一次使用起可重复使用的次数,它与不同的周转性材料、使用的工程部位、施工方法及操作技术有关。正确规定周转次数,对准确计算用料,加强周转性材料管理和经济核算有重要作用。

为了使周转材料的周转次数确定接近合理,应根据工程类型和使用条件,采用各种测定手段进行实地观察,结合有关的原始记录、经验数据加以综合取定。影响周转次数的主要因素有以下几方面:

①材质及功能对周转次数的影响,例如金属制的周转材料比木制的周转次数多10倍,甚至百倍。

②使用条件的好坏对周转材料使用次数的影响。

③施工速度的快慢对周转材料使用次数的影响。

④对周转材料的保管、保养和维修的好坏,也对周转材料使用次数有影响等。

确定出最佳的周转次数,是十分不容易的。

2)损耗量是周转性材料使用一次后由于损坏而需补损的数量,故在周转性材料中又称"补损量",按一次使用量的百分数计算,该百分数即为损耗率。

(3)周转回收量。周转回收量是周转性材料在周转使用后除去损耗部分后的剩余数量,即尚可以回收的数量。

(4)周转性材料的摊销量。周转性材料摊销量是完成一定计量单位的产品,一次消耗周转性材料的数量。其计算公式为

$$材料的摊销量 = 一次使用量 \times 摊销系数 \tag{3.5}$$

$$一次使用量 = 材料的净用量 \times (1 - 材料的损耗率) \quad (3.6)$$

$$摊销系数 = \frac{周转使用系数 - [(1 - 损耗率) \times 回收价值率]}{周转次数} \times 100\% \quad (3.7)$$

$$周转使用系数 = \frac{(周转次数 - 1) \times 损耗率}{周转次数} \times 100\% \quad (3.8)$$

$$回收价值率 = \frac{一次使用量 \times (1 - 损耗率)}{周转次数} \times 100\% \quad (3.9)$$

3.2.4 机械台班使用定额的编制

1. 确定正常的施工条件

拟定机械工作正常条件,主要是指拟定工作地点的合理组织和合理的工人编制。

工作地点的合理组织,就是对施工地点机械和材料的放置位置、工人从事操作的场所,作出科学合理的平面布置和空间安排。它要求施工机械和操纵机械的工人应在最小范围内移动,但是又不阻碍机械运转和工人操作;应使机械的开关和操纵装置尽可能集中地装置在操纵工人的近旁,以节省工作时间和减轻劳动强度;应最大限度发挥机械的效能,减少工人的手工操作。

拟定合理的工人编制,是根据施工机械的性能和设计能力,工人的专业分工和劳动工效,合理确定出操纵机械的工人和直接参加机械化施工过程的工人的编制人数。

拟定合理的工人编制,应要求保持机械的正常生产率和工人正常的劳动工效。

2. 确定机械 1 h 纯工作正常生产率

确定机械正常生产率时,必须首先确定出机械纯工作 1 h 的正常生产率。

机械纯工作时间是机械的必须消耗时间。机械 1 h 纯工作正常生产率,是在正常施工组织条件下,具有必需的知识和技能的技术工人操纵机械 1 h 的生产率。

根据机械工作特点的不同,机械 1 h 纯工作正常生产率的确定方法,也有所不同。对于循环动作机械,确定机械纯工作 1 h 正常生产率的计算公式如下:

$$机械一次循环的正常延续时间 = \sum (循环各组成部分正常延续时间) - 交叠时间 \quad (3.10)$$

$$机械纯工作 1 h 循环次数 = \frac{60 \times 60(s)}{一次循环的正常延续时间} \quad (3.11)$$

$$机械纯工作 1 h 正常生产率 = 机械纯工作 1 h 正常循环次数 \times 一次循环生产的产品数量 \quad (3.12)$$

从公式中可以看到,计算循环动作机械纯工作 1 h 正常生产率的步骤是:根据现场观察资料和机械说明书确定各循环组成部分的延续时间;将各循环组成部分的延续时间相加,减去各组成部分之间的交叠时间,求出循环过程的正常延续时间;计算机械纯工作 1 h 的正常循环次数;计算循环动作机械纯工作 1 h 的正常生产率。

对于连续动作机械,确定机械纯工作 1 h 的正常生产率要根据机械的类型和结构特征,以及工作过程的特点来进行。计算公式如下:

$$连续动作机械纯工作1\text{ h}正常生产率 = \frac{工作时间内生产的产品数量}{工作时间(\text{h})} \qquad (3.13)$$

工作时间内的产品数量和工作时间的消耗,要通过多次现场观察和机械说明书来取得数据。对于同一机械进行作业属于不同的工作过程,例如挖掘机所挖土壤的类别不同,碎石机所破碎的石块硬度和粒径不同,均需分别确定其纯工作1 h 的正常生产率。

3. 确定施工机械的正常利用系数

确定施工机械的正常利用系数,是机械在工作班内对工作时间的利用率。机械的利用系数和机械在工作班内的工作状况有着密切的关系。所以,要确定机械的正常利用系数,首先要拟定出机械工作班的正常工作状况,保证合理利用工时。

确定机械正常利用系数,要计算工作班正常状况下准备与结束工作,机械启动、机械维护等工作所必须消耗的时间,以及机械有效工作的开始与结束时间。从而进一步计算出机械在工作班内的纯工作时间和机械正常利用系数。机械正常利用系数的计算公式如下:

$$机械正常利用系数 = \frac{机械在一个工作班内纯工作时间}{一个工作班延续时间(8\text{ h})} \qquad (3.14)$$

4. 计算施工机械台班定额

计算施工机械台班定额是编制机械定额工作的最后一步。在确定了机械工作正常条件、机械1 h 纯工作正常生产率和机械正常利用系数之后,采用下列公式计算施工机械的产量定额:

$$施工机械台班产量定额 = 机械1\text{ h}纯工作正常生产率 \times 工作班纯工作时间 \qquad (3.15)$$

或

$$施工机械台班产量定额 = 机械1\text{ h}纯工作正常生产率 \times 工作班延续时间 \times$$
$$机械正常利用系数 \qquad (3.16)$$

$$施工机械时间定额 = \frac{1}{机械台班产量定额指标} \qquad (3.17)$$

3.3 公路工程概算定额

3.3.1 概算定额的概念

概算定额是生产一定计量单位的经扩大的建设工程结构构件或分部分项工程所需要的人工、材料和机械台班的消耗数量及费用的标准。概算定额是在预算定额的基础上,根据有代表性的工程通用图和标准图等资料,进行综合、扩大和合并而成。所以,工程概算定额也称为"扩大结构定额"。

《公路工程概算定额》是全国公路专业统一定额,它是编制初步设计概算、修正概算的依据,也是编制建设项目投资估算指标的基础,适用于公路基本建设新建、改建工程。《公路工程概算定额》是按照合理的施工组织和正常的资源消耗量标准,根据国家现行的公路工程施工技术及验收规范、质量评定标准及安全操作规程取定的,即在正常条件下,反映了大多数设计、生产及施工管理水平。

3.3.2 概算定额的组成

现行的《公路工程概算定额》(以下简称《概算定额》)和《公路工程预算定额》(以下简称《预算定额》)组成部分主要有以下几方面：

1. 定额的颁发文件

定额的颁发文件是刊印在《概算定额》前部,由政府主管部门(交通部)颁发的关于定额执行日期、定额性质、适用范围及负责解释的部门等的法令性文件。

2. 总说明

总说明综合阐述定额的编制原则、指导思想、编制依据和适用范围,以及涉及定额使用方面的全面性的规定和解释,是各章说明的总纲,具有统管全局的作用。

3. 目录

目录位于总说明之后,简明扼要地反映定额的全部内容及相应的页号,对查用定额起索引作用。

4. 章(节)说明

《概算定额》共有路基工程、路面工程、隧道工程、涵洞工程、桥梁工程、交通工程及沿线设施、临时工程7章。《预算定额》共有路基工程、路面工程、隧道工程、桥涵工程、防护工程、交通工程及沿线设施、临时工程材料采集及加工、材料运输等9章。每章都有章说明和节说明,它是正确引用定额的基础。

5. 定额表

定额表是各类定额的主要组成部分,是定额各指标数额的具体体现。《概算定额》和《预算定额》的表格形式基本相同,其主要内容如下：

(1)表号及定额表名称。定额是由大量的定额表组成的,每张定额表都有自己的表号和表名。例如《概算定额》57页表,见表3.2所示。表上方"1-2-3"为表号,其含意是第1章第2节第3个表。"混凝土边沟、排(截)水沟、急流槽"是定额表的名称。

表3.2　1-2-3 混凝土边沟、排(截)水沟、急流槽　　　单位:10 m³

工程内容 1)挖基及回填;2)铺垫层;3)现浇、预制混凝土的全部工序;4)拌运砂浆;5)安砌混凝土块;6)泄水管及伸缩缝的设置。

顺序号	项目	单位	代号	边沟 混凝土 预制块	边沟 现浇混凝土	排(截)水沟 混凝土 预制块	水沟盖板 混凝土 预制块	急流槽 混凝土 预制块	急流槽 现浇混凝土
				1	2	3	4	5	6
1	人工	工日	1	64.1	55.7	62.1	63.2	72.7	59.0
2	C20 水泥混凝土	m³	18	(10.20)	(10.20)	(10.20)	(10.20)	(10.20)	(10.20)
3	光圆钢筋	t	111	—	—	—	0.071	—	—
4	带肋钢筋	t	112	—	—	—	0.544	0.154	—
5	钢模板	t	271	0.046	—	0.036	0.021	0.095	—
6	组合钢模板	t	272	—	0.026	—	—	—	0.020

续表 3.2

顺序号	项目	单位	代号	边沟		排(截)水沟	水沟盖板	急流槽	
				混凝土预制块	现浇混凝土	混凝土预制块	混凝土预制块	混凝土预制块	现浇混凝土
				1	2	3	4	5	6
7	铁件	kg	651	—	7.8	—	—	—	6.1
8	20~22号铁丝	kg	656	—	—	—	6.8	—	—
9	32.5级水泥	t	832	3.351	3.213	3.320	3.332	3.391	3.213
10	石油沥青	t	851	0.013	0.013	0.013	—	—	—
11	水	m³	866	29	12	29	26	29	12
12	中(粗)砂	m³	899	5.47	5.00	5.42	5.41	5.61	5.00
13	砂砾	m³	902	6.41	6.41	6.41	—	3.41	3.41
14	碎石(2 cm)	m³	951	8.36	8.36	8.28	8.36	8.36	8.36
15	其他材料费	元	996	30.7	16.2	30.4	29.8	57.3	15.3
16	250 L以内混凝土搅拌机	台班	1 272	0.38	0.39	0.38	0.38	0.38	0.39
17	小型机具使用费基价	元	1 998	8.0	—	8.0	12.4	8.0	—
18	基价	元	1 999	5 627	5 019	5 451	7 305	6 771	4 997

注:本定额水沟盖板的钢筋含量按 0.6 t/10 m 计算,如设计钢筋含量与定额不同,可按设计数量抽换定额中的钢筋消耗量。

(2)工程内容。工程内容位于定额表的左上方。工程内容主要说明本定额表所包括的主要操作内容。查定额时,必须将实际发生的操作内容与表中的工程内容相对照,若不一致,应按照章(节)说明中的规定进行调整。

(3)定额单位。定额单位位于定额表的右上方,例如表 3.2 中"10 m³"。定额单位是合格产品的计量单位,实际的工程数量应是定额单位的倍数。

(4)顺序号。顺序号是定额表中的第 1 项内容,例如表 3.2 中"1,2,3,…"。顺序号表征人工、材料、机械及费用的顺序号,起简化说明的作用。

(5)项目。项目是定额表中第 2 项内容,例如表 3.2 中"人工、C20 水泥混凝土、光圆钢筋……"。项目是指本定额表中工程所需的人工、材料、机具、费用的名称和规格。

(6)代号。当采用电算方法来编制工程概、预算时,可引用表中代号作为工、料、机名称的识别符。

(7)工程细目。工程细目表征本定额表所包括的具体内容,例如表 3.2 中"混凝土预制块"、"现浇混凝土"等。

(8)栏号。栏号指工程细目的编号,例如表 3.2"边沟"中"混凝土预制块"栏号为 1,"现浇混凝土"栏号为 2。

(9)定额值。定额值是定额表中各种资源消耗量的数值,其中括号内的数值表示基价中未包括的价值。

(10)基价。基价是该工程细目的工程价格,其作用主要是计算其他费用的基数。目前,现行的《概算定额》、《预算定额》中的基价数值已经作废。从 1996 年 7 月 1 日起,交通部颁布了概、预算定额的《基价表》,在查用定额时,应按《基价表》中的数值替换相应定额表中的基价值。

(11)注解。有些定额表在其下方列有注解,例如表 3.2 中"注"。"注"是对定额表中内容的补充说明,使用时必须仔细阅读,以免发生错误。

3.3.3 概算定额的编制

1. 概算定额编制的原则

(1)使概算定额适应设计、计划、统计和拨款的要求,更好地为基本建设服务。

(2)概算定额水平的确定,应与预算定额的水平基本一致,必须反映出正常条件下大多数企业的设计、生产施工管理水平。

(3)概算定额的编制深度,要适应设计深度的要求,项目划分,应坚持简化、准确和适用的原则。以主体结构分项为主,合并其他相关部分,进行适当综合扩大;概算定额项目计量单位的确定与预算定额要尽量保持一致;应考虑统筹法及应用电子计算机编制的要求,以简化工程量和概算的计算编制。

(4)为了稳定概算定额水平,统一考核尺度和简化计算工程量,编制概算定额时,原则上不留活口,对于设计和施工变化多而影响工程量多、价差大的,应根据有关资料进行测算,综合取定常用数值,对于其中还包括不了的个性数值,可适当留些活口。

2. 概算定额的编制依据

(1)现行的全国通用的设计标准、规范和施工验收规范。

(2)现行的预算定额。

(3)标准设计和有代表性的设计图纸。

(4)过去颁发的概算定额。

(5)现行的人工工资标准、材料预算价格和施工机械台班单价。

(6)有关施工图预算和结算资料。

3. 概算定额的编制方法

(1)定额计量单位确定。概算定额计量单位基本上按预算定额的规定执行,只是单位的内容扩大,用 m、m^2 和 m^3 等。

(2)确定概算定额与预算定额的幅度差。由于概算定额是在预算定额基础上进行适当的合并与扩大的,所以,在工程量取值、工程的标准和施工方法确定上需综合考虑,且定额与实际应用必然会产生一些差异。这种差异国家允许预留一个合理的幅度差,以便依据概算定额编制的设计概算能控制住施工图预算。概算定额与预算定额之间的幅度差,国家规定一般控制在5%以内。

(3)定额小数取位。概算定额小数取位与预算定额相同。

3.3.4 概算定额查用方法

公路工程是一个庞大的系统工程,与之对应的定额也是一个内容繁多、复杂多变的定额。所以,查用定额的工作不仅工作量大,而且要求十分细致。

为了能够正确地运用定额,首先,必须反复学习定额,熟练地掌握定额,在查用方法上应按如下步骤进行:

1. 确定定额种类

公路工程定额按基建程序的不同阶段,已形成一套完整的定额系统,例如《概算定额》、《预算定额》、《施工定额》等。在查用定额时,应根据运用定额的目的,确定所用定额的种类,即是查《概算定额》,还是查《预算定额》。

2. 确定定额编号

定额编号一般采用"页 – 表 – 栏"的编号方法。例如《概算定额》中的"37 – 1 – 2 – 3 – 1",是指引用第 37 页表 1 – 2 – 3 中第 1 栏,即边沟混凝土预制块概算定额。

确定定额编号,首先应根据概、预算项目依次按目、节确定欲查定额的项目名称;再据此在《定额》目录中找到其所在的页次,从而确定定额的编号。

3. 阅读说明

在查到定额表号后,应详细阅读总说明以及章、节说明,并核对定额表左上方的"工程内容"及表下方的"注",其目的是:

(1)检查所确定的定额表号是否有误。例如"干砌片石、块石"与"开采片石、块石"虽然都是"片石、块石"工程,但前者为"桥涵工程",预算定额表号为"439 – 4 – 5 – 1 – 1",后者为"材料采集及加工",预算定额表号为"961 – 8 – 1 – 6 – 1"。

(2)确定定额值。在确认定额表号无误后,根据上述各种"说明"及"工作内容"、"注"的要求,看定额值是否需要调整。若不需调整,就直接抄录,此时查用定额的工作结束;若需调整还应做下一步工作。

4. 定额抽换

当设计内容或实际工作内容与定额表中规定的内容不完全相符时,应根据"说明"及"注"的规定调整定额值,即定额抽换。在抽换前应再仔细阅读总说明和章、节说明与注解,确定是否需要抽换,以及怎样抽换。

3.4 公路工程预算定额

3.4.1 预算定额的概念

预算定额是工程建设中的一项重要的技术经济文件,它的各项指标反映了完成规定计量单位符合设计标准和施工质量验收规范要求的分项工程消耗的劳动和物化劳动的数量限度。这种限度最终决定着单项工程和单位工程的成本和造价。

公路预算定额是由国家主管部门或其授权机关组织编制、审批并颁发执行的。在现阶段,预算定额是一种法令性指标,是对公路工程基本建设实行宏观调控和有效监督的重要工具。各地区、各基本建设部门都必须严格执行,只有这样,才能保证全国的公路工程有一个统一的核算尺度,使国家对各地区、各部门的工程设计、经济效果与施工管理水平进行统一的比较与核算。

公路工程预算定额按照表现形式可分为预算定额、单位估价表和单位估价汇总表三种。在现行公路工程预算定额中一般都列有基价,像这种既包括定额人工、材料和施工机械台班消耗量,又列有人工费、材料费、施工机械使用费和基价的预算定额,我们称它为"单位估价表"。这种预算定额可以满足企业管理中不同用途的需要,并可以按照基价计算工程费用,用途较广泛,是现行定额中的主要表现形式。单位估价汇总表简称为"单价",它只表现"三费"即人工费、材料费和施工机械使用费以及合计,所以可以大大减少定额的篇幅,为编制工程预算查阅单价带来方便。

3.4.2 预算定额的内容

《公路工程预算定额》分为路基工程、路面工程、隧道工程、桥涵工程、防护工程、交通工程及沿线设施、临时工程、材料采集及加工、材料运输等，共由9章及4个附录组成。附录包括路面材料计算基础数据、基本定额、材料周转和摊销以及定额基价人工、材料单位质量、单价表4个内容。

3.4.3 预算定额的编制

1. 预算定额的编制依据

（1）现行劳动定额和施工定额。预算定额是在现行劳动定额和施工定额的基础上编制的。预算定额中劳力、材料、机械台班消耗水平，需要根据劳动定额或施工定额取定；预算定额的计量单位的选择，也要以施工定额为参考，从而保证两者的协调和可比性，减轻预算定额的编制工作量，缩短编制时间。

（2）现行设计规范、施工验收规范和安全操作规程。预算定额在确定劳力、材料和机械台班消耗数量时，必须考虑上述各项法规的要求和影响。

（3）具有代表性的典型工程施工图及有关标准图。对这些图纸进行仔细分析研究，并计算出工程数量，作为编制定额时选择施工方法、确定定额含量的依据。

（4）新技术、新结构、新材料和先进的施工方法等。这类资料是调整定额水平和增加新的定额项目所必需的依据。

（5）有关科学试验、技术测定和统计、经验资料。这类资料是确定定额水平的重要依据。

（6）现行的预算定额、材料预算价格及有关文件规定等。包括过去定额编制过程中积累的基础资料，也是编制预算定额的依据和参考。

2. 预算定额的编制步骤

公路工程预算定额的编制一般按下列几个步骤进行：

（1）准备阶段。在这个阶段，主要是根据收集到的有关资料和国家政策性文件，拟定编制方案，对编制过程中的一些重大原则问题做出统一规定。

（2）编制预算定额初稿，测算预算定额水平。

1）编制预算定额初稿。在这个阶段，根据确定的定额项目和基础资料，进行反复分析和测算，编制定额项目劳动力计算表、材料及机械台班计算表，并附注有关计算说明；然后汇总编制预算定额项目表，即预算定额初稿。

2）测算预算定额水平。新定额编制成稿，必须与原定额进行对比测算，分析水平升降原因。一般新编定额的水平应该不低于历史上已经达到过的水平，并略有提高。在定额水平测算前，必须编出同一工人工资、材料价格、机械台班费的新旧两套定额的工程单价。

（3）修改定稿、整理资料阶段。

1）印发征求意见。定额编制初稿完成后，需要征求各有关方面意见和组织讨论，反馈意见。在统一意见的基础上整理分类，制定修改方案。

2）修改整理报批。按修改方案的决定，将初稿按照定额的顺序进行修改，并经审核无误后形成报批稿，经批准后交付印刷。

3）撰写编制说明。为顺利地贯彻执行定额，需要撰写新定额编制说明。其内容包括项目、子目数量;人工、材料、机械的内容范围;资料的依据和综合取定情况;定额中规定的允许换算和不允许换算的计算资料;人工、材料、机械单价的计算和资料;施工方法、工艺的选择及材料运距的考虑;各种材料损耗率的取定资料;调整系数的使用;其他应该说明的事项与计算数据、资料。

4) 立档、成卷。定额编制资料是贯彻执行定额中需查对资料的唯一依据,也为修编定额提供了历史资料数据,应作为技术档案永久保存。

第4章 公路工程工程量清单计量理论

4.1 公路工程工程量清单

4.1.1 工程量清单的概念

工程量清单是表现拟建工程的分部分项工程项目、措施项目、其他项目名称和相应数量的明细清单,是按照招标要求和施工设计图纸要求规定将拟建招标工程的全部项目和内容,依据统一的工程量计算规则、统一的工程量清单项目编制规则要求,计算拟建招标工程的分部分项工程数量的表格。包括分部分项工程量清单、措施项目的清单、其他项目清单。

公路工程工程量清单是招标文件的组成部分,是由招标人发出的一套注有拟建工程各实物工程名称、性质、特征、单位、数量及开办项目、税费等相关表格组成的文件。工程量清单是一份由招标人提供的文件,编制人是招标人或其委托的工程造价咨询单位。工程量清单是招标文件的组成部分,一经中标且签订合同,即成为合同的组成部分。所以,无论招标人还是投标人都应该慎重对待。

4.1.2 工程量清单的作用

(1)作为招标文件的组成部分,同时也作为信息的载体,为潜在的投标者提供必要的信息。

(2)采用工程量清单招标有利于将工程的"质"与"量"紧密地结合起来。质量、造价、工期三者之间存在着一定的必然联系,报价当中必须充分考虑到工期和质量因素,这是客观规律的反映和要求。采用工程量清单招标有利于投标单位通过报价的调整来反映质量、工期、成本三者之间的科学关系。

(3)为计价和询标、评标的基础。招标工程标底的编制和企业的投标报价,都必须在清单的基础上进行。同样也为今后的询标、评标奠定了基础。

(4)为施工过程中支付工程进度款和办理竣工结算及工程索赔提供了依据。

(5)为投标者提供一个公开、公平、公正的竞争环境。工程量清单由招标人统一提供,统一的工程量避免了由于计算不准确和项目不一致等人为因素造成的不公正影响,为投标者站在同一起跑线上,创造了一个公平的竞争环境。

(6)有利于标底的管理与控制。在传统的招标投标方法中,标底的正确与否、保密程度如何一直是人们关注的焦点。而采用工程量清单招标方法,工程量是公开的,是招标文件内容的一部分,标底只起到参考和一定的控制作用(即控制报价不能突破工程概算的约束),而与评标过程无关,并且在适当的时候甚至可以不编制标底。

(7)有利于中标企业精心组织施工,控制成本。中标后,中标企业可以根据中标价及投标文件中的承诺,通过对单位工程成本、利润进行分析,统筹考虑、精心选择施工方案;并根据企业定额合理确定人工、材料、施工机械要素的投入与配置,优化组合,合理控制现场费用和施工技术措施费用等,以便更好地履行承诺,抓好工程质量和工期。

4.1.3 公路工程工程量清单说明

(1)工程量清单应与投标人须知、合同条款、计量规则、技术规范及图纸等文件结合起来查阅与理解。

(2)工程量清单中所列工程数量是估算的或设计的预计数量,仅作为投标的共同基础,不能作为最终结算与支付的依据。实际支付应按实际完成的工程量,由承包人按计量规则、技术规范规定的计量方法,以监理人认可的尺寸、断面计量,按工程量清单的单价和总额价计算支付金额;或者根据具体情况,按合同条款第52条的规定,由监理人确定的单价或总额价计算支付额。

(3)除非合同另有规定,工程量清单中有标价的单价和总额价均已包括了为实施和完成合同工程所需的劳务、材料、机械、质检(自检)、安装、缺陷修复、管理、保险(工程一切险和第三方责任险除外)、税费、利润等费用,以及合同明示或暗示的所有责任、义务和一般风险。

(4)工程一切险的投保金额为工程量清单第100章(不含工程一切险及第三方责任险的保险费)至第800章的合计金额,保险费率为_____‰;第三方责任险的投保金额为_____元,保险费率为_____‰。工程量清单第100章内列有上述保险费的支付细目,投标人根据上述保险费率计算出保险费,填入工程量清单。除上述工程一切险及第三方责任险以外,所投其他保险的保险费均由承包人承担并支付,不在报价中单列。

(5)工程量清单中本合同工程的每一个细目,都需填入单价;对于没有填入单价或总额价的细目,其费用应视为已包括在工程量的其他单价或总额价中,承包人必须按监理人指令完成工程量清单中未填入单价或总额价的工程细目,但是不能得到结算与支付。

(6)符合合同条款规定的全部费用应认可已被计入有标价的工程量清单所列各细目之中,未列细目不予计量的工作,其费用应视为已分摊在本合同工程的有关细目的单价或总额价之中。

(7)工程量清单各章是按计量规则、技术规范相应章次编号的,所以,工程量清单中各章的工程细目的范围与计量等应与计量规则、技术规范相应章节的范围、计量与支付条款结合起来理解或解释。

(8)对作业和材料的一般说明或规定,未重复写入工程量清单内,在给工程量清单各细目标价前,应参阅招标文件中计量规则、技术规范的有关部分。

(9)对于符合要求的投标文件,在签订合同协议书前,若发现工程量清单中有计算方面的算术性差错,应按投标人须知第23条规定予以修正。

(10)工程量清单中所列工程量的变动,丝毫不会降低或影响合同条款的效力,也不免除承包人按规定的标准进行施工和修复缺陷的责任。

(11)承包人用于本合同工程的各类装备的提供运输、维护、拆卸、拼装等支付的费用,已包括在工程量清单的单价与总额价之中。

(12)在工程量清单中标明的暂定金额,除合同另有规定外,应由监理人按合同条款第52条和第58条的规定,结合工程具体情况,报经业主批准后指令全部或部分地使用,或者根本不予动用。

(13) 计量方法:

1) 用于支付已完工程的计量方法,应符合计量规则、技术规范中相应章节的"计量与支付"条款的规定。

2) 图纸中所列的工程数量表及数量汇总表仅是提供资料,不是工程量清单的外延。当图纸与工程量清单所列数量不一致时,以工程量清单所列数量作为报价的依据。

(14) 工程量清单中各项金额均以人民币(元)结算。

4.1.4 公路工程工程量清单格式

1. 专项暂定金额汇总表

专项暂定金额汇总表示例见表4.1。

表4.1 专项暂定金额汇总表

清单编号	细目号	名称	估计金额/元
400	401-1	桥梁荷载试验(举例)	60 000
…	…	…	…
专项暂定金额小计(结转工程量清单汇总表)			

2. 计日工明细表

(1) 总则。

1) 计日工明细表应参照合同通用条款第52.4款一并理解。

2) 未经监理人书面指令,任何工程不得按计日工施工;接到监理人按计日工施工的书面指令时,承包人也不得拒绝。

3) 投标人应在本节计日工单价表中填入计日工细目的基本单价或租价,该基本单价或租价适用于监理人指令的任何数量的计日工的结算与支付。计日工的劳务、材料和施工机械由招标人(或业主)列出正常的估计数量,投标人报出单价,计算出计日工总额后列入工程量清单汇总表并进入评标价。

4) 计日工不调价。

(2) 计日工劳务。

1) 在计算应付给承包人的计日工工资时,工时应从工人到达施工现场,并开始从事指定的工作算起,到返回原出发地点为止,扣去用餐和休息的时间。只有直接从事指定的工作,且能胜任该工作的工人能计工,随同工人一起做工的班长应计算在内,但不包括领工(工长)和其他质检管理人员。

2) 承包人可以得到用于计日工劳务的全部工时的支付,此支付按承包人填报的"计日工劳务单价表"(表4.2)所列单价计算,该单价应包括基本单价及承包人的管理费、税费、利润等所有附加费,说明如下:

①劳务基本单价包括承包人劳务的全部直接费用,例如,工资、加班费、津贴、福利费及劳动保护费等。

②承包人的利润、管理、质检、保险、税费,易耗品的使用、水电及照明费、工作台、脚手架、临时设施费、手动机具与工具的使用及维修,以及上述各项伴随而来的费用。

表 4.2　计日工劳务单价表

合同段：

细目号	名称	估计数量/h	单价/(元·h^{-1})	合价/元
101	班长			
102	普通工			
103	焊工			
104	电工			
105	混凝土工			
106	木工			
107	钢筋工			
	……			
计日工劳务(结转计日工汇总表,表 4.5)				

注：根据具体工程情况，也可用天数作为计日工劳务单位。

(3) 计日工材料。

承包人可以得到计日工使用的材料费用(上述"计日工劳务"中②已计入劳务费内的材料费用除外)的支付，此费用按承包人"计日工材料单价表"(表 4.3)中所填报的单价计算，该单价应包括基本单价及承包人的管理费、税费、利润等所有附加费，说明如下：

1) 材料基本单价按货价加运杂费(到达承包人现场仓库)、保险费、仓库管理费以及运输损耗等计算。

2) 包括承包人的利润、管理、质检、保险、税费及其他附加费。

3) 从现场运至使用地点的人工费和施工机械使用费不包括在上述基本单价内。

表 4.3　计日工材料单价表

合同段：

细目号	名称	单位	估计数量/h	单价/(元·h^{-1})	合价/元
201	水泥	t			
202	钢筋	t			
203	钢绞丝	t			
204	沥青	t			
205	木材	m^3			
206	砂	m^3			
207	碎石	m^3			
208	片石	m^3			
	……				
计日工材料小计(结转计日工汇总表,表 4.5)					

(4) 计日工施工机械。

1) 承包人可以得到用于计日工作业的施工机械费用的支付，该费用按承包人填报的"计日工施工机械单价表"(表 4.4)中的租价计算。该租价应包括施工机械的折旧、利息、维修、保养、零配件、油燃料、保险和其他消耗品的费用以及全部有关使用这些机械的管理费、税费、利润和司机与助手的劳务费等费用。

2) 在计日工作业时，承包人计算所用的施工机械费用时，应按实际工作小时支付。除非经监理人同意，计算的工作小时才能将施工机械从某个现场运到监理人指令的计日工作业的另一现场往返时间包括在内。

表4.4 计日工施工机械单价表

合同段：

细目号	名称	估计数量/h	单价/(元·h^{-1})	合价/元
301	装卸机			
301-1	1.5 m³ 以下			
301-2	1.5~2.5 m³			
301-3	2.5 m³ 以上			
302	推土机			
302-1	90 kW 以下			
302-2	90~180 kW			
302-3	180 kW 以上			
	……			

计日工施工机械小计(结转计日工汇总表,表4.5)

表4.5 计日工汇总表

合同段：

名称	金额/元
计日工：	
1.劳务	
2.材料	
3.施工机械	

计日工合计(结转工程量清单汇总表,表4.6)

表4.6 工程量清单汇总表

合同段：

序号	章次	科目名称	金额/元
1	100	总则	
2	200	路基	
3	300	路面	
4	400	桥梁、涵洞	
5	500	隧道	
6	600	安全设施及预埋管线	
7	700	绿化及环境保护	
8	800	房建工程	
9	第100章~第800章清单合计		
10	已包含在清单合计中的专项暂定金额小计		
11	清单合计减去专项暂定金额(即9-10)=11		
12	计日工合计		
13	不可预见费(暂定金额=11× ____ %)		总额
14	投标价(9+12+13)=14		

3. 工程量清单暂定金额的三种形式

工程量清单的暂定金额一般有三种方式：计日工、专项暂定金额与一定百分率的不可预见因素的预备金，都是可能发生、也可能不发生的、招标时难以确定的金额，均按合同通用条款第58条规定办理。投标中包括此三项暂定金额是表明承包人对此有合同义务。不可预见费，含工程地质与自然条件的意外费和价格意外费，按初步设计文件招标的应控制在合同价的10%以内；按施工图设计文件招标的，应控制在合同价的5%以内；专项暂定金额应控制在合同价的2%以内。

4.2 公路工程工程量清单计量

4.2.1 公路工程工程量清单规则说明

为了统一公路工程工程量清单的项目号、项目名称、计算单位、工程量计算规则和界定工程内容，制定本规则。

(1)本规则是《公路基本建设工程造价计价规范》的组成部分，是编制工程量清单的依据。

(2)本规则主要依据交通部《公路工程标准施工招标文件》(2009年版)中的技术规范，结合公路建设项目内容编制。本规则与技术规范相互补充，若有不明确或不一致之处，以本规则为准。

(3)本规则共分八章，第一章总则，第二章路基工程，第三章路面工程，第四章桥梁涵洞工程，第五章隧道工程，第六章安全设施及预埋管线工程，第七章绿化及环境保护工程，新增第八章房建工程是依据公路建设项目房建工程内容增编。

(4)本规则由项目号、项目名称、项目特征、计量单位、工程量计算规则和工程内容构成。

1)本规则项目号的编写分别按项、目、节、细目表达，根据实际情况可按厚度、标号、规格等增列细目或子细目，与工程量清单细目号对应方式示例如下：

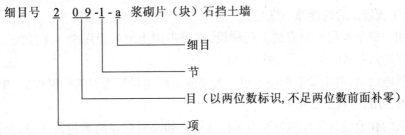

2)项目名称以工程和费用名称命名，如有缺项，招标人可按本规则的原则进行补充，并报工程造价管理部门核备。

3)项目特征是按不同的工程部位、施工工艺或材料品种、规格等对项目作的描述，是设置清单项目的依据。

4)计量单位采用基本单位，除各章另有特殊规定外，均按以下单位计量：

以体积计算的项目——m^3；以面积计算的项目——m^2；以重量计算的项目——t、kg；以长度计算的项目——m；以自然体计算的项目——个、棵、根、台、套、块……；没有具体数量的项目——总额。

5)工程量计算规则是对清单项目工程量的计算规定,除另有说明外,清单项目工程量均按设计图示以工程实体的净值计算;材料及半成品采备和损耗、场内二次转运、常规的检测、试验等均包括在相应工程项目中,不另行计量。

6)工程内容是为完成该项目的主要工作,凡工程内容中未列的其他工作,为该项目的附属工作,应参照各项目对应的招标文件范本技术规范章节的规定或设计图纸综合考虑在报价中。

(5)施工现场交通组织、维护费,应综合考虑在各项目内,不另行计量。

(6)为满足项目管理成本核算的需要,对于第四章桥梁、涵洞工程,第五章隧道工程,应按特大桥、大桥、中小桥、分离式立交桥和隧道单洞、连洞分类使用本规则的计量项目。

(7)本规则在具体使用过程中,可根据实际情况,补充个别项目的技术规范内容与工程量清单配套使用。

4.2.2 公路工程量清单计量规则总则

(1)总则包括保险费、竣工文件、施工环保、临时道路、临时用地、临时供电设施、电讯设施、承包人驻地建设费用。

(2)有关问题的说明及提示。

1)保险费分为工程一切险和第三方责任险。工程一切险是为永久工程、临时工程和设备及已运至施工工地用于永久工程的材料和设备所投的保险。

第三方责任险是对因实施本合同工程而造成的财产(本工程除外)的损失和损害或人员(业主和承包人雇员除外)的死亡或伤残所负责任进行的保险,保险费率按议定保险合同费率办理。

2)竣工文件编制费是承包人对承建工程,在竣工后按交通部发布的《公路工程竣工验收办法》的要求,编制竣工图表、资料所需的费用。

3)施工环保费是承包人在施工过程中采取预防和消除环境污染措施所需的费用。

4)临时道路(包括便道、便桥、便涵、码头)是承包人为实施与完成工程建设所必须修建的设施,包括工程竣工后的拆除与恢复。

5)临时用地费是承包人为完成工程建设,临时占用土地的租用费。工程完工后承包人应自费负责恢复到原来的状况,不另行计量。

6)临时供电设施、电讯设施费是承包人为完成工程建设所需要的临时电力、电讯设施的架设与拆除的费用,不包括使用费。

7)承包人的驻地建设费是承包人为工程建设必须临时修建的承包人住房、办公房、加工车间、仓库、试验室和必要的供水、卫生、消防设施所需的费用,其中包括拆除与恢复到原来的自然状况的费用。

表4.7为公路工程量清单计量规则。

表4.7 工程量清单计量规则

项目	节	细目	项目名称	项目特征	计量单位	工程量计算规则	工程内容
一			总则				第100章
	1		保险费				第101节
		1	保险费				
			a 建筑工程一切险	工程一切险	总额	按规定以总额计算	按招标文件规定内容
			b 第三方责任险	第三方责任险			
	2		工程管理				第102节、第107节
		1	竣工文件	1.规定 2.文件资料 3.图表	总额	按规定以总额计算	1.原始记录 2.施工记录 3.竣工图表 4.变更设计文件 5.施工文件 6.工程结算资料 7.进度照片 8.录像等资料
		2	施工环保费	1.施工期 2.环保措施	总额	按规定以总额计算	1.施工场地硬化 2.控制扬尘 3.降低噪声 4.施工水土保护 5.施工供水、合理排污等一切与施工环保有关的设施及作业
	3		临时工程与设施				第103节
		1	临时道路修建、养护与拆除(包括原道路的养护费、交通维护费)	1.类型 2.性质 3.规格 4.时间	总额	按规定以总额计算	1.为工程建设过程中必须修建的临时道路、桥涵、码头及与此相关的安全设施的修建养护 2.原有道路的养护、交通维护 3.拆除清理
		2	临时工程用地	1.类型 2.性质 3.时间	亩	按设计标准的临时用地图,以亩计算	1.承包人办公和生活用地 2.仓库与料场用地 3.预制场、拌和场用地 4.借土场用地 5.弃土场用地 6.工地试验室用地 7.临时道路、桥梁用地 8.临时堆料场、机械设备停放场等用地

续表 4.7

项目	节	细目	项目名称	项目特征	计量单位	工程量计算规则	工程内容
		3	临时供电设施	1.规格 2.性质 3.时间	总额	按规定以总额计算	设备的安装、维护、维修与拆除
		4	电讯设施提供、维修与拆除	1.规格 2.性质 3.时间	总额	按规定以总额计算	1.电话、传真、网络等设施的安装 2.维修与拆除
	4		承包人驻地建设			第 104 节	
		1	承包人驻地建设	1.规格 2.性质 3.时间	总额	按规定以总额计算	1.承包人办公室、住房及生活区修建 2.车间与工作场地、仓库修建 3.工地试验室修建 4.供水与排污设施、医疗卫生与消防设施安装 5.维护与拆除

第5章 公路工程费用的构成与计算

5.1 公路工程费用构成与计算程序

5.1.1 公路工程费用构成

公路工程费用由建筑安装工程费,设备、工具、器具及家具购置费,工程建设其他费用及预备费用四部分组成,如图5.1所示。

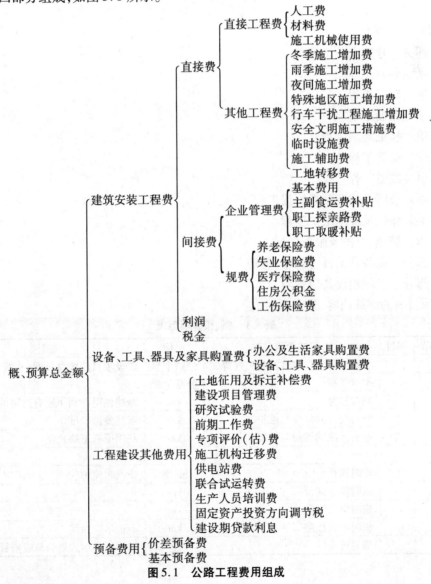

图 5.1 公路工程费用组成

5.1.2 公路工程概、预算费用项目划分

概、预算项目应按项目表的序列及内容编制,若实际出现的工程和费用项目与项目表的内容不完全相符,一、二、三部分和"项"的序号应保留不变,"目"、"节"、"细目"可随需要增减,并按项目表的顺序以实际出现的"目"、"节"、"细目"依次排列,不保留缺少的"目"、"节"、"细目"的序号。若第二部分,设备及工具、器具购置费在该项工程中不发生,第三部分工程建设其他费用仍为第三部分。同样,路线工程第一部分第六项为隧道工程,第七项为公路设施及预埋管线工程,若路线中无隧道工程项目,其序号仍保留,公路设施及预埋管线工程仍为第七项。但是若"目"、"节"或"细目"发生这样的情况,可依次递补改变序号。路线建设项目中的互通式立体交叉、辅道、支线,若工程规模较大,也可按概、预算项目表单独编制建筑安装工程,然后将其概、预算建筑安装工程总金额列入路线的总概、预算表中相应的项目内。

(1)概、预算项目:

第一部分　建筑安装工程费
第一项　临时工程
第二项　路基工程
第三项　路面工程
第四项　桥梁涵洞工程
第五项　交叉工程
第六项　隧道工程
第七项　公路设施及预埋管线工程
第八项　绿化及环境保护工程
第九项　管理、养护及服务房屋
第二部分　设备及工具、器具购置费
第三部分　工程建设其他费用

(2)项目表的详细内容,见表5.1。

表5.1　概、预算项目表

项	目	节	细目	工程或费用名称	单位	备注
				第一部分　建筑安装工程费	公路千米	建设项目路线总长度(主线长度)
一				临时工程	公路千米	
	1			临时道路	km	新建便道与利用原有道路的总长
		1		临时便道的修建与维护	km	新建便道长度
		2		原有道路的维护与恢复	km	利用原有道路长度
		……				
	2			临时便桥	m/座	指汽车便桥
	3			临时轨道铺设	km	
	4			临时电力线路	km	
	5			临时电信线路	km	不包括广播线
	6			临时码头	座	按不同的形式划分节或细目

续表 5.1

项目	节	细目	工程或费用名称	单位	备注
二			路基工程		扣除桥梁、隧道和互通立交的主线长度,独立桥梁或隧道为此道或接线长度
	1		场地清理	km	
		1	清理与掘除	m²	按清除内容的不同划分细目
			1 清除表土	m³	
			2 伐树、挖根、除草	m²	
			……		
		2	挖除水泥混凝土路面	m²	按不同的路面类型和厚度划分细目
			1 挖除水泥混凝土路面	m²	
			2 挖除沥青混凝土路面	m²	
			3 挖除碎(砾)石路面	m²	
			……		
		3	拆除旧建筑物、构筑物	m³	按不同的构筑材料划分细目
			1 拆除钢筋混凝土结构	m³	
			2 拆除混凝土结构	m³	
			3 拆除砖石及其他砌体	m³	
			……		
	2		挖方	m³	
		1	挖土方	m³	按不同的地点划分细目
			1 挖路基土方	m³	
			2 挖改路、改河、改渠土方	m³	
			……		
		2	挖石方	m³	按不同的地点划分细目
			1 挖路基石方	m³	
			2 挖改路、改河、改渠石方	m³	
			……		
		3	挖非适用材料	m³	
		4	弃方运输	m³	
	3		填方	m³	
		1	路基填方	m³	按不同的填筑材料划分细目
			1 换填土	m³	
			2 利用土方填筑	m³	
			3 借土方填筑	m³	
			4 利用石方填筑	m³	
			5 填砂路基	m³	
			6 粉煤布及填石路基	m³	
			……		
		2	改路、改河、改渠填方	m³	按不同的填筑材料划分细目
			1 利用土方填筑	m³	
			2 借土方填筑	m³	
			3 利用石方填筑	m³	
			……		

续表 5.1

项目	节	细目			工程或费用名称	单位	备注
		3			结构物台背回填	m³	按不同的填筑材料划分细目
			1		填碎石	m³	
					……		
	4				特殊路基处理	km	指需要处理软弱路基长度
		1			软土处理	km	按不同的处置方法划分细目
			1		抛石挤淤	m³	
			2		砂、砂砾垫层	m³	
			3		灰土垫层	m³	
			4		预压与超载预压	m²	
			5		袋装砂井	m	
			6		塑料排水板	m	
			7		粉喷桩与旋喷桩	m	
			8		碎石桩	m	
			9		砂桩	m	
			10		土工布	m²	
			11		土工格栅	m²	
			12		土工格室	m²	
					……		
		2			滑坡处理	处	按不同的处理方式划分细目
			1		卸载土石方	m³	
			2		抗滑桩	m³	
			3		预应力锚索	m	
					……		
		3			岩溶洞回填	m³	按不同的回填材料划分细目
			1		混凝土	m³	
					……		
		4			膨胀土处理	km	按不同的处理方法划分细目
			1		改良土	m³	
					……		
		5			黄土处理	m³	按黄土的不同特性划分细目
			1		陷穴	m³	
			2		湿陷性黄土	m²	
					……		
		6			盐渍土处理	m²	按不同的厚度划分细目
					……		
	5				排水工程	km	按不同的结构类型分节
		1			边沟	m³/m	按不同的材料、尺寸划分细目
			1		现浇混凝土边沟	m³/m	
			2		浆砌混凝土预制块边沟	m³/m	
			3		浆砌片石边沟	m³/m	
			4		浆砌块石边沟	m³/m	
					……		

续表 5.1

项目	目	节	细目	工程或费用名称	单位	备注
		2		排水沟	处	按不同的材料、尺寸划分细目
			1	现浇混凝土排水沟	m³/m	
			2	浆砌混凝土预制块排水沟	m³/m	
			3	浆砌片石排水沟	m³/m	
			4	浆砌块石排水沟	m³/m	
				……		
		3		截水沟	m³/m	按不同的材料、尺寸划分细目
			1	浆砌混凝土预制块截水沟	m³/m	
			2	浆砌片石截水沟	m³/m	
				……		
		4		急流槽	m³/m	按不同的材料、尺寸划分细目
			1	现浇混凝土急流槽	m³/m	
			2	浆砌片石急流槽	m³/m	
				……		
		5		暗沟	m³	按不同的材料、尺寸划分细目
				……		
		6		渗(盲)沟	m³/m	按不同的材料、尺寸划分细目
				……		
		7		排水管	m	按不同的材料、尺寸划分细目
				……		
		8		集水井	m³/个	按不同的材料、尺寸划分细目
				……		
		9		泄水槽	m³/个	按不同的材料、尺寸划分细目
				……		
	6			防护与加固工程	km	按不同的结构类型分节
		1		坡面植物防护	m²	按不同的材料划分细目
			1	播种草籽	m²	
			2	铺(植)草皮	m²	
			3	土工织物植草	m²	
			4	植生袋植草	m²	
			5	液压喷播植草	m²	
			6	客土喷播植草	m²	
			7	喷混植草	m²	
				……		
		2		坡面圬工防护	m³/m²	按不同材料和形式划分细目
			1	现浇混凝土护坡	m³/m²	
			2	预制块混凝土护坡	m³/m²	
			3	浆砌片石护坡	m³/m²	
			4	浆砌块石护坡	m³/m²	
			5	浆砌片石骨架护坡	m³/m²	
			6	浆砌片石护面墙	m³/m²	
			7	浆砌块石护面墙	m³/m²	

续表 5.1

项目	节	细目	工程或费用名称	单位	备注
			……		
	3		坡面喷浆防护	m²	按不同的材料划分细目
		1	抹面、捶面护坡	m²	
		2	喷浆护坡	m²	
		3	喷射混凝土护坡	m³/m²	
			……		
	4		坡面加固	m²	按不同的材料划分细目
		1	预应力锚索	t/m	
		2	锚杆、锚钉	t/m	
		3	锚固板	m³	
			……		
	5		挡土墙	m³/m	按不同的材料和形式划分细目
		1	现浇混凝土挡土墙	m³/m	
		2	锚杆挡土墙	m³/m	
		3	锚碇板挡土墙	m³/m	
		4	加筋土挡土墙	m³/m	
		5	扶壁式、悬臂式挡土墙	m³/m	
		6	桩板墙	m³/m	
		7	浆砌片石挡土墙	m³/m	
		8	浆砌块石挡土墙	m³/m	
		9	浆砌护肩墙	m³/m	
		10	浆砌(干砌)护脚	m³/m	
			……		
	6		抗滑桩	m³	按不同的规格划分细目
			……		
	7		冲刷防护	m³	按不同的材料和形式划分细目
		1	浆砌片石河床铺砌	m³	
		2	导流坝	m³/处	
		3	驳岸	m³/m	
		4	石笼	m³/处	
			……		
	8		其他工程	km	根据具体情况划分细目
			……		
三			路面工程	km	
	1		路面垫层	m²	按不同的材料分节
		1	碎石垫层	m²	按不同的厚度划分细目
		2	砂砾垫层	m²	按不同的厚度划分细目
			……		
	2		路面底基层	m²	按不同的材料分节
		1	石灰稳定类底基层	m²	按不同的厚度划分细目
		2	水泥稳定类底基层	m²	按不同的厚度划分细目
		3	石灰粉煤灰稳定类底基层	m²	按不同的厚度划分细目

续表 5.1

项目	目	节	细目	工程或费用名称	单位	备注
			4	级配碎(砾)石底基层	m²	按不同的厚度划分细目
				……		
		3		路面基层	m²	按不同的材料分节
			1	石灰稳定类基层	m²	按不同的厚度划分细目
			2	水泥稳定类基层	m²	按不同的厚度划分细目
			3	石灰粉煤灰稳定类基层	m²	按不同的厚度划分细目
			4	级配碎(砾)石基层	m²	按不同的厚度划分细目
			5	水泥混凝土基层	m²	按不同的厚度划分细目
			6	沥青碎石混合料基层	m²	按不同的厚度划分细目
				……		
		4		透层、黏层、封层	m²	按不同的形式分节
			1	透层	m²	
			2	黏层	m²	
			3	封层	m²	按不同的材料划分细目
				1 沥青表处封层	m²	
				2 稀浆封层	m²	
				……		
			4	单面烧毛纤维土工布	m²	
			5	玻璃纤维格栅	m²	
				……		
		5		沥青混凝土面层	m²	指上面层面积
			1	粗粒式沥青混凝土面层	m²	按不同的厚度划分细目
			2	中粒式沥青混凝土面层	m²	按不同的厚度划分细目
			3	细粒式沥青混凝土面层	m²	按不同的厚度划分细目
			4	改性沥青混凝土面层	m²	按不同的厚度划分细目
			5	沥青玛蹄脂碎石混合料面层	m²	按不同的厚度划分细目
				……		
		6		水泥混凝土面层	m²	按不同的材料分节
			1	水泥混凝土面层	m²	按不同的厚度划分细目
			2	连续配筋混凝土面层	m²	按不同的厚度划分细目
			3	钢筋	t	
		7		其他面层	m²	按不同的类型分节
			1	沥青表面处治面层	m²	按不同的厚度划分细目
			2	沥青贯入式面层	m²	按不同的厚度划分细目
			3	沥青上拌下贯式面层	m²	按不同的厚度划分细目
			4	泥结碎石面层	m²	按不同的厚度划分细目
			5	级配碎(砾)石面层	m²	按不同的厚度划分细目
			6	天然砂砾面层	m²	按不同的厚度划分细目
				……		
		8		路槽、路肩及中同分隔带	km	
			1	挖路槽	m²	按不同的土质划分细目
				1 土质路槽	m²	

续表 5.1

项目	目	节	细目	工程或费用名称	单位	备注
			2	石质路槽	m²	
		2		培路肩	m²	按不同的厚度划分细目
		3		土路肩回固	m²	按不同的加固方式划分细目
			1	现浇混凝土	m²	
			2	铺砌混凝土预制块	m²	
			3	浆砌片石	m²	
				……		
		4		中央分隔带回填土	m³	
		5		路缘石	m³	按现浇和预制安装划分细目
	9			路面排水	km	按不同的类型分节
		1		拦水带	m	按不同的材料划分细目
			1	沥青混凝土	m	
			2	水泥混凝土	m	
		2		排水沟	m	按不同的类型划分细目
			1	路肩排水沟	m	
			2	中央分隔带排水沟	m	
				……		
		3		排水管	m	按不同的类型划分细目
			1	纵向排水管	m	
			2	横处排水管	m/道	
				……		
		4		集水井	m³/个	按不同的规格划分细目
				……		
四				桥梁涵洞工程	km	指桥梁长度
	1			漫水工程	m/处	
		1		过水路面	m/处	
		2		混合式过水路面	m/处	
	2			涵洞工程	m/道	按不同的结构类型分节
		1		钢筋混凝土管涵	m/道	按管径和单、双孔划分细目
			1	1-Φ1.0 m 圆管涵	m/道	
			2	1-Φ1.5 m 圆管涵	m/道	
			3	倒虹吸管	m/道	
				……		
		2		盖板涵	m/道	按不同的材料和涵径划分细目
			1	2.0 m×2.0 m 石盖板涵	m/道	
			2	2.0 m×2.0 m 钢筋混凝土盖板涵	m/道	
				……		
		3		箱涵	m/道	按不同的涵径划分细目
			1	4.0 m×4.0 m 钢筋混凝土箱涵	m/道	按不同的涵径划分细目
				……		
		4		拱涵	m/道	按不同的材料和涵径划分细目
			1	4.0 m×4.0 m 石拱涵	m/道	

续表 5.1

项	目	节	细目	工程或费用名称	单位	备注
			1	4.0 m×4.0 m 钢筋混凝土拱涵	m/道	
				……		
	3			小桥工程	m/座	按不同的结构类型分节
		1		石拱桥	m/座	按不同的跨径类型分节
		2		钢筋混凝土矩形板桥	m/座	按不同的跨径类型分节
		3		钢筋混凝土空心板桥	m/座	按不同的跨径类型分节
		4		钢筋混凝土 T 形梁桥	m/座	按不同的跨径类型分节
		5		预应力混凝土空心板桥	m/座	按不同的跨径类型分节
				……		
	4			中桥工程	m/座	按不同的结构类型或桥名分节
		1		钢筋混凝土空心板桥	m/座	按不同的跨径或工程部位划分细目
		2		钢筋混凝土 T 形梁桥	m/座	按不同的跨径或工程部位划分细目
		3		钢筋混凝土拱桥	m/座	按不同的跨径或工程部位划分细目
		4		预应力混凝土空心板桥	m/座	按不同的跨径或工程部位划分细目
				……		
	5			大桥工程	m/座	按桥名或不同的工程部位分节
		1		××大桥	m^2/m	按不同的工程部位划分细目
			1	天然基础	m^3	
			2	桩基础	m^3	
			3	沉井基础	m^3	
			4	桥台	m^3	
			5	桥墩	m^3	
			6	上部构造	m^3	注明上部构造跨径组成及结构形式
				……		
		2		……		
	6			××特大桥工程	m^2/m	按桥名分目,按不同的工程部位分节
		1		基础	m^3/座	按不同的形式划分细目
			1	天然基础	m^3	
			2	桩基础	m^3	
			3	沉井基础	m^3	
			4	承台	m^3	
				……		
		2		下部构造	m^3/座	按不同的形式划分细目
			1	桥台	m^3	
			2	桥墩	m^3	
			3	索塔	m^3	
				……		
		3		上部构造	m^3	按不同的形式划分细目,并注明其跨径组成
			1	预应力混凝土空心板	m^3	
			2	预应力混凝土 T 形梁	m^3	
			3	预应力混凝土连续梁	m^3	

续表 5.1

项	目	节	细目	工程或费用名称	单位	备注
			4	预应力混凝土连续刚构	m^3	
			5	钢管拱桥	m^3	
			6	钢箱梁	t	
			7	斜拉索	t	
			8	主缆	t	
			9	预应力钢材	t	
			……			
		4		桥梁支座	个	按不同的规格划分细目
			1	矩形板式橡胶支座	dm^3	
			2	圆形板式橡胶支座	dm^3	
			3	矩形四氟板式橡胶支座	dm^3	
			4	圆形四氟板式橡胶支座	dm^3	
			5	盆式橡胶支座	个	
			……			
		5		桥梁伸缩缝	m	指伸缩缝长度,按不同的规格划分细目
			1	橡胶伸缩装置	m	
			2	模数式伸缩装置	m	
			3	填充式伸缩装置	m	
			……			
		6		桥面铺装	m^3	按不同的材料划分细目
			1	沥青混凝土桥面铺装	m^3	
			2	水泥混凝土桥面铺装	m^3	
			3	水泥混凝土垫平层	m^3	
			4	防水层	m^2	
			……			
		7		人行道系	m	指桥梁长度,按不同的类型划分细目
			1	人行道及栏杆	m^3/m	
			2	桥梁钢防撞护栏	m	
			3	桥梁波形梁护栏	m	
			4	桥梁水泥混凝土防撞墙	m	
			5	桥梁防护网	m	
			……			
		8		其他工程	m	指桥梁长度,按不同的类型划分细目
			1	看桥房及岗亭	座	
			2	砌筑工程	m^3	
			3	混凝土构件装饰	m^2	
			……			
五				交叉工程	处	按不同的交叉形式分目
	1			平面交叉道	处	按不同的类型分节
			1	公路与铁路平面交叉	处	
			2	公路与铁路平面交叉	处	
			3	公路与大车道平面交叉	处	

续表5.1

项	目	节	细目		工程或费用名称	单位	备注
					……		
	2				通道	m/处	按不同的结构类型分节
		1			钢筋混凝土箱式通道	m/处	
		2			钢筋混凝土板式通道	m/处	
					……		
	3				人行天桥	m/处	
		1			钢结构人行天桥	m/处	
		2			钢筋混凝土结构人行天桥	m/处	
	4				渡槽	m/处	按不同的结构类型分节
		1			钢筋混凝土渡槽	m/处	
		2			……		
	5				分离式立体交叉	处	按交叉名称分节
		1			××分离式立体交叉	处	按不同的工程内容划分细目
			1		路基土石方	m³	
			2		路基排水防护	m³	
			3		特殊路基处理	km	
			4		路面	m²	
			5		涵洞及通道	m³/m	
			6		桥梁	m²/m	
					……		
		2			……		
	6				××互通式立体交叉	处	按互通名称分目(注明其类型),按不同的分部工程分节
		1			路基土石方	m³/km	
			1		清理与掘除	m²	
			2		挖土方	m³	
			3		挖石方	m³	
			4		挖非适用材料	m³	
			5		弃方运输	m³	
			6		换填土	m³	
			7		利用土方填筑	m³	
			8		借土方填筑	m³	
			9		利用石方填筑	m³	
			10		结构物台背回填	m³	
		2			特殊路基处理	km	
			1		特殊路基垫层	m³	
			2		预压与越载预压	m²	
			3		袋装砂井	m	
			4		塑料排水板	m	
			5		粉喷桩与旋喷桩	m	
			6		碎石桩	m	
			7		砂桩	m	

续表 5.1

项目	目	节	细目	工程或费用名称	单位	备注
			8	土工布	m²	
			9	土工格栅	m²	
			10	土工格室	m²	
				……		
		3		排水工程	m³	
			1	混凝土边沟、排水沟	m³/m	
			2	砌石边沟、排水沟	m³/m	
			3	现浇混凝土急流槽	m³/m	
			4	浆砌片石急流槽	m³/m	
			5	暗沟	m³	
			6	渗(盲)沟	m³/m	
			7	拦水带	m	
			8	排水管	m	
			9	集水井	m³/个	
				……		
		4		防护工程	m³	
			1	播种草籽	m²	
			2	铺(植)草皮	m²	
			3	土工织物植草	m²	
			4	植生袋植草	m²	
			5	液压喷播植草	m²	
			6	客土喷播植草	m²	
			7	喷混植草	m²	
			8	现浇混凝土护坡	m³/m²	
			9	预制块混凝土护坡	m³/m²	
			10	浆砌片石护	m³/m²	
			11	浆砌块石护坡	m³/m²	
			12	浆砌片石骨架护坡	m³/m²	
			13	浆砌片石护面墙	m³/m²	
			14	浆砌块石护面墙	m³/m²	
			15	喷射混凝土护坡	m³/m²	
			16	现浇混凝土挡土墙	m³/m	
			17	加筋土挡土墙	m³/m	
			18	浆砌片石挡土墙	m³/m	
			19	浆砌块石挡土墙	m³/m	
				……		
		5		路面工程	m²	
			1	碎石垫层	m²	
			2	砂砾垫层	m²	
			3	石灰稳定类底基层	m²	
			4	水泥稳定类底基层	m²	
			5	石灰粉煤灰稳定类底基层	m²	

续表 5.1

项	目	节	细目	工程或费用名称	单位	备注
			6	级配碎(砾)石底基层	m²	
			7	石灰稳定类基层	m²	
			8	水泥稳定类基层	m²	
			9	石灰粉煤灰稳定类基层	m²	
			10	级配碎(砾)石基层	m²	
			11	水泥混凝土基层	m²	
			12	透层、黏层、封层	m²	
			13	沥青混凝土面层	m²	
			14	改性沥青混凝土面层	m²	
			15	沥青玛蹄脂碎石混合料面层	m²	
			16	水泥混凝土面层	m²	
			17	中央分隔带回填土	m³	
			18	路缘石	m³	
				……		
		6		涵洞工程	m/道	
			1	钢筋混凝土管涵	m/道	
			2	倒虹吸管	m/道	
			3	盖板涵	m/道	
			4	箱涵	m/道	
			5	拱涵	m/道	
		7		桥梁工程	m²/m	
			1	天然基础	m³	
			2	桩基础	m³	
			3	沉井基础	m³	
			4	桥台	m³	
			5	桥墩	m³	
			6	上部构造	m³	
				……		
		8		通道	m/处	
六				隧道工程	km/座	按隧道名称分目,并注明其形式
	1			××隧道	m	按明洞、洞门、洞身开挖、衬砌等分节
		1		洞门及明洞开挖	m³	
			1	挖土方	m³	
			2	挖石方	m³	
				……		
		2		洞门及明洞修筑	m³	
			1	洞门建筑	m³/座	
			2	明洞衬砌	m³/m	
			3	遮光棚(板)	m³/m	
			4	洞口坡面防护	m³	
			5	明洞回填	m³	
				……		

续表 5.1

项	目	节	细目	工程或费用名称	单位	备注
		3		洞身开挖	m^3/m	
			1	挖土石方	m^3	
			2	注浆小导管	m	
			3	管棚	m	
			4	锚杆	m	
			5	钢拱架(支撑)	t/榀	
			6	喷射混凝土	m^3	
			7	钢筋网	t	
				……		
		4		洞身衬砌	m^3	
			1	现浇混凝土	m^3	
			2	仰拱混凝土	m^3	
			3	管、沟混凝土	m^3	
				……		
		5		防水与排水	m^3	
			1	防水板	m^2	
			2	止水带、条	m	
			3	压浆	m^3	
			4	排水管	m	
				……		
		6		洞内路面	m^2	按不同的路面结构和厚度划分细目
			1	水泥混凝土路面	m^2	
			2	沥青混凝土路面	m^2	
				……		
		7		通风设施	m	按不同的设施划分细目
			1	通风机安装	台	
			2	风机启动柜洞门	个	
				……		
		8		消防设施	m	按不同的设施划分细目
			1	消防室洞门	个	
			2	通道防火闸门	个	
			3	蓄(集)水池	座	
			4	喷防火涂料	m^2	
				……		
		9		照明设施	m	按不同的设施划分细目
			1	照明灯具	m	
				……		
		10		供电设施	m	按不同的设施划分细目
		11		其他工程	m	按不同的内容划分细目
			1	卷帘门	个	
			2	检修门	个	
			3	洞身及洞门装饰	m^2	

续表 5.1

项	目	节	细目	工程或费用名称	单位	备注
				……		
	2			××隧道	m	
七				公路设施及预埋管线工程	公路千米	
	1			安全设施	公路千米	按不同的设施分节
		1		石砌护栏	m^3/m	
		2		钢筋混凝土防擅护栏	m^3/m	
		3		波形钢板护栏	m	按不同的形式划分细目
		4		隔离栅	km	按不同材料划分细目
		5		防护网	km	
		6		公路标线	km	按不同的类型划分细目
		7		轮廓标	根	
		8		防眩板	m	
		9		钢筋混凝土护柱	根/m	
		10		里程碑、百米桩、公路界碑	块	
		11		各类标志牌	块	按不同的规格和材料划分细目
		12		……		
	2			服务设施	公路千米	按不同的设施分节
		1		服务区	处	按不同的内容划分细目
		2		停车区	处	按不同的内容划分细目
		3		公共汽车停靠站	处	按不同的内容划分细目
	3			管理、养护设施	公路千米	按不同的设施分节
		1		收费系统设施	处	按不同的内容划分细目
			1	设备安装	公路千米	
			2	收费亭	个	
			3	收费天棚	m^2	
			4	收费岛	个	
			5	通道	m/道	
			6	预埋管线	m	
			7	架设管线	m	
				……		
		2		通信系统设施	公路千米	按不同的内容划分细目
			1	设备安装	公路千米	
			2	管道工程	m	
			3	人(手)孔	个	
			4	紧急电话平台	个	
				……		
		3		监控系统设施	公路千米	按不同的内容划分细目
			1	设备安装	公路千米	
			2	光(电)缆敷设	km	
				……		
		4		供电、照明系统设施	公路千米	按不同的内容划分细目
			1	设备安装	公路千米	

续表 5.1

项目	目	节	细目	工程或费用名称	单位	备注
				……		
		5		养护工区	处	按不同的内容划分细目
			1	区内道路	km	
				……		
	4			其他工程	公路千米	
			1	县出路台	m/处	
			2	渡口码头	处	
			3	辅道工程	km	
			4	支线工程	km	
			5	公路交工前养护费	km	按《公路基本建设工程概算、预算编制办法》附录一计算
八				绿化及环境保护工程	公路千米	
	1			撒播草种和铺植草皮	m²	按不同的内容分节
		1		撒播草种	m²	按不同的内容划分细目
		2		铺植草皮	m²	按不同的内容划分细目
		3		绿地喷灌管道	m	按不同的内容划分细目
	2			种植乔、灌木	株	按不同的内容分节
		1		种植乔木	株	按不同的树种划分细目
			1	高山榕	株	
			2	美人蕉	株	
				……		
		2		种植灌木	株	按不同的树种划分细目
			1	夹竹桃	株	
			2	月季	株	
				……		
		3		种植攀缘植物	株	按不同的树种划分细目
			1	爬山虎	株	
			2	葛藤	株	
				……		
		4		种植竹类植物	株	按不同的内容划分细目
		5		种植棕榈类植物	株	按不同的内容划分细目
		6		栽植绿篱	m	
		7		栽植绿色带	m²	
	3			声屏障	m	按不同的类型分节
		1		消声板声屏障	m	
		2		吸音砖声屏障	m³	
		3		砖墙声屏障	m³	
				……		
	4			污水处理	处	按不同的内容分节
	5			取、弃土场防护	m³	按不同的内容分节
				……		
九				管理、养护及服务房屋	m²	

续表 5.1

项	目	节	细目	工程或费用名称	单位	备注
	1			管理房屋	m²	
		1		收费站	m²	
		2		管理站	m²	
		3		……	m²	
	2			养护房屋	m²	按房屋名称分节
		1		……		
	3			服务房屋	m²	按房屋名称分节
		1		……		
				第二部分　设备及工具、器具购置费	公路千米	
一				设备购置费	公路千米	
	1			需安装的设备	公路千米	
		1		监控系统设备	公路千米	按不同设备分别计算
		2		通信系统设备	公路千米	按不同设备分别计算
		3		收费系统设备	公路千米	按不同设备分别计算
		4		供电照明系统设备	公路千米	按不同设备分别计算
	2			不需安装的设备	公路千米	
		1		监控系统设备	公路千米	按不同设备分别计算
		2		通信系统设备	公路千米	按不同设备分别计算
		3		收费系统设备	公路千米	按不同设备分别计算
		4		供电照明系统设备	公路千米	按不同设备分别计算
		5		养护设备	公路千米	按不同设备分别计算
二				工具、器具购置	公路千米	
三				办公及生活用家具购置	公路千米	
				第三部分　工程建设其他费用		
一				土地征用及拆迁补偿费	公路千米	
二				建设项目管理费	公路千米	
	1			建设单位(业主)管理费	公路千米	
	2			工程质量监督费	公路千米	
	3			工程监理费	公路千米	
	4			工程定额测定费	公路千米	
	5			设计文件审查费	公路千米	
	6			竣(交)工验收试验检测费	公路千米	
三				研究试验费	公路千米	
四				建设项目前期工作费	公路千米	
五				专项评价(估)费	公路千米	
六				施工机构迁移费	公路千米	
七				供电站费	公路千米	
八				联合试运转费	公路千米	
九				生产人员培训费	公路千米	
十				固定资产投资方向调节税	公路千米	
十一				建设期贷款利息	公路千米	
				第一、二、三部分费用合计	公路千米	

续表5.1

项目	节	细目	工程或费用名称	单位	备注
			预备费	元	
			1.价差预备费	元	
			2.基本预备费	元	预算实行包干时列系数包干费
			概(预)算总金额	元	
			其中,回收金额	元	
			公路基本造价	公路千米	

5.1.3 公路工程建设各项费用的计算程序及计算方式

公路工程建设各项费用的计算程序及计算方式见表5.2。

表5.2 公路工程建设各项费用的计算程序及计算方式

代号	项目	说明及计算式
(一)	直接工程费(即工、料、机费)	按编制工程所在地的预算价格计算。
(二)	其他工程费	(一)×其他工程费综合费率或各类工程人工费和机械费之和×其他工程费综合费率
(三)	直接费	(一)+(二)
(四)	间接费	各类工程人工费×规费综合费率+(三)×企业管理费综合费率
(五)	利润	[(三)+(四)-规费]×利润率
(六)	税金	[(三)+(四)+(五)]×综合税率
(七)	建筑安装工程费	(三)+(四)+(五)+(六)
(八)	设备、工具、器具购置费(包括备品备件)	Σ(设备、工具、器具购置数量×单价+运杂费)×(1+采购保管费率)
	办公及生活用家具购置费	按有关规定计算
(九)	工程建设其他费用	
	土地征用及拆迁补偿费	按有关规定计算
	建设单位(业主)管理费	(七)×费率
	工程质量监督费发	(七)×费率
	工程监理费	(七)×费率
	工程定额测定费	(七)×费率
	竣(交)工验收试验检测费	按有关规定计算
	研究试验费	按批准的计划编制
	前期工作费	按有关规定计算
	专项评价(估)费	按有关规定计算
	施工机械迁移费	按实计算
	供电站费	按有关规定计算
	联合试动转费	(七)×费率
	生产人员培训费	按有关规定计算
	固定资产投资方向调节税	按有关规定计算
	建设期贷款利息	按实际货款数及利率计算
(十)	预备费	包括价差预备费和基本预备费两项
	价差预备费	按规定定的公式计算
	基本预备费	[(七)+(八)+(九)-固定资产投资方向调节税-建设期贷款利息]×费率
	预备费中施工图预算包干系数	[(三)+(四)]×费率
(十一)	建设项目总费用	(七)+(八)+(九)+(十)

5.2 建筑安装工程费

建筑安装工程费包括直接费、间接费、利润及税金。

其他工程费及间接费取费标准的工程类别划分如下：

(1) 人工土方。系指人工施工的路基、改河等土方工程，以及人工施工的砍树、挖根、除草、平整场地、挖盖山土等工程项目，并适用于无路面的便道工程。

(2) 机械土方。系指机械施工的路基、改河等土方工程，以及机械施工的砍树、挖根、除草等工程项目。

(3) 汽车运输。系指汽车、拖拉机、机动翻斗车等运送的路基、改河土(石)方、路面基层和面层混合料、水泥混凝土及预制构件、绿化苗木等。

(4) 人工石方。系指人工施工的路基、改河等石方工程，以及人工施工的挖盖山石项目。

(5) 机械石方。系指机械施工的路基、改河等石方工程(机械打眼即属机械施工)。

(6) 高级路面。系指沥青混凝土路面、厂拌沥青碎石路面和水泥混凝土路面的面层。

(7) 其他路面。系指除高级路面以外的其他路面面层，各等级路面的基层、底基层、垫层、透层、黏层、封层，采用结合料稳定的路基和软土等特殊路基处理等工程，以及有路面的便道工程。

(8) 构造物I。系指无夜间施工的桥梁、涵洞、防护(包括绿化)及其他工程，交通工程及沿线设施工程[设备安装及金属标志牌、防撞钢护栏、防眩板(网)、隔离栅、防护网除外]，以及临时工程中的便桥、电力电信线路、轨道铺设等工程项目。

(9) 构造物II。系指有夜间施工的桥梁工程。

(10) 构造物III。系指商品混凝土(包括沥青混凝土和水泥混凝土)的浇筑和外购构件及设备的安装工程。商品混凝土和外购构件及设备的费用不作为其他工程费和间接费的计算基数。

(11) 技术复杂大桥。系指单孔跨径在 120 m 以上(含 120 m)和基础水深在 10 m 以上(含 10 m)的大桥主桥部分的基础、下部和上部工程。

(12) 隧道。系指隧道工程的洞门及洞内土建工程。

(13) 钢材及钢结构。系指钢桥及钢索吊桥的上部构造，钢沉井、钢围堰、钢套箱及钢护筒等基础工程，钢索塔，钢锚箱，钢筋及预应力钢材，模数式及橡胶板式伸缩缝，钢盆式橡胶支座，四氟板式橡胶支座，金属标志牌、防撞钢护栏、防眩板(网)、隔离栅、防护网等工程项目。

购买路基填料的费用不作为其他工程费和间接费的计算基数。

5.2.1 直接费

直接费由直接工程费和其他工程费组成。

1. 直接工程费

直接工程费是施工过程中耗费的构成工程实体和有助于工程形成的各项费用，包括人工费、材料费、施工机械使用费。

(1) 人工费。人工费系指列入概、预算定额的直接从事建筑安装工程施工的生产工人开支的各项费用，包括以下内容：

1）基本工资。系指发放给生产工人的基本工资、流动施工津贴和生产工人劳动保护费，以及为职工缴纳的养老、失业、医疗保险费和住房公积金等。

生产工人劳动保护费系指按国家有关部门规定标准发放的劳动保护用品的购置费及修理费、徒工服装补贴、防暑降温费、在有碍身体健康环境中施工的保健费用等。

2）工资性补贴。系指按规定标准发放的物价补贴，煤、燃气补贴，交通费补贴，地区津贴等。

3）生产工人辅助工资。系指生产工人年有效施工天数以外非作业天数的工资，包括开会和执行必要的社会义务时间的工资，职工学习、培训期间的工资，调动工作、探亲、休假期间的工资，因气候影响停工期间的工资，女工哺乳期间的工资，病假在6个月以内的工资及产、婚、丧假期的工资。

4）职工福利费。系指按国家规定标准计提的职工福利费，人工费以概、预算定额人工工日数乘以每工日人工费计算。公路工程生产工人每工日人工费按如下公式计算：

$$人工费(元/工日) = [基本工资(元/月) + 地区生活补贴(元/月) + 工资性津贴(元/月)] \times (1 + 14\%) \times 12月 \div 240工日 \tag{5.1}$$

式中 生产工人基本工资——按不低于工程所在地政府主管部门发布的最低工资标准的1.2倍计算；

地区生活补贴 – 指国家规定的边远地区生活补贴、特区补贴；

工资性津贴 – 指物价补贴，煤、燃气补贴，交通费补贴等。

以上各项标准由各省、自治区、直辖市公路（交通）工程造价（定额）管理站根据当地人民政府的有关规定核定后公布执行，并抄送交通部公路司备案。并应根据最低工资标准的变化情况及时调整公路工程生产工人工资标准。

人工费单价仅作为编制概、预算的依据，不作为施工企业实发工资的依据。

（2）材料费。材料费系指施工过程中耗用的构成工程实体的原材料、辅助材料、构（配）件、零件、半成品、成品的用量和周转材料的摊销量，按工程所在地的材料预算价格计算的费用。

材料预算价格由材料原价、运杂费、场外运输损耗、采购及仓库保管费组成。

$$材料预算价格 = (材料原价 + 运杂费) \times (1 + 场外运输损耗率) \times (1 + 采购及保管费率) - 包装品回收价值 \tag{5.2}$$

1）材料原价。各种材料原价按以下规定计算：

外购材料：国家或地方的工业产品，按工业产品出厂价格或供销部门的供应价格计算，并根据情况加计供销部门手续费和包装费。如供应情况、交货条件不明确时，可采用当地规定的价格计算。

地方性材料：地方性材料包括外购的砂、石材料等，按实际调查价格或当地主管部门规定的预算价格计算。

自采材料：自采的砂、石、黏土等材料，按定额中开采单价加辅助生产间接费和矿产资源税（如有）计算。

材料原价应按实计取。各省、自治区、直辖市公路（交通）工程造价（定额）管理站应通过调查，编制本地区的材料价格信息，供编制概、预算使用。

2）运杂费。运杂费系指材料自供应地点至工地仓库（施工地点存放材料的地方）的运杂费用，包括装卸费、运费，如果发生，还应计囤存费及其他杂费（如过磅、标签、支撑加固、路桥通行等费用)。

通过铁路、水路和公路运输部门运输的材料,按铁路、航运和当地交通部门规定的运价计算运费。

施工单位自办的运输,单程运距15 km以上的长途汽车运输按当地交通部门规定的统一运价计算运费;单程运距5~15 km的汽车运输按当地交通部门规定的统一运价计算运费,当工程所在地交通不便、社会运输力量缺乏时,如边远地区和某些山岭区,允许按当地交通部门规定的统一运价加50%计算运费;单程运距5km及以内的汽车运输以及人力场外运输,按预算定额计算运费,其中人力装卸和运输另按人工费加计辅助生产间接费。

一种材料如有两个以上的供应点时,都应根据不同的运距、运量、运价采用加权平均的方法计算运费。

由于预算定额中汽车运输台班已考虑工地便道特点,以及定额中已计入了"工地小搬运"项目,因此平均运距中汽车运输便道里程不得乘调整系数,也不得在工地仓库或堆料场之外再加场内运距或二次倒运的运距。

有容器或包装的材料及长大轻浮材料,应按表5.3规定的毛重计算。桶装沥青、汽油、柴油按每吨摊销一个旧汽油桶计算包装费(不计回收)。

表5.3 材料毛重系数及单位毛重表

材料名称	单位	毛重系数	单位毛重
爆破材料	t	1.35	—
水泥、块状沥青	t	1.01	—
铁钉、铁件、焊条	t	1.10	—
液体沥青、液体燃料、水	t	桶装1.17,油罐车装1.00	—
木料	m³	—	1.000 t
草袋	个	—	0.004 t

3)场外运输损耗。场外运输损耗系指有些材料在正常的运输过程中发生的损耗,这部分损耗应摊入材料单价内。材料场外运输操作损耗率见表5.4。

表5.4 材料场外运输操作损耗率表/%

材料名称		场外运输(包括一次装卸)	每增加一次装卸
块状沥青		0.5	0.2
石屑、碎砾石、砂砾、煤渣、工业废渣、煤		1.0	0.4
砖、瓦、桶装沥青、石灰、黏土		3.0	1.0
草皮		7.0	3.0
水泥(袋装、散装)		1.0	0.4
砂	一般地区	2.5	1.0
	多风地区	5.0	2.0

注:汽车运水泥,如运距超过500 km时,增加损耗率:袋装0.5%。

4)采购及保管费。材料采购及保管费系指材料供应部门(包括工地仓库以及各级材料管理部门)在组织采购、供应和保管材料过程中,所需的各项费用及工地仓库的材料储存损耗。

材料采购及保管费,以材料的原价加运杂费及场外运输损耗的合计数为基数,乘以采购保管费率计算。材料的采购及保管费费率为2.5%。

外购的构件、成品及半成品的预算价格,其计算方法与材料相同,但构件(如外购的钢桁梁、钢筋混凝土构件及加工钢材等半成品)的采购保管费率为1%。

商品混凝土预算价格的计算方法与材料相同,但其采购保管费率为0。

(3)施工机械使用费。施工机械使用费系指列入概、预算定额的施工机械台班数量,按相应的机械台班费用定额计算的施工机械使用费和小型机具使用费。

施工机械台班预算价格应按交通部公布的现行《公路工程机械台班费用定额》(JTG/T B06—03)计算,台班单价由不变费用和可变费用组成。不变费用包括折旧费、大修理费、经常修理费、安装拆卸及辅助设施费等;可变费用包括机上人员人工费、动力燃料费、养路费及车船使用税。可变费用中的人工工日数及动力燃料消耗量,应以机械台班费用定额中的数值为准。台班人工费工日单价同生产工人人工费单价。动力燃料费用则按材料费的计算规定计算。

当工程用电为自行发电时,电动机械每千瓦时(度)电的单价可由下述近似公式计算:

$$A = 0.24 \frac{K}{N} \tag{5.3}$$

式中 A——每千瓦时电单价(元);
K——发电机组的台班单价(元);
N——发电机组的总功率(kw)。

2. 其他工程费

其他工程费系指直接工程费以外施工过程中发生的直接用于工程的费用。内容包括冬季施工增加费、雨季施工增加费、夜间施工增加费、特殊地区施工增加费、行车干扰工程施工增加费、安全及文明施工措施费、临时设施费、施工辅助费、工地转移费等九项。公路工程中的水、电费及因场地狭小等特殊情况而发生的材料二次搬运等其他工程费已包括在概、预算定额中,不再另计。

(1)冬季施工增加费。冬季施工增加费系指按照公路工程施工及验收规范所规定的冬季施工要求,为保证工程质量和安全生产所需采取的防寒保温设施、工效降低和机械作业率降低以及技术操作过程的改变等所增加的有关费用

冬季施工增加费包括以下内容:
1)因冬季施工所需增加的一切人工、机械与材料的支出。
2)施工机具所需修建的暖棚(包括拆、移),增加油脂及其他保温设备费用。
3)因施工组织设计确定,需增加的一切保温、加温及照明等有关支出。
4)与冬季施工有关的其他各项费用,如清除工作地点的冰雪等费用。

冬季气温区的划分是根据气象部门提供的满15年以上的气温资料确定的。每年秋冬第一次连续5天出现室外日平均温度在5℃以下、日最低温度在-3℃以下的第一天算起,至第二年春夏最后一次连续5天出现同样温度的最末一天为冬季期。冬季期内平均气温在-1℃以上者为冬一区,-4~-1℃者为冬二区,-7~-4℃者为冬三区,-10~-7℃者为冬四区,-14~-10℃者为冬五区,-14℃以下者为冬六区。冬一区内平均气温低于0℃的连续天数在70天以内的为Ⅰ副区,70天以上的为Ⅱ副区;冬二区内平均气温低于0℃的连续天数在100天以内的为Ⅰ副区,100天以上的为Ⅱ副区。

气温高于冬一区,但砖石、混凝土工程施工需采取一定措施的地区为准冬季区。准冬季区分两个副区,简称准一区和准二区。凡一年内日最低气温在0℃以下的天数多于20天,日平均气温在0℃以下的天数少于15天的为准一区,多于15天的为准二区。

全国冬季施工气温区划分见附录1。若当地气温资料与附录1中划定的冬季气温区划分有较大出入时,可按当地气温资料及上述划分标准确定工程所在地的冬季气温区。

冬季施工增加费的计算方法,是根据各类工程的特点,规定各气温区的取费标准。为了简化计算手续,采用全年平均摊销的方法,即不论是否在冬季施工,均按规定的取费标准计取冬季施工增加费。一条路线穿过两个以上的气温区时,可分段计算或按各区的工程量比例求得全线的平均增加率,计算冬季施工增加费。

冬季施工增加费以各类工程的直接工程费之和为基数,按工程所在地的气温区选用表5.5的费率计算。

(2)雨季施工增加费。雨季施工增加费系指雨季期间施工为保证工程质量和安全生产所需采取的防雨、排水、防潮和防护措施,工效降低和机械作业率降低以及技术作业过程的改变等,所需增加的有关费用。

表5.5 冬季施工增加费费率表/%

工程类别	冬季期平均气温/℃								准一区	准二区
	-1以上		-4~-1		-7~-4	-10~-7	-14~-10	-14以下		
	冬一区		冬二区		冬三区	冬四区	冬五区	冬六区		
	Ⅰ	Ⅱ	Ⅰ	Ⅱ						
人工土方	0.28	0.44	0.59	0.76	1.44	2.05	3.07	4.61	—	—
机械土方	0.43	0.67	0.931	1.17	2.21	3.14	4.71	7.07	—	—
汽车运输	0.08	0.12	0.17	0.21	0.40	0.56	0.84	1.27	—	—
人工石方	0.06	0.10	0.13	0.15	0.30	0.44	0.65	0.98	—	—
机械石方	0.08	0.13	0.18	0.21	0.42	0.61	0.91	1.37	—	—
高级路面	0.37	0.52	0.72	0.81	1.48	2.00	3.00	4.50	0.06	0.16
其他路面	0.11	0.20	0.29	0.37	0.62	0.80	1.20	1.80	—	—
构造物Ⅰ	0.34	0.49	0.66	0.75	1.36	1.84	2.76	4.14	0.06	0.15
构造物Ⅱ	0.42	0.60	0.81	0.92	1.67	2.27	3.40	5.10	0.08	0.19
构造物Ⅲ	0.83	1.18	1.60	1.81	3.29	4.46	6.69	10.03	0.15	0.37
技术复杂大桥	0.48	0.68	0.93	1.05	1.91	2.58	3.87	5.81	0.08	0.21
隧道	0.10	0.19	0.27	0.35	0.58	0.75	1.12	1.69	—	—
钢材及钢结构	0.02	0.05	0.07	0.09	0.15	0.19	0.29	0.43	—	—

雨季施工增加费包括以下内容:

1)因雨季施工所需增加的工、料、机费用的支出,包括工作效率的降低及易被雨水冲毁的工程所增加的工作内容等(如基坑坍塌和排水沟等堵塞的清理、路基边坡冲沟的填补等)。

2)路基土方工程的开挖和运输,因雨季施工(非土壤中水影响)而引起的黏附工具,降低工效所增加的费用。

3)因防止雨水必须采取的防护措施的费用,如挖临时排水沟,防止基坑坍塌所需的支撑、挡板等费用。

4)材料因受潮、受湿的耗损费用。

5)增加防雨、防潮设备的费用。

6)其他有关雨季施工所需增加的费用,如因河水高涨致使工作困难而增加的费用等。

雨量区和雨季期的划分,是根据气象部门提供的满15年以上的降雨资料确定的。凡月平均降雨天数在10天以上,月平均日降雨量在3.5~5 mm之间者为Ⅰ区,月平均日降雨量在5 mm以上者为Ⅱ区。全国雨季施工雨量区及雨季期的划分见附录2。若当地气象资料与附录2所划定的雨量区及雨季期出入较大时,可按当地气象资料及上述划分标准确定工程所在地的雨量区及雨季期。

雨季施工增加费的计算方法,是将全国划分为若干雨量区和雨季期,并根据各类工程的特点规定各雨量区和雨季期的取费标准,采用全年平均摊销的方法,即不论是否在雨季施工,均按规定的取费标准计取雨季施工增加费。

一条路线通过不同的雨量区和雨季期时,应分别计算雨季施工增加费或按工程量比例求得平均的增加率,计算全线雨季施工增加费。

雨季施工增加费以各类工程的直接工程费之和为基数,按工程所在地的雨量区、雨季期选用表5.6的费率计算。

表5.6 雨季施工增加费费率表/%

雨季期/月数 雨量区 工程类别	1 I	1.5 I	2 I	2 II	2.5 I	2.5 II	3 I	3 II	3.5 I	3.5 II	4 I	4 II	4.5 I	4.5 II	5 I	5 II	6 I	6 II	7 II	8 II
人工土方	0.04	0.05	0.07	0.11	0.09	0.13	0.11	0.15	0.13	0.17	0.15	0.20	0.17	0.23	0.19	0.26	0.21	0.31	0.36	0.42
机械土方	0.04	0.05	0.07	0.11	0.09	0.13	0.11	0.15	0.13	0.17	0.15	0.20	0.17	0.23	0.19	0.27	0.22	0.32	0.37	0.43
汽车运输	0.04	0.05	0.07	0.11	0.09	0.13	0.11	0.15	0.13	0.19	0.15	0.20	0.17	0.23	0.19	0.27	0.22	0.32	0.37	0.43
人工石方	0.02	0.03	0.05	0.07	0.06	0.09	0.07	0.11	0.08	0.13	0.09	0.15	0.10	0.17	0.12	0.16	0.15	0.23	0.27	0.32
机械石方	0.03	0.04	0.05	0.07	0.06	0.08	0.07	0.10	0.08	0.14	0.09	0.19	0.11	0.22	0.18	0.25	0.20	0.29	0.34	0.39
高级路面	0.03	0.04	0.06	0.08	0.09	0.13	0.10	0.15	0.12	0.18	0.14	0.16	0.16	0.22	0.18	0.25	0.20	0.29	0.34	0.39
其他路面	0.03	0.04	0.06	0.08	0.08	0.12	0.09	0.14	0.10	0.16	0.12	0.18	0.14	0.21	0.16	0.24	0.19	0.28	0.32	0.37
构造物I	0.03	0.04	0.05	0.08	0.06	0.09	0.07	0.11	0.08	0.13	0.09	0.15	0.12	0.17	0.14	0.19	0.16	0.23	0.27	0.31
构造物II	0.03	0.04	0.05	0.08	0.07	0.10	0.08	0.12	0.09	0.14	0.11	0.16	0.13	0.18	0.15	0.21	0.17	0.25	0.30	0.34
构造物III	0.06	0.08	0.11	0.17	0.14	0.21	0.17	0.22	0.20	0.30	0.23	0.35	0.27	0.40	0.31	0.45	0.35	0.52	0.60	0.69
技术复杂大桥	0.03	0.05	0.07	0.10	0.08	0.12	0.10	0.14	0.12	0.16	0.14	0.19	0.16	0.22	0.18	0.25	0.20	0.29	0.34	0.39
隧道	—	—	—	—	—	—	—	—	—	—	—	—	—	—	—	—	—	—	—	—
钢材及钢结构	—	—	—	—	—	—	—	—	—	—	—	—	—	—	—	—	—	—	—	—

室内管道及设备安装工程不计雨季施工增加费。

(3)夜间施工增加费。夜间施工增加费系指根据设计、施工的技术要求和合理的施工进度要求,必须在夜间连续施工而发生的工效降低、夜班津贴以及有关照明设施(包括所需照明设施的安拆、摊销、维修及油燃料、电)等增加的费用。

夜间施工增加费按夜间施工工程项目(如桥梁工程项目包括上、下部构造全部工程)的直接工程费之和为基数,按表5.7的费率计算。

表5.7 夜间施工增加费费率表/%

工程类别	费率	工程类别	费率
构造物I	0.35	技术复杂大桥	0.35
构造物II	0.70	钢材及钢结构	0.35

注:设备安装工程及金属标志牌、防撞钢护栏、防眩板(网)、隔离栅、防护网等不计夜间施工增加费。

(4)特殊地区施工增加费。特殊地区施工增加费包括高原地区施工增加费、风沙地区施工增加费和沿海地区施工增加费三项。

1)高原地区施工增加费。高原地区施工增加费系指在海拔高度 1 500 m 以上地区施工,由于受气候、气压的影响,致使人工、机械效率降低而增加的费用。该费用以各类工程人工费和机械使用费之和为基数,按表 5.8 的费率计算。

表 5.8 高原地区施工增加费费率表/%

工程类别	海拔高度/m							
	1501~2000	2001~2005	2501~3000	3001~3500	3501~4000	4001~4500	4501~5000	5000 以上
人工土方	7.00	13.25	19.25	29.75	43.25	60.00	80.00	110.00
机械土方	6.56	12.60	18.66	25.60	36.05	49.08	64.72	83.80
汽车运输	6.50	12.50	18.50	25.00	35.00	47.50	62.50	80.00
人工石方	7.00	13.25	19.75	29.75	43.25	60.00	80.00	110.00
机械石方	6.71	12.82	19.03	27.01	38.50	52.80	69.92	92.72
高级路面	6.58	12.61	18.69	25.72	36.26	49.41	65.17	84.58
其他路面	6.73	12.84	19.07	27.15	38.74	53.17	70.44	93.60
构造物Ⅰ	6.87	13.06	17.44	28.56	41.18	56.86	75.61	102.47
构造物Ⅱ	6.77	12.90	19.17	27.54	39.41	54.18	71.85	96.03
构造物Ⅲ	6.73	12.85	19.08	27.19	38.81	53.27	70.57	93.84
技术复杂大桥	6.70	12.81	19.01	26.94	38.37	52.61	69.65	92.27
隧道	6.76	12.90	19.16	27.50	39.35	54.09	71.72	95.81
钢材及钢结构	6.78	12.92	19.20	27.66	393.62	54.50	72.30	96.80

一条路线通过两个以上(含两个)不同的海拔高度分区时,应分别计算高原地区施工增加费或按工程量比例求得平均的增加率,计算全线高原地区施工增加费。

2)风沙地区施工增加费。风沙地区施工增加费系指在沙漠地区施工时,由于受风沙影响,按照施工及验收规范的要求,为保证工程质量和安全生产而增加的有关费用。内容包括防风、防沙及气候影响的措施费,材料费,人工、机械效率降低增加的费用,以及积沙、风蚀的清理修复等费用。

风沙地区的划分,根据《公路自然区划标准》、"沙漠地区公路建设成套技术研究报告"的公路自然区划和沙漠公路区划,结合风沙地区的气候状况将风沙地区分为三区九类:半干旱、半湿润沙地为风沙一区,干旱、极干旱寒冷沙漠地区为风沙二区,极干旱炎热沙漠地区为风沙三区;根据覆盖度(沙漠中植被、戈壁等覆盖程度)又将每区分为固定沙漠(覆盖度>50%)、半固定沙漠(覆盖度10%~50%)、流动沙漠(覆盖度<10%)三类,覆盖度由工程勘察设计人员在公路工程勘察设计时确定。

全国风沙地区公路施工区划见附录3。若当地气象资料及自然特征与附录3中的风沙地区划分有较大出入时,由工程所在省、自治区、直辖市公路(交通)工程造价(定额)管理站按当地气象资料和自然特征及上述划分标准确定工程所在地的风沙区划,并抄送交通部公路司备案。

一条路线穿过两个以上(含两个)不同风沙区时,按路线长度经过不同的风沙区加权计算项目全线风沙地区施工增加费。

风沙地区施工增加费以各类工程的人工费和机械使用费之和为基数,根据工程所在地的风沙区划及类别,按表5.9的费率计算。

表5.9 风沙地区施工增加费费率表/%

风沙区划 工程类别	风沙一区			风沙二区			风沙三区		
	沙漠类型								
	固定	半固定	流动	固定	半固定	流动	固定	半固定	流动
人工土方	6.00	11.00	18.00	7.00	17.00	26.00	11.00	24.00	37.00
机械土方	4.00	7.00	12.00	5.00	11.00	17.00	7.00	15.00	24.00
汽车运输	4.00	8.00	13.00	5.00	12.00	18.00	8.00	17.00	26.00
人工石方	—	—	—	—	—	—	—	—	—
机械石方	—	—	—	—	—	—	—	—	—
高级路面	0.50	1.00	2.00	1.00	2.00	3.00	2.00	3.00	5.00
其他路面	2.00	4.00	7.00	3.00	7.00	10.00	4.00	10.00	15.00
构造面Ⅰ	4.00	7.00	12.00	5.00	11.00	17.00	7.00	16.00	24.00
构造面Ⅱ	—	—	—	—	—	—	—	—	—
构造面Ⅲ	—	—	—	—	—	—	—	—	—
技术复杂大桥	—	—	—	—	—	—	—	—	—
隧道	—	—	—	—	—	—	—	—	—
钢材及钢结构	1.00	2.00	4.00	1.00	3.00	5.00	2.00	5.00	7.00

3)沿海地区工程施工增加费。沿海地区工程施工增加费系指工程项目在沿海地区施工受海风、海浪和潮汐的影响,致使人工、机械效率降低等所需增加的费用。本项费用由沿海各省、自治区、直辖市交通厅(局)制定具体的适用范围(地区),并抄送交通部公路司备案。

沿海地区工程施工增加费以各类工程的直接工程费之和为基数,按表5.10的费率计算。

表5.10 沿海地区工程施工增加费费率表/%

工程类别	费率	工程类别	费率
构造物Ⅱ	0.15	技术复杂大桥	0.15
构造物Ⅲ	0.15	钢材及钢结构	0.15

(5)行车干扰工程施工增加费

行车干扰工程施工增加费系指由边施工边维持通车,受行车干扰的影响,致使人工、机械使用费之和为基数,按表5.11的费率计算。

表5.11 沿海地区工程施工增加费费率表/%

工程类别	施工期间平均每尽量夜双向行车次数(汽车、畜力车合计)							
	51~100	101~500	501~1000	1001~2000	2001~3000	3001~4000	4001~5000	5000以上
人工土方	1.64	2.46	3.28	4.10	4.76	5.29	5.86	6.44
机械土方	1.39	2.19	3.00	3.89	4.51	5.02	5.56	6.11
汽车运输	1.36	2.09	2.85	3.75	4.35	4.84	5.36	5.89
人工石方	1.66	2.40	3.33	4.06	4.71	5.24	5.81	6.37
机械石方	1.16	1.71	2.38	3.19	3.70	4.12	4.56	5.01
高级路面	1.24	1.87	2.50	3.11	3.61	4.01	4.45	4.88
其他路面	1.17	1.77	2.36	2.94	3.41	3.79	4.20	4.62
构造物Ⅰ	0.94	1.41	1.89	2.36	2.74	3.04	3.37	3.71
构造物Ⅱ	0.95	1.43	1.90	2.37	2.75	3.06	3.39	3.72
构造物Ⅲ	0.95	1.42	1.90	2.37	2.75	3.05	3.38	3.72
技术复杂大桥	—	—	—	—	—	—	—	—
隧道	—	—	—	—	—	—	—	—
钢材及钢结构	—	—	—	—	—	—	—	—

(6)安全及文明施工措施费。安全及文明施工措施费系指工程施工期间为满足安全生产、文明施工、职工健康生活所发生的费用。该费用不包括施工期间为保证交通安全而设置的临时安全设施和标志、标牌的费用,需要时,应根据设计要求计算。安全及文明施工措施费以各类工程的直接工程费之和为基数,按表5.12的费率计算。

表5.12 安全及文明施工措施费费率表/%

工程类别	费率	工程类别	费率
人工土方	0.59	构造物Ⅰ	0.72
机械土方	0.59	构造物Ⅱ	0.78
汽车运输	0.21	构造物Ⅲ	1.57
人工石方	0.59	技术复杂大桥	0.86
机械石方	0.59	隧道	0.73
高级路面	1.00	钢材及钢结构	0.53
其他路面	0.02		

注:设备安装工程按表中费率的50%计算。

(6)临时设施费。临时设施费系指施工企业为进行建筑安装工程施工所必需的生活和生产用的临时建筑物、构筑物和其他临时设施的费用等,但不包括概、预算定额中临时工程在内。

临时设施包括临时生活及居住房屋(包括职工家属房屋及探亲房屋)、文化福利及公用房屋(如广播室、文体活动室等)和生产、办公房屋(如仓库、加工厂、加工棚、发电站、变电站、空压机站、停机棚等),工地范围内的各种临时的工作便道(包括汽车、畜力车、人力车道)、人行便道,工地临时用水、用电的水管支线和电线支线,临时构筑物(如水井、水塔等)以及其他小型临时设施。

临时设施费用内容包括临时设施的搭设、维修、拆除费或摊销费。

临时设施费以各类工程的直接工程费之和为基数,按表5.13的费率计算。

表5.13 临时设施费费率表/%

工程类别	费率	工程类别	费率
人工土方	1.57	构造物Ⅰ	2.65
机械土方	1.42	构造物Ⅱ	3.14
汽车运输	0.92	构造物Ⅲ	5.81
人工石方	1.60	技术复杂大桥	2.92
机械石方	1.97	隧道	2.57
高级路面	1.92	钢材及钢结构	2.48
其他路面	1.87		

(7)施工辅助费。施工辅助费包括生产工具用具使用费、检验试验费和工程定位复测、工程点交、场地清理等费用。

生产工具用具使用费系指施工所需不属于固定资产的生产工具、检验用具、试验用具及仪器、仪表等的购置、摊销和维修费,以及支付给生产工人自备工具的补贴费。

检验试验费系指施工企业对建筑材料、构件和建筑安装工程进行一般鉴定、检查所发生的费用,包括自设试验室进行试验所耗用的材料和化学药品的费用,以及技术革新和研究试验费,但不包括新结构、新材料的试验费和建设单位要求对具有出厂合格证明的材料进行检验、对构件进行破坏性试验及其他特殊要求检验的费用。

施工辅助费以各类工程的直接工程费之和为基数,按表 5.14 的费率计算。

表 5.14　施工辅助费费率表/%

工程类别	费率	工程类别	费率
人工土方	0.89	构造物 I	1.30
机械土方	0.49	构造物 II	1.56
汽车运输	0.14	构造物 III	3.03
人工石方	0.85	技术复杂大桥	1.68
机械石方	0.46	隧道	1.23
高级路面	0.80	钢材及钢结构	0.56
其他路面	0.74		

(8)工地转移费。工地转移费系指施工企业根据建设任务的需要,由已竣工的工地或后方基地迁至新工地的搬迁费用。其中包括以下内容:

1)施工单位全体职工及随职工迁移的家属向新工地转移的车费、家具行李运费、途中住宿费、行程补助费、杂费及工资与工资附加费等。

2)公物、工具、施工设备器材、施工机械的运杂费,以及外租机械的往返费及本工程内部各工地之间施工机械、设备、公物、工具的转移费等。

3)非固定工人进退场及一条路线中各工地转移的费用。工地转移费以各类工程的直接工程费之和为基数,按表 5.15 的费率计算。

表 5.15　工地转移费费率表/%

工程类别	工地转移距离/km					
	50	100	300	500	1 000	每增加 100
人工土方	0.15	0.21	0.32	0.43	0.56	0.03
机械土方	0.50	0.67	1.05	1.37	1.82	0.08
汽车运输	0.31	0.40	0.62	0.82	1.07	0.05
人工石方	0.16	0.22	0.33	0.45	0.58	0.03
机械石方	0.36	0.43	0.74	0.97	1.28	0.06
高级路面	0.61	0.83	1.30	1.70	2.27	0.12
其他路面	0.56	0.75	1.18	1.54	2.06	0.10
构造物 I	0.56	0.75	1.18	1.54	2.06	0.11
构造物 II	0.66	0.89	1.40	1.83	2.45	0.13
构造物 III	1.31	1.77	2.77	3.62	4.85	0.25
技术复杂大桥	0.75	1.01	1.58	2.06	2.76	0.14
隧道	0.52	0.71	1.11	1.45	1.94	0.10
钢材及钢结构	0.72	0.97	1.51	1.97	2.64	0.13

转移距离以工程承包单位(例如工程处、工程公司等)转移前后驻地距离或两路线中点的距离为准;编制概(预)算时,如施工单位不明确时,高速、一级公路及独立大桥、隧道按省会(自治区首府)至工地的里程,二级及以下公路按地区(市、盟)至工地的里程计算工地转移费;工地转移里程数在表列里程之间时,费率可内插计算。工地转移距离在 50 km 以内的工程不计取本项费用。

5.2.2 间接费

间接费由规费和企业管理费两项组成。

1. 规费

规费系指法律、法规、规章、规程规定施工企业必须缴纳的费用(简称规费),包括以下内容:

(1)养老保险费。系指施工企业按规定标准为职工缴纳的基本养老保险费。

(2)失业保险费。系指施工企业按国家规定标准为职工缴纳的失业保险费。

(3)医疗保险费。系指施工企业按规定标准为职工缴纳的基本医疗保险费和生育保险费。

(4)住房公积金。系指施工企业按规定标准为职工缴纳的住房公积金。

(5)工伤保险费。系指施工企业按规定标准为职工缴纳的工伤保险费。

各项规费以各类工程的人工费之和为基数,按国家或工程所在地法律、法规、规章、规程规定的标准计算。

2. 企业管理费

企业管理费由基本费用、主副食运费补贴、职工探亲路费、职工取暖补贴和财务费用五项组成。

(1)基本费用。企业管理费基本费用系指施工企业为组织施工生产和经营管理所需的费用,包括以下内容:

1)管理人员工资。系指管理人员的基本工资、工资性补贴、职工福利费、劳动保护费以及缴纳的养老、失业、医疗、生育、工伤保险费和住房公积金等。

2)办公费。系指企业办公用的文具、纸张、账表、印刷、邮电、书报、会议、水、电、烧水和集体取暖(包括现场临时宿舍取暖)用煤(气)等费用。

3)差旅交通费。系指职工因公出差和工作调动(包括随行家属的旅费)的差旅费、住勤补助费,市内交通费和误餐补助费,职工探亲路费,劳动力招募费,职工离退休、退职一次性路费,工伤人员就医路费,以及管理部门使用的交通工具的油料、燃料、养路费及牌照费。

4)固定资产使用费。系指管理和试验部门及附属生产单位使用的属于固定资产的房屋、设备、仪器等的折旧、大修、维修或租赁费等。

5)工具用具使用费。系指管理使用的不属于固定资产的生产工具、器具、家具、交通工具和检验、试验、测绘、消防用具等的购置、维修和摊销费。

6)劳动保险费。系指企业支付离退休职工的易地安家补助费、职工退职金、6个月以上的病假人员工资、职工死亡丧葬补助费、抚恤费、按规定支付给离休干部的各项经费。

7)工会经费。系指企业按职工工资总额计提的工会经费。

8)职工教育经费。系指企业为职工学习先进技术和提高文化水平,按职工工资总额计提的费用。

9)保险费。系指企业财产保险、管理用车辆等保险费用。

10)工程保修费。系指工程竣工交付使用后,在规定保修期以内的修理费用。

11)工程排污费。系指施工现场按规定缴纳的排污费用。

12)税金。系指企业按规定缴纳的房产税、车船使用税、土地使用税、印花税等。

13)其他。系指上述项目以外的其他必要的费用支出,包括技术转让费、技术开发费、业务招待费、绿化费、广告费、投标费、公证费、定额测定费、法律顾问费、审计费、咨询费等。

基本费用以各类工程的直接费之和为基数,按表 5.16 的费率计算。

表 5.16　基本费用费率表/%

工程类别	费率	工程类别	费率
人工土方	3.36	构造物Ⅰ	4.44
机械土方	3.26	构造物Ⅱ	5.53
汽车运输	1.44	构造物Ⅲ	9.79
人工石方	3.45	技术复杂大桥	4.72
机械石方	3.28	隧道	4.22
高级路面	1.91	钢材及钢结构	2.42
其他路面	3.28		

(2)主副食运费补贴。主副食运费补贴系指施工企业在远离城镇及乡村的野外施工购买生活必需品所需增加的费用。该费用以各类工程的直接费之和为基数,按表 5.17 的费率计算。

表 5.17　主副食运费补贴费率表/%

工程类别	综合里程/km										
	1	3	5	8	10	15	20	25	30	40	50	每增加10
人工土方	0.17	0.25	0.31	0.39	0.45	0.56	0.67	0.76	0.89	1.06	1.22	0.16
机械土方	0.13	0.19	0.24	0.30	0.35	0.43	0.52	0.59	0.69	0.81	0.95	0.13
汽车运输	0.14	0.20	0.25	0.32	0.37	0.45	0.55	0.62	0.73	0.86	1.00	0.14
人工石方	0.13	0.19	0.24	0.30	0.34	0.42	0.51	0.58	0.67	0.80	0.92	0.12
机械石方	0.12	0.18	0.22	0.28	0.33	0.41	0.49	0.55	0.65	0.76	0.89	0.12
高级路面	0.08	0.12	0.15	0.20	0.22	0.28	0.33	0.38	0.44	0.52	0.60	0.08
其他路面	0.09	0.12	0.15	0.20	0.22	0.28	0.33	0.38	0.44	0.52	0.61	0.09
构造物Ⅰ	0.13	0.18	0.23	0.28	0.32	0.40	0.49	0.55	0.65	0.76	0.89	0.12
构造物Ⅱ	0.14	0.20	0.25	0.30	0.35	0.43	0.52	0.60	0.70	0.83	0.96	0.13
构造物Ⅲ	0.25	0.36	0.45	0.55	0.64	0.79	0.96	1.09	1.28	1.51	1.76	0.24
技术复杂大桥	0.11	0.16	0.20	0.25	0.29	0.36	0.43	0.49	0.57	0.68	0.79	0.11
隧道	0.11	0.16	0.19	0.24	0.28	0.34	0.42	0.48	0.56	0.66	0.77	0.10
钢材及钢结构	0.11	0.16	0.20	0.26	0.30	0.37	0.44	0.50	0.59	0.69	0.80	0.11

$$综合里程 = 粮食运距 \times 0.06 + 燃料运距 \times 0.09 + 蔬菜运距 \times 0.15 + \\ 水运距 \times 0.70 \qquad (5.4)$$

粮食、燃料、蔬菜、水的运距均为全线平均运距;综合里程数在表列里程之间时,费率可内插;综合里程在 1 km 以内的工程不计取本项费用。

(3)职工探亲路费。职工探亲路费系指按照有关规定施工企业职工在探亲期间发生的往返车船费、市内交通费和途中住宿费等费用。该费用以各类工程的直接费之和为基数,按表 5.18 的费率计算。

表5.18 职工探亲路费费率表/%

工程类别	费率	工程类别	费率
人工土方	0.10	构造物Ⅰ	0.29
机械土方	0.26	构造物Ⅱ	0.34
汽车运输	0.14	构造物Ⅲ	0.55
人工石方	0.10	技术复杂大桥	0.20
机械石方	0.22	隧道	0.27
高级路面	0.14	钢材及钢结构	0.16
其他路面	0.16		

(4)职工取暖补贴。职工取暖补贴系指按规定发放给职工的冬季取暖费或在施工现场设置的临时取暖设施的费用。该费用以各类工程的直接费之和为基数,按工程所在地的气温区(附录1)选用表5.19的费率计算。

表5.19 职工取暖补贴费率表/%

工程类别	气温区						
	准二区	冬一区	冬二区	冬三区	冬四区	冬五区	冬六区
人工土方	0.03	0.06	0.10	0.15	0.17	0.26	0.31
机械土方	0.06	0.13	0.22	0.33	0.44	0.55	0.66
汽车运输	0.06	0.12	0.21	0.31	0.41	0.51	0.62
人工石方	0.03	0.06	0.10	0.15	0.17	0.25	0.31
机械石方	0.05	0.11	0.17	0.26	0.35	0.44	0.53
高级路面	0.04	0.07	0.13	0.19	0.25	0.31	0.38
其他路面	0.04	0.07	0.12	0.18	0.24	0.30	0.36
构造物Ⅰ	0.06	0.12	0.19	0.28	0.36	0.46	0.56
构造物Ⅱ	0.06	0.13	0.20	0.30	0.41	0.51	0.52
构造物Ⅲ	0.11	0.23	0.37	0.56	0.74	0.93	1.13
技术复杂大桥	0.05	0.10	0.17	0.26	0.34	0.42	0.51
隧道	0.04	0.08	0.14	0.22	0.28	0.36	0.43
钢材及钢结构	0.04	0.07	0.12	0.19	0.25	0.31	0.37

财务费用系指施工企业为筹集资金而发生的各项费用,包括企业经营期间发生的短期贷款利息净支出、汇兑净损失、调剂外汇手续费、金融机构手续费,以及企业筹集资金发生的其他财务费用。

财务费用以各类工程的直接费之和为基数,按表5.20的费率计算。

表5.20 财务费用费率表/%

工程类别	费率	工程类别	费率
人工土方	0.23	构造物Ⅰ	0.37
机械土方	0.21	构造物Ⅱ	0.40
汽车运输	0.21	构造物Ⅲ	0.82
人工石方	0.22	技术复杂大桥	0.46
机械石方	0.20	隧道	0.39
高级路面	0.27	钢材及钢结构	0.48
其他路面	0.30		

3. 辅助生产间接费

辅助生产间接费系指由施工单位自行开采加工的砂、石等材料及施工单位自办的人工装卸和运输的间接费。

辅助生产间接费按人工费的5%计。该项费用并入材料预算单价内构成材料费,不直接出现在概(预)算中。

高原地区施工单位的辅助生产,可按其他工程费中高原地区施工增加费费率,以直接工程费为基数计算高原地区施工增加费(其中:人工采集、加工材料,人工装卸、运输材料按人工土方费率计算;机械采集、加工材料按机械石方费率计算;机械装、运输材料按汽车运输费率计算)。辅助生产高原地区施工增加费不作为辅助生产间接费的计算基数。

5.2.3 利润

利润系指施工企业完成所承包工程应取得的盈利。利润按直接费与间接费之和扣除规费的7%计算。

5.2.4 税金

税金系指按国家税法规定应计入建筑安装工程造价内的营业税、城市维护建设税及教育费附加等。

计算公式:

$$综合税金额 = (直接费 + 间接费 + 利润) \times 综合税率 \tag{5.5}$$

(1)纳税地点在市区的企业,综合税率为

$$综合税率(\%) = \left(\frac{1}{1-3\%-3\%\times7\%-3\%\times3\%} - 1 \right) \times 100 = 3.41\% \tag{5.6}$$

(2)纳税地点在县城、乡镇的企业,综合税率为

$$综合税率(\%) = \left(\frac{1}{1-3\%-3\%\times5\%-3\%\times3\%} - 1 \right) \times 100 = 3.35\% \tag{5.7}$$

(3)纳税地点不在市区、县城、乡镇的企业,综合税率为

$$综合税率(\%) = \left(\frac{1}{1-3\%-3\%\times1\%-3\%\times3\%} - 1 \right) \times 100 = 3.22\% \tag{5.8}$$

5.3 设备及工具、器具购置费

5.3.1 设备购置费

设备购置费系指为满足公路的营运、管理、养护需要,购置的达到固定资产标准的设备和虽低于固定资产标准但属于设计明确列入设备清单的设备的费用,包括渡口设备,隧道照明、消防、通风的动力设备,高等级公路的收费、监控、通信、供电设备,养护用的机械、设备和工具、器具等的购置费用。

设备购置费应由设计单位列出计划购置的清单(包括设备的规格、型号、数量),以设备原价加综合业务费和运杂费按以下公式计算:

$$\text{设备购置费} = \text{设备原价} + \text{运杂费}(\text{运输费} + \text{装卸费} + \text{搬运费}) + \text{运输保险费} + \text{采购及保管费} \quad (5.9)$$

需要安装的设备,应在第一部分建筑安装工程费的有关项目内另计设备的安装工程费。设备与材料的划分标准见附录4。

1. 国产设备原价的构成及计算

国产设备的原价一般是指设备制造厂的交货价,即出厂价或订货合同价。它一般根据生产厂或供应商的询价、报价、合同价确定,或采用一定的方法计算确定。其内容包括按专业标准规定的在运输过程中不受损失的一般包装费,及按产品设计规定配带的工具、附件和易损件的费用。即

$$\text{设备原价} = \text{出厂价}(\text{或供货地点价}) + \text{包装费} + \text{手续费} \quad (5.10)$$

2. 进口设备原价的构成及计算

进口设备的原价是进口设备的抵岸价,即抵达买方边境港口或边境车站,且交完关税为止形成的价格。即

$$\text{进口设备原价} = \text{货价} + \text{国际运费} + \text{运输保险费} + \text{银行财务费} + \text{外贸手续费} + \text{关税} + \text{增值税} + \text{消费税} + \text{商检费} + \text{检疫费} + \text{车辆购置附加费} \quad (5.11)$$

(1) 货价:一般指装运港船上交货价(FOB,习惯称离岸价)。设备货价分为原币货价和人民币货价。原币货价一律折算为美元表示,人民币货价按原币货价乘以外汇市场美元兑换人民币的中间价确定。进口设备货价按有关生产厂商询价、报价、订货合同价计算。

(2) 国际运费:即从装运港(站)到达我国抵达港(站)的运费。即

$$\text{国际运费} = \text{原币货价}(\text{FOB 价}) \times \text{运费费率} \quad (5.12)$$

我国进口设备大多采用海洋运输,小部分采用铁路运输,个别采用航空运输。运费费率参照有关部门或进出口公司的规定执行,海运费费率一般为6%。

(3) 运输保险费:对外贸易货物运输保险是由保险人(保险公司)与被保险人(出口人或进口人)订立保险契约,在被保险人交付议定的保险费后,保险人根据保险契约的规定、对货物在运输过程中发生的承保责任范围内的损失给予经济上的补偿。这是一种财产保险。计算公式为

$$\text{运输保险费} = [\text{原币货价}(\text{FOB 价}) + \text{国际运费}] \div (1 - \text{保险费费率}) \times \text{保险费费率} \quad (5.13)$$

保险费费率按保险公司规定的进口货物保险费费率计算,一般为0.35%。

(4) 银行财务费:一般指中国银行手续费。其可按下式简化计算

$$\text{银行财务费} = \text{人民币货价}(\text{FOB 价}) \times \text{银行财务费费率} \quad (5.14)$$

银行财务费费率一般为0.4% ~ 0.5%。

(5) 外贸手续费:指按规定计取的外贸手续费。其计算公式为

$$\text{外贸手续费} = [\text{人民币货价}(\text{FOB 价}) + \text{国际运费} + \text{运输保险费}] \times \text{外贸手续费费率} \quad (5.15)$$

外贸手续费费率一般为1% ~ 1.5%。

(6) 关税:指海关对进出国境或关境的货物和物品征收的一种税。其计算公式为

$$\text{关税} = [\text{人民币货价}(\text{FOB 价}) + \text{国际运费} + \text{运输保险费}] \times \text{进口关税税率} \quad (5.16)$$

进口关税税率按我国海关总署发布的进口关税税率计算。

(7)增值税:是对从事进口贸易的单位和个人,在进口商品报关进口后征收的税种。按《中华人民共和国增值税条例》的规定,进口应税产品均按组成计税价格和增值税税率直接计算应纳税额。即

$$增值税 = [人民币货价(FOB价) + 国际运费 + 运输保险费 + 关税 + 消费税] \times 增值税税率 \tag{5.17}$$

增值税税率根据规定的税率计算,目前进口设备适用的税率为17%。

(8)消费税:对部分进口设备(如轿车、摩托车等)征收。其计算公式为

$$应纳消费税额 = [人民币货价(FOB价) + 国际运费 + 运输保险费 + 关税] \div (1 - 消费税税率) \times 消费税税率 \tag{5.18}$$

消费税税率根据规定的税率计算。

(9)商检费:指进口设备按规定付给商品检查部门的进口设备检验鉴定费。其计算公式为

$$商检费 = [人民币货价(FOB价) + 国际运费 + 运输保险费] \times 商检费费率 \tag{5.19}$$

商检费费率一般为0.8%。

(10)检疫费:指进口设备按规定付给商品检疫部门的进口设备检验鉴定费。其计算公式为

$$检疫费 = [人民币货价(FOB价) + 国际运费 + 运输保险费] \times 检疫费费率 \tag{5.20}$$

检疫费费率一般为0.17%。

(11)车辆购置附加费:指进口车辆需缴纳的进口车辆购置附加费。其计算公式为

$$进口车辆购置附加费 = [人民币货价(FOB价) + 国际运费 + 运输保险费 + 关税 + 消费税 + 增值税] \times 进口车辆购置附加费费率 \tag{5.21}$$

在计算进口设备原价时,应注意工程项目的性质,有无按国家有关规定减免进口环节税的可能。

3.设备运杂费的构成及计算

国产设备运杂费指由设备制造厂交货地点起至工地仓库(或施工组织设计指定的需要安装设备的堆放地点)止所发生的运费和装卸费;进口设备运杂费指由我国到岸港口或边境车站起至工地仓库(或施工组织设计指定的需要安装设备的堆放地点)止所发生的运费和装卸费。其计算公式为

$$运杂费 = 设备原价 \times 运杂费费率 \tag{5.22}$$

设备运杂费费率见表5.21。

表5.21 设备运杂费费率表/%

运输距离/km	100以内	101~200	201~300	301~400	401~500	501~750	751~1000	1 001~1 250	1 251~1 500	1 501~1 750	1 751~2 000	2 000以上每增250
费率/%	0.8	0.9	1.0	1.1	1.2	1.5	1.7	2.0	2.2	2.4	2.6	0.2

4.设备运输保险费的构成及计算

设备运输保险费指国内运输保险费。其计算公式为

$$运输保险费 = 设备原价 \times 保险费费率 \tag{5.23}$$

设备运输保险费费率一般为1%。

5. 设备采购及保管费的构成及计算

设备采购及保管费指采购、验收、保管和收发设备所发生的各种费用,包括设备采购人员、保管人员和管理人员的工资、工资附加费、办公费、差旅交通费,设备供应部门办公和仓库所占固定资产使用费、工具用具使用费、劳动保护费、检验试验费等。其计算公式为

$$采购及保管费 = 设备原价 \times 采购及保管费费率 \tag{5.24}$$

需要安装的设备的采购保管费费率为 2.4%,不需要安装的设备的采购保管费费率为 1.2%。

5.3.2 工具、器具及生产家具购置费

工器具购置费系指建设项目交付使用后为满足初期正常营运必须购置的第一套不构成固定资产的设备、仪器、仪表、工卡模具、器具、工作台(框、架、柜)等的费用。该费用不包括构成固定资产的设备、工器具和备品、备件,及已列入设备购置费中的专用工具和备品、备件。

对于工器具购置,应由设计单位列出计划购置的清单(包括规格、型号、数量),购置费的计算方法同设备购置费。

5.3.3 办公和生活用家具购置费

办公和生活用家具购置费系指为保证新建、改建项目初期正常生产、使用和管理所必须购置的办公和生活用家具、用具的费用。

范围包括行政、生产部门的办公室、会议室、资料档案室、阅览室、单身宿舍及生活福利设施等的家具、用具。

办公和生活用家具购置费按表 5.22 的规定计算。

表 5.22 办公和生活用家具购置费标准表

工程所在地	路线/(元·公路千米$^{-1}$)				有看桥房的独立大桥/(元·座$^{-1}$)	
	调整公路	一级公路	二级公路	三、四级公路	一般大桥	技术复杂大桥
内蒙古、黑龙江、青海、新疆、西藏	21 500	15 600	7 800	4 000	24 000	60 000
其他省、自治区、直辖市	17 500	14 600	5 800	2 900	19 800	49 000

注:改建工程按表列数 80% 计。

5.4 工程建设其他费用

5.4.1 土地征用及拆迁补偿费

土地征用及拆迁补偿费系指按照《中华人民共和国土地管理法》及《中华人民共和国土地管理法实施条例》、《中华人民共和国基本农田保护条例》等法律、法规的规定,为进行公路建设需征用土地所支付的土地征用及拆迁补偿费等费用。

1. 费用内容

(1)土地补偿费:指被征用土地地上、地下附着物及青苗补偿费,征用城市郊区的菜地等缴纳的菜地开发建设基金,租用土地费,耕地占用税,用地图编制费及勘界费,征地管理费等。

(2)征用耕地安置补助费:指征用耕地需要安置农业人口的补助费。

(3)拆迁补偿费:指被征用或占用土地上的房屋及附属构筑物、城市公用设施等拆除、迁建补偿费,拆迁管理费等。

(4)复耕费:指临时占用的耕地、鱼塘等,待工程竣工后将其恢复到原有标准所发生的费用。

(5)耕地开垦费:指公路建设项目占用耕地的,应由建设项目法人(业主)负责补充耕地所发生的费用;没有条件开垦或者开垦的耕地不符合要求的,按规定缴纳的耕地开垦费。

(6)森林植被恢复费:指公路建设项目需要占用、征用或者临时占用林地的,经县级以上林业主管部门审核同意或批准,建设项目法人(业主)单位按照有关规定向县级以上林业主管部门预缴的森林植被恢复费。

2.计算方法

土地征用及拆迁补偿费应根据审批单位批准的建设工程用地和临时用地面积及其附着物的情况,以及实际发生的费用项目,按国家有关规定及工程所在地的省(自治区、直辖市)人民政府颁发的有关规定和标准计算。

森林植被恢复费应根据审批单位批准的建设工程占用林地的类型及面积,按国家有关规定及工程所在地的省(自治区、直辖市)人民政府颁发的有关规定和标准计算。

当与原有的电力电信设施、水利工程、铁路及铁路设施互相干扰时,应与有关部门联系,商定合理的解决方案和补偿金额,也可由这些部门按规定编制费用以确定补偿金额。

5.4.2 建设项目管理费

建设项目管理费包括建设单位(业主)管理费、工程质量监督费、工程监理费、工程定额测定费、设计文件审查费和竣(交)工验收试验检测费。

1.建设单位(业主)管理费

建设单位(业主)管理费系指建设单位(业主)为建设项目的立项、筹建、建设、竣(交)工验收、总结等工作所发生的费用,不包括应计入设备、材料预算价格的建设单位采购及保管设备、材料所需的费用。

费用内容包括工作人员的工资、工资性补贴、施工现场津贴、社会保障费用(基本养老、基本医疗、失业、工伤保险)、住房公积金、职工福利费、工会经费、劳动保护费;办公费、会议费、差旅交通费、固定资产使用费(包括办公及生活房屋折旧、维修或租赁费,车辆折旧、维修、使用或租赁费,通信设备购置、使用费,测量、试验设备仪器折旧、维修或租赁费,其他设备折旧、维修或租赁费等)、零星固定资产购置费、招募生产工人费;技术图书资料费、职工教育经费、工程招标费(不含招标文件及标底或造价控制值编制费);合同契约公证费、法律顾问费、咨询费;建设单位的临时设施费、完工清理费、竣(交)工验收费(含其他行业或部门要求的竣工验收费用)、各种税费(包括房产税、车船使用税、印花税等);建设项目审计费、境内外融资费用(不含建设期贷款利息)、业务招待费、安全生产管理费和其他管理性开支。

由施工企业代建设单位(业主)办理"土地、青苗等补偿费"的工作人员所发生的费用,应在建设单位(业主)管理费项目中支付。当建设单位(业主)委托有资质的单位代理招标时,其代理费应在建设单位(业主)管理费中支出。

建设单位(业主)管理费以建筑安装工程费总额为基数,按表5.23的费率,以累进办法计算。

表 5.23　建设单位管理费费率表

第一部分　建筑安装工程费/万元	费率/%	算例/万元	
		建筑安装工程费	建设单位(业主)管理费
500 以下	3.48	500	500×3.48% = 17.4
501~100	2.73	1 000	17.4+500×2.73% = 31.05
1 001~5 000	2.18	5 000	31.25+4 000×2.18% = 118.25
5 001~10 000	1.84	10 000	118.25+5 000×1.84% = 210.25
10 001~30 000	1.52	30 000	210.25+20 000×1.52% = 514.25
30 001~50 000	1.27	50 000	514.25+20 000×1.27% = 768.25
50 001~100 000	0.94	100 000	768.25+50 000×0.94% = 1 238.25
100 001~150 000	0.76	150 000	1 238.25+50 000×0.76% = 1 618.25
150 001~200 000	0.59	200 000	1 618.25+50 000×0.59% = 1 913.25
200 001~300 000	0.43	300 000	1 913.25+10 000×0.43% = 2 343.25
300 000 以上	0.32	310 000	2 343.25+10 000×0.32% = 2 375.25

水深>15 m、跨度≥400 m 的斜拉桥和跨度≥800 m 的悬索桥等独立特大型桥梁工程的建设单位(业主)管理费按表 5.23 中的费率乘以 1.0~1.2 的系数计算;海上工程[指由于风浪影响,工程施工期(不包括封冻期)全年月平均工作日少于 15 天的工程]的建设单位(业主)管理费按表 5.23 中的费率乘以 1.0~1.3 的系数计算。

2. 工程质量监督费

工程质量监督费系指根据国家有关部门规定,各级公路工程质量监督机构对工程建设质量和安全生产实施监督应收取的管理费用。

工程质量监督费以建筑安装工程费总额为基数,按 0.15% 计算。

3. 工程监理费

工程监理费系指建设单位(业主)委托具有公路工程监理资格的单位,按施工监理规范进行全面的监督和管理所发生的费用。

费用内容包括工作人员的基本工资、工资性津贴、社会保障费用(基本养老、基本医疗、失业、工伤保险)、住房公积金、职工福利费、工会经费、劳动保护费;办公费、会议费、差旅交通费、固定资产使用费(包括办公及生活房屋折旧、维修或租赁费,车辆折旧、维修、使用或租赁费,通信设备购置、使用费,测量、试验、检测设备仪器折旧、维修或租赁费,其他设备折旧、维修或租赁费等)、零星固定资产购置费、招募生产工人费;技术图书资料费、职工教育经费、投标费用;合同契约公证费、咨询费、业务招待费;财务费用、监理单位的临时设施费、各种税费和其他管理性开支。

工程监理费以建筑安装工程费总额为基数,按表 5.24 的费率计算。

表 5.24　工程监理费费率表

工程分类	高速公路	一级及二级公路	三级及四级公路	桥梁及隧道
费率/%	2.0	2.5	3.0	2.5

表 5.24 中的桥梁指水深大于 15 m、斜拉桥和悬索桥等独立特大型桥梁工程;隧道指水下隧道工程。

建设单位(业主)管理费和工程监理费均为实施建设项目管理的费用,执行时根据建设单位(业主)和施工监理单位所实际承担的工作内容和工作量,在保证监理费用的前提下,可统筹使用。

4. 工程定额测定费

工程定额测定费系指各级公路(交通)工程定额(造价管理)站为测定劳动定额、搜集定额资料、编制工程定额及定额管理所需要的工作经费。

工程定额测定费以建筑安装工程费总额为基数,按0.12%计算。

5. 设计文件审查费

设计文件审查费系指国家和省级交通主管部门在项目审批前,为保证勘察设计工作的质量,组织有关专家或委托有资质的单位,对设计单位提交的建设项目可行性研究报告和勘察设计文件以及对设计变更、调整概算进行审查所需要的相关费用。

设计文件审查费以建筑安装工程费总额为基数,按0.1%计算。

6. 竣(交)工验收试验检测费

竣(交)工验收试验检测费系指在公路建设项目交工验收和竣工验收前,由建设单位(业主)或工程质量监督机构委托有资质的公路工程质量检测单位按照有关规定对建设项目的工程质量进行检测,并出具检测意见所需要的相关费用。

竣(交)工验收试验检测费按表5.25的规定计算。

表5.25 竣(交)工验收试验检测费标准表

项目	路线/(元·公路千米$^{-1}$)				独立大桥/(元·座$^{-1}$)	
	高速公路	一级公路	二级公路	三、四级公路	一般大桥	技术复杂大桥
试验检测费	15 000	12 000	10 000	5 000	30 000	100 000

关于竣(交)工验收试验检测费,高速公路、一级公路按四车道计算,二级及以下等级公路按双车道计算,每增加一条车道,按表5.25的费用增加10%。

5.4.3 研究试验费

研究试验费系指为本建设项目提供或验证设计数据、资料进行必要的研究试验和按照设计规定在施工过程中必须进行试验、验证所需的费用,以及支付科技成果、先进技术的一次性技术转让费。该费用不包括以下内容:

(1)应由科技三项费用(即新产品试制费、中间试验费和重要科学研究补助费)开支的项目。

(2)应由施工辅助费开支的施工企业对建筑材料、构件和建筑物进行一般鉴定、检查所发生的费用及技术革新研究试验费。

(3)应由勘察设计费或建筑安装工程费用中开支的项目。

计算方法:按照设计提出的研究试验内容和要求进行编制,不需验证设计基础资料的不计本项费用。

5.4.4 建设项目前期工作费

建设项目前期工作费系指委托勘察设计、咨询单位对建设项目进行可行性研究、工程勘察设计,以及设计、监理、施工招标文件及招标标底或造价控制值文件编制时,按规定应支付的费用。该费用包括以下内容:

(1)编制项目建议书(或预可行性研究报告)、可行性研究报告、投资估算,以及相应的勘察、设计、专题研究等所需的费用。

(2)初步设计和施工图设计的勘察费(包括测量、水文调查、地质勘探等)、设计费、概(预)算及调整概算编制费等。

(3)设计、监理、施工招标文件及招标标底(或造价控制值或清单预算)文件编制费等。

计算方法:依据委托合同计列,或按国家颁发的收费标准和有关规定进行编制。

5.4.5 专项评价(估)费

专项评价(估)费系指依据国家法律、法规规定须进行评价(评估)、咨询,按规定应支付的费用。该费用包括环境影响评价费、水土保持评估费、地震安全性评价费、地质灾害危险性评价费、压覆重要矿床评估费、文物勘察费、通航论证费、行洪论证(评估)费、使用林地可行性研究报告编制费、用地预审报告编制费等费用。

计算方法:按国家颁发的收费标准和有关规定进行编制。

5.4.6 施工机构迁移费

施工机构迁移费系指施工机构根据建设任务的需要,经有关部门决定成建制地(指工程处等)由原驻地迁移到另一地区所发生的一次性搬迁费用。该费用不包括以下内容:

(1)应由施工企业自行负担的,在规定距离范围内调动施工力量以及内部平衡施工力量所发生的迁移费用。

(2)由于违反基建程序,盲目调迁队伍所发生的迁移费。

(3)因中标而引起施工机构迁移所发生的迁移费。

费用内容包括:职工及随同家属的差旅费,调迁期间的工资,施工机械、设备、工具、用具和周转性材料的搬运费。

计算方法:施工机构迁移费应经建设项目的主管部门同意按实计算。但计算施工机构迁移费后,如迁移地点即新工地地点(例如独立大桥),则其他工程费内的工地转移费应不再计算;如施工机构迁移地点至新工地地点尚有部分距离,则工地转移费的距离,应以施工机构新地点为计算起点。

5.4.7 供电贴费

供电贴费系指按照国家规定,建设项目应交付的供电工程贴费、施工临时用电贴费。

计算方法:按国家有关规定计列(目前停止征收)。

5.4.8 联合试运转费

联合试运转费系指新建、改(扩)建工程项目,在竣工验收前按照设计规定的工程质量标准,进行动(静)载荷载实验所需的费用,或进行整套设备带负荷联合试运转期间所需的全部费用抵扣试车期间收入的差额。该费用不包括应由设备安装工程项下开支的调试费的费用。

费用内容包括联合试运转期间所需的材料、油燃料和动力的消耗,机械和检测设备使用费,工具用具和低值易耗品费,参加联合试运转人员工资及其他费用等。

联合试运转费以建筑安装工程费总额为基数,独立特大型桥梁按0.075%、其他工程按0.05%计算。

5.4.9 生产人员培训费

生产人员培训费系指新建、改(扩)建公路工程项目,为保证生产的正常运行,在工程竣工验收交付使用前对运营部门生产人员和管理人员进行培训所必需的费用。

费用内容包括培训人员的工资、工资性补贴、职工福利费、差旅交通费、劳动保护费、培训及教学实习费等。

生产人员培训费按设计定员和2 000元/人的标准计算。

5.4.10 固定资产投资方向调节税

固定资产投资方向调节税系指为了贯彻国家产业政策,控制投资规模,引导投资方向,调整投资结构,加强重点建设,促进国民经济持续稳定协调发展,依照《中华人民共和国固定资产投资方向调节税暂行条例》规定,公路建设项目应缴纳的固定资产投资方向调节税。

计算方法:按国家有关规定计算(目前暂停征收)。

5.4.11 建设期贷款利息

建设期贷款利息指建设项目中分年度使用国内贷款或国外贷款部分,在建设期内应归还的贷款利息。费用内容包括各种金融机构贷款、企业集资、建设债券和外汇贷款等利息。

计算方法:根据不同的资金来源按需付息的分年度投资计算。计算公式如下:

$$建设期贷款利息 = \sum(上年末付息贷款本息累计 + 本年度付息贷款额 \div 2) \times 年利率 \tag{5.25}$$

即

$$S = \sum_{n=1}^{N}(F_{n-1} + b_n \div 2) \times i \tag{5.26}$$

式中 S——建设期贷款利息(元);

N——项目建设期(年);

n——施工年度;

F_{n-1}——建设期第($n-1$)年末需付息贷款本息累计(元);

b_n——建设期第n年度付息贷款额(元);

i——建设期贷款年利率(%)。

5.5 预备费

预备费由价差预备费及基本预备费两部分组成。在公路工程建设期限内,凡需动用预备费时,属于公路交通部门投资的项目,需经建设单位提出,按建设项目隶属关系,报交通部或交通厅(局、委)基建主管部门核定批准;属于其他部门投资的建设项目,按其隶属关系报有关部门核定批准。

5.5.1 价差预备费

价差预备费系指设计文件编制年至工程竣工年期间,第一部分费用的人工费、材料费、机械使用费、其他工程费、间接费等以及第二、三部分费用由于政策、价格变化可能发生上浮而预留的费用及外资贷款汇率变动部分的费用。

(1)计算方法:价差预备费以概(预)算或修正概算第一部分建筑安装工程费总额为基数,按设计文件编制年始至建设项目工程竣工年终的年数和年工程造价增长率计算。

计算公式如下:

$$价差预备费 = P \times [(1+i)^{n-1} - 1] \quad (5.27)$$

式中　P——建筑安装工程费总额(元);

　　　i——年工程造价增长率(%);

　　　n——设计文件编制年至建设项目开工年 + 建设项目建设期限(年)。

(2)年工程造价增长率按有关部门公布的工程投资价格指数计算,或由设计单位会同建设单位根据该工程人工费、材料费、施工机械使用费、其他工程费、间接费以及第二、三部分费用可能发生的上浮等因素,以第一部分建安费为基数进行综合分析预测。

(3)设计文件编制至工程完工在一年以内的工程,不列此项费用。

5.5.2 基本预备费

基本预备费系指在初步设计和概算中难以预料的工程和费用。其用途如下:

(1)在进行技术设计、施工图设计和施工过程中,在批准的初步设计和概算范围内所增加的工程费用。

(2)在设备订货时,由于规格、型号改变的价差;材料货源变更、运输距离或方式的改变以及因规格不同而代换使用等原因发生的价差。

(3)由于一般自然灾害所造成的损失和预防自然灾害所采取的措施费用。

(4)在项目主管部门组织竣(交)工验收时,验收委员会(或小组)为鉴定工程质量必须开挖和修复隐蔽工程的费用。

(5)投保的工程根据工程特点和保险合同发生的工程保险费用。

计算方法:以第一、二、三部分费用之和(扣除固定资产投资方向调节税和建设期贷款利息两项费用)为基数按下列费率计算:

设计概算按5%计列;

修正概算按4%计列;

施工图预算按3%计列。

采用施工图预算加系数包干承包的工程,包干系数为施工图预算中直接费与间接费之和的3%。施工图预算包干费用由施工单位包干使用。

该包干费用的内容为:

(1)在施工过程中,设计单位对分部分项工程修改设计而增加的费用,但不包括因水文地质条件变化造成的基础变更、结构变更、标准提高、工程规模改变而增加的费用。

(2)预算审定后,施工单位负责采购的材料由于货源变更、运输距离或方式的改变以及因规格不同而代换使用等原因发生的价差。

（3）由于一般自然灾害所造成的损失和预防自然灾害所采取的措施的费用（例如一般防台风、防洪的费用）等。

5.6 回收金额

概、预算定额所列材料一般不计回收，只对按全部材料计价的一些临时工程项目和由于工程规模或工期限制达不到规定周转次数的拱盔、支架及施工金属设备的材料计算回收金额，回收率见表5.26。

表5.26 回收率表

回收项目	使用年限或周转次数				计算基数
	一年或一次/%	两年或两次/%	三年或三次/%	四年或四次/%	
临时电力、电信线路	50	30	10	—	材料原价
拱盔、支架	60	45	30	15	
施工金属设备	65	65	50	30	

注：施工金属设备指钢壳沉井、钢护筒等。

第6章 公路工程定额工程量计算及应用

6.1 公路工程定额项目划分

6.1.1 公路工程概算定额项目划分

工程量的计算与定额项目(包括项目、子目等)的划分密切相关。定额中列出了按其划分的项目的每一个项目或子目完成定额计价单位工程量时需要消耗的人工工日数、各种材料消耗量、机械台班消耗量的数量,及其用一定时期、一定区域的价格表示的上述各种消耗资源的基价,并规定了应当完成的相应的工程内容及工序,《公路工程概算定额》的项目划分情况见表6.1。

表6.1 《公路工程概算定额》项目划分情况

序号	名称	章中的项目数	章中的子目数
第一章	路基工程	54	472
第二章	路面工程	32	601
第三章	隧道工程	35	198
第四章	涵洞工程	6	63
第五章	桥梁工程	65	1 262
第六章	交通工程及沿线设施	95	732
第七章	临时工程	6	24
合计		293	3 352

6.1.2 公路工程预算定额项目划分

《公路工程预算定额》的项目划分与《公路工程概算定额》的项目划分类似,但比《公路工程概算定额》的项目划分更细、更具体,子目数也更多,见表6.2所示。

表6.2 《公路工程预算定额》项目划分情况

序号	名称	章中的项目数	章中的子目数
第一章	路基工程	44	428
第二章	路面工程	37	669
第三章	隧道工程	43	194
第四章	涵洞工程	135	1 792
第五章	桥梁工程	26	211
第六章	交通工程及沿线设施	104	776
第七章	临时工程	6	24
第八章	材料采集及加工	12	75
第九章	材料运输	10	293
合计		417	4 462

6.2 路基工程定额工程量计算

6.2.1 路基工程概算定额工程量计算

1. 定额总说明

路基工程定额包括伐树、挖根、除草、清除表土,土方工程,机械碾压路基,石方工程,洒水汽车洒水,路基零星工程,路基排水工程,软土地基处理,砌石防护工程,混凝土防护工程,抛石防护工程,各式挡土墙,铺草皮、编篱及铁丝(木、竹)笼填石护坡,防风固沙,防雪、防沙设施,抗滑桩等项目。

土壤岩石类别划分:

路基工程定额按开挖的难易程度将土壤、岩石分为六类。

土壤分为三类:松土、普通土、硬土。

岩石分为三类:软石、次坚石、坚石。

土、石分类与六级土、石分类和十六级土、石分类对照表如表6.3所示。

表6.3 土、石分类与六级土、石分类和十六级土、石分类对照

本定额分类	松土	普通土	硬土	软石	次坚石	坚石
六级分类	Ⅰ	Ⅱ	Ⅲ	Ⅳ	Ⅴ	Ⅵ
十六级分类	Ⅰ~Ⅱ	Ⅲ	Ⅳ	Ⅴ~Ⅵ	Ⅶ~Ⅸ	Ⅹ~Ⅺ

2. 路基土、石方工程

(1)土石方体积的计算。除定额中另有说明者以外,土方挖方按天然密实体积计算,填方按压(夯)实后的体积计算,石方爆破按天然密实体积计算。当以填方压实体积为工程量,采用以天然密实方为计量单位的定额时,所采用的定额应乘以表6.4中的系数。

表6.4 定额系数

公路等级	土方			石方
	松土	普通土	硬土	
二级及以上等级公路	1.23	1.16	1.09	0.92
三、四级公路	1.11	1.05	1.00	0.84

其中推土机、铲运机施工土方的增运定额按普通土栏目的系数计算,人工挖运土方的增运定额和机械翻斗车、手扶拖拉机运输土方、自卸车运输土方的运输定额在表6.4的基础上增加0.03的土方运输损耗,但弃方运输不应计算运输损耗。

(2)下列数量应由施工组织设计提出,并用路基填方数量计算。

1)清除表土或零填方地段的基底压实、耕地填前夯(压)实后,回填至原地面标高所需的土、石方数量。

2)因路基沉陷需增加填筑的土、石方数量。

3)为保证路基边缘的压实度需加宽填筑时,所需的土、石方数量。

(3)路基土石方开挖定额中,已包括开挖边沟消耗的工、料和机械台班数量,因此,开挖边沟的数量应合并在路基土、石方数量内计算。

(4)路基土石方机械施工定额中,已根据一般的路基施工情况一,综合了一定比例的因机械达不到而由人工施工的因素,使用定额时,机械施工路段的工程量应全部采用机械施工定额。

(5)各种开炸石方定额中,均已包括清理边坡工作。

(6)抛坍爆破定额中,已根据一般地面横坡的变化情况进行了适当的综合,其工程量按抛坍爆破设计计算。抛坍爆破的石方清运及增运定额,是按设计数量乘以(1－抛坍率)编制。

(7)自卸汽车运输路基土、石方定额项目,仅适用于平均运距在 15 km 以内的土、石方运输,当平均运距超过 15 km 时,应按社会运输的有关规定计算其运输费用。当运距超过第一个定额运距单位时,其运距尾数不足一个增运定额单位的半数时按一个增运定额运距单位计算。

(8)路基零星工程项目已根据公路工程施工的一般含量综合了整修路拱、整修路基边坡、挖土质台阶、挖截水沟、填前压实以及其他零星回填土方等工程,使用定额时,不得因具体工程的含量不同而变更定额。

3. 路基排水工程

(1)路基盲沟的工程量为设计设置盲沟的长度。

(2)轻型井点降水定额按 50 根井管为一套,不足 50 根的按一套计算,井点使用天数按日历天数计算,使用时间按施工组织的设计来确定。

(3)砌筑工程的工程量为砌体的实际体积,包括构成砌体的砂浆体积。

(4)预制混凝土构件的工程量为预制构件的实际体积,不包括预制构件空心部分的体积。

(5)雨水箅子的规格与定额不同时,可按设计用量抽换定额中铸铁箅子的消耗。

4. 路基防护工程

(1)路基防护工程定额中未列出的其他结构形式的砌石防护工程,需要时按"桥涵工程"项目的有关定额计算。

(2)路基防护工程定额中除注明者外,均已包括挖基,基础垫层的工程内容。

(3)路基防护工程定额中除注明者外,均已包括按设计要求需要设置的伸缩缝、沉降缝的费用。

(4)路基防护工程定额中除注明者外,均已包括水泥混凝土的拌和费用。

(5)植草护坡定额中均已考虑黏结剂、保水剂、营养土、肥料、覆盖薄膜等的费用,使用定额时不得另行计算。

(6)现浇拱形骨架护坡可参考定额中的现浇框格(架)式护坡进行计算。

(7)预应力锚索护坡定额中的脚手架系按钢管脚手架编制的,脚手架宽度按 2.5 m 考虑。

(8)工程量计算规则:

1)铺草皮工程量按所铺边坡的坡面面积计算。

2)护坡定额中以 100 m² 或 1000 m² 为计量单位的子目的工程量按设计需要防护的边坡坡面面积计算。

3)木笼、竹笼、铁丝笼填石护坡的工程量按填石体积计算。

4)定额砌筑工程的工程量为砌体的实际体积,包括构成砌体的砂浆体积。

5)定额预制混凝土构件的工程量为预制构件的实际体积,不包括预制构件中空心部分的体积。

6)预应力锚索的工程量为锚索(钢绞线)长度与工作长度的质量之和。

7)加筋土挡土墙及现浇锚碇板式挡土墙的工程量为墙体混凝土的体积。加筋土挡土墙墙体混凝土体积为混凝土面板、基础垫板及檐板的体积之和。现浇锚碇板式挡土墙墙体混凝土体积为墙体现浇混凝土的体积,定额中已综合了锚碇板的数量,使用定额时不得将锚碇板的数量计入工程量内。

8)抗滑桩挖孔工程量按护壁外缘所包围的面积乘设计孔深计算。

5. 路基软基处理工程

(1)袋装砂井及塑料排水板处理软土地基,工程量为设计深度,定额材料消耗中已包括砂袋或塑料排水板的预留长度。

(2)振冲碎石桩定额中不包括污泥排放处理的费用,需要时另行计算。

(3)挤密砂桩和石灰砂桩处理软土地基定额的工程量为设计桩断面积乘以设计桩长。

(4)粉体喷射搅拌桩和高压旋喷桩处理软土地基定额的工程量为设计桩长。

(5)粉体喷射搅拌桩定额中的固化材料的掺入比是按水泥15%、石灰25%计算的,当掺入比或桩径不同时,可按下式调整固化材料的消耗:

$$Q = \frac{D^2 \times m}{D_0^2 \times m_0} \times Q_0 \tag{6.1}$$

式中 Q——设计固化材料消耗;
Q_0——定额固化材料消耗;
D——设计桩径;
D_0——定额桩径;
m——设计固化材料掺入比;
m_0——定额固化材料掺入比。

(6)高压旋喷桩定额中的浆液是按普通水泥浆编制的,当设计采用添加剂或水泥用量与定额不同时,可按设计确定的有关参数计算水泥浆。按下式计算水泥的消耗置:

$$M_c = \frac{\rho_w \times d_c}{1 + \alpha \times d_c} \times \frac{H}{v} \times q \times (1 + \beta) \tag{6.2}$$

式中 M_c——水泥用量(kg);
ρ_w——水的密度(kg/m³);
d_c——水泥的相对密度,可取3.0;
H——喷射长度(m);
v——提升速度(m/min);
q——单位时间喷浆量;
α——水灰比;
β——损失系数,一般取0.1~0.2。

(7)CDG桩处理软土地基定额的工程量为设计桩长乘以设计桩径的混凝土体积。定额中已综合考虑了扩孔、桩头清除等因素的增加量,使用定额时,不应将这部分数量计入工程量内。

(8)土工布的铺设面积为锚固沟外边缘所包围的面积,包括锚固沟的底面积和侧面积。定额中不包括排水内容,需要时另行计算。

(9)强夯定额适用于处理松、软的碎石土、砂土、低饱和度的粉土与黏性土、湿陷性黄土、杂填土和素填土等地基。定额中已综合考虑夯坑的排水费用,使用定额时不得另行增加费用。夯击遍数应根据地基土的性质由设计确定,低能量满夯不能作为夯击遍数计算。

(10)堆载预压定额中包括了堆载四面的放坡、沉降观测、修坡道增加的工、料、机消耗以及施工中测量放线、定位的工、料消耗,使用定额时均不得另行计算。

(11)软土地基垫层的工程量为设计体积。

(12)抛石挤淤的工程量为设计抛石体积。

(13)路基填土掺灰的工程量为需进行处理的填土的压实体积。

(14)软基处理工程均包括机具清洗及操作范围内的料具搬运。

6.2.2 路基工程预算定额工程量计算

1. 定额总说明

路基工程定额包括路基土、石方,排水和软基处理工程等项目。

(1)土壤岩石类别划分:

路基工程定额按开挖的难易程度将土壤、岩石分为六类。

土壤分为三类:松土、普通土、硬土。

岩石分为三类:软石、次坚石、坚石。

土、石分类与六级土、石分类和十六级土、石分类对照表如表 6.3 所示。

土壤岩石类别划分:

路基工程定额按开挖的难易程度将土壤、岩石分为六类。

土壤分为三类:松土、普通土、硬土。

岩石分为三类:软石、次坚石、坚石。

土、石分类与六级土、石分类和十六级土、石分类对照表如表 6.3 所示。

(2)定额工程内容除注明者外,均包括以下内容:

1)各种机械 1 km 内由停车场至工作地点的往返空驶。

2)工具小修。

3)钢钎淬火。

2. 路基土、石方工程

(1)"人工挖运土方""人工开炸石方""机械打眼开炸石方""抛坍爆破石方"等定额中,已包括开挖边沟消耗的人工、材料和机械台班数量,因此,开挖边沟的数量应合并在路基土、石数量内计算。

(2)各种开炸石方定额中,均已包括清理边坡工作。

(3)机械施工土、石方,挖方部分因机械达不到而需由人工完成的工程量应由施工组织设计确定。其中,人工操作部分,按相应定额乘以 1.15 的系数。

(4)抛坍爆破石方定额按地面横坡坡度划分,地面横坡变化复杂,为简化计算,凡变化长度在 20 m 以内,以及零星变化长度累计不超过设计长度的 10% 时,可并入附近路段计算。

(5)自卸汽车运输路基土、石方定额项目和洒水汽车洒水定额项目,仅适用于平均运距在 15 km 以内的土、石方或水的运输,当平均运距超过 15 km 时,应按社会运输的有关规定计算其运输费用。当运距超过第一个定额运距单位时,其运距尾数不足一个增运定额单位的半数时不计算,等于或超过半数时按一个增运定额运距单位计算。

(6)路基加宽填筑部分如需清除时,按刷坡定额中普通土子目计算;清除的土方如需远运,按土方运输定额计算。

(7)下列数量应由施工组织设计提出,并入路基填方数内计算。

1)清除表土或零填方地段的基底压实、耕地填前夯(压)实后,回填至原地面标高所需的土、石方数量。

2)因路基沉陷需增加填筑的土、石方数量。

3)为保证路基边缘的崖实度需加宽填筑时,所需的土、石方数量。

(8)工程量计算规则。

1)土石方体积的计算。除定额中另有说明者外,土方挖方按天然密实体积计算,填方按压(夯)实后的体积计算,石方爆破按天然密实体积计算。当以填方压实体积为工程量,采用以天然密实方为计量单位的定额时,所采用的定额应乘以表6.4中的系数。

其中推土机、铲运机施工土方的增运定额按普通土栏目的系数计算,人工挖运土方的增运定额和机械翻斗车、手扶拖拉机运输土方、自卸车运输土方的运输定额在表6.4的基础上增加0.03的土方运输损耗,但弃方运输不应计算运输损耗。

2)零填及挖方地段基底压实面积等于路槽底面宽度(m)和长度(m)的乘积。

3)抛坍爆破的工程量,按抛坍爆破设计计算。

4)整修边坡的工程量,按公路路基长度计算。

3. 排水工程

(1)边沟、排水沟、截水沟的挖基费用按人工挖截水沟、排水沟定额计算,其他排水工程的挖基费用按第一节土、石方工程的相关定额计算。

(2)边沟、排水沟、截水沟、急流槽定额均未包括垫层的费用,需要时按有关定额另行计算。

(3)雨水箅子的规格与定额不同时,可按设计用量抽换定额中铸铁箅子的消耗。

(4)工程量计算规则:

1)定额砌筑工程的工程量为砌体的实际体积,包括构成砌体的砂浆体积。

2)定额预制混凝土构件的工程量为预制构件的实际体积,不包括预制构件中空心部分的体积。

3)挖截水沟、排水沟的工程量为设计水沟断面积乘以水沟长度与水沟圬工体积之和。

4)路基盲沟的工程量为设计设置盲沟的长度。

5)轻型井点降水定额按50根井管为一套,不足50根的按一套计算。井点使用天数按日历天数计算,使用时间按工组织设计确定。

4. 软基处理工程

(1)袋装砂井及塑料排水板处理软土地基,工程量为设计深度,定额材料消耗中已包括砂袋或塑料排水板的预留长度。

(2)振冲碎石桩定额中不包括污泥排放处理的费用,需要时另行计算。

(3)挤密砂桩和石灰砂桩处理软土地基定额的工程量为设计桩断面积乘以设计桩长。

(4)粉体喷射搅拌桩和高压旋喷桩处理软土地基定额的工程量为设计桩长。

(5)高压旋喷桩定额中的浆液系按普通水泥浆编制的,当设计采用添加剂或水泥用量与定额不同时,可按设计要求进行抽换。

(6)土工布的铺设面积为锚固沟外边缘所包围的面积,包括锚固沟的底面积和侧面积。定额中不包括排水内容,需要时另行计算。

(7)强夯定额适用于处理松、软的碎石土、砂土、低饱和度的粉土与黏性土、湿陷性黄土、杂填土和素填土等地基。定额中已综合考虑夯坑的排水费用,使用定额时不得另行增加费用。夯击遍数应根据地基土的性质由设计确定,低能量满夯不作为夯击遍数计算。

(8)堆载预压定额中包括了堆载四面的放坡、沉降观测、修坡道增加的工、料、机消耗以及施工中测量放线、定位的工、料消耗,使用定额时均不得另行计算。

6.2.3 路基工程定额工程量计算应用实例

【示例6.1】 某路路基工程施工,土方量为 800 000 m^3,均属硬土采用 1.0 m^3 挖掘机挖土方,6 t 自卸汽车配合挖掘机运土,运距 4.0 km 的施工方法,求概算中的工、料、机消耗量。

【解】 查概算定额中 10-1-1-6-6,则

(1)挖掘机。

人工:$19.6 \times 800\ 000/1\ 000 = 15\ 680$ 工日

75 kW 以内履带式推土机:$0.51 \times 800\ 000/1\ 000 = 408$ 台班

1.0 m^3 以内履带式单斗挖掘机:$2.36 \times 800\ 000/1\ 000 = 1\ 888$ 台班

查概算定额中 13-1-1-8-5,则

(2)自卸式汽车配合挖掘机运土。

6 t 以内自卸汽车:$[13.79 + 2.04 \times (4-1)/0.5] \times 800\ 000/1\ 000 = 20\ 824$ 台班

【示例6.2】 某地区修建一条三级公路,该工程中有一段路基工程,全部是借土填方,共计松土 600 000 m^3,在指定取土范围取土,使用 165 kW 以内推土机集土 60 m,3 m^3 以内装载机装土,求概算定额下的工、料、机消耗量。

【解】 查概算定额 21-1-1-9-9 推土机推土

人工:$600\ 000/1\ 000 \times [11.7 + (60-40)/10 \times 0.4] = 7\ 500$ 工日

165 kW 推土机:

$600\ 000/1\ 000 \times (1.61 + 20/10 \times 0.34) \times 1.11 \times 0.8 = 1\ 220.112$ 台班

查概算定额 12-1-1-7-3 装载机装土、石

3.0 m^3 以内轮胎式装载机:$600\ 000/1\ 000 \times 1.11 \times 1.10 = 732.6$ 台班

【示例6.3】 某路基工程,土方量 500 000 m^3,全部为普通土,采用人工开挖,手扶拖拉机配合运输的方法进行施工,运距 500 m,求概算定额下的工、料、机消耗量。

【解】 查概算定额 5-1-1-2-2,人工挖运土方

人工:$500\ 000/1\ 000 \times (206.6 - 42) = 82\ 300$ 工日

查概算定额 9-1-1-5-7、9-1-1-5-9,得

手扶拖拉机:$500\ 000/1\ 000 \times (41.87 + 400/100 \times 2.21) = 25\ 355$ 台班

【示例6.4】 某公路采用塑料排水板处理软土地基,使用带门架的袋装砂井机,试求 2 100 m 砂井工料机消耗。

【解】 查预算定额 62-1-3-2-1,得:

人工:$2\ 100/1\ 000 \times 7.3 = 15.33$ 工日

枕木:$2\ 100/1\ 000 \times 0.033 = 0.0\ 693$ m^3

钢轨:$2\ 100/1\ 000 \times 0.040 = 0.084$ t

铁件:$2\ 100/1\ 000 \times 4.5 = 9.45$ kg

塑料排水板:2 100/1 000×1 071 = 2 249.1 m

其他材料费:2 100/1 000×83.5 = 175.35 元

袋装砂井机(带门架):2 100/1 000×1.38 = 2.898 台班

6.3 路面工程定额工程量计算

6.3.1 路面工程概算定额工程量计算

1. 定额总说明

(1)路面工程概算定额包括各种类型路面以及路槽、路肩、垫层、基层等,除沥青混合料路面、石拌基层稳定土混合料运输以 1 000 m³ 路面实体为计算单位外,其他均以 1 000 m² 为计算单位。

(2)路面项目中的厚度均为压实厚度,培路肩厚度为净培路肩的夯实厚度。

(3)定额中混合料是按最佳含水量编制,定额中已包括养生用水并适当扣除材料天然含水量,但山西、青海、甘肃、宁夏、内蒙古、新疆、西藏等省、自治区,由于湿度偏低,用水量可根据具体情况在定额数量的基础上酌情增加。

(4)定额中凡列有洒水汽车的子目,均按 5 km 范围内洒水汽车在水源处的自吸水编制,不计水费。如工地附近无天然水源可利用,必须采用供水(如自来水)时,可根据定额子目中洒水汽车的台班数量,按每台班 35 m³ 米计算定额用水量,乘以供水部门规定的水价增加洒水汽车的台班消耗,但增加的洒水汽车台班消耗量不得再计水费。

(5)定额中的水泥混凝土均已包括其拌和费用,使用定额时不得再另行计算。

(6)压路机台班按行驶速度:两轮光轮压路机为 2.0 km/h、三轮光轮压路机为 2.5 km/h、轮胎式压路机为 5.0 km/h、振动压路机为 3.0 km/h 进行编制。如设计为单车道路面宽度时,两轮光轮压路机乘以 1.14 的系数、三轮光轮压路机乘以 1.33 的系数、轮胎式压路机和振动压路机乘以 1.29 的系数。

(7)自卸汽车运输稳定土混合料、沥青混合料和水泥混凝土定额项目,仅适用于平均运距在 15 km 以内的混合料运输,当平均运距超过 15 km 时,应按社会运输的有关规定计算其运输费用。当运距超过第一个定额运距单位时,其运距尾数不足一个增运定额单位的半数时不计算,等于或超过半数时按一个增运定额运距单位计算。

2. 路面基层及垫层

(1)各类稳定土基层、级配碎石、级配砾石基层的压实厚度在 15 cm 以内,填隙碎石一层的压实厚度在 12 cm 以内,其他种类的基层和底基层压实厚度在 20 cm 以内,拖拉机、平地机和压路机的台班消耗按定额数量计算。期超过上述压实厚度进行分层拌和、碾压时,拖拉机、平地机和压路机的台班消耗按定额数量加倍计算,每 1 000 m² 增加 3 个工日。

(2)各类稳定土基层定额中的材料消耗系按一定配合比编制的,当设计配合比与定额标明的配合比不同时,有关材料可按下式进行换算。

$$C_i = [C_d + B_d \times (H - H_0)] \times \frac{L_i}{L_d} \tag{6.3}$$

式中 C_i——按设计配合比换算后的材料数量;

C_d——定额中基本压实厚度的材料数量;

B_d——定额中压实厚度每增减1cm的材料数量;

H_0——定额的基本压实厚度;

H——设计的压实厚度;

L_d——定额中标明的材料百分率;

L_i——设计配合比的材料百分率。

【示例6.5】 石灰粉煤灰稳定碎石基层,定额标明的配合比为石灰:粉煤灰:碎石 = 5:15:80,基本压实厚度为 15 cm,设计配合比为石灰:粉煤灰:碎石 = 4:11:85,设计压实厚度为 16 cm,求各种材料调整后的数量。

【解】 各种材料调整后的数量:

石灰:$[15.829 + 1.055 \times (16 - 15)] \times \dfrac{4}{5} = 13.507$ t

粉煤灰:$[63.31 + 4.22 \times (16 - 15)] \times \dfrac{11}{15} = 49.52$ m³

碎石:$[164.89 + 10.99 \times (16 - 15)] \times \dfrac{85}{80} = 186.87$ m³

(3)人工沿路翻拌和筛拌稳定土混合料定额中均已包括土的过筛工消耗,因此土的预算价格中不应再计算过筛费用。

(4)土的预算价格,按材料采集及加工和材料运输定额中的有关项目计算。

(5)各类稳定土基层定额中的碎石土、砂砾土是指天然碎石土和天然砂砾土。

(6)各类稳定土底基层采用稳定土基层定额时,每 1 000 m² 路面减少 12 ~ 15 t 光轮压路机 0.18 台班。

3. 路面面层

(1)泥结碎石、级配碎石、级配砾石、天然砂砾、粒料改善土壤路面面层的压实厚度在 15 cm以内,拖拉机、平地机和压路机的台班消耗按定额数量计算。如等于或超过上述压实厚度进行分层拌和、碾压时,拖拉机、平地机和压路机的台班消耗按定额数量加倍计算,每 1 000 m² 增加 3 个工日。

(2)泥结碎石及级配碎石、级配砾石面层定额中,均未包括磨耗层和保护层,需要时应按磨耗层和保护层定额另行计算。

(3)沥青表面处治路面、沥青贯入式路面和沥青上拌下贯式路面的下贯层以及透层、黏层、封层定额中已计入热化、熬制沥青用的锅、灶等设备的费用,使用定额时不得另行计算。

(4)沥青贯入式路面面层定额中已综合了上封层的消耗,使用定额时不得另行计算。

(5)沥青碎石混合料、沥青混凝土和沥青碎石玛蹄脂混合料路面定额中均已包括混合料拌和、运输、摊铺作业时的损耗因素,路面实体按路面设计面积乘以压实厚度计算。

(6)沥青路面定额中均未包括透层、黏层和封层,需要时可按有关定额另行计算。

(7)沥青路面定额中的乳化沥青和改性沥青均按外购成品料进行编制,如在现场自行配制时,其配制费用计入材料预算价格中。

(8)如沥青玛蹄脂碎石混合料设计采用的纤维稳定剂的掺加比例与定额不同时,可按设计用量调整定额中纤维稳定剂的消耗。

(9)沥青路面定额中,均未考虑为保证石料与沥青的黏附性而采用的抗剥离措施的费用,需要时,应根据石料的性质,按设计提出的抗剥离措施,计算其费用。

(10)定额是按一定的油石比编制的,当设计采用的油石比与定额不同时,可按设计油石比调整定额中的沥青用量,换算公式如下:

$$S_i = S_d \times \frac{L_i}{L_d} \tag{6.4}$$

式中 S_i——按设计油石比换算后的沥青数量;

　　　S_d——定额中的沥青数量;

　　　L_d——定额中标明的油石比;

　　　L_i——设计采用的油石比。

(11)在冬五区、冬六区采用层铺法施工沥青路面时,其沥青用量可按定额用量乘以下列系数:

沥青表面处治:1.05;沥青贯入式基层或联结层:1.02;面层:1.028;沥青上拌下贯式下贯部分:1.043。

(12)过水路面定额是按双车道路面宽7.5 m进行编制的,当设计为单车道时,定额应乘以0.8的系数。如设计为混合式过水路面时,其中的涵洞可按涵洞工程相关定额计算,过水路面的工程量不扣除涵洞的宽度。

4. 路面附属工程

(1)整修和挖除旧路面按设计提出的需要整修的旧路面面积和需要挖除的旧路面体积计算。

(2)整修旧路面定额中,砂石路面均按整修厚度6.5 cm计算,沥青表处面层按整修厚度2 cm计算,沥青混凝土面层按整修厚度4 cm计算,路面基层的整修厚度均按6.5 cm计算。

(3)硬路肩工程项目,根据其不同设计层次结构,分别采用不同的路面定额项目进行计算。

(4)铺砌水泥混凝土预制块人行道、路缘石、沥青路面镶边和土硬路肩加固定额中,均已包括水泥混凝土预制块的预制,使用定额时不得另行计算。

6.3.2 路面工程预算定额工程量计算

1. 定额总说明

参见路面工程概算定额工程量计算中的定额总说明。

2. 路面基层及垫层

(1)各类稳定土基层,级配碎石、级配砾石基层的压实厚度在15 cm以内,填隙碎石一层的压实厚度在12 cm以内,其他种类的基层和底基层压实厚度在20 cm以内,拖拉机、平地机和压路机的台班消耗按定额数量计算。如超过上述压实厚度进行分层拌和、碾压时,拖拉机、平地机和压路机的台班消耗按定额数量加倍计算,每1 000 m² 增加3个工日。

(2)各类稳定土基层定额中的材料消耗系按一定配合比编制的,当设计配合比与定额标明的配合比不同时,有关材料可按路面工程概算定额内容进行换算。

(3)人工沿路翻拌和筛拌稳定土混合料定额中均已包括土的过筛工消耗,因此土的预算价格中不应再计算过筛费用。

(4)土的预算价格,按材料采集及加工和材料运输定额中的有关项目计算。

(5)各类稳定土基层定额中的碎石土、砂砾土是指天然碎石土和天然砂砾土。

(6)各类稳定土底基层采用稳定土基层定额时,每 1 000 m² 路面减少 12~15 t 光轮压路机 0.18 台班。

2. 路面面层

(1)泥结碎石、级配碎石、级配砾石、天然砂砾、粒料改善土壤路面面层的压实厚度在 15 cm 以内,拖拉机、平地机和压路机的台班消耗按定额数量计算。如等于或超过上述压实厚度进行分层拌和、碾压时,拖拉机、平地机和压路机的台班消耗按定额数量加倍计算,每 1 000 m² 增加 3 个工日。

(2)泥结碎石及级配碎石、级配砾石面层定额中,均未包括磨耗层和保护层,需要时应按磨耗层和保护层定额另行计算。

(3)沥青表面处治路面、沥青贯入式路面和沥青上拌下贯式路面的下贯层以及透层、黏层、封层定额中已计入热化、熬制沥青用的锅、灶等设备的费用。使用定额时不得另行计算。

(4)沥青碎石混合料、沥青混凝土和沥青碎石玛蹄脂混合料路面定额中均已包括混合料拌和、运输、摊铺作业时的损耗因素,路面实体按路面设计面积乘以压实厚度计算。

(5)沥青路面定额中均未包括透层、黏层和封层,需要时可按有关定额另行计算。

(6)沥青路面定额中的乳化沥青和改性沥青均按外购成品料进行编制,如在现场自行配制时,其配制费用计入材料预算价格中。

(7)如沥青玛蹄脂碎石混合料设计采用的纤维稳定剂的掺加比例与定额不同时,可按设计用量调整定额中纤维稳定剂的消耗。

(8)沥青路面定额中,均未考虑为保证石料与沥青的黏附性而采用的抗剥离措施的费用,需要时,应根据石料的性质,按设计提出的抗剥离措施,计算其费用。

(9)在冬五区、冬六区采用层铺法施工沥青路面时,其沥青用量可按定额用量乘以下列系数:

沥青表面处治:1.05;沥青贯入式基层或联结层:1.02;面层 1.028;沥青上拌下贯式下贯部分:1.043。

(10)定额是按一定的油石比编制的,当设计采用的油石比与定额不同时,可按设计油石比调整定额中的沥青用量,换算公式同路面工程概算定额相应公式。

3. 路面附属工程

(1)整修和挖除1日路面按设计提出的需要整修的旧路面面积和需要挖除的旧路面体积计算。

(2)整修11日路面定额中,砂石路面均按整修厚度 6.5 cm 计算,沥青表处面层按整修厚度 2 cm 计算,沥青混凝土面层按整修厚度 4 cm 计算,路面基层的整修厚度均按 6.5 cm 计算。

(3)硬路肩工程项目,根据其不同设计层次结构,分别采用不同的路面定额项目进行计算。

(4)铺砌水泥混凝土预制块人行道、路缘石、沥青路面镶边和土硬路肩加固定额中,均已包括水泥混凝土预制块的预制,使用定额时不得另行计算。

6.3.3 路面工程定额工程量计算应用实例

【示例 6.6】 某公路工程中路面采用中粒式沥青碎石,计 500 000 m^2,厚度为 16 cm,用 120 t/h 拌和设备进行拌和,利用概算定额求拌和部分的工、料、机消耗量。

【解】 沥青碎石工程量为 500 000 × 0.16 = 80 000 m^3

查概算定额 190 - 2 - 2 - 10 - 15,则

人工:80 000/1 000 × 88 = 7 040 工日

石油沥青:80 000/1 000 × 88.153 = 7 052.24 t

砂:80 000/1 000 × 221.97 = 17 757.6 m^3

矿粉:80 000/1 000 × 55.555 = 4 444.4 t

石屑:80 000/1 000 × 183.65 = 1 4692 m^3

120 t/h 以内沥青混合料拌和设备:80 000/1 000 × 3.67 = 293.6 台班

【示例 6.7】 某公路工程中路面采用粗粒式沥青混凝土,计 80 0000 m^2,厚度为 12 cm,用 60 t/h 拌和设备进行拌和,利用概算定额求拌和部分的工、料、机消耗量。

【解】 沥青混凝土工程量为 800 000 × 0.12 = 96 000 m^3

查概算定额 194 - 2 - 2 - 10 - 26,则

人工:96 000/1 000 × 126.7 = 12 163.2 工日

石油沥青:96 000/1 000 × 105.857 = 10 162.27 t

砂:96 000/1 000 × 296.66 = 28 479.36 m^3

矿粉:96 000/1 000 × 96.104 = 9 225.98

石屑:96 000/1 000 × 168.13 = 16 140.48 m^3

60 t/h 以内沥青混合料拌和设备:96 000/1 000 × 7.08 = 679.68 台班

【示例 6.8】 某冬六区沥青表面处治路面工程,路面宽 9 m,长度为 20 km,采用双层层铺法施工,处治厚度为 2.5 cm,需铺透层和黏层,试求其总用工量及总用油量。

【解】 依据《公路工程预算定额》(JTG/T B06—02—2007)中路面工程章说明,冬六区沥青路面采用层铺法施工时,其用油量需作相应调整,其中沥青表面处治路面乘以系数1.05,沥青透层1.11,沥青黏层1.20。

(1)沥青表面处治路面用工量及用油量。

查预算定额 137 - 2 - 2 - 7 - 5,得

人工:(20 000 × 9)/1 000 × 15.5 = 2 790 工日

石油沥青:(20 000 × 9)/1 000 × 3.090 × 1.05 = 584.01 t

(2)沥青透层(半刚性基层)用工量及用油量

查预算定额 170 - 2 - 2 - 16 - 3,得

人工:(20 000 × 9)/1 000 × 1.4 = 252 工日

石油沥青:(20 000 × 9)/1 000 × 0.824 × 1.11 = 164.64 t

(3)沥青黏层用工量及用油量

查预算定额 170 - 2 - 2 - 16 - 5,得

人工:(20 000 × 9)/1 000 × 0.7 = 126 工日

石油沥青:(20 000 × 9)/1 000 × 0.412 × 1.20 = 88.99 t

(4)总用量和总用油量

总计人工:2 790 + 252 + 126 = 3 168 工日

总计用油量:584.01 + 164.64 + 88.99 = 837.64 t

【示例6.9】 某路面工程,用桶装石油沥青,调查价格为1 100元/吨,运价为0.66元/(t·km),装卸费为2.50元/吨,运距线路85 km,场外运输损耗率为3%,采购及保管费率为2.5%,试确定其预算价格。

【解】 1)单位运杂费 $0.66 \times 85 + 2.50 = 58.6$ 元/吨

2)按有关规定摊销回收沥青桶50元/吨

3)沥青预算价格 = $(1\ 100 + 58.6) \times (1 + 3\%) \times (1 + 2.5\%) - 50 = 1\ 173.19$ 元/吨

6.4 隧道工程定额工程量计算

6.4.1 隧道工程概算定额工程量计算

1. 定额总说明

隧道工程定额包括开挖、支护、防排水、补砌、装饰、照明、通风及消防设施、洞门及辅助坑道等项目。定额是按照一般凿岩机钻爆法施工的开挖方法进行编制的,适用于新建隧道工程,改(扩)建及公路大中修工程的可参照使用。

(1)隧道工程定额按现行隧道设计、施工规范将围岩分为六级,即Ⅰ级~Ⅵ级。

(2)隧道工程定额中混凝土工程均未考虑拌和的费用,应按桥涵工程相关定额另行计算。

(3)隧道工程开挖定额中已综合考虑超挖及预留变形因素。

(4)洞内出渣运输定额已综合洞门外500 m运距,当洞门外运距超过此运距时,可按照路基工程自卸汽车运输土石方的增运定额加计增运部分的费用。

(5)定额中均未包括混凝土及预制块的运输,需要时应按有关定额另行计算。

(6)定额中未考虑地震、坍塌、溶洞及大量地下水处理,以及其他特殊情况所需的费用,需要时可根据设计另行计算。

(7)定额中未考虑施工时所需进行的监控量测以及超前地质预报的费用,监控量测的费用已在《公路工程基本建设项目概算预算编制办法》(JTG B06—2007)的施工辅助费中综合考虑,使用定额时不得另行计算,超前地质预报的费用可根据需要另行计算。

(8)隧道工程项目采用其他章节定额的规定。

1)洞门挖基、仰坡及天沟开挖、明洞明挖土石方等,应使用其他章节有关定额计算。

2)洞内工程项目如需采用其他章节的有关项目时,所采用定额的人工工日、机械台班数量及小型机具使用费,应乘以1.26的系数。

2. 洞身工程

(1)定额人工开挖、机械开挖轻轨斗车运输项目系按上导洞、扩大、马口开挖编制的,也综合了下导洞扇形扩大开挖方法,并综合了木支撑和出渣、通风及临时管线的工料机消耗。

(2)定额正洞机械开挖自卸汽车运输定额不分工程部位(即拱部、边墙、仰拱、底板、沟槽、洞室)均使用本定额。定额中综合了出渣、施工通风及高压风水管和照明电线路的工料机消耗。

(3)定额连拱隧道中导洞、侧导洞开挖和中隔墙衬砌是按连拱隧道施工方法编制的,除此以外的其他部位的开挖、衬砌、支护可套用其他定额。

(4)格栅钢架和型钢钢架均按永久性支护编制,如作为临时支护使用时,应按规定计取回收,定额中已综合连接钢筋的数量。

(5)喷射混凝土定额中已综合考虑混凝土的回弹量,钢纤维混凝土中钢纤维掺入量按喷射土质量的3%掺入。当设计采用的钢纤维掺入量与隧道工程定额不同或采用其他材料时,可进行抽换。

(6)洞身衬砌项目按现浇混凝土衬砌,石料、混凝土预制块衬砌分别编制,不分工程部位(即拱部、边墙、仰拱、底板、沟槽、洞室)均使用洞身工程定额。定额中已综合考虑超挖回填因素,定额中均包括拱顶、边墙衬砌,混凝土或浆砌片石回填,洞内管沟及盖板等工程内容。

(7)定额中凡是按不同隧道长度编制的项目,均只编制到隧道长度在4 000 m以内。当隧道长度超过4 000 m时,应以隧道长度4 000 m以内的定额为基础,与隧道长度4 000 m以上每增加1 000 m定额叠加使用。

(8)混凝土运输定额仅适用于洞内混凝土运输,洞外运输应按桥涵工程有关定额计算。

(9)照明设施为隧道营运所需的洞内永久性设施。定额中的洞口段包括引入段、适应段、过渡段和出口段,其他段均为基本段。定额中不包括洞外线路,需要时应另行计算。

(10)工程量计算规则。

1)定额所指隧道长度均指隧道进出口(不含与隧道相连的明洞)洞门端墙墙面之间的距离,即两端端墙面与路面的交线同路线中线交点间的距离。双线隧道按上、下行隧道长度的平均值计算。

2)洞身开挖工程量按设计断面数量(成洞断面加衬砌断面)计算,包含洞身及所有附属洞室的数量,定额中已考虑超挖因素,不得将超挖数量计入工程量。

3)现浇混凝土衬砌中浇筑、运输的工程数量,均按设计断面衬砌数量计算,包含洞身及所有附属洞室的衬砌数量。定额中已综合因超挖及预留变形需回填的混凝土数量,不得将上述因素的工程量计入计价工程量中。

4)防水板、明洞防水层的工程数量按设计敷设面积计算。

5)止水带(条)、盲沟、透水管的工程数量,均按设计数量计算。

6)拱顶压浆的工程数量按设计数量计算,设计时可按每延长米0.25 m^3 综合考虑。

7)喷射混凝土的工程量按设计厚度乘以喷射面积计算,喷射面积按设计外轮廓线计算。

8)砂浆锚杆工程量为锚杆、垫板及螺母等材料质量之和,中空注浆锚杆、自进式锚杆的工程量按锚杆设计长度计算。

9)格栅钢架、型钢钢架工程数量按钢架的设计数量计算。

10)管棚、小导管的工程量按设计钢管长度计算,当管径与定额不同时,可调整定额中钢管的消耗量。

11)横向塑料排水管每处为单洞两侧的工程数量;纵向弹簧管按隧道纵向每侧铺设长度之和计算;环向盲沟按隧道横断面敷设长度计算。

(11)定额不包括下列项目,需要时可采用《公路工程预算定额》(JTG/T B06—02—2007)中的有关项目。

1)半隧道开挖。

2)洞内施工排水。
3)斜井洞内施工排水。

3. 洞门工程

(1)隧道和明洞洞门,均采用洞门工程定额。
(2)洞门墙工程量为主墙和翼墙等圬工体积之和。
(3)洞门工程定额的工程量均按设计工程数量计算。

4. 辅助坑道

(1)斜井、竖井项目定额中已综合了出渣、通风及管线路。
(2)斜井相关定额项目系按斜井长度800 m以内综合编制。
(3)斜井支护按正洞相关定额计算。
(4)工程量计算规则。

1)开挖工程量按设计断面数量(成洞断面加衬砌断面)计算,定额中已考虑超挖因素,不得将超挖数量计入工程量。
2)现浇混凝土衬砌工程数量均按设计断面衬砌数量计算。
3)喷射混凝土工程量按设计厚度乘以喷射面积计算,喷射面积按设计外轮廓线计算。

5. 通风及消防设施安装

(1)定额中不含通风机、消火栓、消防水泵接合器、水流指示器、电气信号装置、气压水罐、泡沫比例混合器、自动报警系统装置、防火门等的购置费用,应按规定列入"设备及工具、器具购置费"中。
(2)通风机预埋件按设计所示为完成通风机安装而需预埋的一切金属构件的质量计算工程数量,包括钢拱架、通风机拱部钢筋、通风机支座及各部分连接件等。
(3)洞内预埋件工程量按设计预埋件的敷设长度计算,定额中已综合了预留导线的数量。

6.4.2 隧道工程预算定额工程量计算

1. 定额总说明

隧道工程预算定额总说明可参考隧道工程概算定额工程量计算中的相关内容。

2. 洞身工程

(1)定额人工开挖、机械开挖轻轨斗车运输项目系按上导洞、扩大、马口开挖编制的,也综合了下导洞扇形扩大开挖方法,并综合了木支撑和出渣、通风及临时管线的工料机消耗。
(2)定额正洞机械开挖自卸汽车运输定额系按开挖、出渣运输分别编制,不分工程部位(即拱部、边墙、仰拱、底板、沟槽、洞室)均使用本定额。施工通风及高压风水管和照明电线路单独编制定额项目。
(3)定额连拱隧道中导洞、侧导洞开挖和中隔墙衬砌是按连拱隧道施工方法编制的,除此以外的其他部位的开挖、衬砌、支护可套用本节其他定额。
(4)格栅钢架和型钢钢架均按永久性支护编制,如作为临时支护使用时,应按规定计取回收,定额中已综合连接钢筋的数量。
(5)喷射混凝土定额中已综合考虑混凝土的回弹量,钢纤维混凝土中钢纤维掺入量按喷射混凝土质量的3%掺入。当设计采用的钢纤维掺入量与隧道工程定额不同或采用其他材料时,可进行抽换。

(6)洞身衬砌项目按现浇混凝土衬砌、石料、混凝土预制块衬砌分别编制,不分工程部位(即拱部、边墙、仰拱、底板、沟槽、洞室)均使用洞身工程定额。定额中已综合考虑超挖回填因素,当设计采用的混凝土强度等级与定额采用的不符或采用特殊混凝土时,可根据具体情况对混凝土配合比进行抽换。

(7)定额中凡是按不同隧道长度编制的项目,均只编制到隧道长度在4 000 m以内。当隧道长度超过4 000 m时,应按以下规定计算:

1)洞身开挖:以隧道长度4 000 m以内的定额为基础,与隧道长度4 000 m以上每增加1 000 m定额叠加使用。

2)正洞出渣运输:通过隧道进出口开挖正洞,以换算隧道长度套用相应的出渣定额计算。换算隧道长度计算公式为:

换算隧道长度 = 全隧长度 - 通过辅助坑道开挖正洞的长度。

当换算隧道长度超过4 000 m时,以隧道长度4 000 m以内定额为基础,与隧道长度4 000 m以上每增加1 000 m定额叠加使用。

通过斜井开挖正洞,出渣运输按正洞和斜井两段分别计算,两者叠加使用。

3)通风、管线路定额,按正洞隧道长度综合编制,当隧道长度超过4 000 m时,以隧道长度4 000 m以内定额为基础,与隧道长度4 000 m以上每增加1 000 m定额叠加使用。

(8)混凝土运输定额仅适用于洞内混凝土运输,洞外运输应按桥涵工程有关定额计算。

(9)洞内排水定额仅适用于反坡排水的情况,排水量按10 m^3/h 以内编制;超过此排水量时,抽水机台班按表6.5中的系数调整。

表6.5 定额调整系数

涌水量/($m^3 \cdot h^{-1}$)	调整系数
10以内	1.00
15以内	1.20
20以内	1.35

注:当排水量超过20 m^3/h时,根据采取治水措施后的排水量采用上表系数调整。

正洞内排水系按全隧道长度综合编制,当隧道长度超过4 000 m时,以隧道长度4 000 m以内定额为基础,与隧道长度4 000 m以上每增加1 000 m定额叠加使用。

(10)照明设施为隧道营运所需的洞内永久性设施。定额中的洞口段包括引入段、适应段、过渡段和出口段,其他段均为基本段。定额中不包括洞外线路,需要时应另行计算。属于设备的变压器、发电设备等,其购置费用应列入"设备及工具、器具购置费"中。

(11)工程量计算规则。

1)定额所指隧道长度均指隧道进出口(不含与隧道相连的明洞)洞门端墙墙面之间的距离,即两端端墙面与路面的交线同路线中线交点间的距离。双线隧道按上、下行隧道长度的平均值计算。

2)洞身开挖、出渣工程量按设计断面数量(成洞断面加衬砌断面)计算,包含洞身及所有附属洞室的数量,定额中已考虑超挖因素,不得将超挖数量计入工程量。

3)现浇混凝土衬砌中浇筑、运输的工程数量,均按设计断面衬砌数量计算,包含洞身及所有附属洞室的衬砌数量。定额中已综合因超挖及预留变形需回填的混凝土数量,不得将上述因素的工程量计入计价工程量中。

4)防水板、明洞防水层的工程数量按设计敷设面积计算。

5)拱顶压浆的工程数量按设计数量计算,设计时可按每延长米 0.25 m³ 综合考虑。

6)喷射混凝土的工程量按设计厚度乘以喷射面积计算,喷射面积按设计外轮廓线计算。

7)砂浆锚杆工程量为锚杆、垫板及螺母等材料质量之和,中空注浆锚杆、自进式锚杆的工程量按锚杆设计长度计算。

8)格栅钢架、型钢钢架工程数量按钢架的设计数量计算,连接钢筋的数量不得作为工程量计算。

9)管棚、小导管的工程量按设计钢管长度计算,当管径与定额不同时,可调整定额中钢管的消耗量。

10)横向塑料排水管每处为单洞两侧的工程数量;纵向弹簧管按隧道纵向每侧铺设长度之和计算;环向盲沟按隧道横断面敷设长度计算。

洞内通风、风水管及照明、管线路的工程量按隧道设计长度计算。

3. 洞门工程

(1)隧道和明洞洞门,均采用洞门工程定额。

(2)洞门墙工程量为主墙和翼墙等圬工体积之和。仰坡、截水沟等应按有关定额另行计算。

(3)洞门工程定额的工程量均按设计工程数量计算。

4. 辅助坑道

(1)斜井项目按开挖、出渣、通风及管线路分别编制,竖井项目定额中已综合了出渣、通风及管线路。

(2)斜井相关定额项目系按斜井长度 800 m 以内综合编制的,已含斜井建成后,通过斜井进行正洞作业时,斜井内通风及管线路的摊销部分。

(3)斜井支护按正洞相关定额计算。

(4)工程量计算规则。

1)开挖、出渣工程量按设计断面数量(成洞断面加衬砌断面)计算,定额中已考虑超挖因素,不得将超挖数量计入工程量。

2)现浇混凝土衬砌工程数量均按设计断面衬砌数量计算。

3)喷射混凝土工程量按设计厚度乘以喷射面积计算,喷射面积按设计外轮廓线计算。

4)锚杆工程量为锚杆、垫板及螺母等材料质量之和。

5)斜井洞内通风、风水管照明及管线路的工程量按斜井设计长度计算。

5. 通风及消防设施安装

(1)定额中不含通风机、消火栓、消防水泵接合器、水流指示器、电气信号装置、气压水罐、泡沫比例混合器、自动报警系统装置、防火门等的购置费用,应按规定列入"设备及工具、器具购置费"中。

(2)通风机预埋件按设计所示为完成通风机安装而需预埋的一切金属构件的质量计算工程数量,包括钢拱架、通风机拱部钢筋、通风机支座及各部分连接件等。

(3)洞内预埋件工程量按设计预埋件的敷设长度计算,定额中已综合了预留导线的数量。

6.4.3 隧道工程定额工程量计算应用实例

【示例 6.10】 某隧道工程,采用机械开挖,轻轨斗车运输。隧道土质为自然密实石,石方量为 20 000 m³,围岩级别为Ⅳ级,试确定概算定额下的工、料、机消耗量。

【解】 查概算定额 238 − 3 − 1 − 2 − 3,得

人工:20 000/100 × 118.7 = 23 740 工日
原木:20 000/100 × 0.694 = 138.8 m³
锯材:20 000/100 × 0.123 = 24.6 m³
钢管:20 000/100 × 0.011 = 2.2 t
空心钢钎:20 000/100 × 7.0 = 1 400 kg
Φ50 以内合金钻头:20 000/100 × 3.0 = 600 个
铁件:20 000/100 × 7.3 = 1 460 kg
铁钉:20 000/100 × 0.4 = 80 kg
硝铵炸药:20 000/100 × 59.3 = 11 860 kg
电:20 000/100 × 101 = 20 200 kW·h
水:20 000/100 × 57 = 11 400 m³
其他材料费:20 000/100 × 172.7 = 34 540 元
Φ100 mm 电动多级水泵:20 000/100 × 1.20 = 240 台班
9 m³/min 机动空压机:20 000/100 × 2.19 = 438 台班
30 kW 以内轴流式通风机:20 000/100 × 2.13 = 426 台班
小型机具使用费:20 000/100 × 149.4 = 29 880 元

【示例 6.11】 某土质隧道内路面基层采用 15 cm 翻拌法石灰土(石灰含量 10%),数量为 75 000 m²,试确定其工、料、机消耗量。

【解】 "隧道工程"中无洞内路面的相关定额,章说明规定:"洞内工程若采用其他章节的有关项目时,所采用定额的人工工日、机械台班数量及小型机具使用费应乘以 1.26 系数",此时洞内的路面工程可以按此办理。

查预算定额 87 − 2 − 1 − 3 − 3,由此可得

人工:148.7 × 75 000/1 000 × 1.26 = 14 052.15 工日
水:49 × 75 000/1 000 = 3 675 m³
生石灰:24.046 × 75 000/1 000 = 1 803.45 t
土:195.80 × 75 000/1 000 = 14 685 m³
6 ~ 8 t 光轮压路机:0.27 × 75 000/1 000 × 1.26 = 25.52 台班
12 ~ 15t 光轮压路机:1.27 × 75 000/1 000 × 1.26 = 120.02 台班

【示例 6.12】 某隧道采用钢支撑,制作安装采用格栅钢架,并将钢支撑作为永久性支撑浇筑在混凝土内,已知钢支撑共计 20 t,试求工、料、机消耗量。

【解】 查预算定额 209 − 3 − 1 − 5 − 2,根据定额注释的要求,若将钢支撑作为永久性支撑浇筑在混凝土内,可按钢支撑制作、安装、拆除定额计算,并按钢支撑数量每吨扣减人工 4.3 工日,其余不变。计算如下:

人工:(36.0 − 4.3) × 20 = 634 工日

型钢:$0.061 \times 20 = 1.22$ t
带肋钢筋:$0.953 \times 20 = 19.06$ t
电焊条:$14.0 \times 20 = 280$ kg
铁件:$15.1 \times 20 = 302$ kg
小型机具使用费:$20.5 \times 20 = 410$ 元
32 kV·A 以内交流电弧焊机:$3.85 \times 20 = 77$ 台班
4 t 以内载货汽车:$0.52 \times 20 = 10.4$ 台班

6.5 桥涵工程定额工程量计算

6.5.1 桥涵工程概算定额工程量计算

1. 桥梁工程概算定额工程量计算

(1)定额总说明。

1)桥梁工程定额包括围堰筑岛、基础工程、下部构造、上部构造等。

2)主体工程中的基础工程、下部构造、上部构造、人行道及安全带的定额区分为:

①基础工程:指天然地基上的基础为基础顶面以下;打桩和灌注桩基础为横系梁底面以下或承台顶面以下;沉井基础为井盖顶面以下的全部工程。

②下部构造:

桥台:指基础顶面或承台顶面以上的全部工程,但不包括桥台上的路面、人行道、栏杆,如U形桥台有两层帽缘石者,第二层以下属桥台,以上属人行道。

桥墩:指基础顶面或承台顶面(柱式墩台为系梁底面)以上。墩帽或盖梁(拱桥为拱座)面以下的全部工程。

索塔:塔墩固结的为基础顶面或承台顶面以上至塔顶的全部工程;塔墩分离的为桥面顶部以上至塔顶的全部工程,桥面顶部以下部分按桥墩定额计算。

③上部构造:梁、板桥指墩台帽或盖梁顶面以上、拱桥指拱座顶以上两桥背墙前缘之间、人行道梁底面以下(无人行道梁时为第二层缘石顶面以下)的全部工程,但不包括桥面铺装。

④人行道及安全带:人行道梁或安全带底面以上(无人行道梁时为第一层缘石底面以上)的全部工程。

3)混凝土工程中,除钢桁架桥、钢吊桥中的桥面系混凝土工程外,均不包括钢筋及预应力系统。

4)定额中除轨道铺设、电讯电力线路、场内临时便道、便桥未计入定额外,其余场内需要设置的各种安装设备以及构件运输、平整场地等均摊入定额中,悬拼箱梁还计入了栈桥码头,使用定额时均不得另行计算。

5)定额中除注明者外,均不包括混凝土的拌和和运输,应根据施工组织设计按第三节的相关定额另行计算。

6)定额中混凝土均按露天养生考虑,如采用蒸汽养生时,应从各有关定额中每 10 m³ 实体减去人工 1.5 工日及其他材料费 4 元,另按蒸汽养生定额计算混凝土的养生费用。

7)定额中混凝土工程均包括操作范围内的混凝土运输。现浇混凝土工程的混凝土平均运距超过 50 m 时,可根据施工组织设计的混凝土平均运距,按混凝土运输定额增删混凝土运输。

8)大体积混凝土项目必须采用埋设冷却管来降低混凝土水化热时,可按冷却管定额另行计算。

9)定额中的模板均为常规模板,当设计或施工对混凝土结构的外观有特殊要求需要对模板进行特殊处理时,可根据定额中所列的混凝土模板接触面积增列相应的特殊模板材料的费用。

10)行车道部分的桥头搭板,应根据设计数量按桥头搭板定额计算。人行道部分的桥头搭板已综合在人行道定额中,使用定额时不得另行计算。

11)定额仅为桥梁主体工程部分,至于导流工程、改河土石方工程、桥头引道工程均未包括在定额中,需要时按有关定额另行计算。

12)工程量计算一般规则。

①现浇混凝土、预制混凝土的工程量为构筑物或现制构件的实际体积,不包括其中空心部分的体积,钢筋混凝土项目的工程量不扣除钢筋所占体积。

②钢筋工程量为钢筋的设计质量,定额中已计入施工操作损耗。钢筋设计按施工现场接长考虑时,其钢筋所需的搭接长度的数量本定额中未计入,应在钢筋的设计质量内计算。

(2)基础工程。

1)定额中的草土、草袋、麻袋和竹笼围堰既适用于挖墓围堰,也适用于筑岛围堰。

2)钢板桩围堰按一般常用的打桩机械在工作平台上打桩编制。定额中已包括工作平台、其他打桩附属设施和钢板桩的运输,使用定额时不得另行计算。

3)套箱围堰用于浇筑水中承台,本定额按利用原来打桩(或灌注桩)工作平台进行套箱的拼装和下沉进行编制,定额中已计入埋在承台混凝土中的钢材和木材消耗。

4)开挖基坑定额中,干处挖基是指无地面水及地下水位以上部分的土壤,湿处挖基是指施工水位以下部分的土壤。

5)开挖基坑定额中,已按不同的覆盖层将基坑开挖的排水和基础、墩台施工排水所需的水泵台班综合在内,使用定额时不得另行计算。

6)基坑开挖定额均按原土回填考虑,当采用取土回填时,应按路基工程有关定额另计取土费用。

7)沉井基础定额中,船上拼装钢壳沉井已综合了拼装船的拼装项目。船坞拼装钢壳沉井未包括船坞开挖,应按开挖基坑定额另行计算。钢丝网水泥薄壁沉井浮运、落床定额已综合了下水轨道修筑、轨道基础开挖及井下水等项目,使用定额时不得另行计算。

8)导向船、定位船船体本身加周所需的工、料、机消耗及沉井定位落床所需的锚绳均已综合在沉井定位落床定额中,使用定额时,不得另行计算。

9)无导向船定位落床定额已将所需的地笼、锚碇等的工、料、机消耗综合在定额中,使用定额时,不得另行计算。有导向船定位落床定额未综合锚碇系统,使用定额时应按有关定额另行计算。

10)锚碇系统定额均已将锚链的消耗计入定额中,并已将抛锚、起锚所需的工、料、机消耗综合在定额中,使用定额时,不得随意抽换定额。

11)沉井接高项目已综合在定位落床定额中,使用定额时不得另行计算。但接高所需的吊装设备及定位床或导向船之间连接所需的金属设备本定额中未综合,使用定额时,应根据实际需要按预算定额中的有关项目计算。

12)钢壳沉井作双壁钢围堰使用时,应按施工组织设计计算回收,但回收部分的拆除所需的工、料、机消耗量本定额未计入,需要时应根据实际情况另行计算。

13)沉井下沉定额中的软质岩石是指饱和单轴极限抗压强度在 40 MPa 以上的各类松软的岩石,硬质岩石是指饱和单轴极限抗压强度在 40 MPa 以上的各类较坚硬和坚硬的岩石。

14)地下连续墙定额中未包括施工便道、挡水帷幕、注浆加固等,需要时应根据施工组织设计另行计算。挖出的土石方或凿铣的泥渣如需要外运时,应按路基工程中相关定额进行计算。

15)打桩工程按一般常用的机械综合为陆地和水中工作平台及船上打桩。定额中已将桩的运输及打桩的附属设施以及桩的接头综合在内,使用定额时,不得另行计算。

16)打钢管桩工程如设计钢管桩数量与本定额中的数量不相同时,可按设计数量抽换定额中的钢管桩消耗,但定额中的其他消耗量不变。

17)灌注桩基础成孔定额按不同的钻孔方法和不同的土壤地质情况及不同孔深编制,回旋钻机、潜水钻机还编制了配有水上泥浆循环系统定额,使用定额时应根据实际情况选用。定额中已按摊销方式计入钻架的制作、拼装、移位、拆除及钻头维修所耗用的工、料、机械台班数量,钻头的费用已计入设备摊销费中,使用定额时,不得另行计算。

18)灌注桩混凝土定额,按机械拌和、工作平台上导管倾注水下混凝土编制,定额中已包括混凝土灌注设备(如导管等)摊销的工、料费用和灌注桩检测管的费用及扩孔增加的混凝土数量,使用定额时,不得另行计算。

19)护筒定额中,已包括陆地上埋设护筒用的黏土或水中埋设护筒定位用的导向架及钢质或钢筋混凝土护筒接头用的铁件、硫磺胶泥等埋设时的材料、设备消耗,使用定额时,不得另行计算。水中埋设的钢护筒按护筒全部计质量计入定额中,可根据设计确定的回收量按规定计算回收金额。

20)浮箱工作平台定额中,每只浮箱的工作面积为:$3 \times 6 = 18 \text{ m}^2$。

21)灌注桩造孔根据造孔的难易程度,将土质分为八种:

①砂土:粒径不大于 2 mm 的砂类土,包括淤泥、轻亚黏土。

②黏土:亚黏土、黏土、黄土,包括土状风化。

③砂砾:粒径 2~20 mm 的角砾、圆砾含量(指质量比,下同)小于或等于 50%,包括礓石及粒状风化。

④砾石:粒径 2~20 mm 的角砾、圆砾含量大于 50%,有时还包括粒径 20~200 mm 的碎石、卵石,其含量在 10% 以内,包括块状风化。

⑤卵石:粒径 20~200 mm 的碎石、卵石含量大于 10%,有时还包括块石、漂石,其含量在 10% 以内,包括块状风化。

⑥软石:饱和单轴极限抗压强度在 40 MPa 以下的各类松软的岩石,如盐岩,胶结不紧的砾岩、泥质页岩、砂岩,较坚实的泥灰岩、块石土及漂石土,软而节理较多的石灰岩等。

⑦次坚石:饱和单轴极限抗压强度在 40~100 MPa 的各类较坚硬的岩石,如硅质页岩,硅质砂岩,白云岩,石灰岩,坚实的泥灰岩,软玄武岩、片麻岩、正长岩、花岗岩等。

⑧坚石:饱和单轴极限抗压强度在 100 MPa 以上的各类坚硬的岩石,如硬玄武岩,坚实的石灰岩、白云岩、大理岩、石英岩、闪长岩、粗粒花岗岩、正长岩等。

22)使用成孔定额时,应根据施工组织设计的需要合理选用定额子目,当不采用泥浆船的方式进行水中灌注桩施工时,除按 90 kW 以内内燃拖轮数量的一半保留拖轮和驳船的数量外,其余拖轮和驳船的消耗应扣除。

23)当河滩、水中采用筑岛方法施工时,应采用陆地上成孔定额计算。

24)灌注桩成孔定额是按一般黏土造浆进行编制的,当实际采用膨润土造浆时,其膨润土的用量可按定额中黏土用量乘系数进行计算,即

$$Q = 0.095 \times V \times 1\,000 \tag{6.5}$$

式中　　Q——膨润土的用量(kg);
　　　　V——定额中黏土的用量(m^3)。

25)当设计桩径与定额采用桩径不同时,可按表 6.6 系数调整。

表 6.6　定额调整系数

桩径/mm	调整系数	计算基数
130	0.94	桩径 150 cm 以内
140	0.97	
160	0.70	桩径 200 cm 以内
170	0.79	
180	0.89	
190	0.95	
210	0.93	桩径 250 cm 以内
220	0.94	
230	0.96	
240	0.98	

26)承台定额适用于无水或浅水中施工的有底模及无底模承台的浇筑,定额中已计入底模和侧模,深水中浇筑承台应增列套箱项目。承台定额中,未包括冷却管项目,需要时按有关定额另行计算。

27)工程量计算规则。

①围堰、筑岛高度为平均施工水深加 50 cm 进行计算。围堰长度按围堰中心长度计算;筑岛工程量按筑岛体积计算。

②钢板桩围堰的工程量按设计需要的钢板桩质量计算。

③套箱围堰的工程数量为套箱金属结构的质量,套箱整体下沉时悬吊平台的钢结构及套箱内支撑的钢结构均已综合在定额中,不得作为套箱工程量进行计算。

④开挖基坑的工程量应根据设计图纸、地质情况、施工规范确定基坑边坡后,按基坑容积计算。定额中已综合了集水井、排水沟、基坑回填、夯实等内容,使用定额时不得将上述项目计入工程量内。

基坑容积(图 6.1)的计算公式如下:

$$V = \frac{h}{6} \times [ab + (a + a_1)(b + b_1) + a_1 b_1]（基坑为平截方锥时） \tag{6.6}$$

$$V = \frac{\pi h}{3} \times (R^2 + Rr + r^2)（基坑为截头圆锥时） \tag{6.7}$$

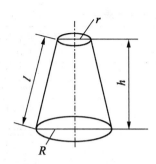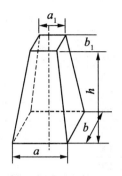

图 6.1　基坑容积计算示意图

⑤天然地基上的基础的工程量按基础、支撑梁、河床铺砌及隔水墙工程量的总和计算。

⑥沉井制作的工程量：重力式沉井为设计图纸井壁及隔墙混凝土数量；钢丝网水泥薄壁沉井为刃脚及骨架钢材的质量，但不包括铁丝网的质量；钢壳沉井的工程量为钢材的设计总质量。

⑦沉井浮运、定位落床的工程量为沉井刃脚边缘所包围的面积。

⑧锚碇系统定额的工程量指锚碇的数量，按施工组织设计的需要量计算。

⑨沉井下沉定额的工程量按沉井刃脚外边缘所包围的面积乘沉井刃脚下沉入土深度计算。沉井下沉按土、石所在的不同深度分别采用不同的下沉深度的定额。定额中的下沉深度指沉井顶面到作业面的高度。定额中已综合溢流（翻砂）的数量，不得另加工程量。

⑩沉井填塞的工程量：实心为封底、填芯、封顶的工程量总和；空心的为封底、封顶的工程量总和。

地下连续墙导墙的工程量按设计需要设置的导墙混凝土体积计算；成槽和墙体混凝土的工程量按地下连续墙设计长度、厚度和深度的乘积计算；锁口管吊拔和清底置换的工程量按地下连续墙的设计槽段数（指槽壁单元槽段）计算；内衬的工程量按设计的内衬的混凝土体积计算。

人工挖孔的工程量按护筒（护壁）外缘所包围的面积乘设计孔深计算。

灌注桩成孔工程量按设计土深度计算。定额中的孔深指护筒顶至桩底（设计标高）的深度。造孔定额中同一孔内的不同土质，不论其所在的深度如何，均采用总孔深定额。

灌注桩混凝土的工程量按设计桩径断面积乘设计桩长计算，不得将扩孔因素和凿除桩头数量计入工程量内。

灌注桩工作平台的工程量按施工组织设计需要的面积计算。

钢护筒的工程量按护筒的设计质量计算。设计质量为加工后的成品质量一致。包括加劲肋及连接用法兰盘等全部钢材的质量。当设计提供不出钢护筒的设计质量时，可参考表6.7的质量进行计算，桩径不同时可内插计算。

表 6.7 钢护筒参考质量

桩径/cm	护筒单位质量/(kg·m^{-1})
100	170.2
120	238.2
150	289.3
200	499.1
250	612.6
300	907.5
350	1 259.2

28)各种结构的模板接触面积如表 6.8 所示。

表 6.8 各种结构的模板接触面积

项目				模板接触面积(m^2/10 m^3 混凝土)		
				内模	外模	合计
基础	轻型墩台	跨径/m	4 以内	—	28.36	28.36
			8 以内	—	20.24	20.24
	实体式墩台	上部构造形式	梁板式	—	10.5	10.5
			拱式	—	6.69	6.69
	支撑梁				100.10	100.10
承台		有底模		—	12.12	12.12
		无底模		—	6.21	6.21

(3)下部构造。

1)定额中墩、台按一般常用的结构编制,桥台的台背回填土计算至桥台翼墙缘为止。台背排水、防水层均已摊入桥台定额中,使用定额时不得另行计算。桥台上的路面本定额中未计入使用定额时应按有关定额另行计算。

2)桥台锥形护坡定额中未包括围堰及开挖基坑项目,需要时应按有关定额另行计算。

3)墩台高度为基础顶、承台顶或系梁底到盖梁、墩台帽顶或 0 号块件底的高度。

4)方柱墩、空心墩、索塔等采用提升架施工的项目已将提升架的费用综合在定额中,使用定额时不得另行计算。

5)索塔混凝土定额已将劲性骨架、提升模架综合在定额中,使用定额时不得另行计算。

6)索塔混凝土定额未包括上、中、下横梁的施工支架,使用定额时应按有关定额另行计算。

7)下部构造定额中圆柱墩、方柱墩、空心墩和索塔等项目均按混凝土泵送和非泵送划分定额子目,使用定额时应根据实际情况选用。

8)定额中未包括高墩、索塔的施工电梯、塔式起重机的安、拆及使用费,使用定额时应根据施工组织设计确定的施工工期并结合上部构造的施工合理计算使用费用。

9)工程量计算规则。

①墩台的工程量为墩台身、墩台帽、支座垫石、拱座、盖梁、系梁、侧墙、翼墙、耳墙、墙背、填平层、腹拱圈、桥台第二层以下的帽石(有人行道时为第一层以下的帽石)的工程数量之和。

②锥形护坡的工程量为一座桥台,定额中已包括锥坡铺砌、锥坡基础、水平铺砌的工程量;柱式和埋置式桥台还包括台前护坡的工程量。

③索塔的工程量:塔墩固结的为基础顶面或承台顶面以上至塔顶的全部工程数量之和;塔墩分离的为桥面顶以上的至塔顶的全部工程数量之和;桥面顶部以下部分的工程数量按墩

台定额计算。

④索塔锚固套筒定额中已综合加劲钢板和钢筋的数量,其工程量以锚固套筒钢管的质量计算。

⑤索塔钢锚箱的工程量为钢锚箱钢板、剪力钉、定位件的质量之和。

10)各种结构的模板接触面积如表6.9所示。

表6.9 各种结构的模板接触面积

项目		桥台								拱桥
		梁板桥								
		轻型桥台	U形桥台		柱式桥台		框架式桥台	肋形埋置式桥台		轻型桥台	其他形式桥台
			桥台高度/m					桥台高度/m			
			10以内	20以内	10以内	20以内		8以内	14以内		
模板接触面积 (m²/10 m³ 混凝土)	内模	—	—	—	—	—	—	—	—	—	—
	外模	37.90	24.90	16.32	45.68	45.13	41.04	46.23	45.05	37.72	18.43
	合计	37.90	24.90	16.32	45.68	45.13	41.04	46.23	45.05	37.72	18.43

项目		桥墩								
		梁板桥								
		轻型桥墩	实体式桥墩		挑臂式桥墩		薄壁墩			Y形墩	
			桥墩高度/m								
			10以内	20以内	10以内	20以内	10以内	20以内	40以内	10以内	20以内
模板接触面积 (m²/10 m³ 混凝土)	内模	—	—	—	—	—	—	—	—	—	—
	外模	49.89	25.99	17.62	26.64	17.40	27.43	21.57	14.66	18.00	14.44
	合计	49.89	25.99	17.62	26.64	17.40	27.43	21.57	14.66	18.00	14.44

项目		桥墩								
		梁板桥								
		圆柱式桥墩		方柱式桥墩			配连续刚构造空心墩		配其他上部构造空心墩		
		桥墩高度/m									
		10以内	20以内	10以内	20以内	40以内	40以内	70以内	20以内	40以内	70以内
模板接触面积 (m²/10 m³ 混凝土)	内模	—	—	—	—	—	14.80	12.92	9.56	11.84	12.02
	外模	36.69	35.00	31.54	30.22	25.56	19.73	17.72	25.17	22.32	18.77
	合计	36.69	35.00	31.54	30.22	25.56	34.53	30.64	34.73	34.16	30.79

项目		桥墩		拱桥		索塔				
		梁板桥								
		配其他上部构造空心墩		实体式墩	柱式墩	索塔高度/m				
		100以内	100以上			50以内	100以内	150以内	200以内	250以内
模板接触面积 (m²/10 m³ 混凝土)	内模	11.87	9.94	—	—	8.27	8.10	7.58	6.71	6.41
	外模	11.73	16.61	13.47	34.28	16.01	15.26	14.87	13.34	13.30
	合计	29.60	26.55	13.47	34.28	24.28	23.36	22.45	20.05	19.71

(4)上部构造。

1)现浇钢筋混凝土梁、板桥,现浇钢筋混凝土拱桥和石拱桥的上部构造定额中,均未包括拱盔、支架及钢架,使用定额时应按有关定额另行计算。但移动模架浇筑箱梁定额中已包括移动模架,悬浇箱梁定额中已包括悬浇挂篮,使用定额时不得另行计算。

2)预制安装钢筋混凝土梁、板桥等上部构造定额中综合了吊装所需设备、预制场内龙门架、预制件底座、构件出坑及运输,使用定额时不得另行计算。

3)钢桁架桥按拖拉架设法施工编制,定额中综合了施工用的导梁、上下滑道、连接及加固杆件等,定额中还包括了桥面铺装、人行道、金属栏杆等,使用定额时不得另行计算。

4)钢索吊桥定额中综合了主索、套筒及拉杆、悬吊系统、抗风缆、金属支座及栏杆、人行道、桥面铺装等,使用定额时不得另行计算。但定额中未包括主索锚洞的开挖、衬砌以及护索罩、检查井等,应根据设计图纸按有关项目另行计算。

5)除钢桁架桥、钢索吊桥外,其他结构形式桥梁的人行道、安全带和桥面铺装均应单列项目计算。

6)连续刚构、T形刚构、连续梁、混凝土斜拉桥上部构造定额中综合了0号块的托架,使用定额时不得另行计算,但未包括边跨合龙段支架,使用定额时应另行计算。

7)梁、板、拱桥人行道及安全带定额中已综合人行道梁(无人行道时第一层帽石)、人行道板、缘石、栏杆柱、扶手、桥头搭板、安全带以及砂浆抹面和安装时的砂浆填塞等全部工程量,还包括混凝土的拌和费用,使用定额时不得另行计算。

8)桥面铺装定额中橡胶沥青混凝土仅适用于钢桥桥面铺装。

9)主索鞍定额已综合塔顶门架和鞍罩,但未包括鞍罩内防腐及抽湿系统,需要时应根据设计要求另行计算;牵引系统定额中已综合塔顶平台,主缆定额中已综合了缆套和检修道,使用定额时均不得另行计算;悬索桥的主缆、吊索、索夹定额中均未包括涂装防护费用,使用定额时应另行计算。

10)钢箱梁定额中未包括0号块托架、边跨支架、临时墩等,使用定额时应根据设计需要另行计算;自锚式悬索桥顶推钢梁定额中综合了滑道、导梁等,使用定额时不得另行计算。

11)钢管拱定额是按缆索吊装工艺编制的,定额中未包括缆索吊装的塔架、索道、扣塔、扣索、索道运输、地锚等,使用定额时以上项目应按预算定额中的有关定额另行计算。

12)定额中均综合了桥面泄水管,使用定额时不得另行计算。

13)现浇钢筋混凝土板桥、预制安装矩形板、连续板、混凝土拱桥、石拱桥定额中均综合了支座和伸缩缝,使用定额时均不得另行计算;而其余上部构造定额项目中则未包括支座和伸缩缝,使用定额时应根据设计需要另行计算。模数式伸缩缝定额中综合了预留槽钢纤维混凝土和钢筋,使用定额时不得另行计算。

14)拱盔、支架定额钢支架按有效宽度12 m编制外,其他均是按有效宽度8.5 m编制的,若宽度不同时,可按比例进行换算,支架定额均未综合支架基础处理,使用定额时应根据需要另行计算。

15)钢管支架指采用直径大于30 cm的钢管和为立柱,在立柱上采用金属构件搭设水平支撑平台的支架,其中下部指立柱顶面以下部分,上部指立柱顶面以上部分。

16)上部构造定额中均未包括施工电梯、施工塔式起重机的安拆及使用费用,使用定额时应根据施工组织设计确定的施工工期并结合下部构造中桥墩、索塔的施工统筹考虑计算。

17)定额中均未考虑施工期间航道的维护费用,需要时应根据实际情况另列项目计算。

18）工程量计算规则。

①梁、板桥上部构造的工程量包括梁、板、横隔板、箱梁 0 号块、合龙段、桥面连续结构的工程量以及安装时的现浇混凝土的工程量。

②斜拉桥混凝土箱梁锚固套筒定额中已综合了加劲钢板和钢筋的数量,其工程量以混凝土箱梁中锚固套筒钢管的质量计算。

③拱桥上部构造的工程量包括拱圈、拱波、填平层、拱板、横墙、侧墙（薄壳板的边梁、端梁）、横隔板（梁）、拱眉、行车道板、护拱、帽石（第二层以下或有人行道梁的第一层以下）的工程量,以及安装时拱肋接头混凝土、浇筑的横隔板、填塞砂浆的工程量。拱顶填料、防水层等均已摊入定额中,使用定额时不得另行计算。

④人行道及安全带的工程量按桥梁总长度计算。

⑤钢桁架桥的工程量为钢桁架的质量。施工用的导梁、连接及加固杆件、上下滑道等不得计入工程量内。行车道板与桥面铺装的工程量为行车道梁、人行道板和行车道水泥混凝土桥面铺装的数量之和;行车道沥青混凝土桥面铺装及人行道沥青砂铺装的数量已综合在定额中,计算工程量时不得再计这部分数量。

⑥钢索吊桥工程量:加劲桁架式的为钢桁架的质量;柔式的为钢纵、横梁的质量。主索、套筒及拉杆、悬吊系统、抗风缆、金属栏杆等不得计入工程量内。木桥面及桥面铺装工程量为木桥面板的数量,柔式桥还包括木栏杆的数量;行车道沥青混凝土桥面铺装及钢筋混凝土人行道板的数量已综合在定额中,计算工程量时不得再计这部分数量。

⑦定额中成品构件单价构成。工厂化生产,无需施工企业自行加工的产品为成品构件,以材料的形式计入定额。其材料单价包括将成品构件运输至施工现场的费用。

平行钢丝斜拉索、钢绞线斜拉索、吊杆、系杆、索股等的工程量以平行钢丝、钢丝绳或钢绞线的设计质量计算,不包括锚头、PE 或套管防护料的质量,但锚头、PE 或套管防护料的费用应含在成品单价中。钢绞线斜拉索的单价中包括厂家现场编索和锚具的费用。

钢箱梁、索鞍、钢管拱肋、钢纵横梁等的工程量以设计质量计算,钢箱梁和钢管拱肋的单价中包括工地现场焊接的费用。

悬索桥锚固系统中预应力环氧钢绞线的单价中包括两端锚具的费用。

⑧悬索桥锚固系统的工程量以定位钢支架、环氧钢绞线、锚固拉杆等的设计质量计算。定位钢支架质量为定位钢支架型钢、钢板和钢管的质量之和,锚固拉杆质量为拉杆、连接器、螺母（包括锁紧或球面）、垫圈（包括锁紧和球面）的质量之和,环氧钢绞线的质量不包括两端锚具的质量。

⑨钢格栅的工程量以钢格栅和反力架的质量之和计算。

⑩主索鞍的质量包括承板、鞍体、安装板、挡块、槽盖、拉杆、隔板、锚梁、锌质填块的质量;散索鞍的质量包括底板、底座、承板、鞍体、压紧梁、隔板、拉杆、锌质填块的质量。

⑪牵引系统长度为牵引系统所需的单侧长度,以 m 为单位计算。

⑫锚道系统长度为锚道系统的单侧长度,以 m 为单位计算。

⑬索夹质量包括索夹主体、螺母、螺杆、防水螺母、球面垫圈质量,以 t 为单位计算。

⑭紧缆的工程量以主缆长度和除锚跨区、塔顶区无需紧缆的主缆长度后的单侧长度,以 m 为单位计算。

⑮缠丝的工程量以主缆长度和除锚跨区、塔顶区、索夹处后无需缠丝的主缆长度后的单侧长度,以 m 为单位计算。

⑯钢箱梁的质量为钢箱梁(包括箱梁内横隔板)、桥面板(包括横肋)、横梁、钢锚箱质量之和。如为钢-混合梁结构,其结合部的剪力钉质量也应计入钢箱梁质量内。

⑰钢管拱肋的工程量以设计质量计算,包括拱肋钢管、横撑、腹板、拱脚处外侧钢板、拱脚接头钢板及各种加劲块的质量,不包括支座和钢拱肋内的混凝土的质量。

⑱安装板式橡胶支座的工程量按支座的设计体积计算。至于锚栓、梁上的钢筋网、铁件等均已综合在定额内。

⑲桥梁支架定额单位的立面积为桥梁净跨径乘以高度,拱桥高度为起拱线以下至地面的高度,梁式桥高度为墩、台帽顶至地面的高度,这里的地面指支架地梁的底面。

⑳钢管支架下部的工程量按立柱质量计算,上部的工程量按支架水平投影面积计算。

㉑桥梁拱盔定额单位的立面积指起拱线以上的弓形侧面积,其工程量按表 6.10 和下列公式计算:

$$F = K \times (净跨径)^2 \tag{6.8}$$

式中　F——桥梁支架定额单位的立面积;

　　　K——拱桥高度。

表6.10　桥梁拱盔定额单位的立面积

拱矢度	$\frac{1}{2}$	$\frac{1}{2.5}$	$\frac{1}{3}$	$\frac{1}{3.5}$	$\frac{1}{4}$	$\frac{1}{4.5}$	$\frac{1}{5}$	$\frac{1}{5.5}$
K	0.393	0.298	0.241	0.203	0.172	0.154	0.138	0.125
拱矢度	$\frac{1}{6}$	$\frac{1}{6.5}$	$\frac{1}{7}$	$\frac{1}{7.5}$	$\frac{1}{8}$	$\frac{1}{9}$	$\frac{1}{10}$	
K	0.113	0.104	0.096	0.090	0.084	0.076	0.067	

㉒钢拱架的工程量为钢拱架及支座金属构件的质量之和,其设备摊销费按 4 个月计算,若实际使用期与定额不同时予以调整。

㉓支架预压的工程量按支架上现浇混凝土的体积计算。

㉔蒸汽养生室面积按有效面积计算,其工程量按每一养生室安置两片梁,其梁间距离为 0.8 m,并按长度每端增加 1.5 m,宽度每边增加 1.0 m 考虑。定额中已将其附属工程及设备按摊销量计入定额中,使用定额时不得另行计算。

19)各种结构的模板接触面积见表6.11。

表6.11 各种结构的模板接触面积

项目		现浇板上部构造			现浇 T形梁	现浇 箱梁	预制钢筋混凝土板		
		矩形板	实体 连续板	空心 连续板			矩形板	连续板	空心板
模板接触面积 (m²/10 m³ 混凝土)	内模	—	—	9.24	—	18.41	—	53.93	59.75
	外模	43.18	24.26	34.42	66.93	22.50	29.96	36.24	22.79
	合计	43.18	24.26	43.66	66.93	40.91	29.96	90.17	82.54

项目		预制预应力空心板		预制钢筋 混凝土 T形梁	预制预应 力混凝土 T形梁	预制钢筋 混凝土 I形梁	预制预应 力混凝土 I形梁	预制预应力箱梁	
		先张法	后张法					简支	连续
模板接触面积 (m²/10 m³ 混凝土)	内模	47.01	51.30	—	—	—	—	34.64	30.14
	外模	40.67	44.38	88.33	68.19	82.68	65.43	30.11	26.20
	合计	87.68	95.68	88.33	68.19	82.68	65.43	64.75	56.34

项目		预应力组合箱梁		T形钢构箱梁		悬浇 连续 刚构箱梁	连续箱梁		
		先张法	后张法	悬浇	预制悬拼		悬浇	预制悬拼	预制顶推
模板接触面积 (m²/10 m³ 混凝土)	内模	75.39	54.34	18.00	20.40	12.45	19.74	24.64	22.90
	外模	45.79	43.70	27.41	29.31	14.44	21.99	20.95	24.60
	合计	121.18	98.04	45.41	49.71	26.89	41.73	45.59	47.50

项目		预制悬拼桁架梁	斜拉桥箱梁箱梁	
			预制悬拼	悬浇
模板接触面积 (m²/10 m³ 混凝土)	内模	—	25.60	20.49
	外模	71.09	21.77	24.25
	合计	71.09	47.37	44.74

(5)钢筋及预应力钢筋、钢丝束、钢绞线。

1)钢筋定额中光圆与带肋钢筋的比例关系与设计图纸不同时,可据实调整。

2)制作、张拉预应力钢筋、钢丝束定额,是按不同的锚头形式分别编制的,当每吨钢丝的束数或每吨钢筋的根数有变化时,可根据定额进行抽换。定额中的"××锚"是指金属加工部件的质量,锚头所用其他材料已分别列入定额中有关材料或其他材料费内,定额中的束长为一次张拉的长度。

3)预应力钢筋、钢丝束及钢绞线定额均已包括制束、穿束、张拉,波纹管制作、安装或胶管预留孔道、孔道压浆等的工、料、机消耗量。锚垫板、螺旋筋含在锚具单价中。使用定额时,上述项目否得另行计算。

4)对于钢绞线不同型号的锚具,使用定额时可按表6.12中的规定计算。

表6.12 不同型号锚具的定额计算

设计采用锚具型号/孔	套和定额的锚具型号/孔
1	3
4	
5	7
6	
8	
9	12
10	
14	
15	
16	19
17	
24	12

5)定额按现场卷制波纹管考虑,若采用外购波纹管时,可根据需要对波纹管消耗进行抽换,并将波纹管卷制机台班消耗调整为0,其他不变。

6)工程量计算规则。

①预应力钢绞线、预应力精轧螺纹粗钢筋及配锥形(弗氏)锚的预应力钢丝的工程量为锚固长度与工作长度的质量之和。

②配镦头锚的预应力钢丝的工程量为锚固长度的质量。

③先张钢绞线质量为设计图纸质量,定额中已包括钢绞线损耗及预制场构件间的工作长度及张拉工作长度。

④钢筋工程定额工程量为设计图纸的钢筋数量,设计提供不出具体的钢筋数量时,可参考表6.13中各项目的钢筋含量取定钢筋数量。

表6.13 钢筋数量取定

工程项目	重力式墩台混凝土基础	轻型桥墩台混凝土基础	重力式混凝土沉井	钢筋混凝土方桩	钢筋混凝土灌注桩(桩径)		
					150 cm以内	150~250 cm	250 cm以上
单位	kg/10 m³ 圬工实体						
钢筋含量	61	65	262	3 850	490	667	736

工程项目	钢筋混凝土护筒	钢筋混凝土承台		沉井填塞		梁板桥砌石桥台	
		灌注桩	打入桩	实心	空心	轻型	U形
单位	kg/10 m³ 圬工实体						
钢筋含量	1 000	392	528	30	60	3	10

工程项目	梁板桥埋置式砌石桥台		钢筋混凝土拱桥砌石桥台		梁板桥混凝土桥台		
	高10 m以内	高20 m以内	轻型	其他	轻型	U形	柱式
单位	kg/10 m³ 圬工实体						
钢筋含量	33	25	6	10	5	7	638

工程项目	梁板桥混凝土桥台		拱桥混凝土桥台(不含轻型)	梁板桥砌石桥墩		拱桥实体式砌石桥墩	梁板桥轻型混凝土桥墩
	框架式	埋置式		轻型	实体式		
单位	kg/10 m³ 圬工实体						
钢筋含量	700	405	10	10	20	22	12

续表 6.13

工程项目	梁板桥实体式混凝土桥墩		梁板桥实体片石混凝土桥墩		梁板桥挑臂式片石混凝土桥墩		梁板桥钢筋混凝土薄壁墩
	高 10 m 以内	高 20 m 以内	高 10 m 以内	高 20 m 以内	高 10 m 以内	高 20 m 以内	
单位	kg/10 m³ 圬工实体						
钢筋含量	59	35	49	37	66	33	593

工程项目	梁板桥钢筋混凝土 Y 形墩	梁板桥圆柱式混凝土桥墩		梁板桥方圆柱式混凝土桥墩		梁板桥空心混凝土桥墩		
		高 10 m 以内	高 20 m 以内	高 20 m 以内	高 40 m 以内	高 20 m 以内	高 40 m 以内	高 70 m 以内
单位	kg/10 m³ 圬工实体							
钢筋含量	1 586	582	504	1 000	831	606	624	812

工程项目	梁板桥空心混凝土桥墩		拱桥钢筋混凝土桥墩		钢筋混凝土索塔		现浇矩形板上部构造	现浇实体连续板上部构造
	高 100 m 以内	高 100 m 以上	实体式	柱式	斜拉桥	吊桥		
单位	kg/10 m³ 圬工实体							
钢筋含量	1 053	1 090	25	487	1 173	475	693	1 645

工程项目	现浇空心连续板上部构造	现浇梁桥上部构造		预制安装空心板上部构造			预制安装矩形板上部构造
		连续箱梁	T 形梁	普通钢筋	先张预应力筋	后张预应力筋	
单位	kg/10 m³ 圬工实体						
钢筋含量	808	1 642	872	1 250	425	664	929

工程项目	预制安装连续板上部构造	预制安装 T 形梁上部构造		预制安装 I 形梁上部构造		预制安装预应力箱梁上部结构	
		普通钢筋	预应力钢筋	普通钢筋	预应力钢筋	简支	连续
单位	kg/10 m³ 圬工实体						
钢筋含量	808	2 073	1 099	1 572	1 151	1 173	1 721

工程项目	预制安装槽形梁上部构造		T 形网构上部构造		连续刚构上部构造	预应力连续梁上部构造	
	先张法	后张法	悬浇	悬拼		悬浇	悬拼
单位	kg/10 m³ 圬工实体						
钢筋含量	472	651	598	959	1 194	106	106

工程项目	顶推预应力连续梁上部构造	悬拼顶应力桁架梁上部构造	钢筋混凝土斜拉桥上部构造	梁板桥人行道及安装带			
				0.25 m	0.75 m	1.00 m	1.50 m
单位	kg/10 m³ 圬工实体						
钢筋含量	1 428	758	1 361	210	317	335	398

工程项目	现浇拱桥上部构造			预制安装拱桥上部构造			
	双曲拱	二铰(肋)板拱	薄亮拱	双曲拱	刚架拱	箱形拱	桁架拱
单位	kg/10 m³ 圬工实体						
钢筋含量	174	564	438	198	1 242	615	1 021

工程项目	钢筋混凝土拱桥人行道及安装带							桥面铺装	
	无人行道梁				有人行道梁			水泥混凝土	橡胶沥青混凝土
	0.25 m	0.75 m	1.00 m	1.50 m	0.25 m	1.00 m	2.00 m		
单位	kg/10 桥长米							kg/10³ 圬工实体	
钢筋含量	193	195	195	195	192	713	1 674	300	143

2. 涵洞工程概算定额工程量计算

(1)定额按常用的结构分为石盖板涵、石拱涵、钢筋混凝土圆管涵、钢筋混凝土盖板涵、钢筋混凝土箱涵五类,并适用于同类型的通道工程。如为其他类型,可参照有关定额进行编制。

(2)定额中均未包括混凝土的拌和和运输,应根据施工组织按桥涵工程的相关定额进行计算。

(3)为了满足不同情况的需要,定额中除按涵洞洞身、洞口编制分项定额外,还编制了扩大定额。一般公路应尽量使用分项定额编制,厂矿、林业道路不能提供具体工程数量时,可使用扩大定额编制。

(4)各类涵洞定额中均不包括涵洞顶上及台背填土、涵上路面等工程内容,这部分工程量应包括在路基、路面工程数量中。

(5)涵洞洞身定额中已按不同结构分别计入了拱盔、支架和安装设备以及其他附属设施等。为了计算方便,已将涵洞基础开挖需要的全部水泵台班计入洞身定额中,洞口工程不得另行计算。

(6)定额中涵洞洞口按一般标准洞口计算,遇有特殊洞口时,可根据圬工实体数量,套用石砌洞口定额计算。

(7)定额中圆涵的管径为外径。

(8)涵洞洞身、洞口及倒虹吸管洞口工程数量包括的项目见表6.14。

表6.14 工程量包括的项目

定额名称		工程量包括的项目
洞身	石盖板涵	基础、墩台身、盖板、洞身涵底铺砌
	石拱涵	基础、墩台身、拱圈、护拱、洞身涵底铺砌、栏杆及扶手(台背排水及放水层作为附属工程摊入定额)
	钢筋混凝土盖板涵	基础、墩台身、墩台帽、盖板、洞身涵底铺砌、支撑架、混凝土桥面铺装、栏杆柱及扶手
	钢筋混凝土圆管涵	圆管涵身、端节基底
	钢筋混凝土箱涵	涵身基础、箱涵身、混凝土桥面铺装、栏杆柱及扶手
涵洞洞口		基础、翼墙、侧墙、帽石、锥坡铺砌、洞口两侧路基边坡加固铺砌、洞口河底铺砌、隔水墙、特殊洞口的蓄水井、急流槽、防滑墙、消力池、跌水井、挑坎等圬工实体
倒虹吸管洞口		竖井、留泥井、水槽

(9)涵洞扩大定额按每道单孔和取定涵长计算,当涵长与定额中涵长不同时,可用每增减1 m定额进行调整;当为双孔时,可按调整好的单孔定额乘以表6.15中的系数。

表6.15 定额系数

结构类型	双孔系数
石盖板涵	1.6
钢筋混凝土圆管涵	1.8
石拱涵	1.5
钢筋混凝土盖板涵	1.6

6.5.2 桥涵工程预算定额工程量计算

1.定额总说明

桥梁工程定额包括开挖基坑、围堰、筑岛及沉井,打桩,灌注桩,砌筑,现浇混凝土及钢筋混凝土,预制、安装混凝土及钢筋混凝土构件,构件运输,拱盔、支架,钢结构和杂项工程等项目。

(1)混凝土工程。

1)定额中混凝土强度等级均按一般图纸选用,其施工方法除小型构件采用人拌人捣外,其他均按机拌机捣计算。

2)定额中混凝土工程除小型构件、大型预制构件底座、混凝土搅拌站安拆和钢桁架桥式码头项目中

已考虑混凝土的拌和费用外,其他混凝土项目中均未考虑混凝土的拌和费用,应按有关定额另行计算。

3)定额中混凝土均按露天养生考虑,如采用蒸汽养生时,应从各有关定额中扣减人工1.5个工日及其他材料费4元,并按蒸汽养生有关定额计算。

4)定额中混凝土工程均已包括操作范围内的混凝土运输。现浇混凝土工程的混凝土平均运距超过50 m时,可根据施工组织设计的混凝土平均运距,按杂项工程中混凝土运输定额增列混凝土运输。

5)定额中采用泵送混凝土的项目均已包括水平和向上垂直泵送所消耗的人工、机械,当水平泵送距离超过定额综合范围时,可按表6.16增列人工及机械消耗量。向上垂直泵送不得调整。

6)凡预埋在混凝土中的钢板、型钢、钢管等预埋件,均作为附属材料列入混凝土定额内。至于连接用的钢板、型钢等则包括在安装定额内。

7)大体积混凝土项目必须采用埋设冷却管来降低混凝土水化热时,可根据实际需要另行计算。

8)除另有说明外,混凝土定额中均已综合脚手架、上下架、爬梯及安全围护等搭拆及摊销费用,使用定额时不得另行计算。

表6.16 人工及机械消耗量

项目		定额综合的水平泵送距离/m	每100 m³ 混凝土每增加水平距离50 m 增列数量	
			人工/工日	混凝输送泵/台班
基础	灌注桩	100	1.55	0.27
	100	1.27	0.18	0.18
上、下部构造		50	2.82	0.36
桥面铺装		250	2.82	0.36

(2)钢筋工程。

1)定额中凡钢筋直径在10 mm以上的接头,除注明为钢套筒连接外,均采用电弧搭接焊或电阻对接焊。

2)定额中的钢筋按选用图纸分为光圆钢筋、带肋钢筋,如设计图纸的钢筋比例与定额有出入时,可调整钢筋品种的比例关系。

3)定额中的钢筋是按一般定尺长度计算的,如设计提供的钢筋连接用钢套筒数量与定额有出入时,可按设计数量调整定额中的钢套筒消耗,其他消耗不调整。

(3)模板工程。

1)模板不单列项目。混凝土工程中所需的模板包括钢模板、组合钢模板、木模板,均按其周转摊销量计入混凝土定额中。

2)定额中的模板均为常规板,当设计或施工对混凝土结构的外观有特殊要求需要对模板进行特殊处理时,可根据定额中所列的混凝土模板接触面积增列相应的特殊模板材料的费用。

3)定额中所列的钢模板材料指工厂加工的适用于某种构件的定型钢模板,其质量包括立模所

需的钢支撑及有关配件;组合钢模板材料指市场供应的各种型号的组合钢模板,其质量仅为组合钢模板的质量,不包括立模所需的支撑、拉杆等配件,定额中已计入所需配件材料的摊销量;木模板按工地制作编制,定额中将制作所需土、料、机械台班消耗按周转摊销量计算。

4) 定额中均已包括各种模板的维修、保养所需的工、料及费用。

(4) 设备摊销费。定额中设备摊销费的设备指属于固定资产的金属设备,包括万能杆件、装配式钢桥桁架及有关配件拼装的金属架桥设备。设备摊销费按设备质量每吨每月90元计算(除设备本身折旧费用,还包括设备的维修、保养等费用)。各项目中凡注明允许调整的,可按计划使用时间调整。

(5) 工程量计算规则。

1) 现浇混凝土、预制混凝土、构件安装的工程量为构筑物或预制构件的实际体积,不包括其中空心部分的体积,钢筋混凝土项目的工程量不扣除钢筋(钢丝、钢绞线)、预埋件和预留孔道所占的体积。

2) 构件安装定额中在括号内所列的构件体积数量,表示安装时需要备制的构件数量。

3) 钢筋工程量为钢筋的设计质量,定额中已计入施工操作损耗,一般钢筋因接长所需增加的钢筋质量已包括在定额中,不得将这部分质量计入钢筋设计质量内。但对于某些特殊的工程,必须在施工现场分段施工采用搭接接长时,其搭接长度的钢筋质量未包括在定额中,应在钢筋的设计质量内计算。

2. 开挖基坑

(1) 干处挖基指开挖无地面水及地下水位以上部分的土壤,湿处挖基指开挖在施工水位以下部分的土壤。挖基坑石方、淤泥、流沙不分干处、湿处均采用同一定额。

(2) 开挖基坑土、石方运输按弃土于坑外10 m范围内考虑,如坑上水平运距超过10 m时,另按路基土、石方增运定额计算。

(3) 基坑深度为坑的顶面中心标高至底面的数值。在同一基坑内,不论开挖哪一深度均执行该基坑的全部深度定额。

(4) 电动卷扬机配抓斗及人工开挖配卷扬机吊运基坑土、石方定额中,已包括移动摇头扒杆用工,但摇头扒杆的配置数量应根据工程需要按吊装设备定额另行计算。

(5) 开挖基坑定额中,已综合了基底夯实、基坑回填及检平石质基底用工,湿处挖基还包括挖边沟、挖集水井及排水作业用工,使用定额时,不得另行计算。

(6) 开挖基坑定额中不包括挡土板,需要时应据实按有关定额另行计算。

(7) 机械挖基定额中,已综合了基底标高以上20 cm范围内采用人工开挖和基底修整用工。

(8) 基坑开挖定额均按原土回填考虑,若采用取土回填时,应按路基工程有关定额另计取土费用。

(9) 挖基定额中未包括水泵台班,挖基及基础、墩台修筑所需的水泵台班按"基坑水泵台班消耗"表的规定计算,并计入挖基项目中。

(10) 工程量计算规则。

1) 基坑开挖工程量按基坑容积计算公式计算,参见概算定额相关内容。

2) 基坑挡土板的支挡面积,按坑内需支挡的实际侧面积计算。

(11) 基坑水泵台班消耗,可根据覆盖层土壤类别和施工水位高度采用下列数值计算。

1) 墩(台)基坑水泵台班消耗 = 湿处挖基工程量×挖基水泵台班 + 墩(台)座数×修筑水

泵台班。

2)基坑水泵台班消耗表中水位高度栏中"地面水"适用于围堰内挖基,水位高度指施工水位至坑顶的高度,其水泵消耗台班已包括排除地下水所需台班数量,不得再按"地下水"加计水泵台班,"地下水"适用于岸滩湿处的挖基,水位高度指施工水位至坑底的高度,其工程量应为施工水位以下的湿处挖基工程数量,施工水位至坑顶部分的挖基,应按干处挖基对待,不计水泵台班。

3)表6.17所列水泵台班均为Φ150 mm水泵。

表6.17 基坑水泵台班消耗

覆盖层土壤类别		水位高度/m		河中桥墩			靠岸墩台		
				挖基/m	每座墩(台)修筑水泵台班		挖基 10 m³	每座墩(台)修筑水泵台班	
					基坑深 3 m 以内	基坑深 6 m 以内		基坑深 3 m 以内	基坑深 6 m 以内
Ⅰ	1. 亚黏土 2. 粉砂土 3. 较密实的细砂土(0.10~0.25 mm 颗粒含量占多数) 4. 松软的黄土 5. 有透水孔道的黏土	地面水	4 以内	0.19	7.58	10.83	0.12	4.88	7.04
			3 以内	0.15	5.96	8.67	0.10	3.79	5.42
			2 以内	0.12	5.42	7.58	0.08	3.52	4.88
			1 以内	0.11	4.88	7.04	0.07	3.25	4.33
		地下水	6 以内	0.08	—	5.42	0.05	—	3.79
			3 以内	0.07	3.79	3.79	0.04	2.71	2.71
Ⅱ	1. 中类砂土(0.25~0.50 mm)颗粒含量占多数 2. 紧密的颗粒较细的砂砾石层 3. 有裂缝透水的岩层	地面水	4 以内	0.54	16.12	24.96	0.35	10.32	16.12
			3 以内	0.44	11.96	18.72	0.29	7.74	11.96
			2 以内	0.36	8.32	14.04	0.23	5.16	9.36
			1 以内	0.31	6.24	10.92	0.19	4.13	7.28
		地下水	6 以内	0.23	—	7.28	0.15	—	4.68
			3 以内	0.19	4.16	4.68	0.12	2.58	3.12
Ⅲ	1. 粗粒砂(0.50~1.00 mm 颗粒含量占多数) 2. 砂砾石层(砾石含量大于50%) 3. 透水岩石并有泉眼	地面水	4 以内	1.04	30.76	47.14	0.68	19.85	30.76
			3 以内	0.84	22.33	35.73	0.55	14.39	23.32
			2 以内	0.69	16.37	26.79	0.45	10.42	17.37
			1 以内	0.59	11.91	21.34	0.39	7.94	13.89
		地下水	6 以内	0.44	—	10.92	0.29	—	6.95
			3 以内	0.35	4.96	5.46	0.23	3.47	3.47
Ⅳ	1. 砂卵石层(平均颗粒大于 50 mm) 2. 漂石层有较大的透水孔道 3. 有溶洞、溶槽的岩石并有泉眼、涌水现象	地面水	4 以内	1.52	45.26	68.35	0.99	29.27	44.45
			3 以内	1.23	32.74	51.62	0.79	21.19	33.46
			2 以内	1.01	23.59	39.19	0.65	15.41	25.33
			1 以内	0.87	17.33	30.59	0.56	11.07	20.07
		地下水	6 以内	0.64	—	15.77	0.41	—	10.04
			3 以内	0.52	7.22	7.65	0.34	4.81	4.78

注:如钢板桩围堰打进覆盖层,则表列台班数量乘以0.7的系数。

3.筑岛、围堰及沉井工程

(1)草土、草(麻)袋、竹笼、木笼铁丝围堰定额中已包括50 m以内人工挖运土方的工日数量,定额括号内所列"土"的数量不计价,仅限于取土运距超过50 m时,按人工挖运土方的增运定额,增加运输用工。

(2)沉井制作分钢筋混凝土重力式沉井、钢丝网水泥薄壁浮运沉井、钢壳浮运沉井三种。沉井浮运、落床、下沉、填塞定额,均适用于以上三种沉井。

(3)沉井下沉用的工作台、三角架、运土坡道、卷扬机工作台均已包括在定额中。井下爆破材料除硝铵炸药外,其他列入"其他材料费"中。

(4)沉井下水轨道的钢轨、枕木、铁件按周转摊销量计入定额中,定额还综合了轨道的基础及围堰等的工、料,使用定额时,不得另行计算。但轨道基础的开挖工作本定额中未计入,需要时按有关定额另行计算。

(5)沉井浮运定额仅适用于只有一节的沉井或多节沉井的底节,分节施工的沉井除底节外的其他各节的浮运、接高均应执行沉井接高定额。

(6)导向船、定位船船体本身加固所需的工、料、机消耗及沉井定位落床所需的锚绳均已综合在沉井定位落床定额中,使用定额时,不得另行计算。

(7)无导向船定位落床定额已将所需的地笼、锚碇等的工、料、机消耗综合在定额中,使用定额时,不得另行计算。有导向船定位落床定额未综合锚碇系统,应根据施工组织设计的需要按有关定额另行计算。

(8)锚碇系统定额均已将锚链的消耗计入定额中,并已将抛锚、起锚所需的工、料、机消耗综合在定额中,使用定额时,不得随意进行抽换。

(9)钢壳沉井接高所需的吊装设备定额中未计入,需要时应按金属设备吊装定额另行计算。

(10)钢壳沉井作双壁钢围堰使用时,应按施工组织设计计算回收,但回收部分的拆除所需的工、料、机消耗本定额未计入,需要时应根据实际情况按有关定额另行计算。

(11)沉井下沉定额中的软质岩石是指饱和单轴极限抗压强度在 40 MPa 以下的各类松软的岩石,硬质岩石是指饱和单轴极限抗压强度在 40 MPa 以上的各类较坚硬和坚硬的岩石。

(12)地下连续墙定额中未包括施工便道、挡土帷幕、注浆加固等,需要时应根据施工组织设计另行计算。挖出的土石方或凿铣的泥渣如需要外运时,应按路基工程中相关定额进行计算。

(13)工程量计算规则。

1)草土、草(麻)袋、竹笼围堰长度按围堰中心长度计算。高度按施工水深加 0.5 m 计算,木笼铁丝围堰实体为木笼所包围的体积。

2)套箱围堰的工程量为套箱金属结构的质量。套箱整体下沉时悬吊平台的钢结构及套箱内支撑的钢结构均已综合在定额中,不得作为套箱工程量进行计算。

3)沉井制作的工程量:重力式沉井为设计图纸井壁及隔墙混凝土数量#钢丝网水泥薄壁浮运沉井为刃脚及骨架钢材的质量,但不包括铁丝网的质量;钢壳沉井的工程量为钢材的总质量。

4)沉井下沉定额的工程量按沉井刃脚外缘所包围的面积乘沉井刃脚下沉入土深度计算。沉井下沉按土、石所在的不同深度分别采用不同下沉深度的定额。定额中的下沉深度指沉井顶面到作业面的高度。定额中已综合了溢流(翻砂)的数量,不得另加工程量。

5)沉井浮运、接高、定位落床定额的工程量为沉井刃脚外缘所包围的面积,分节施工的沉井接高的工程量应按各节沉井接高工程量之和计算。

6)锚碇系统定额的工程量指锚碇的数量,按施工组织设计的需要量计算。

7)地下连续墙导墙的工程量按设计需要设置的导墙的混凝土体积计算;成槽和墙体混

凝土的工程量按地下连续墙设计长度、厚度和深度的乘积计算;锁口管吊拔和清底置换的工程量按地下连续墙的设计槽段数(指槽壁单元槽段)计算;内衬的工程量按设计需要的内衬混凝土体积计算。

4. 打桩工程

(1)土质划分:打桩工程土壤分为Ⅰ、Ⅱ两组。

Ⅰ组土－较易穿过的土壤,如轻亚黏土、亚黏土、砂类土、腐殖土、湿的及松散的黄土等。

Ⅱ组土－较难穿过的土壤,如黏土、干的固结黄土、砂砾、砾石、卵石等。

当穿过两组土层时,如打入Ⅱ组土各层厚度之和等于或大于土层总厚度的50%或打入Ⅱ组土连续厚度大于1.5 m时,按Ⅱ组土计,不足上述厚度时,则按Ⅰ组土计。

(2)打桩定额时,均按在已搭好的工作平台上操作计算,但未包括打桩用的工作平台的搭设和拆除等的工、料消耗,需要时应按打桩工作平台定额另行计算。

(3)打桩定额中已包括打导桩、打送桩及打桩架的安、拆工作,并将打桩架、送桩、导桩及导桩夹木等的工、料按摊销的方式计入定额中,编制预算时,不得另行计算。但定额中均未包括拔桩。破桩头工作,已计入承台定额中。

(4)打桩定额均为打直桩,如打斜桩时,机械乘1.20的系数,人工乘1.08的系数。

(5)利用打桩时搭设的工作平台拔桩时,不得另计搭设工作平台的工、料消耗。如需搭设工作平台时。可根据施工组织设计规定的面积,按打桩的工作平台人工消耗的50%计算人工消耗,但各种材料一律不计。

(6)打每组钢板桩时,用的夹板材料及钢板桩的截头、连接(接头)、整形等的材料已按摊销方式,将其工、料计入定额中,使用定额时,不得另行计算。

(7)钢板桩木支撑的制作、试拼、安装的工、料消耗,均已计入打桩定额中,拆除的工、料消耗已计入拔桩定额中。

(8)打钢板桩、钢管桩定额中未包括钢板桩、钢管桩的防锈工作,如需进行防锈处理,另按相应定额计算。

(9)打钢管桩工程如设计钢管桩数量与本定额不相同时,可按设计数量抽换定额中的钢管桩消耗,但定额中的其他消耗量不变。

(10)工程量计算规则。

1)打预制钢筋混凝土方桩和管桩的工程量,应根据设计尺寸和长度以体积计算(管桩的空心部分应予以扣除)。设计中规定凿去的桩头部分的数量,应计入设计工程量内。

2)钢筋混凝土方桩的预制工程量,应为打桩定额中括号内的备制数量。

3)拔桩工程量按实际需要数量计算。

4)打钢板桩的工程量按设计需要的钢板桩质量计算。

5)打桩用的工作平台的工程量,按施工组织设计所需的面积计算。

6)船上打桩工作平台的工程量,根据施工组织设计,按一座桥梁实际需要打桩机的台数和每台打桩机需要的船上工作平台面积的总和计算。

5. 灌注桩工程

(1)灌注桩造孔根据造孔的难易程度,将土质分为八种:

1)砂土:粒径不太于2 mm的砂类土,包括淤泥、轻亚黏土。

2)黏土:亚黏土、黏土、黄土,包括土状风化。

3)砂砾:粒径 2～20 mm 的角砾、圆砾含量(指质量比,下同)小于或等于 50%,包括礓石及粒状风化。

4)砾石:粒径 2～20 mm 的角砾、圆砾含量大于 50%,有时还包括粒径 20～200 mm 的碎石、卵石,其含量在 10% 以内,包括块状风化。

5)卵石:粒径 20～200 mm 的碎石、卵石含量大于 10%,有时还包括块石、漂石,其含量在 10% 以内,包括块状风化。

6)软石:饱和单轴极限抗压强度在 40 MPa 以下的各类松软的岩石,如盐岩,胶结不紧的砾岩、泥质页岩、砂岩,较坚实的泥灰岩、块石土及漂石土,软而节理较多的石灰岩等。

7)次坚石:饱和单轴极限抗压强度在 40～100 MPa 的各类较坚硬的岩石,如硅质页岩,硅质砂岩,白云岩,石灰岩,坚实的泥灰岩,软玄武岩、片麻岩、正长岩、花岗岩等。

8)坚石:饱和单轴极限抗压强度在 100 MPa 以上的各类坚硬的岩石,如硬玄武岩、坚实的石灰岩、白云岩、大理岩、石英岩、风长岩、粗粒花岗岩、正长岩等。

(2)灌注桩成孔定额分为人工挖孔、卷扬机带冲抓锥冲孔、卷扬机带冲击锥冲孔、冲击钻机钻孔、回旋钻机钻孔、潜水钻机钻孔等六种。定额中已按摊销方式计入钻架的制作、拼装、移位、拆除及钻头维修所耗用的工、料、机械台班数量,钻头的费用已计入设备摊销费中,使用定额时,不得另行计算。

(3)灌注桩混凝土定额按机械拌和、工作平台上导管倾注水下混凝土编制,定额中已包括混凝土灌注设备(如导管等)摊销的工、料费用及扩孔增加的混凝土数量,使用定额时,不得另行计算。

(4)钢护筒定额中,干处埋设按护筒设计质量的周转摊销量计入定额中,使用定额时,不得另行计算。水中埋设按护筒全部设计质量计入定额中,可根据设计确定的回收量按规定计算回收金额。

(5)护筒定额中,已包括陆地上埋设护筒用的黏土或水中埋设护筒定位用的导向架及钢质或钢筋混凝土护筒接头用的铁件,硫磺胶泥等埋设时用的材料、设备消耗,使用定额时,不得另行计算。

(6)浮箱工作平台定额中,每只浮箱的工作面积为:$3 \times 6 = 18$ m^2。

(7)使用成孔定额时,应根据施工组织设计的需要合理选用定额子目,当不采用泥浆船的方式进行水中灌注桩施工时,除按 90 kW 以内内燃拖轮数量的一半保留拖轮和驳船的数量外,其余拖轮和驳船的消耗应扣除。

(8)在河滩、水中采用筑岛方法施工时,应采用陆地上成孔定额计算。

(9)本定额系按一般黏土造浆进行编制的,如实际采用膨润土造浆时,其膨润土的用量可按公式(6.5)进行计算。

(10)当设计桩径与定额采用桩径不同时,可按表 6.6 系数调整。

(11)工程量计算规则。

1)灌注桩成孔工程量按设计入土深度计算。定额中的孔深指护筒顶至桩底(设计标高)的深度。造孔定额中同一孔内的不同土质,不论其所在的深度如何,均采用总孔深定额。

2)人工挖孔的工程量按护筒(护壁)外缘所包围的面积乘设计孔深计算。

3)浇筑水下混凝土的工程量按设计桩径横断面面积乘设计桩长计算,不得将扩孔因素计入工程量。

4)灌注桩工作平台的工程量按设计需要的面积计算。

5)钢护筒的工程量按护筒的设计质量计算。设计质量为加工后的成品质量,包括加劲肋及连接用法兰盘等全部钢材的质量。当设计提供不出钢护筒的质量时,可参考表6.7的质量进行计算,桩径不同时可内插计算。

6. 砌筑工程

(1)定额中的 M5、M7.5、M12.5 水泥砂浆为砌筑用砂浆,M10、M15 水泥砂浆为勾缝用砂浆。

(2)定额中已按砌体的总高度配置了脚手架,高度在 10 m 以内的配踏步,高度大于 10 m 的配井字架,并计入搭拆用工,其材料用量均以摊销方式计入定额中。

(3)浆砌混凝土预制块定额中,未包括预制块的预制,应按定额中括号内所列预制块数量,另按预制混凝土构件的有关定额计算。

(4)浆砌料石或混凝土预制块作镶面时,其内部应按填腹石定额计算。

(5)桥涵拱圈定额中,未包括拱盔和支架,需要时应按"拱盔、支架工程"中有关定额另行计算。

(6)定额中均未包括垫层及拱背、台背填料和砂浆抹面,需要时应按杂项工程中有关定额另行计算。

(7)砌筑工程的工程量为砌体的实际体积,包括构成砌体的砂浆体积。

7. 现浇混凝土及钢筋混凝土

(1)定额中未包括现浇混凝土及钢筋混凝土上部构造所需的拱盔、支架,需要时按有关定额另行计算。

(2)定额中片石混凝土中片石含量均按 15% 计算。

(3)有底模承台适用于高桩承台施工。

(4)使用套箱围堰浇筑承台混凝土时,应采用无底模承台的定额。

(5)定额中均未包括扒杆、提升模架、拐脚门架、悬浇挂篮、移动模架等金属设备,需要时,应按有关定额另行计算。

(6)桥面铺装定额中,橡胶沥青混凝土仅适用于钢桥桥面铺装。

(7)墩台高度为基础顶、承台顶或系梁底到盖梁顶、墩台帽顶或0号块件底的高度。

(8)索塔高度为基础顶、承台顶或为梁底到索塔顶的高度。当塔墩固结时,工程量为基础顶面或承台顶部以上至塔顶的全部工程数量之和;当塔墩分离时,工程量应为桥面顶部以上塔顶的数量,桥面顶部以下部分的数量应按墩台定额计算。

(9)斜拉索锚固套筒定额中已综合加劲钢板和钢筋的数量,其工程量以混凝土箱型中锚固套筒钢管的质量计算。

(10)斜拉索钢锚箱的工程量为钢锚箱钢板、剪力钉、定位件的质量之和,不包括钢管和型钢的质量。

(11)各种结构的模板接触面积如表6.18所示。

表 6.18 各种结构的模板接触面积

项目		基础				支撑梁	承台		轻型墩台身		
		轻型墩台		实体式墩台			有底模	无底模	钢筋混凝土墩台	混凝土墩台	
		跨径/m		上部构造形式						跨径/m	
		4以内	8以内	梁板式	拱式					4以内	8以内
模板接触面积 (m²/10 m³ 混凝土)	内模	—	—	—	—	—	—	—	—	—	—
	外模	28.36	20.24	10.50	6.69	100.10	12.12	6.21	51.02	38.26	29.94
	合计	28.36	20.24	10.50	6.69	100.10	12.12	6.21	51.02	38.26	29.94

项目		实体式墩台身				圆柱式墩台身		方柱式墩台身			框架式桥台
		梁板桥		拱桥							
		高度/m		墩	台	高度/m		高度/m			
		10以内	20以内			10以内	20以内	10以内	20以内	40以内	
模板接触面积 (m²/10 m³ 混凝土)	内模	—	—	—	—	—	—	—	—	—	—
	外模	36.67	34.29	20.21	19.78	17.72	17.09	16.42	16.38	13.47	25.09
	合计	36.67	34.29	36.15	34.53	30.64	29.45	26.46	16.38	13.47	25.09

项目		肋形埋置式桥台		空心墩					Y形墩		薄壁墩
		高度/m									
		8以内	14以内	20以内	40以内	70以内	100以内	100以上	10以内	20以内	10以内
模板接触面积 (m²/10 m³ 混凝土)	内模	—	—	15.94	14.80	12.92	12.36	10.04	—	—	—
	外模	24.75	15.99	11.90	15.60	40.56	36.15	30.00	27.87	23.61	37.45
	合计	24.75	15.99	11.90	15.60	40.56	36.15	30.00	27.87	23.61	37.45

项目		薄壁墩高度/m		支座垫石		墩台帽	拱座	盖梁	系梁		耳背墙
		20以内	40以内	分式支座	板式支座				地面以下	地面以上	
模板接触面积 (m²/10 m³ 混凝土)	内模	—	—	—	—	—	—	—	—	—	—
	外模	12.34	16.58	15.72	15.13	13.33	13.29	10.18	16.68	66.93	22.50
	合计	61.71	23.69	22.46	21.61	19.04	18.99	22.06	31.89	66.93	40.91

项目		现浇箱涵			矩形板	现浇板上部构造		T形刚构等		悬浇箱梁 连续刚构	
		2.0×1.5~4.0×3.0	6.0×3.5~7.0×4.2	(3.0+7.0+3.0)×4.2		实体连续板	空心连续板	0号块	悬浇段	0号块	悬浇段
模板接触面积 (m²/10 m³ 混凝土)	内模	19.45	11.38	9.36	—	9.24	17.05	20.94	11.09	12.71	
	外模	23.77	13.91	11.44	43.18	24.26	34.42	13.95	25.59	8.72	75.53
	合计	43.22	25.29	20.80	43.18	24.26	43.66	31.00	46.53	19.81	28.24

8. 预制、安装混凝土及钢筋混凝土构件

(1) 预制钢筋混凝土上部构造中,矩形板、空心板、连续板、少筋微弯板、预应力桁架梁、顶推预应力连续梁、桁架拱、刚架拱均已包括底模板,其余系按配合底座(或台座)施工考虑。

(2) 顶进立交箱涵、圆管涵的顶进靠背由于形式很多,宜根据不同的地形、地质情况设计,定额中未单独编列子目,需要时可根据施工图纸采用有关定额另行计算。

(3) 顶进立交箱涵、圆管涵定额根据全部顶进的施工方法编制。顶进设备未包括在顶进定额中,应按顶时设备定额另行计算。"铁路线加固"定额除铁路线路的加固外,还包括临时信号灯、行车期间的线路维修和行车指挥等全部工作。

(4) 预制立交箱涵、箱梁的内模、翼板的门式支架等工、料已包括在定额中。

(5)顶推预应力连续梁按多点顶推的施工工艺编制,顶推使用的滑道单独编列子目,其他滑块、拉杆、拉锚器及顶推用的机具、预制箱梁的工作平台均摊入顶推定额中。顶推用的导梁及工作平台底模顶升千斤顶以下的工程,定额中未计入,应按有关定额另行计算。

(6)构件安装系指从架设孔起吊起至安装就位,整体化完成的全部施工工序。定额中除安装矩形板、空心板及连续板等项目的现浇混凝土可套用桥面铺装定额计算外。其他安装上部构造定额中均单独编列有现浇混凝土子目。

(7)定额中凡采用金属结构吊装设备和缆索吊装设备安装的项目,均未包括吊装设备的费用,应按有关定额另行计算。

(8)制作、张拉预应力钢筋、钢丝束定额,是按不同的锚头形式分别编制的,当每吨钢丝的束数或每吨钢筋的根数有变化时,可根据定额进行抽换。定额中的"××锚"是指金属加工部件的质量,锚头所用其他材料已分别列入定额中有关材料或其他材料费内,定额中的束长为一次张拉的长度。

(9)预应力钢筋、钢丝束及钢绞线定额中均已计入预应力管道及压浆的消耗量,使用定额时不得另行计算,镦头锚的锚具质量可按设计数量进行调整。

(10)对于钢绞线不同型号的锚具,使用定额时可按表6.12规定计算。

(11)金属结构吊装设备定额是根据不同的安装方法划分子目的,如"单导梁"是指安装用的拐脚门架、蝴蝶架、导梁等全套设备。定额是以10 t设备质量为单位,并列有参考质量。实际质量与定额数量不同时,可根据实际质量计算,但设备质量不包括列入材料部分的铁件、钢丝绳、鱼尾板、道钉及列入"小型机具使用费"内的滑车等。

(12)预制场用龙门架、悬浇箱梁用的墩顶拐脚门架,可套用高度9 m以内的跨墩门架定额,但质量应根据实际计算。

(13)安装金属支座的工程量是指半成品钢板的质量(包括座板、齿板、垫板、辊轴等)。至锚栓、梁上的钢筋网、铁件等均以材料数量综合在定额内。

(14)工程量计算规则。

1)预制构件的工程量为构件的实际体积(不包括空心部分的体积),但预应力构件的工程量为构件预制体积与构件端头封锚混凝土的数量之和。预制空心板的空心堵头混凝土已综合在预制定额内,计算工程量时不应再计列这部分混凝土的数量。

2)使用定额时,构件的预制数量应为安装定额中括号内所列的构件备制数量。

3)安装的工程量为安装构件的体积。

4)构件安装时的现浇混凝土的工程量为现浇混凝土和砂浆的数量之和。但如在安装定额中已计列砂浆消耗的项目,则在工程量中不应再计列砂浆的数量。

5)预制、悬拼预应力箱梁临时支座的工程量为临时支座中混凝土及硫磺砂浆的体积之和。

6)移动模架的质量包括托架(牛腿)、主梁、鼻梁、横梁、吊架、工作平台及爬梯的质量,不包括液压构件和内外模板(含模板支撑系统)的质量。

7)预应力钢绞线、预应力精轧螺纹粗钢筋及配锥形(弗氏)锚的预应力钢丝的工程量为锚固长度与工作长度的质量之和。

8)配镦头锚的预应力钢丝的工程量为锚固长度的质量。

9)先张钢绞线质量为设计图纸质量,定额中已包括钢绞线损耗及预制场构件间的工作长度及张拉工作长度。

10)缆索吊装的索跨指两塔架间的距离。

(15)各种结构的模板接触面积如表6.19所示。

表6.19 各种结构的模板接触面积

项目		排架立柱	墩台管节	立交箱涵	钢筋混凝土板					钢筋混凝土T形梁	钢筋混凝土I形梁
					矩形板(跨径,m)		空心板	少筋微弯板	连续板		
					4以内	8以内					
模板接触面积 (m²/10 m³ 混凝土)	内模	—	76.47	11.97	—	—	67.14	—	62.85	—	—
	外模	94.34	96.86	4.02	38.85	30.95	25.61	34.57	42.24	88.33	82.68
	合计	94.34	173.33	15.99	38.85	30.95	92.75	34.57	105.09	88.33	82.68

项目		预应力空心板	预应力混凝土T形梁	预应力混凝土I形梁	预应力组合箱梁				预应力箱梁		
					先张法		后张法		预制安装	预制悬拼	预制顶推
					主梁	空心板	主梁	空心板			
模板接触面积 (m²/10 m³ 混凝土)	内模	55.76	—	—	71.89	87.61	49.54	74.62	34.64	26.81	22.90
	外模	48.24	73.72	65.43	48.66	44.17	46.07	39.55	30.11	22.74	24.60
	合计	104.00	73.72	65.43	120.55	131.78	95.61	114.17	64.75	49.55	47.50

项目		预应力桁架梁		桁架拱			刚架拱			箱形拱	
		桁架	桥面板	桁拱片	横向联系	微弯板	刚拱片	横向联系	微弯板	拱圈	立柱盖梁
模板接触面积 (m²/10 m³ 混凝土)	内模	—	—	—	—	—	—	—	—	64.76	—
	外模	78.86	117.89	81.58	170.41	61.36	60.12	110.99	68.07	97.14	48.95
	合计	78.86	117.89	81.58	170.41	61.36	60.12	110.99	68.07	161.9	48.95

9. 构件运输

(1)构件运输中各种运输距离以10 m、50 m、1 km为计算单位,不足第一个10 m、50 m、1 km者,均按10 m、50 m、1 km计、超过第一个定额运距单位时;其运距尾数不足一个增运定额单位半数时不计,等于或超过半数时按一个定额运距单位计算。

(2)运输便道、轨道的铺设,栈桥码头、扒杆、龙门架、缆索的架设等,均未包括在定额内,应按有关章节定额另行计算。

(3)定额未单列构件出坑堆放的定额,如需出坑堆放,可按相应构件运输第一个运距单位定额计列。

(4)凡以手摇卷扬机和电动卷扬机配合运输的构件重载升坡时,第一个定额运距单位不增加人工及机械,每增加定额单位运距按以下规定乘换算系数。

1)手推车运输每增运10 m定额的人工,按表6.20乘换算系数。

表6.20 换算系数

坡度/%	系数
1以内	1.0
5以内	1.5
10以内	2.5

2)垫滚子绞运每增运10 m定额的人工和小型机具使用费,按表6.21乘换算系数。

表 6.21 换算系数

坡度/%	系数
0.4 以内	1.0
0.7 以内	1.1
1.0 以内	1.3
1.5 以内	1.9
2.0 以内	2.5
2.5 以内	3.0

3)轻轨平车运输配电动卷扬机每增运 50 m 定额的人工及电动卷扬机台班,按表 6.22 乘换算系数。

表 6.22 换算系数

坡度/%	系数
0.7 以内	1.00
1.0 以内	1.05
1.5 以内	1.10
2.0 以内	1.15
3.0 以内	1.25

10. 拱盔、支架工程

(1)桥梁拱盔、木支架及简单支架均按有效宽度 8.5 m 计,钢支架按有效宽度 12.0 m 计,如实际宽度与定额不同时可按比例换算。

(2)木结构制作按机械配合人工编制,配备的木工机械均已计入定额中。结构中的半圆木构件,用圆木对剖加工所需的工日及机械台班均已计入定额内。

(3)所有拱盔均包括底模板及工作台的材料,但不包括现浇混凝土的侧模板。

(4)桁构式拱盔安装、拆除用的人字扒杆、地锚移动用工及拱盔缆风设备工料已计入定额,但不包括扒杆制作的工、料,扒杆数量根据施工组织设计另行计算。

(5)桁构式支架定额中已包括了墩台两旁支撑排架及中间拼装、拆除用支撑架,支撑架已加计了拱矢高度并考虑了缆风设备,定额以孔为计量单位。

(6)木支架及轻型门式钢支架的帽梁和地梁已计入定额中,地梁以下的基础工程未计入定额中,如需要时,应按有关相应定额另行计算。

(7)简单支架定额适用于安装钢筋混凝土双曲拱桥拱肋及其他桥梁需增设的临时支架,稳定支架的缆风设施已计入定额内。

(8)涵洞拱盔支架、板涵支架定额单位的水平投影面积为涵洞长度乘以净跨径。

(9)桥梁拱盔定额单位的立面积是指起拱线以上的弓形侧面积,其工程量按表 6.10 和公式 6.8 计算。

(10)桥梁支架定额单位的立面积为桥梁净跨径乘以高度,拱桥高度为起拱线以下至地面的高度,梁式桥高度为墩、台帽顶至地面的高度,这里的地面指支架地梁的底面。

(11)钢拱架的工程量为钢拱架及支座金属构件的质量之和,其设备摊销费按 4 个月计算,若实际使用期与定额不同时可予以调整。

(12)铜管支架定额指采用直径大于 30 cm 的钢管作为立柱,在立柱上采用金属构件搭设水平支撑平台的支架,其中下部指立柱顶面以下的部分,上部指立柱顶面以上的部分。下部工程量按立柱质量计算,上部工程按支架水平投影面积计算。

（13）支架预压的工程量按支架上现浇混凝土的体积计算。

11. 钢结构工程

（1）钢桁梁桥定额是按高强螺栓栓接、连孔拖拉架设法编制的,钢索吊桥的加劲桁拼装定额也是按高强螺栓栓接编制的,如采用其他方法施工,应另行计算。

（2）钢桁架桥中的钢桁梁,施工用的导梁钢桁和连接及加固杆件,钢索吊桥中的钢桁、钢纵横梁、悬吊系统构件、套筒及拉杆构件均为半成品,使用定额时应按半成品价格计算。

（3）主索锚碇除套筒及拉杆、承托板以外,其他项目如锚洞开挖、衬砌,护索罩的预制、安装,检查井的砌筑等,应按其他章节有关定额另计。

（4）钢索吊桥定额中已综合了缆索吊装设备及钢桁油漆项目,使用定额时不得另行计算。

（5）抗风缆结构安装定额中未包括锚碇部分,使用定额时应按有关相应定额另行计算。

（6）安装金属栏杆的工程量是指钢管的质量。至于栏杆座钢板、插销等均以材料数量综合在定额内。

（7）定额中成品构件单价构成:工厂化生产,无需施工企业自行加工的产品为成品构件,以材料单价的形式进入定额。其材料单价为出厂价格加上运输至施工场地的费用。

1）平行钢丝拉索,吊杆、系杆、索股等以 t 为单位,以平行钢丝、钢丝绳或钢绞线质量计量,不包括锚头和 PE 或套管等防护料的质量,但锚头和 PE 或套管防护料的费用应含在成品单价中。

2）钢绞线斜拉索的工程量以钢绞线的质量计算,其单价包括厂家现场编索和锚具费用。悬索桥锚固系统预应力环氧钢绞线单价中包括两端锚具费用。

3）钢箱梁、索鞍、拱肋、钢纵横梁等以 t 为单位。钢箱梁和拱肋单价中包括工地现场焊接费用。

（8）施工电梯、施工塔式起重机未计入定额中。需要时根据施工组织设计另行计算其安拆及使用费用。

（9）钢管拱桥定额中未计入钢塔架、扣塔、地锚、索道的费用,应根据施工组织设计套用预制、安装混凝土及钢筋混凝土构件相关定额另行计算。

（10）悬索桥的主缆、吊索、索夹、检修道定额未包括涂装防护,应另行计算。

（11）定额未含施工监控费用,需要时另行计算。

（12）定额未含施工期间航道占用费,需要时另行计算。

（13）工程量计算规则。

1）定位钢支架质量为定位支架型钢、钢板、钢管质量之和,以 t 为单位计算。

2）锚固拉杆质量为拉杆、连接器、螺母（包括锁紧或球面）、垫圈（包括锁紧和球面）质量之和,以 t 为单位计算。

3）锚固体系环氧钢绞线质量以 t 为单位计算,本定额包括了钢绞线张拉的工作长度。

4）塔顶门架质量为门架型钢质量,以 t 为单位计算。钢格栅以钢格栅和反力架质量之和计算,以 t 为单位。主索鞍质量包括承板、鞍体、安装板、挡块、槽盖、拉杆、隔板、锚梁、锌质填块的质量,以 t 为单位计算。散索鞍质量包括底板、底座、承板、鞍体、压紧梁、隔板、拉杆、锌质填块的质量,以 t 为单位计算。主索鞍定额按索鞍顶推按 6 次计算,如顶推次数不同,则按人工每 10 t·次 1.8 工日,顶推设备每 10 t·次 0.18 台班进行增减。鞍罩为钢结构,以套为单位计算,1个主索鞍处为1套。鞍罩的防腐和抽湿系统费用需另行计算。

5)牵引系统长度为牵引系统所需的单侧长度,以m为单位计算。

6)锚道系统长度为锚道系统的单侧长度,以m为单位计算。

7)索夹质量包括索夹主体、螺母、螺杆、防水螺母、球面垫圈质量,以t为单位计算。

8)缠丝以主缆长度扣除锚跨区、塔顶区、索夹处无需缠丝的主缆长度后的单侧长度,以m为单位计算。

9)缆套包括套体、锚碇处连接件、标准镀锌紧固件质量,以t为单位计算。

10)钢箱梁质量为钢箱梁(包括箱梁内横隔板)、桥面板(包括横肋)、横梁、钢锚箱质量之和。

11)钢拱肋的工程量以设计质量计算,包括拱肋钢管、横撑、腹板、拱脚处外侧钢板、拱脚接头钢板及各种加劲块,不包括支座和钢拱肋内的混凝土的质量。

12. 杂项工程

(1)杂项工程包括平整场地、锥坡填土、拱上填料及台背排水、土牛(拱)胎、防水层、基础垫层、水泥砂浆勾缝及抹面、伸缩缝及泄水管、混凝土构件蒸汽养生室建筑及蒸汽养生、预制构件底座、先张法预应力张拉台座、混凝土搅拌站、混凝土搅拌船及混凝土运输、钢桁架栈桥式码头、冷却管、施工电梯、塔吊安拆、拆除旧建筑物等项目,定额适用于桥涵及其他构造物工程。

(2)大型预制构件底座定额分为平面底座和曲面底座两项。

平面底座定额适用于T形梁、I形梁、等截面箱梁,每根梁底座面积的工程量按下式计算:

$$底座面积 = (梁长 + 2.00\ m) \times (梁宽 + 1.00\ m) \tag{6.9}$$

曲面底座定额适用于梁底为曲面的箱形梁(如T形刚构等),每块梁底座的工程量按下式计算:

$$底座面积 = 构件下弧长 \times 底座实际修建宽度 \tag{6.10}$$

平面底座的梁宽指预制梁的顶面宽度。

(3)模数式伸缩缝预留槽钢纤维混凝土中钢纤维的含量按水泥用量的1%计算,如设计钢纤维含量与定额不同时,可按设计用量抽换定额中钢纤维的消耗。

(4)蒸汽养生室面积按有效面积计算,其工程量按每一养生室安置两片梁,其梁间距离为0.8m,并按长度每端增加1.5 m,宽度每边增加1.0 m考虑。定额中已将其附属工程及设备,按摊销量计入定额中,编制预算时不得另行计算。

(5)混凝土搅拌站的材料,均已按桥次摊销列入定额中。

(6)钢桁架栈桥式码头定额适用于大型预制构件装船。码头上部为万能杆件及各类型钢加工的半成品和钢轨等,均已按摊销费计入定额中。

(7)施工塔式起重机和施工电梯所需安拆数量和使用时间按施工组织设计的进度安排进行计算。

6.5.3 桥涵工程定额工程量计算应用实例

【示例6.13】 某桥梁采用重力式沉井基础,钢筋混凝土工程量为600 m^3,求概算定额下沉井制作及拼装的工料机消耗量。

【解】 查概算定额349 - 5 - 1 - 5 - 1,则

人工:600/10 × 11.8 = 708 工日

原木:600/10×0.031=1.86 m³
锯材:600/10×0.024=1.44 m³
型钢:600/10×0.030=1.8 t
钢管:600/10×0.004=0.24 t
铁件:600/10×6.6=396 kg
8~12号铁丝:600/10×0.1=6 kg
32.5级水泥:600/10×3.040=182.4 台班
12t以内汽车式起重机:600/10×0.40=24 台班
其他材料用量及机械台班数量的计算方法与上述相同,不再一一进行计算。

【示例6.14】 基桥梁为重力式砌石桥墩,工程量600 m³实体,求概算定额下的工料机消耗量。

【解】 查概算定额532-5-2-4-2。
人工:20.6×600/10=1 236 工日
原木:0.011×600/10=0.66 m³
锯材:0.011×600/10=0.66 m³
32.5级水泥:0.976×600/10=58.56 t
水:8×600/10=480 m³
其他材料的计算方法相同,都不需做系数调整,在此不一一列出。
20 t以内汽车式起重机:0.05×600/10=3 台班
30 kN以内单筒慢动卷扬机:1.02×600/10=61.2 台班
小型机具使用费:6.5×600/10=390 元

【示例6.15】 某桥梁采用船上工作平台上打桩基础,已知打桩工程土壤为Ⅰ组土,工程量为100 m³,设计要求斜桩打入,且打桩完成后凿去桩头1.0 m,打桩平台140 m²,试确定该工程工、料、机消耗量。

【解】 根据《公路工程预算定额》(JTG/T B06—02—2007)桥涵工程的定额说明可知:打斜桩时机械乘120系数,人工乘1.08系数,且破桩头工作已计入承台定额,不得单独计算,但凿去桩头的数量应计入打桩工程量中。

(1)斜桩(拟用柴油打桩机打桩、在船上工作平台上)
查预算定额324-4-3-1-9,得
人工:23.6×1.08×100/10=254.88 工日
锯材:0.018×100/10=0.18 m³
钢丝绳:0.001×100/10=0.01 t
其他材料费:45.4×100/10=454 元
1.8 t以内柴油打桩机:2.22×1.2×100/10=26.64 台班
221 kW以内内燃拖轮:0.71×1.2×100/10=8.52 台班

(2)船上工作平台
查预算定额337-4-3-7-6(拟用其他机械打桩),则
人工:140/100×29.0=40.6 工日
锯材:140/100×1.383=1.9362 m³

型钢:140/100×0.567=0.7938 t
电焊条:140/100×1.1=1.54 kg
铁件:140/100×7.8=10.92 kg
其他材料的计算方法与上述相同,在此不再一一计算。
32 kV·A 以内交流电弧焊机:140/100×0.06=0.084 台班
小型机具使用费:140/100×5.5=7.7 元

【示例6.16】 某桥梁工程以手推车运预制构件,每构件质量小于4 t,需构件出坑堆放,运输重载升坡4%,运距120 m,试确定预算定额。

【解】 查定额613-4-8-1-3、613-4-8-1-4,由《公路工程预算定额》(JTG/T B06—02—2007)章节说明可知构件如需出坑堆放,可按相应构件运输第一个运距单位定额计列。手推车运输每增运10 m定额的人工的换算系数为:坡度5%以内,系数取1.5;运距尾数计算按《公路工程预算定额》(JTG/T B06—02—2007)章节说明的规定办理。

手推车运输定额运距为10 m,增运运距单位也是10 m,所以运距增运为(120-10)/10=11。
每10 m³构件预算定额值为:
人工:2.6+11×0.6×1.5+2.6=15.1 工日
小型机具使用费:4.1+4.1+1.0×11=19.2 元

【示例6.17】 某桥梁工程,下部构造为高桩承台,上部构造为钢桁架,用混凝土输送泵进行施工,实体工程量为150 m³,用泵送水泥混凝土做行车道铺装,铺装实体工程量为200 m³,试求预算定额下的工料机消耗量。

【解】 (1)高桩承台。
由定额说明可知,有底模承台适用于高桩承台施工,故由预算定额455-4-6-1-9得
人工:5.5×150/10=82.5 工日
原木:0.016×150/10=0.24 m³
锯材:0.013×150/10=0.2 m³
型钢:0.003×150/10=0.05 m³
32.5级水泥:3.869×150/10=58.04 t
60 m³/h以内混凝土输送泵:0.08×150/10=1.2 台班
其他材料用量及机械台班数量计算方法与上述相同,在此不再一一计算。
(2)桥面铺装部分。查预算定额502-4-6-13-3,则
人工:4.9×200/10=98 工日
32.5级水泥:4.368×200/10=87.36 t
水:21×200/10=420 m³
中(粗)砂:5.82×200/10=116.4 m
碎石(4 cm):7.59×200/10=151.8 m³
60 m³/h混凝土输送泵:0.10×200/10=2 台班

【示例6.18】 某桥桥栏杆扶手钢模预制,混凝土实体200 m³,试求预算定额下的工、料、机消耗量。

【解】 桥栏杆预制、安装属小型构件,计算如下:
(1)预制桥栏杆扶手查预算定额588-4-7-28-6:

人工:$81.6 \times 200/10 = 1\ 632$ 工日
原木:$0.085 \times 200/10 = 17\ m^3$
铁件:$47.9 \times 200/10 = 958\ kg$
型钢:$0.014 \times 200/10 = 0.28\ t$
组合钢模板:$0.13 \times 200/10 = 2.6\ t$
32.5级水泥:$3.434 \times 200/10 = 68.68\ t$
其他材料的计算方法相同,不一一列出。
小型机具使用费:$6.9 \times 200/10 = 138$ 元
(2)安装小型构件查预算定额591-4-7-29-3:
人工:$19.2 \times 200/10 = 384$ 工日
油毛毡:$24.0 \times 200/10 = 480\ m^2$
其他材料的计算方法相同,不一一列出。

6.6 防护工程定额工程量计算

6.6.1 防护工程预算定额工程量计算

(1)防护工程预算定额中未列出的其他结构形式的砌石防护工程,需要时按"桥涵工程"项目的有关定额计算。

(2)定额中除注明者外,均不包括挖基、基础垫层的工程内容,需要时按"桥涵工程"项目的有关定额计算。

(3)定额中除注明者外,均已包括按设计要求需要设置的伸缩缝、沉降缝的费用。

(4)定额中除注明者外,均已包括水泥混凝土的拌和费用。

(5)植草护坡定额中均已综合考虑黏结剂、保水剂、营养土、肥料、覆盖薄膜等的费用,使用定额时不得另行计算。

(6)现浇拱形骨架护坡可参考定额中的现浇框格(架)式护坡进行计算。

(7)预应力锚索护坡定额中的脚手架系按钢管脚手架编制的,脚手架宽度按2.5 m考虑。

(8)工程量计算规则:

1)铺草皮工程量按所铺边坡的坡面面积计算。

2)护坡定额中以100 m^2 或1 000 m^2 为计量单位的子目的工程量,按设计需要防护的边坡坡面面积计算。

3)木笼、竹笼、铁丝笼填石护坡的工程量按填石体积计算。

4)定额砌筑工程的工程量为砌体的实际体积,包括构成砌体的砂浆体积。

5)定额预制混凝土构件的工程量为预制构件的实际体积,不包括预制构件中空心部分的体积。

6)预应力锚索的工程量为锚索(钢绞线)长度与工作长度的质量之和。

7)抗滑桩挖孔工程量按护壁外缘所包围的面积乘设计孔深计算。

6.6.2 防护工程定额工程量计算应用实例

【示例 6.19】 在某桥梁工程中,其桥下边坡采用如图 6.2 所示的仰斜式挡土墙,其墙厚为 3 m,计算其工程量并套用定额。

【解】 定额工程量计算:

$V/\text{m}^3 = 8.4 \times 2.1 \times 3 = 52.92 \text{m}^3$

查预算定额 754 - 5 - 1 - 18 - 2,得

定额直接费:52.92 × 3 235/10 = 17 119.62 元

【示例 6.20】 有一抛石工程,如图 6.3 所示,采用片石填冲刷坑,坑深 3.5 m,宽 2.5 m,试计算抛石工程量并套用定额。

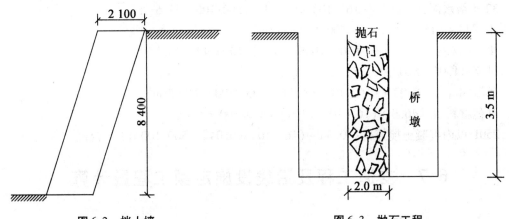

图 6.2 挡土墙   图 6.3 抛石工程

【解】 定额工程量计算:

$V/\text{m}^3 = 2.0 \times 2.0 \times 3.5 = 14$

查预算定额 743 - 5 - 1 - 12 - 1,单位:100 m³ 设计抛石量

定额直接费:14 × 5 023/100 = 703.22 元

【示例 6.21】 某市新修一立交桥,由于该处有一条干涸的河道,因此部分桥墩基础处于淤泥软弱地质地带,为提高桥下基础的强度,决定采用抛石挤淤的方法换垫层,已知有四座中部桥墩位于河道上,大小相同,每座桥墩的基础开挖如图 6.4、图 6.5 所示,试计算该工程抛石工程量并套用定额。

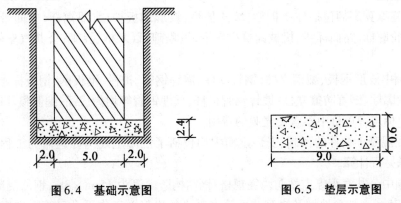

图 6.4 基础示意图   图 6.5 垫层示意图

【解】 定额工程量计算：

单个桥墩基坑抛石工程量：$V_0/m^3 = 9.0 \times 0.6 \times 2.4 = 12.96$

所有抛石工程量：$V/m^3 = 4 \times 12.96 = 51.84$

查预算定额 743-5-1-12-2，单位：100 m³ 设计抛石量

定额直接费：$51.84 \times 3\,739/100 = 1\,938.30$ 元

【示例6.22】 某路有现浇混凝土护坡1处，厚度为16 cm，护坡面积为500 m²，试计算预算定额下的工料机消耗。

【解】 查预算定额 722-5-1-5-1、722-5-1-5-2，则：

人工：$[24.1 + (16-10) \times 1.7] \times 500/100 = 171.5$ 工日

锯材：$0.013 \times 500/100 = 0.065$ m³

32.5级水泥：$[2.804 + (16-10) \times 0.283] \times 500/100 = 22.51$ t

水：$[13 + (16-10) \times 1] \times 500/100 = 95$ m³

中（粗）砂：$[5.25 + (16-10) \times 0.53] \times 500/100 = 42.15$ m³

砂砾：$11.00 \times 500/100 = 55$ m³

碎石(4cm)：$[8.93 + (16-10) \times 0.90] \times 500/100 = 71.65$ m³

其他材料费：$[46.0 + (16-10) \times 4.9] \times 500/100 = 377$ 元

250L以内混凝土搅拌机：$[0.38 + (16-10) \times 0.04] \times 500/100 = 3.1$ 台班

6.7 交通工程及沿线设施定额工程量计算

6.7.1 交通工程及沿线设施概算定额工程量计算

1. 定额总说明

（1）交通工程及沿线设施概算定额包括交通安全设施、服务设施和管理设施等项目。

（2）定额中只列工程所需的主要材料用量。次要、零星材料和小型施工机具均未一列出，分别列入"其他材料费"和"小型机具使用费"内，以元计，编制概算即按此计算。

（3）定额中均已包括混凝土的拌和费用。

（4）如有未包括的项目，可参照相关行业定额。

2. 安全设施

安全设施概算定额包括柱式护栏，墙式护栏，波形钢板护栏，隔离栅，中间带，车道分离块，标志牌，轮廓标，路面标线，机械铺筑拦水带，里程碑、百米桩、界碑，公共汽车停靠站防雨篷等项目。

（1）定额中波形钢板、型钢立柱、钢管立柱、镀锌钢管、护栏、钢板网、钢板标志、铝合金板标志、柱式轮廓标、钢管防撞立柱、镀锌钢管栏杆、预埋钢管等均为成品，编制概算时按成品价格计算，其中标志牌单价中不含反光膜的费用。

（2）水泥混凝土构件的预制、安装定额中均包括了混凝土及构件运输的工程内容，使用定额时，不得另行计算。

（3）定额中公共汽车停靠站防雨篷规格：钢结构防雨篷为15 m×3m，钢筋混凝土防雨篷为24 m×3.75 m。站台地坪及浇筑防雨篷混凝土的支架及工作平台已综合在定额中，使用

定额时不得另行计算。

(4)工程量计算规则:

1)墙式护栏项目中钢筋混凝土防撞护栏的工程量为墙体长度。

2)波形钢板护栏及隔离栅的工程量为两端立柱中心间的距离。

3)中间带及车道分离块项目中,路缘带的工程量为路缘带起讫点间的距离;隔离墩、钢管栏杆及防眩板的工程量为隔离墩的实际设置长度;车道分离块的工程量为实际设置长度。

4)路面标线按画线的净面积计算。

5)机械铺筑拦水带的工程量为拦水带的铺筑长度。

3. 监控、收费系统

(1)监控、收费系统概算定额包括监控、收费系统中管理站、分中心、中心(计算机及网络设备,视频控制设备安装,附属配套设备),收费车道设备,外场管理设备(车辆检测设备安装、调试,环境检测设备安装、调试,信息显示设备安装、调试,视频监控与传输设备安装、调试),系统互联与调试,系统试运行、收费岛、入(手)孔等项目。

(2)不包括以下工作内容:

1)设备本身的功能性故障排除。

2)制作缺件、配件。

3)在特殊环境条件下的设备加固、防护。

4)与计算机系统以外的外系统联试、校验或统调。

5)设备基础和隐蔽管线施工。

6)外场主干通信电缆和信号控制电缆的敷设施工及试运行。

7)接地装置、避雷装置的制作与安装,安装调试设备必需的技术改造和修复施工。

(3)收费岛上涂刷反光标志漆和粘贴反光膜的数量,已综合在收费岛混凝土定额中,使用定额时不得另行计算。

(4)防撞栏杆的预埋钢套管数量已综合在定额中,使用定额时不得另行计算。

(5)防撞立柱的预埋钢套管及立柱填充混凝土、立柱与预埋钢套管之间灌填水泥砂浆的数量,均已综合在定额中,使用定额时不得另行计算。

(6)设备基础混凝土定额中综合了预埋钢筋、地脚螺母、底座法兰盘的数量,使用定额时不得另行计算。

(7)敷设电线钢套管定额中综合了螺栓、螺母、镀锌管接头、钢管用塑料护口、醇酸防锈漆、裸铜线、钢锯条、溶剂汽油等的数量,使用定额时不得另行计算。

(8)如设计采用的入(手)孔混凝土标号和数量与定额不同时,可调整定额用量;入(手)孔中所列电缆支架等附件的消耗量如与设计数量不同时,可调整定额用量。

(9)工程量计算规则:

1)设备安装定额单位除 LED 显示屏以 m^2 计、系统试运行以系统·月计外,其余均以台或套计。

2)计算机系统可靠性、稳定性运行按计算机系统 24 h 连续计算确定的,超过要求时,其费用另行计算。

3)收费岛现浇混凝土工程量按岛身、收费亭基础、收费岛敷设穿线钢管水泥混凝土垫层、防撞柱水泥混凝土基础、配电箱水泥混凝土基础和控制箱水泥混凝土基础体积之和计算。

4) 收费岛钢筋工程数量按收费岛、收费亭基础的钢筋数量之和计算。

5) 设备基础混凝土工程量按设备水泥混凝土基础体积计算。

6) 镀锌防撞护栏中的工程量按镀锌防撞护栏的质量计算。

7) 钢管防撞柱的工程量按钢管防撞立柱的质量计算。

8) 配电箱基础预埋 PVC 管的工程量按 PVC 管长度计算。

9) 敷设电线钢套管的工程量按敷设电线钢套管质量计算。

4. 通信系统

(1) 通信系统概算定额适用于通信系统工程,内容包括光电传输设备安装,程控交换设备安装、调试,有线广播设备安装,会议专用设备安装,微波通信系统的安装、调试,无线通信系统的安装、调试,电源安装、敷设通信管道和通信管道包封等项目。

(2) 安装电缆走线架定额中,不包括通过沉降(伸缩)缝和要做特殊处理的内容,需要时按有关定额另行计算。

(3) 布放电缆定额只适用于在电缆走道、槽道及机房内地槽中布放。

(4) 2.5Gb/s 系统的 ADM 分插复用器,分插支路是按 8 个 155Mb/s(或 140Mb/s)光口或电口考虑的,当支路数超过 8 个时,每增加 1 个 155Mb/s(或 140Mb/s)支路增加 2 个工日。

(5) 通信铁塔的安装是按在正常的气象条件下施工确定的,定额中不包括铁塔基础施工、预埋件埋设及防雷接地工程等内容,需要时按有关定额另行计算。

(6) 安装通信天线,不论有无操作平台均执行本定额;安装天线的高度均指天线底部距塔(杆)座的高度。

(7) 通信管道定额中不包括管道过桥时的托架和管箱等工程内容,应按相关定额另行计算。挖管沟本定额也未包括,应按"路基工程"项目人工挖运土方定额计算。

(8) 硅芯管敷设定额已综合标石的制作及埋放、入孔处的包封等,使用定额时不得另行计算。

(9) 镀锌钢管敷设定额中已综合接口处套管的切割、焊接、防锈处理等内容,使用定额时不得另行计算。

(10) 敷设通信管道和通信管道包封均按管道(不含桥梁)长度计算。

5. 供电、照明系统

(1) 供电、照明系统概算定额包括干式变压器安装,电力变压器干燥,杆上、埋地变压器安装,组合型成套箱式变电站安装,控制、继电、模拟及配电屏安装,电力系统调整试验,柴油发电机组及其附属设备安装,排气系统安装,其他配电设备安装,灯架安装,立灯杆,杆座安装,高杆灯具安装,照明灯具安装,标志、诱导装饰灯具安装,其他灯具安装等项目。

(2) 干式变压器如果带有保护外罩时,人工和机械乘以系数 1.2。

(3) 变压器油是按设备自带考虑的,但施工中变压器油的过滤损耗及操作损耗已包括在定额中。变压器安装过程中放注油、油过滤所使用的油罐,已摊入油过滤定额中。

(4) 高压成套配电柜中断路器安装定额系综合考虑的,不分容量大小,也不包括母线配制及设备干燥。

(5) 组合型成套箱式变电站主要是指 10 kV 以下的箱式变电站,一般布置形式为变压器在箱的中间,箱的一端为高压开关位置,另一端为低压开关位置。

(6) 控制设备安装未包括支架的制作和安装,需要时可按相关定额另行计算。

(7)送配电设备系统调试包括系统内的电缆试验、瓷瓶耐压等全套调试工作。供电桥回路中的断路器、母线分段断路器皆作为独立的供电系统计算,定额皆按一个系统一侧配一台断路器考虑,若两侧皆有断路器时,则按两个系统计算。如果分配电箱内只有刀开关、熔断器等不含调试元件的供电回路,则不再作为调试系统计算。

(8)3~10 kv 母线系统调试含一组电压互感器,1 kV 以下母线系统调试定额不含电压互感器,适用于低压配电装置的各种母线(包括软母线)的调试。

(9)灯具安装定额是按灯具类型分别编制的,对于灯具本身及异型光源,定额已综合了安装费,但未包括其本身的价值,应另行计算。

(10)各种灯架元器具件的配线,均已综合考虑在定额内,使用时不作调整。

(11)定额已包括利用仪表测量绝缘及一般灯具的试亮等工作内容,不得另行计算,但不包括全负荷试运行。

(12)定额未包括电缆接头的制作及导线的焊压接线端子。

(13)各种灯柱穿线均套相应的配管配线定额。

(14)室内照明灯具的安装高度,投光灯、碘钨灯和混光灯定额是按 10 m 以下编制的,其他照明灯具安装高度均按 5 m 以下编制的。

(15)普通吸顶灯、荧光灯、嵌入式灯、标志灯等成套灯具安装是按灯具出厂时达到安装条件编制的,其他成套灯具安装所需配线,定额中均已包括。

(16)立灯杆定额中未包括防雷及接地装置。

(17)25 m 以上高杆灯安装,未包括杆内电缆敷设。

6. 光缆、电缆敷设

(1)光缆、电缆敷设概算定额包括室内光缆穿放和连接、安装测试光缆终端盒、室外敷设管道光缆、光缆接续、光纤测试、塑料子管、穿放或布放电话线、敷设双绞线缆、跳线架和配线架安装、布放同轴电缆、敷设多芯电缆、安装线槽、开槽、电缆沟铺砂盖板、揭盖板、顶管、铜芯电缆敷设、热缩式电缆终端头或中间头制作安装、控制电缆头制作安装、桥架或支架安装等项目。

(2)定额均包括准备工作、施工安全防护、搬运、开箱、检查、定位、安装、清理、接电源、接口正确性检查和调试、清理现场和办理交验手续等工作内容。

(3)定额不包括设备本身的功能性故障排除,制作缺件、配件,在特殊环境下的设备加固、防护等工作内容。

(4)双绞线缆的敷设及跳线架和配线架的安装、打接定额消耗量是按五类非屏蔽布线系统编制的,高于五类的布线工程按定额人工工日消耗量增加 10%、屏蔽系统增加 20% 计取。

(5)工程量计算规则:

1)电缆敷设按单根延长米计算(如一个架上敷设 3 根各长 100 m 的电缆,工程量应按 300 m 计算,依次类推)。电缆附加及预留的长度是电缆敷设长度的组成部分,应计入电缆工程量之内。电缆进入建筑物预留长度按 2 m 计算,电缆进入沟内或吊架预留长度按 1.5 m 计算,电缆中间接头盒预留长度两端各按 2 m 计算。

2)电缆沟盖板揭、盖定额,按每揭盖一次以延长米计算。如又揭又盖,则按两次计算。

3)用于扩(改)建工程时,所用定额的人工工日乘以 1.35 系数;用于拆除工程时,所用定额的人工工日乘以 0.25 系数。施工单位为配合认证单位验收测试而发生的费用,按本定额验证测试子目的工日、仪器仪表台班总用量乘以 0.30 系数计取。

7. 配管、配线及接地工程

(1) 配管、配线及接地工程概算定额包括镀锌钢管、给水管道、钢管地埋敷设、钢管砖、混凝土结构、钢管钢结构支架配管、PVC阻燃塑料管、母线、母线槽、落地式控制箱、成套配电箱、接线箱、接线盒的安装、接地装置安装、避雷针及引下线安装、防雷装置安装、防雷接地装置测试等项目。

(2) 镀锌钢管法兰连接定额中,管件是按成品、弯头两端是按短管焊法兰考虑的,包括了直管、管件、法兰等全部安装工序内容。

(3) 接地装置是按变配电系统接地、车间接地和设备接地等工业设施接地编制的。定额中未包括接地电阻率高的土质换土和化学处理的土壤及由此发生的接地电阻测试等费用,需要时应另行计算。接地装置换填土执行电缆沟挖填土相应子目。

(4) 定额中避雷针安装、避雷引下线的安装均已考虑了高空作业的因素,避雷针按成品件考虑。

(5) 工程量计算规则:

1) 给水管道:室内外界线以建筑物外墙皮1.5 m为界,入口处设阀门者以阀门为界;与市政管道界线以水表井为界,无水表井者,以与市政管道碰头点为界。

2) 配管的工程量计算不扣除管路中的接线箱(盒)、灯盒、开关盒所占的长度。

8. 绿化工程

(1) 死苗补植已综合在栽植子目中,盆栽植物均按脱盆的规格套用相应的定额子目。

(2) 苗木及地被植物的场内运输已在定额中综合考虑,使用定额时不得另行计算。

(3) 定额的工作内容中清理场地,是指工程完工后将树穴余泥杂物清除并归堆,若有余泥杂物需外运时,其费用另按土石方有关定额子目计算。

(4) 栽植子目中均按土可用的情况进行编制,若需要换土,则按有关子目进行计算。

(5) 当编制中央分隔带部分的绿化工程概算时,若中央分隔带内的填土没有计入该项工程概算,其填土可按路基土方定额有关子目计算,但应扣减树穴所占的体积。

(6) 为了确保路基边坡的稳定而修建各种形式的网格植草或播种草籽等护坡,应并入防护工程内计算。

(7) 测量放样均指在场地平整好并达到设计要求后进行的,场地平整费用另按场地平整定额子目计算。

(8) 运苗木子目仅适用于自运苗木的运输。

(9) 定额适用于公路沿线及管理服务区的绿化和公路交叉处(互通立交、平交)的美化、绿化工程。

(10) 定额中的胸径是指:距地坪1.30 m高处的树干直径;株高是指树顶端距地坪的高度;篱高是指绿篱苗木顶端距地坪的高度。

6.7.2 交通工程及沿线设施预算定额工程量计算

1. 定额总说明

(1) 交通工程及沿线设施预算定额包括交通安全设施、服务设施和管理设施等项目。

(2) 定额中只列工程所需的主要材料用量,对次要、零星材料和小型施工机具均未一列出,分别列入"其他材料费"和"小型机具使用费"内,以元计,编制预算即按此计算。

(3)定额中均已包括混凝土的拌和费用。

(4)如有未包括的项目,可参照相关行业定额。

2. 安全设施

安全设施预算定额包括柱式护栏,墙式护栏,波形钢板护栏,隔离栅,中间带,车道分离块,标志牌,轮廓标,路面标线,机械铺筑拦水带,里程碑、百米桩、界碑,公共汽车停靠站防雨篷等项目。

(1)定额中波形钢板、型钢立柱、钢管立柱、镀锌钢管、护栏、钢板网、钢板标志、铝合金板标志、柱式轮廓标、钢管防撞立柱、镀锌钢管栏杆、预埋钢管等均为成品,编制预算时按成品价格计算,其中标志牌单价中不含反光膜的费用。

(2)水泥混凝土构件的预制、安装定额中均包括了混凝土及构件运输的工程内容,使用定额时,不得另行计算。

(3)工程量计算规则:

1)钢筋混凝土防撞护栏中铸铁柱与钢管栏杆按柱与栏杆的总质量计算,预埋螺栓、螺母及垫圈等附件已综合在定额内,使用定额时,不得另行计算。

2)波形钢板护栏中钢管柱、型钢柱按柱的成品质量计算;波形钢板按波形钢板、端头板(包括端部稳定的锚碇板、夹具、挡板)与撑架的总质量计算,柱帽、固定螺栓、连接螺栓、钢丝绳、螺母及垫圈等附件已综合在定额内,使用定额时,不得另行计算。

3)隔离栅中钢管柱按钢管与网框型钢的总质量计算,型钢立柱按柱与斜撑的总质量计算,钢管柱定额中已综合了螺栓、螺母、垫圈及柱帽钢板的数量,型钢立柱定额中已综合了各种连接件及地锚钢筋的数量,使用定额时,不得另行计算。

钢板网面积按各网框外边缘所包围的净面积之和计算。

刺铁丝网按刺铁丝的总质量计算;铁丝编织网面积按网高(幅宽)乘以网长计算。

4)中间带隔离墩上的钢管栏杆与防眩板分别按钢管与钢板的总质量计算。

5)金属标志牌中立柱质量按立柱、横梁、法兰盘等的总质量计算;面板质量按面板、加固槽钢、抱箍、螺栓、滑块等的总质量计算。

6)路面标线按画线的净面积计算。

7)公共汽车停靠站防雨篷中钢结构防雨篷的长度按顺路方向防雨篷两端立柱中心间的长度计算;钢筋混凝土防雨篷的水泥混凝土体积按水泥混凝土垫层、基础、立柱及顶棚的体积之和计算,定额中已综合了浇筑立柱及篷顶混凝土所需的支架等,使用定额时,不得另行计算。

站台地坪按地坪铺砌的净面积计算,路缘石及地坪垫层已综合在定额中,使用定额时,不得另行计算。

3. 监控、收费系统

参见交通工程及沿线设施概算定额中监控、收费系统的相关内容。

4. 通信系统

参见交通工程及沿线设施概算定额中通信系统的相关内容。

5. 供电、照明系统

参见交通工程及沿线设施概算定额中供电、照明系统的相关内容。

6. 光缆、电缆敷设

参见交通工程及沿线设施概算定额中光缆、电缆敷设的相关内容。

7. 配管、配线及接地工程

参见交通工程及沿线设施概算定额中配管、配线及接地工程的相关内容。

8. 绿化工程

参见交通工程及沿线设施概算定额中绿化工程的相关内容。

6.7.3 交通工程及沿线设施定额工程量计算应用实例

【示例 6.23】 某市某公路沿线设有 800 m 钢筋混凝土防撞栏杆,求概算定额下的工料机消耗。

【解】 查概算定额 666-6-1-1-3,则

人工:114.4×800/100=915.2 工日

原木:0.124×800/100=0.992 m³

锯材:0.175×800/100=1.4 m³

光圆钢筋:1.275×800/100=10.2 t

钢管:0.422×800/100=3.376 t

铁件:143.2×800/100=1 145.6 kg

32.5 级水泥:9.824×800/100=78.592 t

中(粗)砂:14.09×800/100=112.72 m³

250 L 以内混凝土搅拌机:1.17×800/100=9.36 台班

1 t 以内机动翻斗车:1.06×800/100=8.48 台班

其他材料用量及机械台班数量的计算方法与上述相同,在此不再一一计算。

【示例 6.24】 某城市某路设栏式轮廓标 500 块,且将栏式轮廓标安装在波形钢板护栏上,试计算概算定额下的材料消耗量。

【解】 查概算定额 677-6-1-6-3,定额表后注明栏式轮廓标安装在波形钢板护栏上时,应扣减定额中铁件的数量。所以,材料消耗量:

镀锌钢板:0.008×500/100=0.04 t

镀锌铁件:16.2×500/100=81 kg

反光膜:1.3×500/100=6.5 m²

其他材料费:3.6×500/100=18 元

6.8 临时工程及其他定额工程量计算

6.8.1 临时工程工程概算定额工程量计算

(1)临时工程工程概算定额包括汽车便道,临时便桥,临时码头,轨道铺设,架设输电、电信线路,人工夯打小圆木桩共 6 个项目。

(2)汽车便道按路基宽度为 7.0 m 和 4.5 m 分别编制,便道路面宽度按 6.0 m 和 3.5 m 分别编制,路基宽度 4.5 m 的定额中已包括错车道的设置。汽车便道项目中未包括便道使用期内养护所需的工、料、机数量,如便道使用期内需要养护,使用定额时,可根据施工期按下表增加数量。

表 6.23　汽车便道路基宽度　　　　　　单位:公里·月

序号	项目	单位	代号	汽车便道路基宽度/m	
				7.0	4.5
1	人工	工日	1	3.0	2.0
2	天然级配	m³	908	18.00	10.80
3	6~8 t 光轮压路机	台班	1 075	2.20	1.32

(3)临时汽车便桥按桥面净宽 4 m、单孔跨径 21 m 编制。

(4)重力式砌石码头定额中不包括拆除的工程内容,需要时可按"桥涵工程"项目的"拆除旧建筑物"定额另行计算。

(5)轨道铺设定额中轻轨(11 kg/m,15 kg/m)部分未考虑道渣,轨距为 75 cm,枕距为 80 cm,枕长为 1.2 m;重轨(32 kg/m)部分轨距为 1.435 m,枕距为 80 cm,枕长为 2.5 m,岔枕长为 3.35 m,并考虑了道渣铺筑。

(6)人工夯打小圆木桩的土质划分及桩入土深度的计算方法与打桩工程相同。圆木桩的体积,根据设计桩长和梢径(小头直径),按木材材积表计算。

(7)临时工程工程概算定额中便桥,输电、电信线路的木料、电线的材料消耗均按一次使用量计列,使用定额时应按规定计算回收;其他各项定额分别不同情况,按其周转次数摊入材料数量。

6.8.2　临时工程及其他工程预算定额工程量计算

参见上述临时工程工程概算定额工程量计算的相关内容。

6.8.3　临时工程定额工程量计算应用实例

【示例 6.25】　某道路沿线设有 600 根柱式护栏,求概算定额下的工料机消耗。

【解】　查概算定额 666-6-1-1-1,则

人工:49.4×600/100 = 296.4 工日

锯材:0.450×600/100 = 2.7 m³

铁钉:13.6×600/100 = 81.6 kg

油漆:24.6×600/100 = 147.6 kg

32.5 级水泥:1.418×600/100 = 8.506 t

水:10×600/100 = 60 m³

中(粗)砂:2.20×600/100 = 13.2 m³

3 t 以内载货汽车:1.22×600/100 = 7.32 台班

其他材料用量及机械台班数量的计算方法与上述相同,在此不再一一计算。

【示例 6.26】　某路有植草护坡 1 处,厚度为 8 cm,护坡面积为 5 000 m²,试计算预算定额下的工料机消耗。

【解】　查预算定额 719-5-1-2-11,则

人工:41.0×5 000/1 000 = 205 工日

草籽:46.4×5 000/1 000 = 232 kg

其他材料费:14 790×5 000/1 000 = 73 950 元

液压喷播机:4.23×5 000/1 000=21.15 台班

250 L 以内混凝土搅拌机:2.46×5 000/1 000=12.3 台班

4 t 以内载货汽车:3.00×5 000/1 000=15 台班

4 000L 以内洒水汽车:3.00×5 000/1 000=15 台班

9 m^3/min 以内机动空压机:3.63×5 000/1 000=18.15 台班

小型机具使用费:55.0×5 000/1 000=275 元

【示例6.27】 某室内工程穿放、布放电话线,采用电话组线箱安装200台,试求概算定额下的工料机消耗量。

【解】 由概算定额764-6-5-7-4,得

人工:10.6×200=2 120 工日

镀锌钢板:0.004×200=0.8 t

电焊条:0.5×200=100 kg

其他材料费:9.3×200=1 860 元

32kV·A 以内交流电弧焊机:0.20×200=40 台班

【示例6.28】 某房建工程,下部构造为高桩承台,上部构造为钢桁架,用起重机配吊斗进行施工,实体工程量为300 m^3,试求预算定额下的工料机消耗量。

【解】 由定额说明可知,有底模承台适用于高桩承台施工,故由预算定额455-4-6-1-6得

人工:7.6×300/10=228 工日

原木:0.016×300/10=0.48 m^3

锯材:0.013×300/10=0.39 m^3

型钢:0.003×300/10=0.09 t

32.5 级水泥:3.417×300/10=102.51 t

12 t 以内汽车式起重机:0.27×300/10=8.1 台班

【示例6.29】 某室内工程安装照明灯具,现需要安装吸顶式单管荧光灯具8 000 套,试求预算定额下的工料机消耗量。

【解】 由预算定额884-6-4-14-7,得:

人工:24.0×8 000/100=1 920 工日

膨胀螺栓:204.0×8 000/100=16 320 套

照明灯具:101×8 000/100=8 080 盏

电线:480×8 000/100=38 400 m

其他材料费:12.0×8 000/100=960 元

第7章 公路工程工程量清单计量规则及应用

7.1 路基工程工程量计量

7.1.1 路基工程细目

路基工程工程量清单细目见表7.1所示。

表7.1 路基工程工程量清单细目

清单 第200章 路基					
细目号	项目名称	单位	数量	单价	合价
202-1	清理与掘除				
-a	清理现场	m²			
-b	砍树、挖根	棵			
202-2	挖除旧路面				
-a	水泥混凝土路面	m²			
-b	沥青混凝土路面	m²			
-c	碎(砾)石路面	m²			
202-3	拆除结构物				
-a	钢筋混凝土结构	m³			
-b	混凝土结构	m³			
-c	砖、石及其他砌体结构	m³			
203-1	路基挖方				
-a	挖土方	m³			
-b	挖石方	m³			
-c	挖除非适用材料(包括淤泥)	m³			
203-2	改路、改河、改渠挖方				
-a	挖土方	m³			
-b	挖土方	m³			
-c	挖除非适用材料(包括淤泥)	m³			
204-1	路基填筑(包括填前压实)				
-a	回填土	m³			
-b	土方	m³			
-c	石方	m³			
204-2	改路、改河、改渠填筑				
-a	回填土	m³			
-b	土方	m³			
-c	石方	m³			
204-3	结构物台背回填及锥坡填筑				

续表 7.1

清单 第 200 章 路基

细目号	项目名称	单位	数量	单价	合价
-a	涵洞、通道台背回填	m³			
-b	桥梁台背回填	m³			
-c	锥坡填筑	m³			
205-1	软土地基处理				
-a	抛石挤淤	m³			
-b	砂垫层、砂砾垫层	m³			
-c	灰土垫层	m³			
-d	预压与超载预压	m³			
-e	袋装砂井	m			
-f	塑料排水板	m			
-g	粉喷桩	m			
-h	碎石桩	m			
-i	砂桩	m			
-j	土工布	m²			
-k	土工格栅	m²			
-l	土工格室	m²			
205-2	滑坡处理	m³			
205-3	岩溶洞回填	m³			
205-4	改良土				
-a	水泥	t			
-b	石灰	t			
205-5	黄土处理				
-a	陷穴	m³			
-b	湿陷性黄土	m²			
205-6	盐渍土处理				
-a	厚…mm	m²			
207-1	边沟				
-a	浆砌片石边沟	m³			
-b	浆砌混凝土预制块边沟	m³			
207-2	排水沟				
-a	浆砌片石边沟	m³			
-b	浆砌混凝土预制块排水沟	m³			
207-3	截水沟				
-a	浆砌片石截水沟	m³			
-b	浆砌混凝土预制块截水沟	m³			
207-4	浆砌片石急流槽(沟)	m³			
207-5	暗沟(…mm×…mm)	m³			
207-6	渗沟				
-a	带PVC管的渗沟	m			
-b	无PVC管的渗沟	m			
208-1	植草				

续表7.1

清单 第200章 路基					
细目号	项目名称	单位	数量	单价	合价
-a	播种草籽	m²			
-b	铺(植)草皮	m²			
-c	挂镀锌网客土喷播植草	m²			
-d	挂镀锌网客土喷泥植草	m²			
-e	土工格室植草	m²			
-f	植生袋植草	m²			
-g	土壤改良喷播植草	m²			
208-2	浆砌片石护坡				
-a	满砌护坡	m³			
-b	骨架护坡	m³			
208-3	预制(现浇)混凝土护坡				
-a	预制块满铺护坡	m³			
-b	预制块骨架护坡	m³			
-c	现浇骨架护坡	m³			
208-4	护面墙				
-a	浆砌片(块)石	m³			
-b	混凝土	m³			
209-1	挡土墙				
-a	浆砌片(块)石挡土墙	m³			
-b	混凝土挡土墙	m³			
-c	钢筋混凝土挡土墙	m³			
-d	砂砾(碎石)垫层	m³			
210-1	锚杆挡土墙				
-a	混凝土立柱(C…)	m³			
-b	混凝土挡板(C…)	m³			
-c	钢筋	kg			
-d	锚杆	kg			
211-1	加筋土挡土墙				
-a	钢筋混凝土带挡土墙	m³			
-b	聚丙烯土工带挡土墙	m³			
212-1	挂网喷浆护坡边坡				
-a	挂铁丝网喷浆防护	m²			
-b	挂土工格栅喷浆防护	m²			
212-2	挂网锚喷混凝土 防护边坡(全坡面)				
-a	挂钢筋网喷混凝土防护	m²			
-b	挂铁丝网喷混凝土防护	m²			
-c	挂土工格栅喷混凝土防护	m²			
-d	锚杆	kg			
212-3	坡面防护				
-a	喷射水泥砂浆	m²			
-b	喷射混凝土	m²			

续表7.1

清单　第200章　路基

细目号	项目名称	单位	数量	单价	合价
213-1	预应力锚索	kg			
213-2	锚杆	kg			
213-3	锚固板	m³			
214-1	混凝土抗滑桩				
-a	…m×…m 钢筋混凝土抗滑桩	m			
-b	钢筋混凝土挡板	m³			
215-1	浆砌片石河床铺砌	m³			
215-2	浆砌片石坝	m³			
215-3	浆砌片石护坡	m³			
216-1	浆砌片石挡土墙	m³			
216-2	浆砌片石水沟	m³			
216-3	播种草籽	m²			
216-4	铺(植)草皮	m²			
216-5	人工种植乔木	棵			

清单　第200章合计　人民币＿＿＿＿＿＿

7.1.2 路基工程工程量清单计量规则

1. 工程内容

路基工程内容包括清理与挖除、路基挖方、路基填方、特殊地区路基处理、排水设施、边坡防护、挡土墙、挂网坡面防护、预应力锚索及锚固板、抗滑桩、河床及护坡铺砌工程。

2. 有关问题的说明及提示

(1)路基石方的界定。用不小于165 kW(220匹马力)推土机单齿松土器无法勾动,需用爆破、钢楔或气钻方法开挖,且体积大于或等于一立方米的孤石为石方。

(2)土石方体积用平均断面积法计算。但与似棱体公式计算方式计算结果比较,如果误差超过5%时,采用似棱体公式计算。

(3)路基挖方以批准的路基设计图纸所示界限为限,均以开挖天然密实体积计量。其中包括边沟、排水沟、截水沟、改河、改渠、改路的开挖。

(4)挖方作业应保持边坡稳定,应做到开挖与防护同步施工,如因施工方法不当,排水不良或开挖后未按设计及时进行防护而造成的塌方,则塌方的清除和回填由承包人负责。

(5)借土挖方按天然密实体积计量,借土场或取土坑中非适用材料的挖除、弃运及场地清理、地貌恢复、施工便道便桥的修建与养护、临时排水与防护作为借土挖方的附属工程,不另行计量。

(6)路基填料中石料含量等于或大于70%时,按填石路堤计量;小于70%时,按填土路堤计量。

(7)路基填方以批准的路基设计图纸所示界限为限,按压实后路床顶面设计高程计算。应扣除跨径大于5 m的通道、涵洞空间体积,跨径大于5 m的桥则按桥长的空间体积扣除。为保证压实度两侧加宽超填的增加体积,零填零挖的翻松压实,均不另行计量。

(8)桥涵台背回填只计按设计图纸或工程师指示进行的桥涵台背特殊处理数量。但在路基土石方填筑计量中应扣除涵洞、通道台背及桥梁桥长范围外台背特殊处理的数量。

(9)回填土指零挖以下或填方路基(扣除10~30 cm清表)路段挖除非适用材料后好土的回填。

(10)填方按压实的体积以立方米计量,包括挖台阶、摊平、压实、整型,其开挖作业在挖方中计量。

(11)本节项目未明确指出的工程内容如:养护、场地清理、脚手架的搭拆、模板的安装、拆除及场地运输等均包含在相应的工程项目中,不另行计量。

(12)排水、防护、支挡工程的钢筋、锚杆、锚索除锈制作安装运输及锚具、锚垫板、注浆管、封锚、护套、支架等,包括在相应的工程项目中,不另行计量。

(13)取弃土场的防护、排水及绿化在本节的相应工程项目中计量。

3. 工程量清单计量规则

路基工程工程量清单计量规则见表7.2所示。

表7.2 路基工程工程量清单计量规则

项目	节	细目	项目名称	项目特征	计量单位	工程量计算规则	工程内容
二			路基				第200章
	2		场地清理				第202节
		1	清理与掘除				
			a 清理现场	1.表土 2.深度	m²	按设计图表所示,以投影平面面积计算	1.清除路基范围内所有垃圾 2.清除草皮或农作物的根系与表土(10~30 cm) 3.清除灌木、竹林、树木(胸径小于150 mm)和石头 4.废料运输及堆放 5.坑穴填平夯实
			b 砍树、挖根	胸径	棵	按设计图所示胸径(离地面1.3 m处的直径)大于150 mm的树林,以累计棵数计算	1.砍树、截锯、挖根 2.运输堆放 3.坑穴填平夯实
		2	挖除旧路面				
			a 水泥混凝土路面	厚度	m²	按设计图所示,以面积计算	1.挖除、坑穴回填、压实 2.装卸、运输、堆放
			b 沥青混凝土路面				
			c 碎(砾)石路面				
		3	拆除结构物				

续表 7.2

项目	节	细目	项目名称	项目特征	计量单位	工程量计算规则	工程内容
		a	钢筋混凝土结构	形状	m³	按设计图所示,以体积计算	1. 拆除、坑穴回填、压实 2. 装卸、运输、堆放
		b	混凝土结构				
		c	砖、石及其他砌体结构				
3			挖方				第 203 节、第 206 节
	1		路基挖方				
		a	挖土方	1. 土壤类别 2. 运距	m³	按路线中线长度乘以核定的断面面积(扣除 10~30 cm 厚清表土及路面厚度),以开挖天然密实体积计算	1. 施工防、排水 2. 开挖、装卸、运输 3. 路基顶面挖松压实 4. 整修边坡 5. 弃方和剩余材料的处理(包括弃土堆的堆置、整理)
		b	挖石方	1. 岩石类别 2. 爆破要求 3. 运距	m³	按路线中线长度乘以核定的断面面积(扣除 10~30 cm 厚清表土及路面厚度),以开挖天然密实体积计算	1. 施工防、排水 2. 石方爆破、开挖、装卸、运输 3. 岩石开凿、解小、清理坡面危石 4. 路基顶面凿平或填平压实 5. 整修路基 6. 弃方和剩余材料的处理(包括弃土堆的堆置、整理)
		c	挖除非适用材料(包括淤泥)	1. 土壤类别 2. 运距	m³	按设计图所示,以体积计算(不包括清理原地面线以下 10~30 cm 以内的表土)	1. 围堰排水 2. 挖装 3. 运弃(包括弃土堆的堆置、整理)
	2		改路、改河、改渠挖方				
		a	挖土方	1. 土壤类别 2. 运距	m³	按路线中线长度乘以核定的断面面积(扣除 10~30 cm 厚清表土及路面厚度),以开挖天然密实体积计算	1. 施工防、排水 2. 开挖、装运、堆放、分理填料 3. 路基顶面挖松压实 4. 整修边坡 5. 充方和剩余材料的处理(包括弃土堆的堆置、整理)

续表 7.2

项目	节	细目	项目名称	项目特征	计量单位	工程量计算规则	工程内容
		b	挖石方	1. 岩石类别 2. 爆破要求 3. 运距	m³	按路线中线长度乘以核定的断面面积(扣除10~30 cm厚清表土及路面厚度),以开挖天然密实体积计算	1. 施工防、排水 2. 石方爆破、开挖、装卸、运输 3. 岩石开凿、解小、清理坡面危石 4. 路基顶面凿平或填平压实 5. 弃方和剩余材料的处理(包括弃土堆的堆置、整理)
		c	挖除非适用材料(包括淤泥)	1. 土壤类别 2. 运距	m³	按设计图所示,以体积计算(不包括清理原地面线以下10~30 cm以内的表土)	1. 围堰排水 2. 挖装 3. 运弃(包括弃土堆的堆置、整理)
	3		借土挖方				
		a	借土(石)方	1. 土壤类别 2. 爆破要求 3. 运距(图纸规定)	m³	按设计图所示经监理工程师验收的取土场借土或经监理工程师批准由于变更引起增加的借土,以体积计算(不包括借土场表土及不适宜材料)	1. 借土场的表土清除、移运、整平、修坡 2. 土方开挖(或石方爆破)、装运、堆放、分理填料 3. 岩石开凿、解小、清理坡面危石
		b	借土(石)方增(减)运费	1. 土壤类别 2. 超运里程	m³·km	按设计图所示,经监理工程师批准变更或增加的取土场导致借方超过(或低于)图纸规定运距,则增加或减少借方的运量,按该部分借土的数量乘以增加或减少超运里程计算	借方增(减)运距
4			填方				第204节、第206节
	1		路基填筑				
		a	回填土	1. 土壤类别 2. 压实度	m³	按设计图表所示,以压实体积计算	回填好土的摊平、压实

续表 7.2

项目	节	细目	项目名称	项目特征	计量单位	工程量计算规则	工程内容
		b	土方	1. 土壤类别 2. 粒径 3. 碾压要求	m³	按路线中线长度乘以核定的断面面积(含 10～30 cm 清表回填不含路面厚度),以压实体积计算(为保证压实度路基两侧加宽超填的土石方不予计量)	1. 施工防、排水 2. 填前压实或挖台阶 3. 摊平、洒水或晾晒压实 4. 整修路基和边坡
		c	石方	1. 土壤类别 2. 粒径 3. 碾压要求	m³	按路线中线长度乘以核定的断面面积(含 10～30 cm 清表回填不含路面厚度),以压实体积计算(为保证压实度路基两侧加宽超填的土石方不予计量)	1. 施工防、排水 2. 填前压实或挖台阶 3. 人工码砌嵌锁、改碴 4. 摊平、洒水或晾晒压实 5. 整修路基和边坡
	2		改路、改河、改渠填筑				
		a	回填土	1. 土壤类别 2. 运距 3. 压实度	m³	按设计图所示,以压实体积计算	回填好土的摊平、压实
		b	土方	1. 土壤类别 2. 粒径 3. 碾压要求	m³	按设计图所示,以压实体积计算	1. 施工防、排水 2. 填前压实或挖台阶 3. 摊平、洒水或晾晒压实 4. 整修路基和边坡
		c	石方	1. 土壤类别 2. 粒径 3. 碾压要求	m³	按设计图所示,以压实体积计算	1. 施工防、排水 2. 填前压实或挖台阶 3. 人工码砌嵌锁、改碴 4. 摊平、洒水或晾晒压实 5. 整修路基和边坡
	3		结构物台背及锥坡填筑				
		a	涵洞、通道台背回填	1. 材料规格、类别 2. 压实度 3. 碾压要求	m³	按设计图所示,以压实体积计算	1. 挖运、掺配、拌和 2. 摊平、压实 3. 洒水、养护 4. 整形
		b	桥梁台背回填				
		c	锥坡填筑				
	5		特殊地区路基处理			第 205 节	

续表 7.2

项目	节	细目	项目名称	项目特征	计量单位	工程量计算规则	工程内容
	1		软土地基处理				
		a	抛石挤淤	材料规格	m³	按设计图所示,以体积计算	1.排水清淤 2.抛填片石 3.填塞垫平、压实
		b	干砌片石	材料规格	m³	按设计图所示,以体积计算	1.干砌片石 2.填塞垫平、压实
		c	砂(砂砾)垫层、碎石垫层	材料规格	m³	按设计图所示,以体积计算	1.运料 2.铺料、整平 3.压实
		d	灰土垫层	1.材料规格 2.配合比	m³	按设计图所示,以体积计算	1.拌和 2.摊铺、整形 3.碾压 4.养生
		e	浆砌片石	1.材料规格 2.强度等级	m³	按设计图所示,以体积计算	1.浆砌片石 2.养生
		f	预压与超载预压	1.材料规格 2.时间	m³	按设计图所示,以体积计算	1.布载 2.卸载 3.清理场地
		g	袋装砂井	1.材料规格 2.桩径	m	按设计图所示,按不同孔径以长度计算(砂及砂袋不单独计量)	1.轨道铺设 2.装砂袋 3.定位 4.打钢管 5.下砂袋 6.拔钢管 7.桩机移位 8.拆卸
		h	塑料排水板	材料规格	m	按设计图所示,按不同宽度以长度计算(不计伸入垫层内长度)	1.轨道铺设 2.定位 3.穿塑料排水板 4.按桩靴 5.打拔钢管 6.剪断排水板 7.桩机移位 8.拆卸
		i	粉喷桩	1.材料规格 2.桩径 3.喷粉量	m	按设计图所示,按不同桩径以长度计算	1.场地清理 2.设备安装、移位、拆除 3.成孔喷粉 4.二次搅拌

续表 7.2

项目	节	细目	项目名称	项目特征	计量单位	工程量计算规则	工程内容
		j	碎石桩	1. 材料规格 2. 桩径	m	按设计图所示，按不同桩径以长度计算	1. 设备安装、移位、拆除 2. 试桩 3. 冲孔填料
		k	砂桩	1. 材料规格 2. 桩径	m	按设计图所示，按不同桩径以长度计算	1. 设备安装、移位、拆除 2. 试桩 3. 冲孔填料
		l	松木桩	1. 材料规格 2. 桩径	m	按设计图所示，以桩打入土的长度计算	1. 打桩 2. 锯桩头
		m	土工布	材料规格	m²	按设计图所示尺寸，以净面积计算（不计入按规范要求的搭接卷边部分）	1. 铺设 2. 搭接 3. 铆固或缝接或粘接
		n	土工格栅				1. 铺设 2. 搭接 3. 铆固
		o	土工格室				
	2		滑坡处理	1. 土质 2. 运距	m³	按实际量测的体积计算	1. 排水 2. 挖、装、运、卸
	3		岩溶洞回填	1. 材料规格 2. 填实	m³	按实际量测验收的填筑体积计算	1. 排水 2. 挖装运回填 3. 夯实
	4		改良土				
		a	水泥	1. 标号 2. 掺配料剂量 3. 含水量	t	按设计图所示，以掺配料重量计算	1. 掺配、拌和 2. 养护
		b	石灰				
	5		黄土处理				
		a	陷穴	1. 体积 2. 压实度	m³	按实际回填体积计算	1. 排水 2. 开挖 3. 运输 4. 取料回填 5. 压实
		b	湿陷性黄土	1. 范围 2. 压实度	m²	按设计图所示强夯处理全格面积计算	1. 排水 2. 开挖运输 3. 设备安装及拆除 4. 强夯等加固处理 5. 取料回填压实
	6		盐渍土处理				

续表 7.2

项目	节	细目	项目名称	项目特征	计量单位	工程量计算规则	工程内容
		a	厚…mm	1. 含盐量 2. 厚度 3. 压实度	m²	按设计图所增，按规定的厚度以换填面积计算	1. 清除 2. 运输 3. 取料换填 4. 压实
	7		水沟				第 207 节
		1	边沟				
		a	浆砌片石边沟	1. 材料规格 2. 垫层厚度 3. 断面尺寸 4. 强度等级	m³	按设计图所示以体积计算	1. 扩挖整形 2. 砌筑勾缝或预制混凝土块、铺砂砾垫层、砌筑 3. 伸缩缝填塞 4. 抹灰压顶 5. 预制安装(钢筋)混凝土盖板
		b	浆石混凝土预制块边沟				
		2	排水沟				
		a	浆砌片石边沟	1. 材料规格 2. 垫层厚度 3. 断面尺寸 4. 强度等级	m³	按设计图所示以体积计算	1. 扩挖整形 2. 砌筑勾缝或预制混凝土块、铺砂砾垫层、砌筑 3. 伸缩缝填塞 4. 抹灰压顶 5. 预制安装(钢筋)混凝土盖板
		b	浆石混凝土预制块边沟				
		3	截水沟				
		a	浆砌片石截水沟	1. 材料规格 2. 垫层厚度 3. 断面尺寸 4. 强度等级	m³	按设计图所示以体积计算	1. 扩挖整形 2. 砌筑勾缝或预制混凝土块、铺砂砾垫层、砌筑 3. 伸缩缝填塞 4. 抹灰压顶 5. 预制安装(钢筋)混凝土盖板
		b	浆砌混凝土预制块截水沟				
		4	浆砌片石急流槽(沟)	1. 材料规格 2. 断面尺寸 3. 强度等级	m³	按设计图所示，以体积计算(包括消力池、消力槛、抗滑台等附属设施)	1. 挖基整形 2. 砌筑勾缝 3. 伸缩缝填塞 4. 抹灰压顶

续表 7.2

项目	节	细目	项目名称	项目特征	计量单位	工程量计算规则	工程内容
		5	暗沟(…mm×…mm)	1.材料规格 2.断面尺寸 3.强度等级	m³	按设计图所示,以体积计算	1.挖基整形 2.铺设垫层 3.砌筑 4.预制安装(钢筋)混凝土盖板 5.铺砂砾反滤层 6.回填
		6	渗(盲)沟				
		a	带PVC管的渗(盲)沟	1.材料规格 2.断面尺寸	m	按设计图所示,以长度计算	1.挖基整形 2.混凝土垫层 3.埋PVC管 4.渗水土工布包碎砾石填充 5.出水口砌筑 6.试通水 7.回填
		b	无PVC管的渗(盲)沟	1.材料规格 2.断面尺寸	m	按设计图所示,以长度计算	1.挖基整形 2.混凝土垫层 3.渗水土工布包碎砾石填充 4.出水口砌筑 5.回填
	8		边坡防护				第208节
		1	植草				
		a	播种草籽	1.草籽种类 2.养护期	m²	按设计图所示,按合同规定成活率,以面积计算	1.修整边坡、铺设表土 2.播草籽 3.洒水覆盖 4.养护
		b	铺(植)草皮	1.草籽种类 2.铺设形式	m²	按设计图所示,按合同规定成活率,以面积计算	1.修整边坡、铺设表土 2.铺设草皮 3.洒水 4.养护
		c	挂镀锌网客土喷播植草	1.镀锌网规格 2.草籽种类 3.养护期	m²	按设计图所示,按合同规定成活率,以面积计算	1.镀锌网、种子、客土等采购、运输 2.边坡找平、折实 3.挂风、喷播 4.清理、养护

续表7.2

项目	目	节	细目	项目名称	项目特征	计量单位	工程量计算规则	工程内容
			d	挂镀锌网客土喷混植草	1.镀锌网规格 2.混植草种类 3.养护期	m²	按设计图所示,按合同规定成活率,以面积计算	1.材料采购、运输 2.混合草籽 3.边坡找平、拍实 4.挂网、喷播 5.清理、养护
			e	土工格室植草	1.格室尺寸 2.植草种类 3.养护期	m²	按设计图所示,按合同规定成活率,以面积计算	1.挖槽、清底、找平、混凝土浇筑 2.格室安装、铺种植土、播草籽、拍实 3.清理、养护
			f	植生袋植草	1.植生袋种类 2.草种种类 3.营养土类别	m²	按设计图所示,按合同规定成活率,以面积计算	1.找坡、拍实 2.灌袋、摆放、拍实 3.清理、养护
			g	土壤改良喷播植草	1.改良种类 2.草种种类	m²	按设计图所示,按合同规定成活率,以面积计算	1.挖土、耙细 2.土、改良剂、草籽拌和 3.喷播改良土 4.清理、养护
		2		浆砌片石护坡				
			a	满砌护坡	1.材料规格 2.断面尺寸 3.强度等级	m³	按设计图所示,以体积计算	1.整修边坡 2.挖槽 3.铺垫层、铺筑滤水层、制作安装沉降缝、伸缩缝、泄水孔 4.砌筑、勾缝
			b	骨架护坡				
		3		预制(现浇)混凝土护坡				
			a	预制块满铺护坡	1.材料规格 2.断面尺寸 3.强度等级 4.垫层厚度	m³	按设计图所示,以体积计算	1.整修边坡 2.预制、安装混凝土块 3.铺筑砂砾垫层、铺设滤层、制作安装沉降缝、泄水孔 4.预制安装预制块
			b	预制块骨架护坡				

续表7.2

项目	节	细目	项目名称	项目特征	计量单位	工程量计算规则	工程内容
		c	现浇骨架护坡	1.材料规格 2.断面尺寸 3.强度等级 4.垫层厚度	m³	按设计图所示,以体积计算	1.整修边坡 2.预制、安装混凝土块 3.铺筑砂砾垫层、铺设滤水层、制作安装沉降缝、汇水孔 4.预制安装预制块
	4		护面墙				
		a	浆砌片(块)石	1.材料规格 2.断面尺寸 3.强度等级	m³	按设计图所示,以体积计算	1.整修边坡 2.基坑开挖、回填 3.砌筑、勾缝、抹灰压顶 4.铺筑垫层、铺设滤水层、制作安装沉降缝、伸缩缝、泄水孔
		b	混凝土挡土墙	1.材料规格 2.断面尺寸 3.强度等级	m³	按设计图所示,以体积计算	1.围堰排水 2.挖基、基底清理 3.浇筑、养生 4.沉降缝伸缩填塞、铺筑滤水层、制作安装泄水孔 5.基坑及墙背回填
		c	钢筋混凝土挡土墙	1.材料规格 2.断面尺寸 3.强度等级	m³	按设计图所示,以体积计算	1.围堰排水 2.挖基、基底清理 3.钢筋制作安装 4.浇筑、养生 5.沉降缝、伸缩缝填塞、铺筑滤水层、制作安装泄水孔 6.基坑及墙背回填
		d	砂砾(碎石)垫层	1.材料规格 2.厚度	m³	按设计图所示,以体积计算	1.运料 2.铺整平 3.夯实
	10		锚杆挡土墙			第210节	
		1	锚杆挡土墙				
		a	混凝土立柱 (C…)	1.材料规格 2.断面尺寸 3.强度等级	m³	按设计图所示,以体积计算	1.挖基、基底清理 2.模板制作安装 3.现浇混凝土或预制、安装构件 4.墙背回填
		b	混凝土挡板 (C…)				

续表7.2

项目	节	细目	项目名称	项目特征	计量单位	工程量计算规则	工程内容
		c	钢筋				钢筋制作安装
		d	锚杆	1.材料规格 2.搞拉强度等级	kg	按设计图所示,以体积计算	1.钻孔、清孔 2.锚杆制作安装 3.注浆 4.张拉 5.抗拔力试验
11			加筋土挡土墙				第211节
	1		加筋土挡土墙				
		a	钢筋混凝土带挡土墙	1.材料规格 2.断面尺寸 3.加筋用量 4.强度等级	m³	按设计图所示,以体积计算	1.围堰排水 2.挖基、基底清理 3.浇筑或砌筑基础 4.预制安装墙面板 5.铺设加筋带 6.学降缝填塞、铺设滤水层、制作安装泄水孔 7.填筑与碾压 8.墙面封顶
		b	聚丙烯土工带土墙				
12			喷射混凝土和喷浆边坡防护				第212节
	1		挂网喷浆防护边坡				
		a	挂铁丝网喷浆防护	1.材料规格 2.厚度 3.加筋用量	m²	按设计图所示,以体积计算	1.整修边坡 2.挂网、锚固 3.喷浆 4.养生
		b	挂土工格栅喷浆防护				
	2		挂风锚喷混凝土防护边坡(全被面)				
		a	挂钢筋网喷混凝土防护	1.结构形式 2.材料规格 3.厚度 4.强度等级	m²	按设计图所示,以体积计算	1.整修边坡 2.挂网、锚固 3.喷射混凝土 4.养生
		b	挂铁丝网喷混凝土防护				
		c	挂土工格栅喷混凝土防护				

续表 7.2

项目	节	细目	项目名称	项目特征	计量单位	工程量计算规则	工程内容
		d	锚杆	1.材料规格 2.抗拉强度	kg	按设计图所示,以体积计算	1.清理边坡 2.钻孔、清孔 3.注浆 4.放入锚杆、安装端头垫板 5.抗拔力试验
	3		坡面防护				
		a	喷射水泥砂浆	1.材料规格 2.厚度 3.强度等级	m²	按设计图所示,以体积计算	1.整修边坡 2.喷砂浆 3.养生
		b	喷射混凝土				1.整修边坡 2.喷射混凝土 3.养生
13			边坡加固				第213节
		a	预应力锚索	1.材料规格 2.抗拉强度	kg	按设计图所示,以体积计算	1.整修边坡 2.钻孔、清孔 3.锚索制作安装 4.张拉 5.注浆 6.锚固、封端 7.抗拔力试验
		b	锚杆				
	3		锚固板	1.材料规格 2.抗拉强度	m³	按设计图所示,以体积计算	1.整修边坡 2.钢筋制作安装 3.现浇混凝土或预制安装构件 4.养护
14			混凝土抗滑桩				第214节
	1		混凝土抗滑桩				
		a	…m×…m 钢筋混凝土抗滑桩	1.材料规格 2.断面尺寸 3.强度等级	m	按设计图所示,按不同桩尺寸,以长度计算	1.挖运土石方 2.通风排水 3.支护 4.钢筋制作安装 5.灌注混凝土 6.无破损检验
		b	钢筋混凝土挡板	1.材料规格 2.强度等级	m³	按设计图所示,以体积计算	1.钢筋制作安装 2.现浇混凝土或预制安装挡板
15			河道防护				第215节

续表 7.2

项目	节	细目	项目名称	项目特征	计量单位	工程量计算规则	工程内容
		a	浆砌片石河床铺砌	1.材料规格 2.强度等级	m²	按设计图所示,以体积计算	1.围堰排水 2.挖基、铺垫层 3.砌筑(或抛石)、勾缝 4.回填、夯实
		b	浆砌片石坝				
		c	浆砌片石护坡				
		d	抛片石				
	16		取弃土场恢复				第203节、第204节
		1	浆砌片石挡土墙	1.材料规格 2.断面尺寸 3.强度等级	m³	按设计图所示,以体积计算	1.围堰排水 2.挖基、基底清理 3.砌石、勾缝 4.沉降缝填塞、铺设滤水层、制作安装泄水孔 5.抹灰压顶 6.墙背回填
		2	浆砌片石水沟	1.材料规格 2.断面尺寸 3.强度等级	m³	按设计图所示,以体积计算	1.挖基整形 2.砌筑勾缝 3.伸缩缝填塞 4.抹灰压顶
		3	播种草籽	1.草籽种类 2.养护期	m²	按设计图所示,以体积计算	1.修整边坡、铺设表土 2.播草籽 3.洒水覆盖 4.养护
		4	铺(植)草皮	1.草籽种类 2.铺设形式	m²	按设计图所示,以体积计算	1.修整边坡、铺设表土 2.铺设草皮 3.洒水覆盖 4.养护
		5	人工种植乔木	1.胸径(高地1.2 m处树干直径) 2.高度	棵	按累计株数计算	1.挖坑 2.苗木运输 3.施肥 4.栽植 5.清理、养护

7.1.3 路基工程工程量计量方法

1.通则

路基工程内容均不作计量与支付,其所涉及的费用应包括在与其相关的工程细目的单价或费率之中。

2.场地清理

(1)施工场地清理的计量应按监理人书面指定的范围(路基范围以外临时工程用地清场等除外),验收后进行现场实地测量,以平方米计量。现场清理路基范围内的所有垃圾、灌木、竹林及胸径小于 100 mm 的树木、石头、废料、表土（腐殖土）、草皮的铲除与开挖,借土场的场地清理与拆除(包括临时工程)均应列入土方单价之内,不另行计量。

（2）砍伐树木仅计胸径（即离地面 1.3 m 高处的直径）大于 100 mm 的树木,以棵计量。包括砍伐后的截锯、移运（移运至监理人指定的地点）、堆放等一切有关的作业;挖除树根以棵计量,包括挖除、移运、堆放等一切有关的作业。

（3）挖除旧路面(包括路面基层)应按各种不同结构类型的路面分别以平方米计量;拆除原有公路结构物应分别按结构物的类型,以监理人现场指示的范围和量测方法量测,以立方米计量。

（4）所有场地清理、拆除与挖掘工作的一切挖方、回填、压实,以及适用材料的移运、堆放和废料的移运处理等作业费用均含入相关细目单价之中,不另行计量。

3. 挖方路基

（1）路基土石方开挖数量包括边沟、排水沟、截水沟,应以经监理人校核批准的横断面地面线和土石分界的补充测量为基础,按路线中线长度乘以经监理人核准的横断面面积进行计算,以立方米计量。

（2）挖除路基范围内非适用材料(不包括借土场)的数量,应以承包人测量,并经监理人审核批准的断面或实际范围为依据计算数量,以立方米计量。

（3）除非监理人另有指示,凡超过图纸或监理人规定尺寸的开挖,均不予计量。

（4）石方爆破安全措施、弃方的运输和堆放、质量检验、临时道路和临时排水等均含入相关细目单价或费率之中,不另行计量。

（5）在挖方路基的路床顶面以下,土方断面应挖松深 300 mm 再压实;石方断面应辅以人工凿平或填平压实。此两项作为承包人应做的附属工作,均不另行计量。

（6）改河、改渠、改路的开挖工程按合同图纸施工,计量方法可按上述 1）进行。改路挖方线外工程的工作量计入《公路工程标准施工招标文件》(2009 版)203-2 细目内。

4. 填方路基

（1）填筑路堤的土石方数量,应以承包人的施工测量和补充测量经监理人校核批准的横断面地面线为基础,以监理人批准的横断面施工图为依据,由承包人按不同来源(包括利用土方、利用石方和借方等)分别计算,以经监理人校核认可的工程数量作为计量的工程数量。

（2）零填挖路段的翻松、压实含入报价之中,不另行计量。

（3）零填挖路段的换填土,按压实的体积,以立方米计量。计价中包括表面不良土的翻挖、运弃（不计运距）,换填好土的挖运（免费运距以内）、摊平、压实等一切与此有关作业的费用。

（4）利用土、石填方及土石混合填料的填方,按压实的体积,以立方米计量。计价中包括挖台阶、摊平、压实、整型等一切与此有关的作业的费用。利用土、石方的开挖作业在第 203 节路基挖方中计量。承包人不得因为土石混填的工艺、压实标准及检测方法的变化而要求增加额外的费用。

（5）借土填方,按压实的体积,以立方米计量。计价中包括借土场(取土坑)中非适用材料的挖除、弃运及借土场的资源使用费、场地清理、施工便道、便桥的修建与养护、临时排水与防护等和填方材料的开挖、运输、挖台阶、摊平、压实、整型等一切与此有关作业的费用。

（6）粉煤灰路堤按压实体积,以立方米计量,计价中包括材料储运（含储灰场建设）、摊铺、晾晒、土质护坡、压实、整型以及试验路段施工等一切与此有关的作业费用。土质包边土在《公路工程标准施工招标文件》(2009版)第204节的支付细目号204-1-e中计量。

(7)结构物台背回填按压实体积,以立方米计量,计价中包括挖运、摊平、压实、整型等一切与此有关的作业费用。

(8)锥坡及台前溜坡填土,按图纸要求施工,经监理人验收的压实体积,以立方米计量。

(9)临时排水以及超出图纸要求以外的超填,均不计量。

(10)改造其他公路的路基土方填筑的计量方法同上述(1)。

5. 特殊地区路基处理

工程完成经验收后,由承包人计算经监理人校核的数量作为计量的工程数量。

(1)挖除换填。挖除原路基一定深度及范围内淤泥以立方米计量,列入《公路工程标准施工招标文件》(2009版)第203节相应的支付细目中。换填的填方,包括由于施工过程中地面下沉而增加的填方量以立方米计量,列入《公路工程标准施工招标文件》(2009版)第204节相应的支付细目中。

(2)抛石挤淤。按图纸或验收的尺寸计算抛石体积的片石数量,以立方米计量,包括有关的一切作业。

(3)砂垫层、砂砾垫层及灰土垫层。按垫层类型分别以立方米计量,包括材料、机械及有关的一切作业。

(4)预压和超载预压。按图纸或监理人要求的预压宽度和高度以立方米计量,包括材料、机械及有关的一切作业。

(5)真空预压、真空堆载联合预压。应以图纸或监理人所要求预压范围(宽度、高度、长度)经监理人验收合格,预压后体积以立方米为单位计量;计量中包括预压所用垫层材料、密封膜、滤管及密封沟与围堰等一切相关的材料、机械、人工费用。

(6)袋装砂井。按不同直径及深(长)度分别以米计量。砂及砂袋不单独计量。

(7)塑料排水板。按规格及深(长)度分别以米计量,不计伸入垫层内长度。包括材料、机械及有关的一切作业。

(8)砂桩、碎石桩、加固土桩、CFG桩。按不同桩径及桩深(长)度以图纸为依据经验收合格按米为单位计量,包括材料、机械及有关的一切作业。

(9)土工织物。铺设土工织物以图纸为依据,经监理人验收合格以设计图为依据计算单层净面积数量(不计搭接及反包边增加量),包括材料、机械及与此有关的一切作业。

(10)滑坡处理。按实际发生挖除及回填体积,经监理人验收合格后以立方米计量。计价中包括施工所采取的安全保护措施、采取措施截断流向滑体的地表水、地下水及临时用水,以及采取措施封闭滑体上的裂隙等全部作业。

滑坡处理采取抗滑支挡工程施工时所发生工程量按不同工程项目,分别在相关支付细目中计量。

(11)岩溶洞按实际填筑体积,经监理人验收合格后以立方米计量。经批准采取其他处理措施时,经验收合格后,参照类似项目的规定进行计量。

(12)膨胀土路基按图纸及监理人指示进行铺筑,经监理人验收合格,按不同厚度以平方米计量,其内容仅指石灰土改良费用,包括石灰的购置、运输、消解、拌和集有关辅助作业等一切有关费用;土方的挖运、填筑及压实等作业含入《公路工程标准施工招标文件》(2009版)第203节、第204节相关细目之中。

(13)黄土陷穴按实际开挖和回填体积,经监理人验收合格后以立方米计量。

(14)湿陷性黄土采用强夯处理,经监理人验收合格后以平方米计量,包括施工前地表处理、拦截地表和地下水、强夯机强夯后的标准贯入、静力触探测试等相关作业。

(15)盐渍土路基处理换填,经监理人验收合格后按不同厚度以平方米计量,内容包括铲除过盐渍土、材料运输、分层填筑、分层压实等相关作业。

(16)风积沙填筑路基以图纸为依据,经验收合格以立方米为单位计量,包括材料、运输、摊平、碾压等相关作业。

(17)季节性冻土地区路基施工以图纸为依据,经验收合格按不同填料规格,以立方米计量,其内容包括清除软层、材料运输、分层填筑、分层压实等相关作业。

(18)工地沉降观测作为承包人应做的工作,不予计量与支付。

(19)临时排水与防护设施认为已包括在相关工程中,不另行计量。

6. 路基整修

工作内容均不作计量与支付,其所涉及的费用应包括在其相关的工程细目的单价或费率之中。

7. 坡面排水

(1)边沟、排水沟、截水沟的加固铺砌,按图纸施工经监理人验收合格的实际长度,分不同结构类型以米计量。由于边沟、排水沟、截水沟加固铺砌而需扩挖部分的开挖,均作为承包人应做的附属工作,不另计量与支付。

(2)改沟、改渠护坡铺砌按图纸施工,经监理人验收合同的不同圬工体积,以立方米计量。

(3)急流槽按图纸施工,经验收合格的断面尺寸计算体积(包括消力池、消力槛、抗滑台等附属设施),以立方米计量。

(4)路基盲沟按图纸施工,经验收合格的断面尺寸及所用材料,按长度以米计量。

(5)所用砂砾垫层或基础材料、填缝材料、钢筋以及地基平整夯实及回填等土方工程均含入相关细目之中,不另行计量与支付。

(6)土工合成材料的计量、支付按《公路工程标准施工招标文件》(2009版)第205节规定执行。

(7)渗井、检查井、雨水井的计量、支付按《公路工程标准施工招标文件》(2009版)第314节规定执行。

8. 护坡、护面墙

(1)干砌片石、浆砌片石护坡、护面墙等工程的计量,应以图纸所示和监理人的指示为依据,按实际完成并经验收的数量按不同的工程细目的不同的砂浆砌体分别以立方米计量。

(2)预制空心砖和拱形及方格骨架护坡,按其铺筑的实际体积以立方米计量。所有垫层、嵌缝材料、砂浆勾缝、泄水孔、滤水层、回填种植土以及基础的开挖和回填等有关作业,均作为承包人应做的附属工作,不另行计量与支付。

(3)种草、铺草皮、三维植被网、客土喷播等应以图纸要求和所示面积为依据实施,经监理人验收的实际面积以平方米计量。整修坡面、铺设表土、三维土工网、锚钉、客土、草种(灌木籽)、草皮、苗木、混合料、水、肥料、土壤稳定剂等(含运输)及其作业均作为承包人应做的附属工作,不另行计量。

(4)封面、揣面施工以图纸为依据,经监理人验收合格,以平方米为单位计量,该项支付包括了上述工作相关的工料机全部费用。

9. 挡土墙

(1)砌体挡土墙、干砌挡土墙和混凝土挡土墙工程应以图纸所示或监理人的指示为依据,按实际完成并经验收的数量,按砂浆强度等级及混凝土强度等级分别以立方米计量。

砂砾或碎石垫层按完成数量以立方米计量。

(2)混凝土挡土墙的钢筋,按图纸所示经监理人验收后,以千克(kg)计量。

(3)嵌缝材料、砂浆勾缝、泄水孔及其滤水层,混凝土工程的脚手架、模板、浇筑和养生、表面修整,基础开挖、运输与回填等有关作业,均作为承包人应做的附属工作,不另行计量与支付。

10. 锚杆、锚定板挡土墙

(1)锚杆挡土墙、锚定板挡土墙工程计量应以图纸所示和监理人的指示为依据,按实际完成并经验收的数量,混凝土挡板和立柱以立方米为单位计量,钢筋及锚杆以千克(kg)为单位计量。

(2)锚孔的钻孔、锚杆的制作和安装、锚孔灌浆、钢筋混凝土立柱和挡土板的制作安装、墙背回填、防排水设置及锚杆的抗拔力试验等,以及一切未揭及的相关工作均为完成锚杆挡土墙及锚定板挡土墙所必须的工作,均含入相关支付细目单价之中,不单独计量。

11. 加筋土挡土墙

(1)加筋土挡土墙的墙面板、钢筋混凝土带、混凝土基础以及混凝土帽石,经监理人验收合格,以立方米计量,浆砌片石基础以立方米计量。

(2)铺设聚丙烯土工带,按图纸及验收数量以千克(kg)计量。

(3)基坑开挖与回填、墙顶抹平层、沉降缝的填塞、泄水管的设置及钢筋混凝土带的钢筋等,均作为承包人的附属工作,不另计量。

(4)加筋土挡土墙的路堤填料按图纸的规定和要求,在填方路基中计量。

12. 喷射混凝土和喷浆边坡防护

(1)锚杆按图纸或监理人指示为依据,经验收合格的实际数量,以米为单位计量。

(2)喷射混凝土和喷射水泥砂浆边坡防护的计量,应以图纸所示和监理人的指示为依据,按实际完成并经验收的数量,以平方米计量;钢筋网、铁丝网以千克(kg)计量;土工格栅以平方米计量。

(3)喷射前的岩面清洁,锚孔钻孔,锚杆制作以及钢筋网和铁丝网编织及挂网土工格栅的安装铺设等工作,均为承包人为完成锚杆喷射混凝土和喷射砂浆边坡防护工程应做的附属工作,不另行计量。

(4)土钉支护施工以图纸为依据,经监理人验收合格,分不同类型组合的工程项目按下列内容分别计量:

1)土钉钻孔桩、击入桩分别按米为单位计量。

2)含钢筋网或土工格栅网的喷射混凝土面层区分不同厚度按平方米为单位计量。

3)钢筋、钢筋网以千克(kg)为单位计量。

4)土工格栅以净面积为单位计量。

5)网格梁、立柱、挡土板以立方米(m^3)为单位计量。

6)永久排水系统依结构形式参照第207节规定计量。

7)土钉支护施工中的土方工程、临时排水工程以及未提及的其他工程均作为土钉支付施工的附属工作,不予单独计量,其费用含入相关工程细目单价之中。

13. 预应力锚索边坡加固

(1)预应力锚索长度按图纸要求,经监理人验收合格以米为单位计量。

(2)混凝土锚固板按图纸要求,经监理人验收合格以立方米为单位计量。

(3)钻孔、清孔、锚索安装、注浆、张拉、锚头、锚索护套、场地清理以及抗拔力试验等均为锚索的附属工作,不另行计量。

(4)混凝土的立模、浇筑、养生等锚固板的附属工作,不另行计量。

14. 抗滑桩

(1)抗滑桩按图纸规定尺寸及深度为依据,现场实际完成并验收合格的实际桩长以米计量,设置支撑和护壁、挖孔、清孔、通风、钎探、排水及浇筑混凝土以及无破损检验,均作为抗滑桩的附属工程,不另行计量。

(2)抗滑桩用钢筋按图纸规定及经监理人验收的实际数量,以 kg 计量。

(3)桩板式抗滑挡墙应按图纸要求进行施工,经监理人验收合格,挡土板以立方米为单位计量。桩板式抗滑挡墙施工中的挖孔桩按《公路工程标准施工招标文件》(2009 版)第 214.05.1(1)款规定计量。钻孔灌注桩、锚杆、锚索等项工作按实际发生参照《公路工程标准施工招标文件》(2009 版)第 405 节、第 212 节、第 213 节相关规定进行计量。

(4)土方工程、临时排水等相关工作均作为辅助工作不予计量,费用含入相关工程报价中。

15. 河道防护

(1)河床铺砌、顺坝、丁坝、调水坝及锥坡砌筑等工程及抛石防护,应分别按图纸尺寸和监理人的指示,按实际完成并经验收的数量,以立方米计量;砂砾(碎石)垫层以立方米计量。

(2)砌体的基础开挖、回填、夯实、砌体勾缝等工作,均作为承包人应做的附属工作,不另行计量与支付。

7.1.4 路基工程工程量清单计量应用实例

【示例7.1】 设有一挖土工程,全长100 m,宽2 m,深2.5 m,土质为三类黏土,用人工将土运至地面,试计算挖土工程量。

(1)挖土方、挖地槽、挖地坑。

挖地槽:指槽底宽度在 3 m 以内,槽长大于槽宽3倍。挖地坑:指坑底面积小于20 m^3,长宽倍数小于 3 倍。挖土方:指填土厚度在 30 cm 以上的场地平整工程;槽长不超过槽宽3倍,底面积大于20 m^2 的挖土工程;槽宽在3 m 以上的挖土工程。

(2)放坡系数,挖土方、地槽、地坑等,放坡或支挡土板,应根据施工组织设计规定计算,无施工组织设计规定时,其放坡可按表7.3计算。

表 7.3 放坡比例表

土壤类别	放坡起点/m	人工挖土	机械挖土	
			坑内作业	坑上作业
一、二类土	1.20	1:0.5	1:0.33	1:0.75
三类土	1.50	1:0.33	1:0.25	1:0.67
四类土	2.00	1:0.25	1:0.10	1:0.33

注:1. 沟槽、基坑中土壤类别不同时,分别按其放坡起点、放坡比例以不同超过计划厚度加权平均计算。

2. 计算放坡工程量时,交接处的重复工程量不扣除,原槽、坑有基础垫层时,放坡自垫层上表面开始计算。

【解】 依题意,长度超过宽度 3 倍,挖土深度小于 3 m,故属挖地槽。挖土深度超过 1.5 m,故需放坡,查表 7.3 可知边坡系数为 0.33,挖土深度超过定额规定基本挖土深度,工程量需分两部分计算,对其超过部分增加工日。

基本工作量:

$$V/m^3 = (a + 2c + kh)hl$$
$$= (2 + 2 \times 0.33 \times 1 + 2 \times 0 + 0.33 \times 1.5) \times 1.5 \times 100$$
$$= 473.25$$

超过部分工程量为:

$$V = (2 + 2 \times 0 + 0.33 \times 1) \times 1 \times 100 = 233$$

【示例 7.2】 某市六号道路修筑起点 K0+000,终点 K0+600 路面修筑宽度为 12 m,路肩各宽 1 m,土质为Ⅳ类,余方运至 5 m 处弃置点,填方要求密实达到 95%,道路工程土方计算见表 7.4。

表 7.4 道路工程土方计算表

工程名称:六号道路工程

桩号	距离/m	挖土			填土			备注
		断面积/m²	平均断面积/m²	体积/m³	断面积/m²	平均断面积/m²	体积/m³	
0+000	50	0	1.5	75	3.00	3.2	160	
0+050	50	3.00	3.0	150	3.40	4.0	200	
0+100	50	3.00	3.4	170	4.60	4.5	225	
0+150	50	3.80	3.6	180	4.40	5.2	260	
0+200	50	3.40	4.0	200	6.00	5.2	260	
0+250	50	3.60	4.4	220	4.40	6.2	310	
0+300	50	4.20	4.6	230	8.00	6.6	330	
0+350	50	5.00	5.1	255	5.20	8.1	405	
0+400	50	5.20	6.0	300	11.00			
0+450	50	6.80	4.8	240				
0+500	50	2.80	2.4	120				
0+550	50	2.00	6.8	340				
0+600		11.60						
合计				24 802			2 150	

表7.5 分部分项工程量清单表

工程名称:六号路道路土方工程量

序号	项目编号	项目名称	项目特征描述	计量单位	工程量	金额/元	
						综合单价	合价
1	040101001001	挖土方	一般四类土	m³	2480	20.90	51 825.41
2	0401031001	填方	密实度95%	m³	2150	5.84	12 561.51
3	040103002001	余土弃置	运距5 m	m³	330	16.57	5 466.62

7.2 路面工程工程量计量

7.2.1 路面工程细目

路面工程工程量清单细目见表7.6所示。

表7.6 路面工程工程量清单细目

清单 第300章 路面					
细目号	项目名称	单位	数量	单价	合价
302-1	碎石垫层	m²			
302-2	砂砾垫层	m²			
303-1	石灰稳定土(或粒料)底基层	m²			
303-2	水泥稳定土(或粒料)底基层	m²			
303-3	石灰粉煤灰稳定土(或粒料)底基层	m²			
303-4	级配碎(砾)石底基层	m²			
304-1	水泥稳定粒料基层	m²			
304-2	石灰粉煤灰稳定基层	m²			
304-3	级配碎(砾)石基层	m²			
304-4	贫混凝土基层	m²			
304-5	沥青稳定碎石基层	m²			
307-1	透层	m²			
307-2	粘层	m²			
307-3	封层	m²			
-a	沥青表处封层	m²			
-b	稀浆封层	m²			
308-1	细粒式沥青混凝土面层	m²			
308-2	中料式沥青混凝土面层	m²			
308-3	粗粒式沥青混凝土面层	m²			
309-1	沥青表面处治	m²			
-a	沥青表面处治(层铺)	m²			
-b	沥青表面处治(拌和)	m²			
309-2	沥青贯入式面层	m²			
309-3	泥结碎(砾)石路面	m²			
309-4	级配碎(砾)石面层	m²			
309-5	天然砂砾面层	m²			
310-1	改性沥青面层	m²			

续表7.6

清单　第300章　路面

细目号	项目名称	单位	数量	单价	合价
310-2	SMA面层	m²			
311-1	水泥混凝土面层	m²			
311-2	连续配筋混凝土面层	m²			
311-3	钢筋	kg			
312-1	培土路肩	m³			
312-2	中央分隔带填土	m³			
312-3	现浇混凝土加固土路肩	m			
312-4	混凝土预制块加固土路肩	m			
312-5	混凝土预制块路缘石	m			
313-1	中央分隔带排水				
-a	沥青油毡防水层	m²			
-b	中央分隔带渗沟	m			
313-2	超高排水				
-a	纵向雨水沟(管)	m			
-b	混凝土集水井	座			
-c	横向排水管	m			
313-3	路肩排水				
-a	沥青混凝土拦水带	m			
-b	水泥混凝土拦水带	m			
-c	混凝土路肩排水沟	m			
-d	砂砾(碎石)垫层	m³			
-e	土工布	m²			

清单　第300章合计　人民币＿＿＿＿

7.2.2　路面工程工程量清单计量规则

1. 工程内容

路基工程内容包括垫层、底基层、基层、沥青混凝土面层、水泥混凝土面层、其他面层、透层、黏层、封层、路面排水、路面其他工程。

2. 有关问题的说明及提示

（1）水泥混凝土路面模板制作安装及缩缝、胀缝的填灌缝材料、高密度橡胶板，均包含在浇筑不同厚度水泥混凝土面层的工程项目中，不另行计量。

（2）水泥混凝土路面养生用的养护剂、覆盖的麻袋、养护器材等，均包含在浇筑不同厚度水泥混凝土面层的工程项目中，不另行计量。

（3）水泥混凝土路面的钢筋包括传力杆、拉杆、补强角隅钢筋及结构受力连续钢筋、支架钢筋。

（4）沥青混凝土路面和水泥混凝土路面所需的外掺剂不另行计量。

(5) 沥青混合料、水泥混凝土和(底)基层混合料拌和场站、贮料场的建设、拆除、恢复均包括在相应工程项目中,不另行计量。

(6) 钢筋的除锈、制作安装、成品运输,均包含在相应工程的项目中,不另行计量。

3. 工程量清单计量规则

路面工程工程量清单计量规则见表7.7所示。

表7.7 路面工程工程量清单计量规则

项目	节	细目	项目名称	项目特征	计量单位	工程量计算规则	工程内容
三			路面				第300章
	2		路面垫层				第302节
		1	碎石垫层	1.材料规格 2.厚度 3.强度等级	m²	按设计图所示,按不同厚度以顶面面积计算	1.清理下承层、洒水 2.配运料 3.摊铺、整形 4.碾压 5.养护
		2	砂砾垫层				
	3		路面底基层				第303节、第304节、第305节、第306节
		1	石灰稳定土(或粒料)底基层	1.材料规格 2.配比 3.厚度 4.强度等级	m²	按设计图所示,按不同厚度以顶面面积计算	1.清理下承层、洒水 2.拌和、运输 3.摊铺、整形 4.碾压 5.养护
		2	水泥稳定土(或粒料)底基层				
		3	石灰粉煤灰稳定土(或粒料)底基层				
		4	级配碎(砾)石底基层	1.材料规格 2.级配 3.厚度 4.强度等级			
	4		路面基层				第304节、第305节、第306节
		1	水泥稳定粒料基层	1.材料规格 2.掺配量 3.厚度 4.强度等级	m²	按设计图所示,按不同厚度以顶面面积计算	1.清理下承层、洒水 2.拌和、运输 3.摊铺、整形 4.碾压 5.养护
		2	石灰粉煤灰稳定基层				
		3	级配碎(砾)石基层	1.材料规格 2.级配 3.厚度 4.强度等级			
		4	贫混凝土基层	1.材料规格 2.厚度 3.强度等级			

续表 7.7

项目	目	节	细目	项目名称	项目特征	计量单位	工程量计算规则	工程内容
			5	沥青稳定碎石基层	1.材料规格 2.沥青含量 3.厚度 4.强度等级	m²	按设计图所示，以顶面面积计算	1.清理下承层 2.铺碎石 3.洒铺沥青 4.碾压
		7		透层、粘层、封层				第307节
			1	透层	1.材料规格 2.沥青用量	m²	按设计图所示以面积计算	1.清理下承层 2.沥青加热、掺配运油 3.洒油、撒矿料 4.养护
			2	粘层				
			3	封层				
			a	沥青表处封层	1.材料规格 2.厚度 3.沥青用量	m²	按设计图所示，按不同厚度以面积计算	1.清理下承层 2.沥青加热、运输 3.洒油、撒矿料 4.碾压 5.养护
			b	稀浆封层	1.材料规格 2.厚度 3.沥青用量	m²	按设计图所示，按不同厚度以面积计算	1.清理下承层 2.拌和 3.摊铺 4.碾压 5.养护
		8		沥青混凝土面层				第308节
			1	细粒式沥青混凝土面层	1.材料规格 2.配合比 3.厚度 4.压实度	m²	按设计图所示，按不同厚度以面积计算	1.清理下承层 2.拌和、运输 3.摊铺、整形 4.碾压
			2	中粒式沥青混凝土面层				
			3	粗粒式沥青混凝土面层				
		9		表面处治及其他面层				第309节
			1	沥青表面处治				
			a	沥青表面处治(层铺)	1.材料规格 2.沥青用量 3.厚度	m²	按设计图所示，按不同厚度以面积计算	1.清理下承层 2.沥青加热、运输 3.铺矿料 4.洒油 5.整形 6.碾压 7.养护

续表 7.7

项目	节	细目	项目名称	项目特征	计量单位	工程量计算规则	工程内容
		b	沥青表面处治(拌和)	1. 材料规格 2. 配合比 3. 厚度 4. 压实度	m²	按设计图所示,按不同厚度以面积计算	1. 清理下承层 2. 拌和、运输 3. 摊铺、整形 4. 碾压
	2		沥青贯入式面层	1. 材料规格 2. 沥青用量 3. 厚度	m²	按设计图所示,按不同厚度以面积计算	1. 清理下承层 2. 沥青加热、运输 3. 铺矿料 4. 洒油 5. 整形 6. 碾压 7. 养护
	3		泥结碎(砾)石路面	1. 材料规格 2. 厚度	m²	按设计图所示,按不同厚度以面积计算	1. 清理下承层 2. 沥青加热、运输 3. 铺矿料 4. 洒油 5. 整形 6. 碾压 7. 养护
	4		级配碎(砾)石面层	1. 材料规格 2. 级配 3. 厚度	m²	按设计图所示,按不同厚度以面积计算	1. 清理下承层 2. 配运料 3. 摊铺 4. 洒水 5. 碾压
	5		天然砂砾面层	1. 材料规格 2. 厚度	m²	按设计图所示,按不同厚度以面积计算	1. 清理下承层 2. 运输铺料、整平 3. 洒水 4. 碾压
10			改性沥青混凝土面层				第 310 节
	1		改性沥青面层	1. 材料规格 2. 配合比 3. 外掺材料品种、用量 4. 厚度 5. 压实度	m²	按设计图所示,按不同厚度以面积计算	1. 清理下承层 2. 拌和、运输 3. 摊铺、整形 4. 碾压 5. 养护
	2		SMA 面层				
11			水泥混凝土面层				第 311 节

续表 7.7

项目	目	节	细目	项目名称	项目特征	计量单位	工程量计算规则	工程内容
		1		水泥混凝土面层	1.材料规格 2.配合比 3.外掺剂品种、用量 4.厚度 5.强度等级	m²	按设计图所示,按不同厚度以面积计算	1.清理下承层、湿润 2.拌和、运输 3.摊铺、抹平 4.压(刻)纹 5.胀缝制作安装 6.切缝、灌缝 7.养生
		2		连续配筋混凝土面层	1.材料规格 2.配合比 3.外掺剂品种、用量 4.厚度 5.强度等级	m²	按设计图所示,按不同厚度以面积计算	1.清理下承层、湿润 2.拌和、运输 3.摊铺、抹平 4.压(刻)纹 5.胀缝制作安装 6.灌缝 7.养生
		3		钢筋	1.材料规格 2.抗拉强度	kg	按设计图所示,各规格钢筋按有长度(不计入规定的搭接长度)以重量计算	1.钢租车制作安装
	12			培土路肩、中央分隔带回填土、土路肩加固及路缘石				第312节
		1		培土路肩	1.土壤类别 2.压实度	m³	按设计图所示,按压实体积计算	1.挖运土 2.培土、整形 3.压实
		2		中央分隔带土				
		3		现浇混凝土加固土路肩	1.材料规格 2.断面尺寸 3.垫层厚度 4.强度等级	m	按设计图所示,沿路肩表面量测,以长度计算	1.清理下承层 2.配运料 3.浇筑 4.接缝处理 5.养生
		4		混凝土预制块加固土路肩				
		5		混凝土预制块路缘石	1.断面尺寸 2.强度等级	m	按设计图所示,以长度计算	1.预制构件 2.运输 3.砌筑、勾缝
	13			路面及中央分隔带排水				第313节
		1		中央分隔带排水				

续表 7.7

项目	节	细目	项目名称	项目特征	计量单位	工程量计算规则	工程内容
		a	沥青油毡防水层	1.材料规格	m²	按设计图所示,以铺设的净面积计算(不计入按规范要求的搭接卷边部分)	1.挖运土石方 2.粘贴沥青油毡 3.接头处理 4.涂刷沥青 5.回填
		b	中央分隔带渗沟	1.材料规格 2.断面尺寸	m	按设计图所示,按不同断面尺寸以长度计算	1.挖运土石方 2.土工布铺设 3.埋设PVC管 4.填碎石(砾石) 5.回填
	2		超高排水				
		a	纵向雨水沟(管)	1.材料规格 2.断面尺寸 3.强度等级	m	按设计图所示,按不同断面尺寸以长度计算	1.挖运土石方 2.现浇(预制)沟管或安装PVC管 3.伸缩缝填塞 4.现浇或预制安装端部混凝土 5.栅形盖板预制安装 6.回填
	3		路肩排水				
		a	沥青混凝土拦水带	1.材料规格 2.断面尺寸 3.配合比	m	按设计图所示,沿路肩表面量测以长度计算	1.拌和、运输 2.铺筑
		b	水泥混凝土拦水带	1.材料规格 2.断面尺寸 3.强度等级	m	按设计图所示,沿路肩表面量测,以长度计算	1.配运料 2.现浇或预制混凝土 3.砌筑(包括浸槽) 4.勾缝
		c	混凝土路肩排水沟				
		d	砂砾(碎石)垫层	1.材料规格 2.厚度	m³	按设计图所示,以压实体积计算	1.运料 2.铺料、整平 3.夯实
		e	土工布	1.材料规格	m²	按设计图所示,以铺设净面积计算(不计入按规范要求的搭接卷边部分)	1.下层整平 2.铺设土工布 3.搭接及锚固土工布

7.2.3 路面工程工程量计量方法

1.通则

路面工程内容均不作计量与支付,其所涉及的费用应包括在与其相关的工程细目的单价或费率之中。

2. 垫层

（1）碎石、砂砾垫层应按图纸和监理人指示铺筑，经监理人验收合格的面积，按不同厚度以平方米计量。

（2）水泥稳定土、石灰稳定土垫层应按图纸和监理人指示铺筑、经监理人验收合格的面积，按不同厚度以平方米计量。

（3）对个别特殊形状的面积，应采用适当的计量方法计量，并经监理人批准以平方米计量。除监理人另有指示外，超过图纸所规定的面积，均不予计量。

3. 石灰稳定土底基层

（1）石灰稳定土底基层应按图纸所示和监理人指示铺筑的面积，经监理人验收合格，按不同厚度以平方米计量。

（2）对个别特殊形状的面积，承包人可采用适当计算方法，并报监理人批准，以平方米计量。除监理人另有指示外，超过图纸所规定的计算面积均不予计量。

（3）桥梁和明涵处的搭板、埋板下变截面石灰稳定土底基层按图纸所示和监理人的指示铺筑，经监理人验收合格后，以立方米计量。

4. 水泥稳定土底基层、基层

（1）水泥稳定土底基层、基层按图纸所示和监理人指示铺筑，经监理人验收合格的面积，按不同厚度以平方米计量。

（2）对个别特殊形状的面积，应采用适当计算方法计量。除监理人另有指示外，超过图纸所规定的计算面积均不予计量。

（3）桥梁和明涵处的搭板、埋板下变截面石灰稳定土底基层按图纸所示和监理人的指示铺筑，经监理人验收合格后，以立方米计量。

5. 石灰粉煤灰稳定土底基层、基层

（1）石灰粉煤灰稳定土基层和底基层按图纸或监理人批示铺筑，并经验收的平均面积按不同厚度以平方米计量。任何地段的长度应沿路幅中线水平量测。对个别不规则地段，应采用经监理人批准的计算方法计量。

（2）桥梁和明涵处的搭板、埋板下变截面石灰稳定土底基层按图纸所示和监理人的指示铺筑，经监理人验收合格后，以立方米计量。

6. 级配碎（砾）石底基层、基层

（1）级配碎（砾）石底基层和基层应按图纸和监理人指示铺筑的面积、经监理人验收合格后，按不同厚度以平方米计量。除监理人另有指示外，超过图纸所规定的面积，均不予计量。

（2）桥梁和明涵处的搭板、埋板下变截面石灰稳定土底基层按图纸所示和监理人的指示铺筑，经监理人验收合格后，以立方米计量。

7. 沥青稳定碎石基层（ATB）

沥青稳定碎石混合料，按图纸所示或监理人指示的平均铺筑面积，经监理人验收合格，按不同厚度分别以平方米计量。除监理人另有指示外，超过图纸所规定的面积均不予计量。

8. 透层、黏层

(1)透层和黏层,按图纸规定的或监理人批示的喷洒面积,经监理人验收合格,以平方米计量。

(2)对个别特殊形状的面积,应采用适当的计算方法计量。除监理人另有批示外,超过图纸规定的计算面积均不予计量。

9. 热拌沥青混合料面层

热铺沥青混凝土,应按图纸所示或监理人指示的平均铺筑面积,经监理人验收合格,按粗、中、细粒式沥青混凝土和不同厚度分别以平方米计量。除监理人另有指示外,超过图纸所规定的面积均不予计量。

10. 沥青表面处治与封层

(1)沥青表面处治按图纸所示或监理人指示铺筑,经监理人验收合格,按不同厚度分别以平方米计量。

(2)封层按图纸规定的或监理人指示的喷洒面积,经监理人验收合格,以平方米计量。

(3)表面处治除监理人另有指示外,超过图纸规定的面积不予计量。

11. 改性沥青及改性沥青混合料

改性沥青混合料按图纸要求及监理人的指示按不同厚度及实际摊铺的面积以平方米计量。

12. 水泥混凝土面板

(1)水泥混凝土面板按图纸和监理人指示铺筑的面积,经监理人验收合格后,按不同厚度以平方米计量。除监理人另有指示外,任何超过图纸所规定的尺寸的计算面积均不予计量。

(2)水泥混凝土路面的补强钢筋及拉杆、传力杆等钢筋按图纸要求设置,经监理人现场验收后以千克计量,因搭接而增加的钢筋不予计入。

(3)接缝材料等未列入支付细目中的其他材料均含入水泥混凝土路面单价之中,不单独计量与支付。

13. 培土路肩、中央分隔带回填土、土路肩加固及路缘石

(1)培土路肩及中央分隔带回填土按压实后并经验收的工程数量分别以立方米为单位计量。现浇混凝土加固土路肩、混凝土预制块加固土路肩经验收的工程数量分别以延长米为计量单位。

(2)水泥混凝土加固土路肩经验收合格后,沿路肩表面量测其长度以延米为单位计量,加固土路肩的混凝土立模、摊铺、振捣、养生、拆模、预制块预制铺砌、接缝材料等及其他有关加固土路肩的杂项工作均属承包人的附属工作,均不另行计量。

(3)路缘石按图纸所示的长度进行现场量测,经验收合格以延米为单位计量。埋设缘石的基槽开挖与回填、夯实等有关杂项工作均属承包人的附属工作,均不另行计量。

14. 路面及中央分隔带排水

(1)中央分隔带处设置的排水设施,按图纸施工,经监理人验收合格的实际工程数量,分别按下列项目计量:

1)排水管按不同材料、不同直径分别以米计量。

2)纵向雨水沟(管)按长度以米计量。

3)集水井按不同尺寸以座计量。

4)渗沟按不截面尺寸以延长米计量。

5)防水沥青油毡以平方米计量。

(2)路肩排水沟,经监理人验收合格的实际工程数量,分别按下列项目计量:

1)混凝土路肩排水沟按长度以米计量。

2)路肩排水沟砂砾垫层(路基填筑中已计量者除外)按立方米计量。

3)土工布以平方米计量。

(3)排水管基础、胶泥隔水层及出水口预制混凝土垫块等不另计量,包含在排水管单价中。

(4)渗沟上的土工布不另计量,包含在渗沟单价中。

(5)拦水带按长度以米计量。

7.2.4 路面工程工程量清单计量应用实例

【示例7.3】 某道路全长860 m,路面宽度为14 m,路肩宽度为1.6 m,道路两侧地下设有渗沟,如图7.1所示,道路结构如图7.2所示,试计算道路清单工程量。

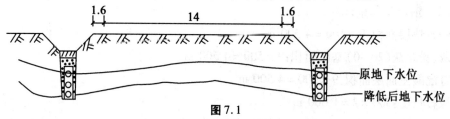

图7.1

【解】
清单工程量计算:
渗沟长度:860×2=1 720 m
矿渣底层的面积:860×(14+1.6×2)=14 792 m²
石灰稳定土基层面积:860×(14+1.6×2)=14 792 m²
水泥混凝土面层面积:860×14=12 040 m²

【示例7.4】 某市道路K1+000~K1+500为沥青混凝土结构,道路示意图如图7.3所示,路面修筑宽度为9 m,路肩各宽1.5 m,为保证压实,没边各加宽20 m,路面两端铺设缘石,试计算道路清单工程量。

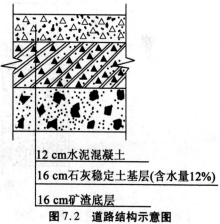

图7.2 道路结构示意图

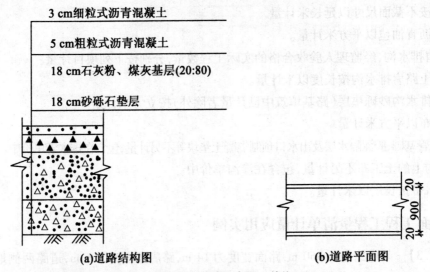

图 7.3 道路示意图　单位:cm

【解】　清单工程量计算：

砂砾石垫层面积:$9 \times 500 = 4\,500$ m²

石灰、粉煤灰(20:80)基层面积:$9 \times 500 = 4\,500$ m²

沥青混凝土面层面积:$9 \times 500 = 4\,500$ m²

侧缘石长度:$500 \times 2 = 1\,000$ m

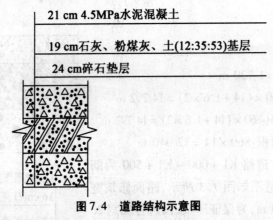

图 7.4　道路结构示意图

【示例 7.5】　某道路 K1+200～K4+000 段位水泥混凝土结构,道路结构示意图如图 7.4 所示,道路横断面示意图如图 7.5 所示,路面修筑宽度为 10 m,路肩各宽 1 m,由于该路段雨水量较大,需设置两侧边沟以利于排水,试计算道路清单工程量。

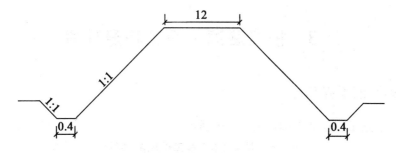

图 7.5 道路横断示意图

【解】 清单工程量计算：

碎石垫层面积：$3\,800 \times 12 = 45\,600$ m²

石灰、粉煤灰(12:35:53)基层面积：$3\,800 \times 12 = 45\,600$ m²

水泥混凝土面层面积：$3\,800 \times 12 = 45\,600$ m²

边沟长度：$3\,800 \times 2 = 7\,600$ m

【示例 7.6】 某道路全长 1 060 m，路面宽度为 16.4 m，人行道宽度每边均为 3 m，车行道宽度为 10 m，缘石宽度为 20 cm，人行道面层为混凝土步道砖，基层为石灰土，人行道结构示意图如图 7.6 所示，试求人行道的清单工程量。

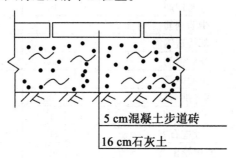

图 7.6 人行道结构示意图

【解】 清单工程量计算：

混凝土步道砖的面积：$3 \times 2 \times 1\,060 = 6\,360$ m²

石灰土基层的面积：$3 \times 2 \times 1\,060 = 6\,360$ m²

混凝土步道砖体积：$6\,360 \times 0.05 = 318$ m³

【示例 7.7】 某城市道路已超过使用年限，且路面出现了拥抱现象，把原路面作为基层，上面铺筑沥青粘层，改建路面宽度不变，均为 14.4 m，长度为 400 m，试求粘层路面的清单工程量。

【解】 清单工程量计算：

粘层路面的面积：$14.4 \times 400 = 5\,760$ m²

7.3 桥梁涵洞工程工程量计量

7.3.1 桥梁涵洞工程细目

桥梁涵洞工程工程量清单细目见表7.8所示。

表7.8 桥梁涵洞工程工程量清单细目

清单 第400章 桥梁涵洞					
细目号	项目名称	单位	数量	单价	合价
401-1	桥梁荷载试验(暂定工程量)	总额			
401-2	补充地质勘探及取样钻探(暂定工程量)	总额			
401-3	钻取混凝土芯样(暂定工程量)	总额			
401-4	无破损检测	总额			
403-1	基础钢筋				
-a	光圆钢筋	kg			
-b	带钢筋 HRB335、HRB400	kg			
403-2	下部结构钢筋				
-a	光圆钢筋	kg			
-b	带肋钢筋	kg			
403-3	上部构造钢筋				
-a	光圆钢筋	kg			
-b	带肋钢筋	kg			
403-4	钢管拱钢材	kg			
404-1	干处挖土方	m^3			
404-2	干处挖石方	m^3			
404-3	水中挖土方	m^3			
404-4	水中挖石方	m^3			
405-1	水中钻孔灌注桩	m			
405-2	陆上钻孔灌注桩	m			
405-3	人工挖孔灌注桩	m			
406-1	钢筋混凝土沉桩	m			
406-2	预应力钢筋混凝土沉井	m			
409-1	混凝土或钢筋混凝土沉井				
-a	井壁混凝土	m^3			
-b	顶板混凝土	m^3			
-c	填心混凝土	m^3			
-d	封底混凝土	m^3			
409-2	钢沉井				

续表 7.8

细目号	项目名称	单位	数量	单价	合价
\multicolumn{6}{c}{清单 第 400 章 桥梁涵洞}					
-a	钢壳沉井	t			
-b	顶板混凝土	m³			
-c	填心混凝土	m³			
-d	封底混凝土	m³			
401-1	基础				
-a	混凝土基础	m³			
410-2	下部构造混凝土	m³			
-a	斜拉桥索塔	m³			
-b	重力式 U 型桥台	m³			
-c	肋板式桥台	m³			
-d	轻型桥台	m³			
-e	柱式桥墩	m³			
-f	薄壁式桥墩	m³			
-g	空心桥墩	m³			
410-3	上部构造混凝土				
-a	连续刚构	m³			
-b	混凝土箱型梁	m³			
-c	混凝土 T 型梁	m³			
-d	钢管拱	m³			
-e	混凝土拱	m³			
-f	混凝土空心板	m³			
-g	混凝土矩形板	m³			
-h	混凝土肋板	m³			
410-6	现浇混凝土附属结构				
-a	人行道	m³			
-b	防撞墙(包括金属扶手)	m³			
-c	护栏	m³			
-d	桥头搭板	m³			
-e	抗震挡块	m³			
-f	支座垫石	m³			
410-7	预制混凝土附属结构(栏杆、护栏、人行道)				
-a	缘石	m³			
-b	人行道	m³			
-c	栏杆	m³			
411-1	先张法预应力钢丝	kg			
411-2	先张法预应力钢绞线	kg			
411-3	先张法预应力钢筋	kg			
411-4	后张法预应力钢丝	kg			
411-5	后张法预应力钢绞线	kg			
411-6	后张法预应力钢筋	kg			
411-7	斜拉索	kg			

续表7.8

清单 第400章 桥梁涵洞

细目号	项目名称	单位	数量	单价	合价
413-1	浆砌片石	m³			
413-2	浆砌块石	m³			
413-3	浆砌料石	m³			
413-4	浆砌预制混凝土块	m³			
415-1	沥青混凝土桥面铺装	m²			
415-2	水泥混凝土桥面铺装	m²			
415-3	防水层	m²			
416-1	矩形板式橡胶支座				
-a	固定支座	dm³			
-b	活动支座	dm³			
416-2	圆形板式橡胶支座				
-a	固定支座	dm³			
-b	活动支座	dm³			
416-3	球冠圆板式橡胶支座				
-a	固定支座	dm³			
-b	活动支座	dm³			
416-4	盆式支座				
-a	固定支座	套			
-b	单向活动支座	套			
-c	双向活动支座	套			
417-1	橡胶伸缩装置	m			
417-2	模数式伸缩装置	m			
417-3	填充式伸缩装置	m			
419-1	单孔钢筋混凝土圆管涵	m			
419-2	双孔钢筋混凝土圆管涵	m			
419-3	倒虹吸管涵				
-a	不带套箱	m			
-b	带套箱	m			
420-1	钢筋混凝土盖板涵	m			
420-2	钢筋混凝土箱涵	m			
421-1	石砌拱涵	m			
421-2	混凝土拱涵	m			
421-3	钢筋混凝土拱涵	m			
422-1	钢筋混凝土盖板通道	m			
422-2	现浇混凝土拱型通道	m			

清单 第400章合计 人民币 _____

7.3.2 桥梁涵洞工程工程量清单计量规则

1.工程内容

桥梁涵洞工程内容包括桥梁荷载试验、补充地质勘测、钢筋、挖基、混凝土灌注桩、钢筋混凝土沉桩、钢筋混凝土沉井、扩大基础;现浇混凝土下部构造,混凝土上部构造;预应力钢材,现浇预应力上部构造,预制预应力上部构造,斜拉桥上部构造,钢架拱上部构造;浆砌块片石及混凝土预制块、桥面铺装、桥梁支座、伸缩缝装置、涵洞工程。

2. 有关问题的说明及提示

(1)本节所列基础、下部结构、上部结构混凝土的钢筋,包括钢筋及钢筋骨架用的铁丝、钢板、套筒、焊接、钢筋垫块或其他固定钢筋的材料以及钢筋除锈、制作安装、成品运输,作为钢筋工程的附属工作,不另行计量。

(2)附属结构、圆管涵、倒虹吸管、盖板涵、拱涵、通道的钢筋,均包含在各项目内,不另行计量。附属结构包括缘石、人行道、防撞墙、栏杆、护栏、桥头搭板、枕梁、抗震挡块、支座垫块等构造物。

(3)预应力钢材、斜拉索的除锈制作安装运输及锚具、锚垫板、定位筋、连接件、封锚、护套、支架、附属装置和所有预埋件,包括在相应的工程项目中,不另行计量。

(4)本节所列工程项目涉及的养护、场地清理、吊装设备、拱盔、支架、工作平台、脚手架的搭设及拆除、模板的安装及拆除,均包括在相应工程项目内,不另行计量。

(5)混凝土拌和场站、构件预制场、贮料场的建设、拆除、恢复,安装架设设备摊销、预应力张拉台座的设置及拆除均包括在相应工程项目中,不另行计量,材料的计量尺寸为设计净尺寸。

(6)桥梁支座,包括固定支座、圆形板式支座、球冠圆板式支座,以体积立方分米(dm^3)计量,盆式支座按套计量。

(7)设计图纸标明的及由于地基出现溶洞等情况而进行的桥涵基底处理计量规则见路基工程中特殊路基处理部分。

3. 工程量清单计量规则

桥梁涵洞工程工程量清单计量规则见表7.9所示。

表7.9 桥梁涵洞工程工程量清单计量规则

项目	目	细目	项目名称	项目特征	计量单位	工程量计算规则	工程内容
四			桥梁涵洞				第400章
	1		检测				第401节、第408节
		1	桥梁荷载试验(暂定工程量)	1.结构类型 2.桩长桩径	总额	按规定检测内容,以总额计算	1.荷载试验(桥梁、桩基) 2.破坏试验
		2	补充地质勘探及取样钻探(暂定工程量)	1.地质类别 2.深度	总额	按规定检测内容,以总额计算	1.按试验合同内容(主要试验桥梁整体或部分工程的承载能力及变形)钻探

续表 7.9

项目	节	细目	项目名称	项目特征	计量单位	工程量计算规则	工程内容
		3	钻取混凝土芯样(暂定工程量)	桩长桩径	总额	按规定检测内容,以总额计算	钻孔取芯
		4	无破损检测	桩长桩径	总额	按规定检测内容,以总额计算	检测
	3		钢筋			第403节	
		1	基础钢筋				
		a	光圆钢筋	1.材料规格 2.抗拉强度	kg	按设计图所示,各规格钢筋按有效长度(不计入规定的搭接长度),以重量计算	1.制作、安装 2.搭接
		b	带肋钢筋				
		2	下部结构钢筋				
		a	光圆钢筋	1.材料规格 2.抗拉强度	kg	按设计图所示,各规格钢筋按有效长度(不计入规定的搭接长度),以重量计算	1.制作、安装 2.搭接
		b	带肋钢筋				
		3	上部结构钢筋				
		a	光圆钢筋	1.材料规格 2.抗拉强度	kg	按设计图所示,各规格钢筋按有效长度(不计入规定的搭接长度及吊勾)以重量计算	1.制作、安装 2.搭接
		b	带肋钢筋				
		4	钢筋拱钢材	1.材料规格 2.技术指标	kg	按设计图所示,以重量计算	1.除锈防锈 2.制作焊接 3.定痊安装 4.检测
	4		基础挖方及回填			第404节	
		1	干处挖土方			按设计图所示,基础所占面积周边外加宽0.5 m,垂直由河床顶面至基础底标高实际工程体积计算(因施工、放坡、立模而超挖的土方不另计量)	1.防排水 2.基坑支撑 3.挖运土石方 4.清理回填
		2	干处挖石方	土壤类别	m³		
		3	水中挖土方				1.围堰、排水 2.基坑支撑 3.挖运土石方 4.清理回填
		4	水中挖石方				
	5		混凝土灌注桩			第405节、第407节	

续表7.9

项目	节	细目	项目名称	项目特征	计量单位	工程量计算规则	工程内容
		1	干处挖土方	土壤类别	m³	按设计图所示,基础所占面积周边外加宽0.5 m,垂直由河床顶面至基础底标高实际工程体积计算(因施工、放坡、立模而超挖的土方不另计量)	1. 防排水 2. 基坑支撑 3. 挖运土石方 4. 清理回填
		2	干处挖石方				
		3	水中挖土方				1. 围堰、排水 2. 基坑支撑 3. 挖运土石方 4. 清理回填
		4	水中挖石方				
	5		混凝土灌注桩			第405节、第407节	
		1	水中钻孔灌注桩	1. 土壤类别 2. 桩长桩径 3. 强度等级	m	按设计图所示,在设计施工水位以下,按不同桩径的钻孔灌注桩以长度(桩底标高至承台底面或系梁顶面标高,无承台或系梁时,则以桩位处地面线为分界线,地面线以下部分为灌注桩桩长)计算	1. 搭设作业平台或围堰筑岛 2. 安装护筒 3. 护壁、钻进成孔、清孔 4. 埋检测管 5. 浇筑混凝土 6. 锉桩头
		2	陆上钻孔灌注桩	1. 土壤类别 2. 桩长桩径 3. 强度等级	m	按设计图所示,按不同桩径的钻孔灌注桩以长度(桩底标高至承台底面或系梁顶面标高,无承台或系梁时,则以桩位处地面线以下部分为灌注桩桩长)计算	1. 搭设作业平台或围堰筑岛 2. 安装护筒 3. 护壁、钻进成孔、清孔 4. 埋检测管 5. 浇筑混凝土 6. 锉桩头
		3	人工挖孔灌注桩				1. 挖孔、抽水 2. 护壁 3. 浇筑混凝土
	6		沉桩			第406节	
		1	钢筋混凝土沉桩	1. 土壤类别 2. 桩长桩径 3. 强度等级	m	按设计图所示,以桩尖标高至承台底或盖当梁底标高长度计算	1. 预制混凝土桩 2. 运输 3. 锤击、射水、接桩
		2	预应力钢筋混凝土沉桩				
	9		沉井			第409节	
		1	混凝土或钢筋混凝土沉井				

续表7.9

项目	目	节	细目	项目名称	项目特征	计量单位	工程量计算规则	工程内容
			a	井壁混凝土	1.土壤类别 2.桩长桩径 3.强度等级	m	按设计图所示,以体积计算	1.围堰筑岛 2.现浇或预制沉井 3.浮运 4.抽水、下沉 5.浇筑混凝土 6.挖井内土及基底处理 7.浇注混凝土 8.清理恢复河道
			b	顶板混凝土				
			c	填芯混凝土				
			d	封底混凝土				
		2		钢沉井				
			a	钢壳沉井	1.材料规格 2.土壤类别 3.断面尺寸	t	按设计图所示,以重量计算	1.制作 2.浮运或筑岛 3.下沉 4.挖井内土及基底处理 5.切割回收 6.清理恢复河道
			b	顶板混凝土	强度等级	m³	按设计图所示,以体积计算	浇筑混凝土
			c	填芯混凝土				
			d	封底混凝土				
	10			结构混凝土工程				第410节、第412节、第414节、第418节
		1		基础				
			a	混凝土基础(包括支撑梁、桩基承台,但不包括桩基)	1.断面尺寸 2.强度等级 3.结构类型	m³	按设计图所示,以体积计算	1.套箱或模板制作、安装、拆除 2.混凝土浇筑 3.养生
		2		下部结构混凝土				
			a	斜拉桥索塔	1.断面尺寸 2.强度等级 3.部位	m²	按设计图所示,以体积计算	1.支架、模板、劲性骨架制作安装及拆除 2.浇筑混凝土 3.养生
			b	重力式U形桥台				
			c	肋板式桥台				
			d	轻型桥台				
			e	柱式桥墩				
			f	薄壁式桥墩				
			g	空心桥墩				
		3		上部结构混凝土				

续表7.9

项目	目	节	细目	项目名称	项目特征	计量单位	工程量计算规则	工程内容
			a	连续刚构	1.断面尺寸 2.强度等级	m³	按设计图所示,以体积计算	1.钢筋、钢板、钢管制作安装 2.预埋钢筋、钢材制作、安装 3.浇筑混凝土 4.构件运输、安装 5.养生
			b	混凝土箱型梁				
			c	混凝土T型梁				
			d	钢管拱				
			e	混凝土拱				
			f	混凝土空心板				
			g	混凝土矩形板				
			h	混凝土肋板				
		6		现浇混凝土附属结构				
			a	人行道	1.断面尺寸 2.材料规格 3.强度等级	m³	按设计图所示,以体积计算	1.钢筋、钢板、钢管制作安装 2.浇筑混凝土 3.运输构件 4.养生
			b	防撞墙(包括金属扶手)				
			c	护栏				
			d	桥头搭板				
			e	抗震挡块				
			f	支座垫石				
		7		预制混凝土附属结构(栏杆、缘石、人行道)				
			a	缘石	1.断面尺寸 2.强度等级	m³	按设计图所示,以体积计算	1.钢筋制作安装 2.预制混凝土构件 3.运输 4.砌筑安装 5.勾缝
			b	人行道				
			c	栏杆				
	11			预应力钢材				
		1		先张法预应力钢丝	1.材料规格 2.抗拉强度	kg	按设计图所示,以埋入混凝土中的实际长度计算(不计入工作长度)	1.制作安装预应力钢材 2.制作安装管道 3.安装锚具、锚板 4.张拉 5.压浆 6.封锚头
		2		先张法预应力钢绞线				
		3		先张法预应力钢筋				
		4		后张法预应力钢丝			按设计图所示,以两端锚具间的理论长度计算(不计入工作长度)	
		5		后张法预应力钢绞线				
		6		后张法预应力钢筋				
		7		斜拉索	1.材料规格 2.抗拉强度	kg	按设计图所示,以斜拉索的重量计算	1.放索 2.牵引 3.安装 4.张拉 5.索力调整 6.锚固 7.防护 8.安装放松、减振设施 9.静载试验

续表 7.9

项目	目	节	细目	项目名称	项目特征	计量单位	工程量计算规则	工程内容
	13			砌石工程				第413节
		1		浆砌片石	1.断面尺寸 2.强度等级	m³	按设计图所示,以体积计算	1.选修石料 2.拌运砂浆 3.运输 4.砌筑、沉降缝填塞 5.勾缝
		2		浆砌块石				
		3		浆砌料石				
		4		浆砌预制混凝土块	1.断面尺寸 2.强度等级	m³	按设计图所示,以体积计算	1.预制混凝土块 2.拌运砂浆 3.运输 4.砌筑 5.勾缝
	15			桥面铺装				第415节
		1		沥青混凝土桥面铺装	1.材料规格 2.配合比 3.厚度 4.压实度	m²	按设计图所示,以面积计算	1.桥面清洗,安装泄水管 2.拌和运输 3.摊铺 4.碾压
		2		水泥混凝土桥面铺装	1.材料规格 2.配合比 3.厚度 4.强度等级	m²	按设计图所示,以面积计算	1.桥面清洗,安装泄水管 2.拌和运输 3.摊铺 4.压(刻)纹
		3		防水层	1.材料规格 2.配合比 3.厚度 4.强度等级	m²	按设计图所示,以面积计算	1.桥面清洗 2.加防剂拌和运输 3.摊铺
	16			桥梁支座				第416节
		1		矩形板式橡胶支座				
			a	固定支座	1.材料规格 2.强度等级	dm³	按设计图所示的体积计算	安装
			b	活动支座				
		2		圆形板式橡胶支座				
			a	固定支座	1.材料规格 2.强度等级	dm³	按设计图所示的体积计算	安装
			b	活动支座				
		3		球冠圆板式橡胶支座				
			a	固定支座	1.材料规格 2.强度等级	dm³	按设计图所示的体积计算	安装
			b	活动支座				
		4		盆式支座				
			a	固定支座	1.材料规格 2.强度等级	套	按设计图所示的个(或套)累加数计算	安装
			b	单向活动支座				
			c	双向活动支座				

续表7.9

项目	节	细目	项目名称	项目特征	计量单位	工程量计算规则	工程内容
17			桥梁伸缩缝				第417节
	1		橡胶伸缩装置	1.材料规格 2.伸缩量	m	按设计图所示的长度计算	1.缝隙的清理 2.制作安装伸缩缝
	2		模数式伸缩装置				
	3		填充式材料伸缩装置				
19			圆管涵及倒虹吸管				第418节、第419节
	1		单孔钢筋混凝土圆管涵	1.孔径 2.强度等级	m	按设计图所示,按不同孔径的涵身长度计算(进出口端墙外侧间距离)	1.排水 2.挖基、基底表面处理 3.基座砌筑或浇筑 4.预制或现浇钢筋混凝土管 5.安装、接缝 6.铺涂防水层 7.砌筑进出口(端墙、翼墙、八字墙井口) 8.回填
	2		双孔钢筋混凝土圆管涵				
	3		倒虹吸管涵				
		a	不带套箱	1.管径 2.强度等级	m	按不同孔径,以沿涵洞中心线量测的进出洞口之间的洞身长度计算	1.排水 2.挖基、基底表面处理 3.基座砌筑或浇筑 4.预制或现浇钢筋混凝土管 5.安装、接缝 6.铺涂防水层 7.砌筑进出口(端墙、翼墙、八字墙井口) 8.回填
		b	带套箱	1.管径 2.断面尺寸 3.强度等级	m	按不同断面尺寸,以沿涵洞中心线量测的进出洞口之间的洞身长度计算	1.排水 2.挖基、基底表面处理 3.基础砌筑或浇筑 4.预制或现浇钢筋混凝土管 5.安装、接缝 6.支架、模板、制作安装、拆除 7.钢筋制作安装 8.混凝土浇筑、养生、沉降缝填塞、铺涂防水层 9.砌筑进出口(端墙、翼墙、八字墙井口)

续表7.9

项目	节	细目	项目名称	项目特征	计量单位	工程量计算规则	工程内容
	20		盖板涵、箱涵				第418节、第420节
		1	钢筋混凝土盖板涵	1.断面尺寸 2.强度等级	m	按设计图所示,按不同断面尺寸以长度计算(进出口端墙间距离)	1.排水 2.挖基、基底表面处理 3.支架、模板、制作安装、拆除 4.钢筋制作安装 5.混凝土浇筑、养生、运输 6.沉降缝填塞、铺涂防水层 7.铺底及砌筑进出口
		2	钢筋混凝土箱涵				
	21		拱涵				第418节、第421节
		1	石砌拱涵	1.材料规格 2.断面尺寸 3.强度等级	m	按设计图所示,按不同断面尺寸以长度计算(进出口端墙间距离)	1.排水 2.挖基、基底表面处理 3.支架、模板、制作安装、拆除 4.石料或混凝土预制块砌筑 5.混凝土浇筑、养生 6.沉降缝填塞、铺涂防水层 7.铺底及砌筑进出口
		2	混凝土拱涵	1.断面尺寸 2.强度等级			
		3	钢筋混凝土拱涵	1.断面尺寸 2.强度等级	m	按设计图所示,按不同断面尺寸以长度计算(进出口端墙间距离)	1.排水 2.挖基、基底表面处理 3.支架、拱盔制作安装及拆除 4.钢筋制作安装 5.混凝土浇筑、养生 6.沉降缝填塞、铺涂防水层 7.铺底及砌筑进出口
	22		通道				第418节、第420节、第421节
		1	钢筋混凝土盖板通道	1.断面尺寸 2.强度等级	m	按设计图所示,按不同断面尺寸以长度计算(进出口端墙间距离)	1.排水 2.挖基、基底表面处理 3.支架、模板制作安装及拆除 4.钢筋制作安装 5.混凝土浇筑、养生、运输 6.沉降缝填塞、铺涂防水层 7.铺底及砌筑进出口 8.通道范围内的道路
		2	现浇混凝土拱型通道				

7.3.3 桥梁涵洞工程计量方法

1. 通则

(1)荷载试验费用由业主估定,以暂定工程量的形式按总额计入工程总价内。
(2)地质钻探及取样试验按实际完成并经监理人验收后,分不同钻径以米计量。
(3)本节的其他工程细目,均不计量。

2. 模板、拱架与支架

本节工作为有关工程的附属工作,不作计量。

3. 钢筋

(1)根据图纸所示及钢筋表(不包括固定、定位架立钢筋)所列,按实际安设并经监理人验收的钢筋以千克(kg)计量。

其内容包括钢筋混凝土中的钢筋和预应力混凝土中的非预应力钢筋及混凝土桥面铺装中的钢筋。

(2)除图纸所示或监理人另有认可外,因搭接而增加的钢筋不予计入。

(3)钢筋及钢筋骨架用的铁丝、钢板、套筒(连接套)、焊接、钢筋垫块或其他固定钢筋的材料,以及钢筋的防锈、截取、套螺纹、弯曲、场内运输、安装等,作为钢筋工程的附属工作,不另行计量。

4. 基础挖方及回填

(1)基础挖方应按下述规定,取用底、顶面间平均高度的棱柱体体积,分别按干处、水下及土、石,以立方米计量。干处挖方与水下挖方是以经监理人认可的施工期间实测的地下水位为界线。在地下水位以上开挖的为干处挖方,在地下水位以下开挖的为水下挖方。

基础底面、顶面及侧面的确定应符合下列规定:

1)基础挖方底面:按图纸所示或监理人批准的基础(包括地基处理部分)的基底标高线计算。
2)基础挖方顶面:按监理人批准的横断面上所标示的原地面线计算。
3)基础挖方侧面:按顶面到底面,以超出基底周边0.5 m的竖直面为界。

(2)当承包人遇到特殊或非常规情况时应及时通知监理人,由监理人定出特殊的基础挖方界线。凡未取得监理人批准,承包人以特殊情况为理由而完成的任何挖方将不予计量,其基坑超深开挖,应由承包人用砂砾或监理人批准的回填材料予以回填并压实。

(3)为完成基础挖方所做的地面排水及围堰、基坑支撑及抽水、基坑回填与压实、错台开挖及斜坡开挖等,作为挖基工程的附属工作,不另行计量。

(4)台后路基填筑及锥坡填土在《公路工程标准施工招标文件》(2009版)第204节内计量。

(5)基坑土的运输作为挖基工程的附属工作,不另行计量。

5. 钻孔灌注桩

(1)钻孔灌注桩以实际完成并以监理人验收后的数量,按不同桩径的桩长以米计量。计量应自图纸所示或监理人批准的桩底标高至承台底或系梁底;对于与桩连为一体的柱式墩台,如无承台或系梁时,则以桩位处地面线为分界线,地面线以下部分为灌注桩桩长,若图纸有标识,按图纸标识计。未经监理人批准,由于超钻而深于所需的桩长部分,将不予计量。

(2)开挖、钻孔、清孔、钻孔泥浆、护筒、混凝土、破桩头,以及必要时在水中填土筑岛、搭设工作台架及浮箱平台、栈桥等其他为完成工程的细目,作为钻孔灌注桩的附属工作,不另行计量。混凝土桩无破损检测及所预埋的钢管等材料,均作为混凝土桩的附属工作,不另行计量。

(3)钢筋在《公路工程标准施工招标文件》(2009版)第403节内计量,列入403-1细目内。

(4)监理人要求钻取的芯样,经检验,如混凝土质量合格,钻取的芯样应予计量,否则不予计量。混凝土取芯按取回的混凝土芯样的长度以米计量。

6. 沉桩

(1)钢筋混凝土或预应力混凝土沉桩以实际完成并经监理人验收后的数量,按不同桩径的桩身长度以米计量。桩身长度的计量应自图纸所示或监理人批准的桩尖标高至承台底或盖梁底,未经监理人批准,沉入深度超过图纸规定的桩长部分,将不予计量。

(2)为完成沉桩工程而进行的钢筋混凝土桩浇筑预制、养生、移运、沉入、桩头处理等一切有关作业,均为沉桩工程所包括的工作内容,不另行计量。

(3)试桩如系工程用桩,则该试桩按不同桩径分别列入支付细目中的钢筋混凝土沉桩细目内;如果试桩不作为工程用桩,则应按不同桩径以米为单位计量,列入支付细目中的试桩细目内。

(4)沉桩的无破损检验作为沉桩工程的附属工作,不另行计量。

(5)钢筋混凝土或预应力混凝土沉桩(包括试桩)所用钢筋在《公路工程标准施工招标文件》(2009版)第403节内计量,列入钢筋细目内,其余钢板及材料加工等均含在钢筋混凝土沉桩工程细目中,不另行计量与支付。

(6)制造预应力混凝土沉桩所用预应力钢材在《公路工程标准施工招标文件》(2009版)第411节内计量。

制造预应力混凝土沉桩用法兰及其他钢材除按上述规定在《公路工程标准施工招标文件》(2009版)第403节、411节内计量外的所有钢材均含入预应力沉桩工程细目中,不另行计量。

(7)试桩的试验机具及其提供、运输、安装、拆卸以及试验数据的分析和提供试验报告等均系该试桩的附属工作,不另行计量。

7. 挖孔灌注桩

(1)挖孔灌注桩是实际完成并经监理人验收后的数量,按不同桩径的桩长以米计量。计量应自图纸所示或监理人批准的从桩底标高至承台底或系梁底;如无承台或系梁时,则从桩底至图纸所示的桩顶;当图纸未示出桩顶位置,或示有桩顶位置但桩位处预先有夯填土时,由监理人根据情况确定。监理人认为由于超挖而深于所需的桩长部分,将不予计量。

(2)设置支撑和护壁、挖孔、清孔、通风、钎探、排水、混凝土、每桩的无破损检验以及其他为完成此项工程进行的项目,均为挖孔灌注桩的附属工作,不另行计量。

(3)钢筋在《公路工程标准施工招标文件》(2009版)第403节内计量,列入403-1细目内。

(4)监理人要求钻取的混凝土芯样检验,经钻取检验后,如混凝土质量合格,钻取的芯样应予计量,否则不予计量。钻取芯样长度按取回的芯样以米计量。

8. 桩的垂直静荷载试验

(1)试桩不论是检验荷载或破坏荷载,均以经监理人验收或认可的单根试桩计量。计量包括压载、沉降观测、卸载、回弹观测、数据分析,以及完成此项试验的其他工作细目。

(2)检验荷载试验桩如试验后作为工程结构的一部分,其工程量在《公路工程标准施工招标文件》(2009版)第405节及第407节有关支付细目内计量与支付。破坏荷载试验用的试桩,将来不作为工程结构的一部分,其工程量在《公路工程标准施工招标文件》(2009版)

第 405 节的支付细目 405-3 及第 407 节的支付细目 407-3 内计量与支付。

9. 沉井

(1)沉井制作完成,符合图纸规定要求,经监理人验收后,混凝土及钢筋按以下规定计量。

1)沉井的混凝土,按就位后沉井顶面以下各不同部位(井壁、顶板、封底、填芯)和不同混凝土级别的体积以立方米为单位计量。

2)沉井所用钢筋,列入《公路工程标准施工招标文件》(2009 版)第 403 节基础钢筋支付细目内计量。

(2)沉井制作及下沉奠基,其中包括场地准备,围堰筑岛,模板、支撑的制作安装与拆除,沉井浇筑、接高、沉井下沉,空气幕助沉,井内挖土,基底处理等工作,均视为完成沉井工程所必需的工作,不另行计量。

(3)沉井刃脚所用钢材,视作沉井的附属工程材料,不另行计量。

10. 结构混凝土工程

(1)以图纸所示或监理人指示为依据,按现场已完工并经验收的混凝土,分别以不同结构类型及混凝土等级,以立方米计量。

(2)直径小于 200 mm 的管子、钢筋、锚固杆、管道、泄水孔或桩所占混凝土体积不予扣除。作为砌体砂浆的小石子混凝土,不另行计量。

(3)桥面铺装混凝土在《公路工程标准施工招标文件》(2009 版)第 415 节内计量与支付;结构钢筋在《公路工程标准施工招标文件》(2009 版)第 403 节内计量。

(4)为完成结构物所用的施工缝连接钢筋、预制构件的预埋钢板、防护角钢或钢板、脚手架或支架及模板、排水设施、防水处理、基础底碎石垫层、混凝土养生、混凝土表面修整及为完成结构物的其他杂项细目,以及预制构件的安装架设设备拼装、移运、拆除和为安装所需的临时性或永久性的固定扣件、钢板、焊接、螺栓等,均作为各项相应混凝土工程的附属工作,不另行计量。

11. 预应力混凝土工程

(1)预应力混凝土结构物(包括现浇和预制预应力混凝土)以图纸尺寸或监理人指示为依据,按已完工并经验收合格的结构体积,以立方米计量。计量中包括悬臂浇筑、支架浇筑及预制安装预应力混凝土梁、板的一切作业。

(2)完工并经验收的预应力混凝土结构的预应力钢筋,按图纸所示或预应力钢筋表所列数量以千克(kg)计量。后张法预应力钢筋的长度按两端锚具间的理论长度计算;先张法预应力钢筋的长度按构件的长度计量。除上述计算长度以外的锚固长度及工作长度的预应力钢材含入相应预应力钢材报价中,不另行计算。

(3)预应力混凝土结构的非预应力钢筋,在《公路工程标准施工招标文件》(2009 版)第 403 节计量与支付。

(4)预应力钢筋的加工、锚具、管道、锚板及联结钢板、焊接、张拉、压浆、封锚等,作为预应力钢筋的附属工作,不另行计量矿预应力锚具包括锚圈、夹片、连接器、螺栓、垫板、喇叭管、螺旋钢筋等整套部件。

(5)后张法预应力混凝土梁封锚及端部加厚混凝土,计入相应梁段混凝土之中,不单独计量。

(6)预制板、梁的整体化现浇混凝土及钢筋,分别在《公路工程标准施工招标文件》(2009 版)第 410 节及第 403 节计量。

(7)桥面铺装混凝土在《公路工程标准施工招标文件》(2009版)第415节计量。

12. 预制构件的安装

经验收的不同形式预制构件的安装,包括构件安装所需的临时性或永久性固定扣件、钢板、焊接、螺栓等,其工作量包含在《公路工程标准施工招标文件》(2009版)第410节及第411节相应预制混凝土构件或预应力混凝土构件的工程细目中,不另行计量与支付。

13. 砌石工程

(1)以图纸所示或监理人指示为依据,按工地完成的并经验收的各种石砌体或预制混凝土块砌体,以立方米计量。

(2)计算体积时,所用尺寸应由图纸所标明或监理人书面规定的计价线或计价体积定之。相邻不同石砌体计量中,应各包括不同石砌体间灰缝体积的一半。镶面石突出部分超过外廓线者不予计量。泄水孔、排水管或其他面积小于 $0.02\ m^2$ 的孔眼不予扣除,削角或其他装饰的切削,其数量为所用石料5%或少于5%者,不予扣除。

(3)砂浆或作为砂浆的小石子混凝土,作为砌体工程的附属工作,不另计量。

(4)砌体的垫铺材料的提供和设置,拱架、支架及砌体的勾缝。作为砌体工程的附属工作,不另计量。

14. 小型钢构件

桥梁及其他公路构造物的钢构件,作为有关细目内的附属工作,不另计量与支付。

15. 桥面铺装

(1)桥面铺装应按图纸所示的尺寸,或按实际完成并经监理人验收的数量,分不同材料及级别,按平方米计量。由于施工原因而超铺的桥面铺装,不予计量。

(2)桥面防水层按图纸要求施工,并经监理人验收的实际数量,以平方米计量。

(3)桥面泄水管及混凝土桥面铺装接缝等作为桥面铺装的附属工作,不另行计量。

(4)桥面铺装钢筋在《公路工程标准施工招标文件》(2009版)第403节有关工程细目中计量,本节不另行计量。

16. 桥梁支座

支座按图纸所示不同的类型,包括支座的提供的和安装,以个计量。支座质量检查、清洗、运输、起吊及安装支座所需的扣件、钢板、焊接、螺栓、黏结以及质量检测等作为支座安装的附属工作,不另行计量。

17. 桥梁接缝和伸缩装置

(1)桥面伸缩装置按图纸要求安装并经监理人验收的数量,分不同结构形式以米计量。其内容包括伸缩装置的提供和安装等作业。

(2)除伸缩装置外的其他接缝,如橡胶止水片、沥青类等接缝填料,作为有关工程的附属工作,不另行计量。

(3)安装时切割和清除伸缩装置范围内沥青混凝土铺装和安装伸缩装置所需的临时或永久性的扣件、钢板、钢筋、焊接、螺栓、黏结等,作为伸缩装置安装的附属工作,不另行计量。

18. 防水处理

沥青或油毛毡防水层,作为与其有关的细目内的附属工作,不另行计量与支付。

19. 圆管涵及倒虹吸管

(1)钢筋混凝土圆管涵及倒虹吸管,以图纸规定的洞身长度或监理人同意的现场沿涵洞中心线量测的进出洞口之间的洞身长度,分别按不同孔径及孔数,经监理人检查验收后以米计量。管节所用钢筋,不另计量。

(2)图纸中标明的基底垫层和基座,圆管的接缝材料、沉降缝的填缝与防水材料等,洞口建筑,包括八字墙、一字墙、帽石、锥坡、铺砌、跌水井以及基础挖方和运输、地基处理与回填等,均作为承包人应做的附属工作,不另计量与支付。

(3)洞口(包括倒虹吸管)建筑以外涵洞上下游沟渠的改沟、铺砌、加固以及急流槽消力坎的建筑等均列入《公路工程标准施工招标文件》(2009版)第207节的相应细目内计量。

(4)建在软土、沼泽地区的圆管涵(含倒虹吸管涵),按图纸要求特殊处理的基础工程量(如:塑料排水板、袋装砂井、各种桩基、喷粉桩等)在《公路工程标准施工招标文件》(2009版)第205节相关细目中计量与支付,不另行计量。

20. 盖板涵、箱涵

(1)钢筋混凝土盖板涵(含梯坎涵、通道)、钢筋混凝土箱涵(含通道)应以图纸规定的洞身长度或经监理人同意的现场沿涵洞中心线测量的进出口之间的洞身长度,经验收合格后按不同孔径以米计量,盖板涵、箱涵所用钢筋不另计量。

(2)所有垫层和基座,沉降缝的填缝与防水材料,洞口建筑,包括八字墙、一字墙、帽石、锥坡、跌水井、洞口及洞身铺砌以及基础挖方、地基处理与回填土、沉降缝的填缝与防水材料等作为承包人应做的附属工作,均不单独计量。

(3)洞口建筑以外涵洞上下游沟渠的改沟、铺砌、加固以及急流槽等,可列入《公路工程标准施工招标文件》(2009版)第207节的有关细目计量。

(4)通道涵按下列原则进行计量与支付:

1)通道涵洞身及洞口计量应符合上述第(1)款及(2)款的规定。

2)通道范围(进出口之间距离)以内的土石方及边沟、排水沟等均含入洞身报价之中不另行计量。

3)通道范围以外的改路土石方及边沟、排水沟等在《公路工程标准施工招标文件》(2009版)第200章相关章节中计量与支付。

4)通道路面(含通道范围内)分不同结构类型在《公路工程标准施工招标文件》(2009版)第300章相关章节中计量与支付。

(5)建在软土、沼泽地区的盖板涵、箱涵(含通道),按图纸要求特殊处理的基础工程量(如:塑料排水板、袋装砂井、各种桩基、喷粉桩等)在《公路工程标准施工招标文件》(2009版)第205节相关细目中计量与支付,本节不另行计量。

21. 拱涵

(1)石砌和混凝土拱涵(含梯坎涵、通道)应以图纸规定的洞身长度或经监理人同意的现场沿涵洞中心线测量的进出口之间的洞身长度,经验收合格后按不同孔径以米计量,钢筋不另计量。

(2)所有垫层和基础,沉降缝的填缝与防水材料,洞口建筑,包括八字墙、一字墙、帽石、锥坡(含土方)、跌水井、洞口及洞身铺砌以及基础挖方、地基处理与回填土等作为承包人应做的附属工作,均不单独计量。

(3)洞口建筑以外涵洞上下游沟渠的改沟、铺砌、加固以及急流槽等可列入《公路工程标准施工招标文件》(2009版)第207节有关细目中计量。

(4)通道涵按下列原则进行计量与支付:

1)通道涵洞身及洞口计量应符合上述第(1)款及(2)款的规定。

2)通道范围(进出口之间距离)以内的土石方及边沟、排水沟等均含入洞身报价之中不另行计量。

3)通道范围以外的改路土石方及边沟、排水沟等,在《公路工程标准施工招标文件》(2009 版)第 200 章相关章节中计量与支付。

4)通道路面(含通道范围内)分不同结构类型在《公路工程标准施工招标文件》(2009 版)第 300 章相关章节中计量与支付。

(5)建在软土、沼泽地区的拱涵,按图纸要求特殊处理的基础工程量(如:塑料排水板、袋装砂井、各种桩基、喷粉桩等)在《公路工程标准施工招标文件》(2009 版)第 205 节相关细目中计量与支付,本节不另行计量。

7.3.4 桥梁涵洞工程工程量清单计量应用实例

【示例 7.8】 ××市一段道路 K3 +100 ~ K3 +400 为沥青混凝土结构,K3 +400 ~ K3 +700 为混凝土路面结构,道路土方部分按所举例。计算清单工程量。

【解】 根据上述情况,进行道路工程量清单编制:路面宽度为 12 m,路面两边铺侧缘石,路肩各宽 1 m。

(1)经计算,清单工程量如下:

砂砾石底层面积:3 600 m²(300 × 12)

石灰炉渣基层面积:3 600 m²

沥青混凝土面积:3 600 m²

水泥混凝土面积:3 600 m²

侧缘石长度:1 200 m(600 × 2)

(2)列出的工程量清单表:见表 7.10 所示。

表 7.10 分部分项工程量清单

项目名称	项目特征描述	计量单位	工程量	金额/元 综合单价	合价
土石方工程					
挖土方	一般四类土	m³	2 480	20.90	51 825.41
填方	密实度95%	m³	2 150	5.84	12 561.51
余方弃置	运距5 km	m³	330	16.57	5 466.62
道路基层					
沙砾石	厚20厘米	m²	3 600	14.83	53 385.66
石灰炉渣	2.5:7.5 厚20 cm	m²	3 600	24.32	87 539.45
石灰炉渣	2.5:7.5 厚18 cm	m²	3 600	22.12	79 625.29
道路面层					
沥青混凝土	厚4 cm,最大粒径5 cm,石油沥青	m²	3 600	20.62	74 230.32
沥青混凝土	厚2 cm,最大粒径3 cm,石油沥青	m²	3 600	11.11	40 003.10
水泥混凝土	4.5 MPa 厚22 cm	m²	3 600	60.16	216 578.36
人行道及其他					
安砌侧(平缘)石	平缘石	m	1 200	13.51	16 208.00
合计				637 423.72	

【示例 7.9】 某道路工程路面结构为两层式石油沥青混凝土路面,路段里程为 K2 +100 ~ K2 +900,路面宽度 13 m,基层宽度 13.5 m,石灰土基层的石灰剂量为 10%,面层分两

层上层为细粒式沥青混凝土,下层为中粒式沥青混凝土,按清单工程量计算路面工程量。

【解】 (1)石灰基层的工程内容为:拌和、铺筑、找平、碾压、养护。

沥青混凝土路面的工程内容为:洒铺底油、铺筑、碾压。

(2)工程量计算:

1) 10%石灰稳定土基层:800 × 13.5 = 10 800 m²

2) 中粒式沥青混凝土面层:800 × 13 = 10 400 m²

3) 细粒式沥青混凝土面层:800 × 13 = 10 400 m²

7.4 隧道工程工程量计量

7.4.1 隧道工程细目

隧道工程工程量清单细目见表 7.11 所示。

表 7.11 隧道工程工程量清单细目

清单 第 500 章 隧道					
细目号	项目名称	单位	数量	单价	合价
502-1	洞口、明洞开挖				
-a	挖土方	m³			
-b	挖石方	m³			
-c	弃方超运	m³·km			
502-2	防水与排水				
-a	浆砌片石边沟、截水沟、排水沟	m³			
-b	浆砌混凝土预制块水沟	m³			
-c	现浇混凝土水沟	m³			
-d	渗沟	m³			
-e	暗沟	m³			
-f	排水管	m			
-g	混凝土拦水块	m³			
-h	防水混凝土	m³			
-i	黏土隔水层	m³			
-j	复合防水板	m³			
-k	复合土工膜	m³			
502-3	洞口坡面防护				
-a	浆砌片石	m³			
-b	浆砌混凝土预制块	m³			
-c	现浇混凝土	m³			
-d	喷射混凝土	m²			
-e	锚杆	m			
-f	钢筋网	kg			
-g	植草	m²			
-h	土工格室草皮	m²			
-i	洞顶防落网	m²			

续表 7.11

清单　第 500 章　隧道

细目号	项目名称	单位	数量	单价	合价
502－4	洞门建筑				
－a	浆砌片石	m^3			
－b	浆砌料(块)石	m^3			
－c	片石混凝土	m^3			
－d	现浇混凝土	m^3			
－e	镶面	m^3			
－f	光圆钢筋	kg			
－g	带肋钢筋	kg			
－h	锚杆	m			
502－5	明洞衬砌				
－a	浆砌料(块)石	m^3			
－b	现浇混凝土	m^3			
－c	光圆钢筋	kg			
－d	带肋钢筋	kg			
502－6	遮光棚(板)				
－a	现浇混凝土	m^3			
－b	光圆钢筋	kg			
－c	带肋钢筋	kg			
502－7	洞顶(边墙墙背)回填				
－a	回填土石方	m^3			
502－8	洞外挡土墙				
－a	浆砌片石	m^3			
503－1	洞身开挖				
－a	挖土方	m^3			
－b	挖石方	m^3			
－c	弃方超运	$m^3 \cdot km$			
503－2	超前支护				
－a	注浆小导管	m			
－b	超前锚杆	m			
－c	自钻式锚杆	m			
－d	管棚	m			
－e	型钢	kg			
－f	光圆钢筋	kg			
－g	带肋钢筋	kg			
503－3	喷锚支护				
－a	喷射钢纤维混凝土	m^3			
－b	喷射混凝土	m^3			
－c	注浆锚杆	m			
－d	砂浆锚杆	m			
－e	预应力注浆锚杆	m			
－f	早强药包锚杆	m			
－g	钢筋网	kg			

续表7.11

清单　第500章　隧道

细目号	项目名称	单位	数量	单价	合价
-h	型钢	kg			
-i	型钢	kg			
-j	连接钢管	kg			
503-4	木材	m³			
504-1	洞身衬砌				
-a	砖墙	m³			
-b	浆砌粗料石(块石)	m³			
-c	现浇混凝土	m³			
-d	光圆钢筋	kg			
-e	带肋钢筋				
504-2	仰拱、铺底混凝土				
-a	仰拱混凝土	m³			
-b	铺底混凝土	m³			
-c	仰拱填充料	m³			
504-3	管沟				
-a	现浇混凝土	m³			
-b	预制混凝土	m³			
-c	(钢筋)混凝土盖板	m³			
-d	级配碎石	m³			
-e	干砌片石	m³			
-f	铸铁管	m			
-g	镀锌钢管	m			
-h	铸铁盖板	套			
-i	无缝钢管	kg			
-j	钢管	kg			
-k	角钢	kg			
-l	光圆钢筋	kg			
-m	带肋钢筋	kg			
504-4	洞门				
-a	消防室洞门	个			
-b	通道防炎匝门	个			
-c	风机启动柜洞内	个			
-d	卷帘门	个			
-e	检修门	个			
-f	双制铁门	个			
-g	格栅门	个			
-h	铝合金骨架墙	m²			
-i	无机材料吸音板	m²			
504-5	洞内路面				
-a	水泥稳定碎石	m²			
-b	贫混凝土基层	m²			

续表 7.11

清单 第 500 章 隧道

细目号	项目名称	单位	数量	单价	合价
-c	沥青封层	m²			
-d	混凝土面层	m²			
-e	光圆钢筋	kg			
-f	消防设施	kg			
504-6	消防设施				
-a	阀门井	个			
-b	集水池	座			
-c	蓄水池	座			
-d	取水泵房	座			
-e	滚水坝	座			
505-1	防水与排水				
-a	复合防水板	m²			
-b	复合土工防水层	m²			
-c	止水带	m			
-d	止水条	m			
-e	压注水泥-水玻璃浆液(暂定工程量)	m³			
-f	压注水泥浆液(暂定工程量)	m³			
-g	压浆钻孔(暂定工程量)	m			
-h	排水管	m			
-i	镀锌铁皮	m²			
506-1	洞防火涂料				
-a	喷涂防炎涂料	m²			
506-2	洞内装饰工程				
-a	镶贴瓷砖	m²			
-b	喷涂混凝土专用漆	m²			
508-2	监控量测				
-a	必测项目(项目名称)	总额			
-b	选测项目(项目名称)	总额			
509-1	地质预报	总额			

清单 第 500 章合计 人民币 _____

7.4.2 隧道工程工程量清单计量规则

1. 工程内容

隧道工程内容包括洞口与明洞工程、洞身开挖、洞身衬砌、防水与排水、洞内防火涂料和装饰工程、监控量测、地质预报等。

2. 有关问题的说明及提示

(1)场地布置,核对图纸、补充调查、编制施工组织设计,试验检测、施工测量、环境保护、安全措施、施工防排水、围岩类别划分及监控、通信、照明、通风、消防等设备、设施预埋构件设置与保护，所有准备工作和施工中应采取的措施均为各节、各细目工程的附属工作，不另行计量。

(2)风水电作业及通风、照明、防尘为不可缺少的附属设施和作业，均应包括在本节各节有关工程细目中，不另行计量。

(3)隧道名牌、模板装拆、钢筋除锈、拱盔、支架、脚手架搭拆、养护清场等工作均为各细目的附属工作，不另行计量。

(4)连接钢板、螺栓、螺帽、拉杆、垫圈等作为钢支护的附属构件，不另行计量。

(5)混凝土拌和场站、贮料场的建设、拆除、恢复均包括在相应工程项目中，不另行计量。

(6)洞身开挖包括主洞、竖井、斜井。洞外路面、洞外消防系统土石开挖、洞外弃渣防护等计量规则见有关章节。

(7)材料的计量尺寸为设计净尺寸。

3.隧道工程工程量清单计量规则

隧道工程工程量清单计量规则见表7.12所示。

表7.12 隧道工程工程量清单计量规则

项目	节	细目	项目名称	项目特征	计量单位	工程量计算规则	工程内容
五			隧道				第500章
	2		洞口与明洞工程				第502节、第507节
		1	洞口、明洞开挖				
		a	挖土方	1.土壤类别 2.施工方法 3.断面尺寸	m^3	按设计图示所示，按横断面尺寸乘以长度以天然密实方计算	1.施工排水 2.零填及挖方路基挖松压实 3.挖运、装卸 4.整修路基和边坡
		b	挖石方	1.岩石类别 2.施工方法 3.爆破要求 4.断面尺寸	m^3	按设计图示所示，按横断面尺寸乘以长度以天然密实方计算	1.施工排水 2.零填及挖方路基挖松压实 3.爆破防护 4.挖运、装卸 5.整修路基和边坡
		c	弃方超运	1.土壤类别 2.超运里程	$m^3 \cdot km$	按设计图所示，弃土场地不足需增加弃土场或监理工程师批准变更弃土场导致弃方超过图纸规定运距，按超运弃方数量乘以超运里程计算	1.弃方超运 2.整修弃土场

续表 7.12

项目	节	细目	项目名称	项目特征	计量单位	工程量计算规则	工程内容
	2		防水与排水				
		a	浆砌片石边沟、截水沟、排水沟	1.材料规格 2.垫层厚度 3.断面尺寸 4.强度等级	m^3	按设计图所示,按横断面面积乘以长度以体积计算	1.挖运土石方 2.铺设垫层 3.砌筑、勾缝 4.伸缩缝填塞 5.抹灰压顶、养生
		b	浆砌混凝土预制块水沟	1.垫层厚度 2.断面尺寸 3.强度等级	m^3	按设计图所示,按横断面面积乘以长度以体积计算	1.挖运土石方 2.铺设垫层 3.预制安装混凝土预制块 4.伸缩缝填塞 5.抹灰压顶、养生
		c	现浇混凝土水沟	1.垫层厚度 2.断面尺寸 3.强度等级	m^3	按设计图所示,按横断面面积乘以长度以体积计算	1.挖运土石方 2.铺设垫层 3.现浇混凝土 4.伸缩缝填塞 5.养生
		d	渗沟	1.材料规格 2.断面尺寸	m^3	按设计图所示,按横断面面积乘以长度以体积计算	1.挖运土石方 2.混凝土垫层 3.埋PVC管 4.渗水土工布包碎砾石填充 5.出水口砌筑 6.试通水 7.回填
		e	暗沟	1.材料规格 2.断面尺寸 3.强度等级	m^3	按设计图所示,按横断面面积乘以长度以体积计算	1.挖运土石方 2.铺设垫层 3.砌筑 4.预制安装(钢筋)混凝土盖板 5.铺砂砾反滤层 6.回填
		f	排水管	1.材料规格	m	按设计图所示,按不同孔径以长计算	1.挖运土石方 2.铺垫层 3.安装排水管 4.接头处理 5.回填

续表 7.12

项目	节	细目	项目名称	项目特征	计量单位	工程量计算规则	工程内容
		g	混凝土拦水块	1.材料规格 2.强度等级 3.断面尺寸	m³	按设计图所示，按横断面尺寸乘长度以体积计算	1.基础处理 2.模板安装 3.浇筑混凝土 4.拆模养生
		h	防水混凝土	1.材料规格 2.配合比 3.厚度 4.强度等级	m³	按设计图所示，以体积计算	1.基础处理 2.加防水剂拌和运输 3.浇筑、养生
		i	黏土隔水层	1.厚度 2.压实度	m³	按设计图所示，按压实后隔水层面积乘隔水层厚度以体积计算	1.黏土挖运 2.填筑、压实
		j	复合防水板	材料规格	m²	按设计图所示，以面积计算	1.复合防水板铺设 2.焊接、固定
		k	复合土工膜	材料规格	m²	按设计图所示，以净面积计算（不计入按规范要求的搭接卷边部分）	1.平整场地 2.铺设、搭接、固定
	3		洞口坡面防护				
		a	浆砌片石	1.材料规格 2.断面尺寸 3.强度等级	m³	按设计图所示，按体积计算	1.整修边坡 2.挖槽 3.铺垫层、铺筑滤水层、制作安装泄水孔 4.砌筑、勾缝
		b	浆砌混凝土预制块	1.断面尺寸 2.强度等级	m³	按设计图所示，按体积计算	1.整修边坡 2.挖槽 3.铺垫层、铺筑滤水层、制作安装泄水孔 4.预制安装预制块
		c	现浇混凝土	1.断面尺寸 2.强度等级	m³	按设计图所示，按体积计算	1.整修边坡 2.浇筑混凝土 3.养生
		d	喷射混凝土	1.厚度 2.强度等级	m³	按设计图所示，按体积计算	1.整修边坡 2.喷射混凝土 3.养生
		e	锚杆	1.材料规格 2.抗拉强度	m	按设计图所示，按不同规格以长度计算	1.钻孔、清孔 2.锚杆制作安装 3.注浆 4.张拉 5.抗拔力试验

续表 7.12

项目	节	细目	项目名称	项目特征	计量单位	工程量计算规则	工程内容
		f	钢筋网	材料规格	kg	按设计图所示,以重量计算(不计入规定的搭接长度)	1.制作、挂网、搭拉、锚固
		g	植草	1.草籽种类 2.养护期	m²	按设计图所示,按合同规定的成活率以面积计算	1.修整边坡、铺设表土 2.播草籽 3.洒水覆盖 4.养护
		h	土工格室草皮	1.格室尺寸 2.植草种类 3.养护期	m²	按设计图所示,按合同规定的成活率以面积计算	1.挖槽、清底、找平、混凝土浇筑 2.格室安装、铺种植土、播草籽、拍实 3.清理、养护
		i	洞顶防落网	材料规格	m²	按设计图所示,以面积计算	1.设置、安装、固定
	4		洞门建筑				
		a	浆砌片石	1.材料规格 2.断面尺寸 3.强度等级	m³	按设计图所示,按体积计算	1.挖基、基底处理 2.砌筑、勾缝 3.沉降缝、伸缩缝处理
		b	浆砌料(块)石				
		c	片石混凝土	1.材料规格 2.断面尺寸 3.片石掺量 4.强度等级	m³	按设计图所示,按体积计算	1.挖基、基底处理 2.拌和、运输、浇筑混凝土 3.养生
		d	现浇混凝土	1.材料规格 2.断面尺寸 3.强度等级	m³	按设计图所示,按体积计算	1.挖基、基底处理 2.拌和、运输、浇筑混凝土 3.养生
		e	镶面	1.材料规格 2.强度等级 3.厚度	m³	按设计图所示,按不同材料以体积计算	1.修补表面 2.贴面 3.抹平、养生
		f	光圆钢筋	1.材料规格 2.抗拉强度	kg	按设计图所示,各规格钢筋按有效长度(不计入规定的搭接长度)以重量计算	1.制作、安装 2.搭接
		g	带肋钢筋				
		h	锚杆	1.材料规格 2.抗拉强度	m	按设计图所示,按不同规格以长度计算	1.钻孔、清孔 2.锚杆制作安装 3.注浆 4.张拉 5.抗拔力试验
	5		明洞衬砌				

续表 7.12

项目	节	细目	项目名称	项目特征	计量单位	工程量计算规则	工程内容
		a	浆砌料（块）石	1.材料规格 2.断面尺寸 3.强度等级	m³	按设计图所示，按体积计算	1.挖基、基底处理 2.砌筑、勾缝 3.沉降缝、伸缩缝处理
		b	现浇混凝土	1.材料规格 2.断面尺寸 3.强度等级	m³	按设计图所示，按体积计算	1.浇筑混凝土 2.养生 3.伸缩缝处理
		c	光圆钢筋	1.材料规格 2.抗拉强度	kg	按设计图所示，各规格钢筋按有效长度（不计入规定的搭接长度）以重量计算	1.制作、安装 2.搭接
		d	带肋钢筋				
	6		遮光棚（板）				
		a	现浇混凝土	1.材料规格 2.断面尺寸 3.强度等级	m³	按设计图所示，按体积计算	1.浇筑混凝土 2.养生 3.伸缩缝处理
		b	光圆钢筋	1.材料规格 2.抗拉强度	kg	按设计图所示，各规格钢筋按有效长度（不计入规定的搭接长度）以重量计算	1.制作、安装 2.搭接
		c	带肋钢筋				
	7		洞顶（边墙墙背）回填				
		a	回填土石方	1.土壤类别 2.压实度	m³	按设计图示，以体积计算	1.挖运 2.回填 3.压实
	8		洞外挡土墙				
		a	浆砌片石	1.材料规格 2.断面尺寸 3.强度等级	m³	按设计图所示，按体积计算	1.挖基、基底处理 2.砌筑、勾缝 3.铺筑滤水层、制作安装泄水孔、沉降缝处理 4.抹灰压顶
3			洞身开挖				第503节、第5070节
	1		洞身开挖				
		a	挖土方	1.围岩类别 2.施工方法 3.断面尺寸	m³	按设计图所示，按横断面尺寸乘以长度以天然密实方计算	1.防排水 2.量测布点 3.钻孔装药 4.找顶 5.出渣、修整 6.施工观测
		b	挖石方	1.围岩类别 2.施工方法 3.爆破要求 4.断面尺寸	m³		

续表 7.12

项目	节	细目	项目名称	项目特征	计量单位	工程量计算规则	工程内容
		e	弃方超运	1. 土壤类别 2. 超运里程	m³·km	按设计图所示,弃土场地不足需增加弃土场或监理工程师批准变更弃土场导致弃方运距超过洞外 200 m,按超运弃方数量乘以超运里计算	1. 弃方超运 2. 整修弃土场
	2		超前支护				
		a	注浆小导管	1. 材料规格 2. 强度等级	m	按设计图所示,以长度计算	1. 下料制作、运输 2. 钻孔、钢管顶入 3. 预注早强水泥浆 4. 设置止浆塞
		b	超前锚杆	1. 材料规格 2. 抗拉强度	m	按设计图所示,以长度计算	1. 下料制作、运输 2. 钻孔 3. 安装锚杆
		c	自钻式锚杆	1. 材料规格 2. 抗拉强度	m	按设计图所示,以长度计算	钻入
		d	管棚	1. 材料规格 2. 强度等级	m	按设计图所示,以长度计算	1. 下料制作、运输 2. 钻孔、清孔 3. 安装管棚 4. 注早强水泥砂浆
		e	型钢	材料规格	kg	按设计图所示,以重量计算	1. 设计制造、运输 2. 安装、焊接、维护
		f	光圆钢筋	1. 材料规格 2. 抗拉强度	kg	按设计图所示,各规格钢筋按有效长度(不计入规定的搭接长度)以重量计算	1. 制作、安装 2. 搭接
		g	带肋钢筋				
	3		喷锚支护				
		a	喷射钢纤维混凝土	1. 材料规格 2. 钢纤维掺配比例 3. 厚度 4. 强度等级	m³	按设计图所示,按喷射混凝土面积以厚度以立方米计算	1. 设喷射厚度标志 2. 喷射钢纤维混凝土 3. 回弹料回收 4. 养生
		b	喷射混凝土	1. 材料规格 2. 厚度 3. 强度等级	m³	按设计图所示,按喷射混凝土面积以厚度以立方米计算	1. 设喷射厚度标志 2. 喷射钢纤维混凝土 3. 回弹料回收 4. 养生

续表 7.12

项目	节	细目	项目名称	项目特征	计量单位	工程量计算规则	工程内容
		c	注浆锚杆	1.材料规格 2.强度等级	m	按设计图所示,以长度计算	1.钻孔 2.设置早强水泥砂浆 3.加工安装锚杆
		e	预应力注浆锚杆	1.材料规格 2.强度等级	m	按设计图所示,以长度计算	1.放样、钻孔 2.加工、安装锚杆并锚固端部 3.强拉预应力 4.注早强水泥砂浆
		f	早强药包锚杆	1.材料规格 2.早强药包性能要求	m	按设计图所示,以长度计算	1.钻孔 2.设制药包 3.加工、安装锚杆
		g	钢筋网	材料规格	kg	按设计图所示,以重量计算	1.制作钢筋网 2.布网、搭接、固定
		h	型钢	材料规格	kg	按设计图所示,以重量计算	1.设计制造 2.安装、固定、维护
		i	连接钢筋	材料规格	kg	按设计图所示,以重量计算	1.下料制作 2.连接、焊接
		j	连接钢管	材料规格	kg	按设计图所示,以重量计算	1.下料制作 2.连接、焊接
	4		木材	材料规格	m³	按设计图所示,按平均横断面尺寸乘以长度以体积计算	1.下料制作 2.安装
4			洞身衬砌				第504节、第507节
	1		洞身衬砌				
		a	砖墙	1.材料规格 2.断面尺寸 3.强度等级	m³	按设计图示验收,以体积计算	1.制备砖块 2.砌砖墙、勾缝养生 3.沉降缝、伸缩缝处理
		b	浆砌粗料石(块石)	1.材料规格 2.断面尺寸 3.强度等级	m³	按设计图示验收,以体积计算	1.挖基、基底处理 2.砌筑、勾缝 3.沉降缝、伸缩缝处理
		c	现浇混凝土	1.材料规格 2.断面尺寸 3.强度等级	m³	按设计图示验收,以体积计算	1.浇筑混凝土 2.养生 3.沉降缝、伸缩缝处理
		d	光圆钢筋	1.材料规格 2.抗拉强度	kg	按设计图所示,各规格钢筋按有效长度(不计入规定的搭接长度)以重量计算	1.制作、安装 2.搭接
		e	带肋钢筋				
	2		仰拱混凝土				
		a	仰拱混凝土	强度等级	m³	按设计图所示,以体积计算	1.排除积水 2.浇筑混凝土、养生 3.沉降缝、伸缩缝处理
		b	铺底混凝土				

续表 7.12

项目	节	细目	项目名称	项目特征	计量单位	工程量计算规则	工程内容
		c	仰拱填充料	材料规格	m³	按设计图所示,以体积计算	1.清除杂物、排除积水 2.填充、养生 3.沉降缝、伸缩缝处理
	3		管沟				
		a	现浇混凝土	1.断面尺寸 2.强度等级	m³	按设计图所示,以体积计算	1.挖基 2.现浇混凝土 3.养生
		b	预制混凝土	1.断面尺寸 2.强度等级	m³	按设计图所示,以体积计算	1.挖基、铺垫层 2.预制安装混凝土预制块
		c	(钢筋)混凝土盖板	1.断面尺寸 2.强度等级	m³	按设计图所示,以体积计算	1.预制安装(钢筋)混凝土盖板
		d	级配碎石	1.材料规格 2.级配要求	m³	按设计图所示,以体积计算	1.运输 2.铺设
		e	干砌片石	材料规格	m³	按设计图所示,以体积计算	干砌
		f	铸铁管	材料规格	m	按设计图所示,以长度计算	安装
		g	镀锌钢管	材料规格	m	按设计图所示,以长度计算	安装
		h	铸铁盖板	材料规格	套	按设计图所示,以套计算	安装
		i	无缝钢管	材料规格	kg	按设计图所示,以重量计算	安装
		j	钢管	材料规格	kg	按设计图所示,以重量计算	安装
		k	角钢	材料规格	kg	按设计图所示,以重量计算	安装
		l	光圆钢筋	材料规格 抗拉强度	kg	按设计图所示,各规格钢筋按有效长度(不计入规定的搭接长度及吊勾)以重量计算	1.制作、安装 2.搭接
		m	带肋钢筋				
	4		洞门				
		a	消防室洞门				
		b	通道防火匣门				
		c	风机启动柜洞门	材料规格 结构形式	个	按设计图所示,以个计算	安装
		d	卷帘门				
		e	检修门				
		f	双制铁门				
		g	格栅门				

续表7.12

项目	节	细目	项目名称	项目特征	计量单位	工程量计算规则	工程内容
		h	铝合金骨架墙	材料规格	m²	按设计图所示,以面积计算	加工、安装
		i	无机材料吸音板				
	5		洞内路面				
		a	水泥稳定碎石	1.材料规格 2.掺配量 3.厚度 4.强度等级	m²	按设计图所示,以顶面面积计算	1.清理下承层、洒水 2.拌和、运输 3.摊铺、整形 4.碾压 5.养护
		b	贫混凝土基层	1.材料规格 2.厚度 3.强度等级			
		c	沥青封层	1.材料规格 2.厚度 3.沥青用量	m²	按设计图所示,以面积计算	1.清理下承层 2.拌和、运输 3.摊铺、压实
		d	混凝土面层	1.材料规格 2.厚度 3.配合比 4.外掺剂 5.强度等级	m²	按设计图所示,以面积计算	1.清理下承层、湿润 2.拌和、运输 3.摊铺、抹平 4.压(刻)纹 5.胀缝制作安装 6.切缝、灌缝 7.养生
		e	光圆钢筋	1.材料规格 2.抗拉强度	kg	按设计图所示,各规格钢筋按有效长度(不计入规定的搭接长度)以重量计算	1.制作、安装 2.搭接
		f	带肋钢筋				
	6		消防设施				
		a	阀门井	1.材料规格 2.断面尺寸	个	按设计图所示,以个计算	1.阀门井施工养生 2.阀门安装
		b	集水池	1.材料规格 2.强度等级 3.结构形式	座	按设计图示,以座计算	1.集水池施工养生 2.防渗处理 3.水路安装
		c	蓄水池	1.材料规格 2.强度等级 3.结构形式	座	按设计图示,以座计算	1.蓄水池施工养生 2.防渗处理 3.水路安装
		d	取水泵房	1.材料规格 2.强度等级 3.结构形式	座	按设计图示,以座计算	1.取水池施工 2.水泵及管路安装 3.配电施工
		e	滚水坝	1.材料规格 2.强度等级 3.结构形式	座	按设计图示,以座计算	1.基础处理 2.滚水坝施工 3.养生
5			防水与排水				第505节、第507节
	1		防水与排水				

续表7.12

项目	节	细目	项目名称	项目特征	计量单位	工程量计算规则	工程内容
		a	复合防水板	材料规格	m²	按设计图所示,以面积计算	1.基底处理 2.铺设防水板 3.接头处理 4.防水试验
		b	复合土工防水层	材料规格	m²	按设计图所示,以面积计算	1.基底处理 2.铺设防水层 3.搭接、固定
		c	止水带	材料规格	m	按设计图所示,以长度计算	1.安装止水带 2.接头处理
		d	止水条	材料规格	m	按设计图所示,以长度计算	1.安装止水条 2.接头处理
		e	压注水泥-水玻璃浆液(暂定工程量)	1.材料规格 2.强度等级 3.浆液配比	m³	按实际完成数量,以体积计算	1.制备浆液 2.压浆堵水
		f	压注水泥浆液(暂定工程量)	1.材料规格 2.强度等级 3.浆液配比	m³	按实际完成数量,以体积计算	1.制备浆液 2.压浆堵水
		g	压浆钻孔(暂定工程量)	孔径孔深	m	按实际完成,以长度计算	钻孔
		h	排水管	材料规格	m	按实际完成,以长度计算	安装
		i	镀锌铁皮	材料规格	m²	按设计图所示,以面积计算	1.基底处理 2.铺设镀锌铁皮 3.接头处理
	6		洞内防水涂料和装饰工程				第506节、第507节
		1	洞内防火涂料				
		a	喷涂防火涂料	1.材料规格 2.遍数	m²	按设计图所示,以面积计算	1.基层表面处理 2.拌料 3.喷涂防火涂料 4.养生
		2	洞内装饰工程				
		a	镶贴瓷砖	1.材料规格 2.强度等级	m²	按设计图所示,以面积计算	1.混凝土墙表面的处理 2.砂浆找平 3.镶贴瓷砖
		b	喷涂混凝土专用漆	材料规格	m²	按设计图所示,以面积计算	1.基层表面处理 2.喷涂混凝土专用漆
	8		监控量测				第507节、第508节
		1	监控量测				

续表 7.12

项目	节	细目	项目名称	项目特征	计量单位	工程量计算规则	工程内容
		a	必测项目（项目名称）	1.围岩类别 2.检测手段、要求	总额	按规定以总额计算	1.加工、采备、标定、埋设测量元件 2.检测仪器采备、标定、安装、保护 3.实施观测 4.数据处理反馈应用
		b	选测项目（项目名称）				
	9		特殊地质地段的施工与地质预报				第507节、第509节
		1	地质预报	1.地质类别 2.探测手段、方法	总额	按规定以总额计算	1.加工、采备、标定、安装探测设备 2.检测仪器采备、标定、安装、保护 3.实施观测 4.数据处理反馈应用

7.4.3 隧道工程计量方法

1. 通则

(1)所有准备工作和施工中应采取的措施,均为以后工程的附属工作,不作单独计量与支付。

(2)图纸中列出的过程及材料数量,在下述工程支付细目表中凡未被列出的,其费用应认为均含在与其相关的工程项目单价中,不在另予计量和支付。

2. 洞口与明洞工程

(1)各项工程应以图纸所示和监理人指示为依据,按照实际完成并经验收的工程数量进行计量。

(2)洞口路堑等开挖与明洞洞顶回填的土石方,不分土、石的种类,只区分为土方和石方,以立方米计量。

(3)弃方运距在图纸规定的弃土场内为免费运距,弃土超出规定弃土场的距离时(比如图纸规定的弃土场地不足要另外增加弃土场,或经监理人同意变更的弃土场),其超出部分另计超运距运费,按立方米公里计量。若未经监理人同意,承包人自选弃土场时,则弃土运距不论远近,均为免费运距。

(4)隧道洞门的端墙、翼墙、明洞衬砌及遮光栅(板)的混凝土(钢筋混凝土)或石砌圬工,以立方米计量,钢筋(锚杆)以千克(kg)计量。

(5)截水沟(包括洞顶及端墙后截水沟)圬工以立方米计量。

(6)防水材料(无纺布)铺设完毕经验收以平方米计量,与相邻防水材料搭接部分不另计量。

(7)洞口坡面防护工程,按不同圬工类型分别汇总以立方米计量,锚杆及钢筋网分别以千克计量;种植草皮以平方米计量。

(8)截水沟的土方开挖和砂砾垫层、隧道名牌以及模板、支架的制作安装和拆卸等均包括在相应工程中,不单独计量。

(9)泄水孔、砂浆勾缝、抹平等的处理,以及图纸示出而支付细目表中未列出的零星工程和材料,均包括在相应工程细目单价内,不另行计量。

3. 洞身开挖

(1)洞内开挖土石方符合图纸所示(包括紧急停车带、车行横洞、人行横洞以及监控、消防和供配电设施的洞室)或监理人指示,按隧道内轮廓线加允许超挖值(设计给出的允许超挖值或《公路隧道施工技术规范》JTG F60—2009 按不同围岩级别给出的允许超挖值)后计算土石方。另外,当采用符合衬砌时,除给出的允许超挖值外,还应考虑加上预留变形量。按上述要求计得的土石方工程量,不分围岩级别,以立方米计量。开挖土石方的弃渣,其弃渣距离在图纸规定的弃渣场内为免费运距;弃渣距离超出规定弃渣场的距离时(比如图纸规定的弃渣场地不足要另外增加弃土场,或经监理人同意变更的弃渣场),其超出部分另计超运距运费,按立方米公里计量。若未经监理人同意,承包人自选弃渣场时,则弃渣运距不论远近,均为免费运距。

(2)不论承包人出于何种原因而造成的超过允许范围的超挖,和由于超挖所引起增加的工程量,均不予计量。

(3)支护的喷射混凝土按验收的受喷面积乘以厚度,以立方米计量,钢筋以千克(kg)计量。喷射混凝土其回弹率、钢纤维以及喷射前基面的清理工作均包含在工程细目单价之内,不另行计量。

(4)洞身超前支护所需的材料,按图纸所示或监理人指示并经验收的各种规格的超前锚杆或小钢管、管棚、注浆小导管、锚杆以米计量;各种型钢以千克(kg)计量;连接钢板、螺栓、螺帽、拉杆、垫圈等作为钢支护的附属构件,不另行计量;木材以立方米计量。

(5)隧道开挖钻孔爆破、弃渣的装渣作业均为土石方开挖工程的附属工作,不另行计量。

(6)隧道开挖过程中,洞内外采取的施工防排水措施,其工作量应包含在开挖土石方工程的报价之中。

4. 洞身衬砌

(1)洞身衬砌的拱部(含边墙),按实际完成并经验收的工程量,分不同级别水泥混凝土和圬工,以立方米计量。洞内衬砌用钢筋,按图纸所示以千克(kg)计量。

(2)在任何情况下,衬砌厚度超出图纸规定轮廓线的部分,均不予计量。

(3)按《公路工程标准施工招标文件》(2009 版)第 503.03 – 1(6)款规定,允许个别欠挖的侵入衬砌厚度的岩石体积,计算衬砌数量时不予扣除。

(4)仰拱、铺底混凝土,应按图纸施工,以立方米计量。

(5)预制或就地浇筑混凝土边沟及电缆沟,按实际完成并经验收后的工程量,以立方米计量。

(6)洞内混凝土路面工程经验收合格以平方米计量。

(7)各类洞门按图纸要求经验收合格以个计量。其中材料采备、加工制作、安装等均不另行计量。

(8)施工缝及沉降缝按图纸规定施工,其工作量含在相关工程细目之中,不另行计量。

5. 防水与排水

(1)洞内排水用的排水管按不同类型、规格以米计量。

(2)压浆堵水按所用原材料(如水泥浆液、水泥—水玻璃浆液)以吨(t)计量,压浆钻孔以米计量。

(3)防水层按所用材料(防水板、无纱布等)以平方米计量;止水带、止水条以米计量。

(4)为完成上述项目工程加工安装所有工料、机具等均不另行计量。

(5)隧道洞身开挖时,洞内外的临时防排水工程应作为洞身开挖的附属工作,不另行支付。为此,《公路工程标准施工招标文件》(2009版)第503节支付细目的土方及石方工程报价时,应考虑除防水与排水支付细目外的其他施工时采取的防排水措施的工作量。

6. 洞内防水涂料和装饰工程

完成的各项工程,应根据图纸要求,按实际完成并经监理人验收的数量,分别按以下的工程细目进行计量:

(1)喷涂防火涂料。喷涂的面积,以平方米为单位计量。其工作内容包括材料的采备、供应、运输,支架,脚手架的制作安装和拆除,基层表面处理,防火涂料喷涂后的养生,施工的照明、通风等一切与此有关的作业。

(2)镶贴瓷砖。镶贴瓷砖的面积,以平方米为单位计量。其工作内容包括材料的采备、供应、运输,混凝土边墙表面的处理,砂浆找平,施工的照明、通风等一切与此有关的作业,找平用的砂浆不另行计量。

(3)喷涂混凝土专用漆。喷涂混凝土专用漆的面积,以平方米为单位计量。其工作内容包括材料的采备、供应、运输,基层处理,施工的照明、通风等一切与此有关的作业。

7. 风水电作业及通风防尘

风水电作业及通风防尘为隧道施工的不可缺少的附属工作,其工作量均含在隧道工程有关工程细目的报价中,不再另行计量。

8. 监控量测

监控量测是隧道安全施工必须采取的措施,监控量测除必测项目外,应根据具体情况确定选测项目,分别以总额报价及支付。

9. 特殊地质地段的施工与地质预报

隧道施工中遇到特殊地质地段时,承包人应采取的有关施工措施,不另予计量与支付。地质预报采用的方法手段应根据具体情况选用,不同的方法手段,分别以总额报价及支付。

10. 洞内机电设施预埋件和消防设施

(1)机电设施预埋件按图纸要求施工完毕,经监理人分别按其所属设施验收合格以千克(kg)为单位计量。

(2)供水钢管、铸铁管按图纸要求敷设完毕,经监理人验收合格以米为单位计量。其工作内容包括焊接、法兰连接、防腐处理、开挖(回填)沟槽所需的人工和材料等,不另行计量。

(3)消防洞室防火门制作安装经验收合格以套为单位计量。

(4)集水池、蓄水池、泵房等按图纸要求施工完毕,经监理人验收合格分别以座为单位计量;消防设施的其他混凝土、砖石圬工工程以立方米为单位计量。

(5)消防系统中未列入清单中的附属设施其工作量含在相关细目中,不另计量。

7.4.4 隧道工程工程量清单计量应用实例

【示例7.10】 某隧道工程施工段 K3+010~K3+070 边墙需衬砌,断面尺寸如图7.7所示,混凝土强度等级为 C20,石料最大粒径 13 mm,试计算其清单工程量。

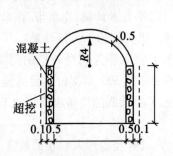

图7.7 边墙衬砌示意图 单位:m　　图7.8 锚杆布置示意图

【解】 清单工程量计算:
$$V/m^3 = 60 \times 2 \times 5 \times 0.5 = 300$$

【示例7.11】 某隧道拱部设置7根锚杆加强拱部支撑力,采用地面钻孔预压浆,砂浆式锚杆,锚杆采用 $\Phi 20$ 钢筋,$l = 1.9$ m,锚杆布置示意图如图7.8所示,计算锚杆的清单工程量。

【解】 清单工程量计算:

锚杆重量:$2.47 \times 1.9 \times 7 \times 10 - 3 = 3.2851 \times 10 - 2 = 30.851$ t

【示例7.12】 某地区一隧道工程,在施工段 K1+040~K1+160 对拱部进行混凝土衬砌,断面尺寸如图7.9所示,混凝土强度等级为 C25,石料最大粒径 13 mm,求其清单工程量。

【解】 清单工程量计算:
$$V/m^3 = \frac{1}{2}\pi \times [(4.5+0.6)2 - 4.5^2] \times 120 = 1085.73$$

【示例7.13】 某隧道长 100 m,洞口桩为 K0+200 到 K0+300,其中 K0+240~K0+280 段围岩级别为Ⅳ级,采用机械开挖自卸汽车运输,此断面示意图如图7.10所示,试计算隧道 K0+240~K0+280 段的隧道开挖和衬砌清单工程量。

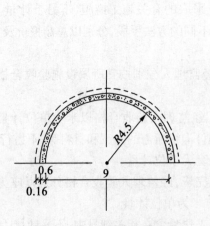
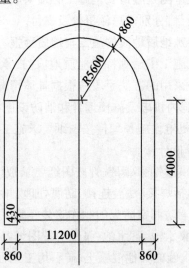

图7.9 隧道拱部衬砌示意图　　图7.10 隧道断面示意图

【解】 清单工程量计算：

(1)平洞开挖清单工程量计算：

$$[\frac{1}{2}\pi \times (5.6+0.86)2 + 4.0 \times (11.2+0.86 \times 2)] \times 40 = 4\,689.27 \text{ m}^3$$

(2)衬砌清单工程量计算：

1)拱部：$\frac{1}{2}\pi \times [(5.6+0.86)2 - 5.62] \times 40 = 651.67 \text{ m}^3$

2)过墙：$2 \times 4.0 \times 0.86 \times 40 = 275.2 \text{ m}^3$

【示例 7.14】 某隧道工程施工段 K1+50~K1+100 需锚杆支护，采用 $\Phi22$ 钢筋，长度为 2.0 m，采用梅花形布置，如图 7.11 所示，求锚杆清单工程量。

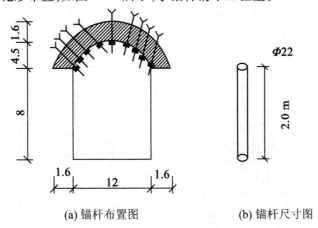

(a) 锚杆布置图　　　　　(b) 锚杆尺寸图

图 7.11　锚杆梅花形布置图及尺寸图　单位：m

【解】 清单工程量计算：

$\Phi22$ 的单根钢筋理论重量为 2.98 kg/m。

由图 7.11 知共 9 根锚杆：$9 \times 2.0 \times 2.98 = 53.64$ kg $= 0.05\,364$ t

7.5 安全设施及预埋管线工程工程量计量

7.5.1 安全设施及预埋管线工程细目

安全设施及预埋管线工程工程量清单细目见表 7.13 所示。

表 7.13 安全设施及预埋管线工程工程量清单细目

清单 第 600 章 安全设施及预埋管线工程

细目号	项目名称	单位	数量	单价	合价
602-1	浆砌片石护栏	m			
602-2	混凝土护栏	m			
602-3	单项波形梁钢护栏	m			
602-4	双面波形梁钢护栏	m			
602-5	活动式钢护栏	m			
602-6	波形梁钢护栏起、终端头				
-a	分设型圆头式	个			
-b	分设型锚式	个			
-c	组合型圆头式	个			
602-7	钢缆索护栏	m			
602-8	混凝土基础	m³			
603-1	铁丝编织网隔离栅	m			
603-2	刺铁丝隔离栅	m			
603-3	钢板网隔离栅	m			
603-4	电烛网隔离栅	m			
603-5	桥上防护网	m			
603-6	钢筋混凝土立柱	根			
603-7	钢立柱	根			
603-8	隔离墙工程				
-a	水泥混凝土隔离墙	m			
-b	砖砌隔离墙	m			
604-1	单柱式交通标志	个			
604-2	双柱式交通标志	个			
604-3	三柱式交通标志	个			
604-4	门架式交通标志	个			
604-5	单悬臂式交通标志	个			
604-6	双悬臂式交通标志	个			
604-7	悬挂式交通标志	个			
604-8	里程碑	个			
604-9	公路界碑	个			
604-10	百米桩	个			
604-11	示警桩	个			

续表 7.13

清单　第600章　安全设施及预埋管线工程

细目号	项目名称	单位	数量	单价	合价
605-1	热熔型涂料路面标线				
-a	1号标线	m²			
-b	2号标线	m²			
605-2	溶剂常温涂料路面标线				
-a	1号标线	m²			
-b	2号标线	m²			
605-3	溶剂加热涂料路面标线				
-a	1号标线	m²			
-b	2号标线	m²			
605-4	突起路标	个			
605-5	轮廓标				
-a	柱式轮廓标	个			
-b	附着式轮廓标	个			
605-6	立面标记	处			
606-1	防眩板	m			
606-2	防眩网	m			
607-1	入(手)孔	个			
607-2	紧急电话平台	个			
607-3	管道工程				
-a	铺设…孔 Φ…塑料管(钢管)管道	m			
-b	铺设…孔 Φ…塑料管(钢管)管道	m			
-c	铺设…孔 Φ…塑料管(钢管)管道	m			
-d	铺设…孔 Φ…塑料管(钢管)管道	m			
-e	制作安装过桥管箱(包括两端接头管箱)	m			
608-1	收费亭				
-a	单人收费亭	个			
-b	双人收费亭	个			
608-2	收费天棚	m²			
608-3	收费岛				
-a	单向收费岛	个			
-b	双向收费岛	个			
608-4	地下通道(高×宽)	m			
608-5	预埋管线				
-a	(管线规格)	m			
-b	(管线规格)	m			
608-6	架设管线				
-a	(管线规格)	m			
-b	(管线规格)	m			
608-7	收费广场高杆灯				
-a	标高…m	m			
-b	标高…m	m			

清单　第600章合计　人民币＿＿＿＿＿＿＿＿

7.5.2 安全设施及预埋管线工程工程量清单计量规则

1. 工程内容

安全设施及预埋管线工程内容包括护栏、隔离设施、道路交通标志、道路诱导设施、防眩设施、通信管道及电力管道、预埋(预留)基础、收费设施和地下通道工程。

2. 有关问题的说明及提示

(1) 护栏的地基填筑、垫层材料、砌筑砂浆、嵌缝材料、油漆以及混凝土中的钢筋、钢缆索护栏的封头混凝土等均不另行计量。

(2) 隔离设施工程所需的清场、挖根、土地平整和设置地线等工程均为安装工程的附属工作,不另行计量。

(3) 交通标志工程所有支撑结构、底座、硬件和为完成组装而需要的附件,均不另行计量。

(4) 道路诱导设施中路面标线玻璃珠包含在涂敷面积内,附着式轮廓标的后底座、支架连接件,均不另行计量。

(5) 防眩设施所需的预埋件、连接件、立柱基础混凝土及钢构件的焊接,均作为附属工作,不另行计量。

(6) 管线预埋工程的挖基及回填、压实及接地系统、所有封缝料和牵引线及拉棒检验等作为相关工程的附属工作,不另行计量。

(7) 收费设施及地下通道工程:

1) 挖基、挖槽及回填、压实等作为相关工程的附属工作,不另行计量。

2) 收费设施的预埋件为各相关工程项目的附属工作,不另行计量。

3) 凡未列入计量项目的零星工程,均含在相关工程项目内,不另行计量。

3. 工程量清单计量规则

安全设施及预埋管线工程工程量清单计量规则见表 7.14 所示。

表 7.14 安全设施及预埋管线工程工程量清单计量规则

项目	节	细目	项目名称	项目特征	计量单位	工程量计算规则	工程内容
六			安全设施及预埋管线工程				第600章
	2		护栏工程				第602节
		1	浆砌片石护栏	1.材料规格 2.断面尺寸 3.强度等级	m³	按设计图所示,以体积计算	1.挖基 2.基底填筑、铺垫层 2.浆砌片石、养生
		2	混凝土护栏	1.材料规格 2.断面尺寸 3.强度等级	m	按设计图所示,沿栏杆面(不包括起终端段)量测以长度(含立柱)计算	1.挖基 2.基底填筑、铺垫层 3.预制安装或现浇 4.涂装
		3	单面波形梁钢护栏				
		4	双面波形梁钢护栏	1.材料规格 2.抗拉强度	kg	按图纸和监理工程师指示验收,以长度计算	安装
		5	活动式钢护栏				

续表 7.14

项目	目	节	细目	项目名称	项目特征	计量单位	工程量计算规则	工程内容
		6		波形梁钢护栏起、终端头				
			a	分设型圆头式	材料规格	个	按设计图所示,以累计数量计算	安装
			b	分设型地锚式				
			c	组合型圆头式				
		7		钢缆索护栏	材料规格	m	按设计图所示,以长度(含立柱)计算	安装
		8		混凝土基础	1.断面尺寸 2.强度等级	m³	按设计图所示,以体积计算	1.挖基 2.钢筋制作、安装 3.混凝土浇筑、养护
	3			隔离设施				第603节
		1		铁丝编织网隔离栅	材料规格	m	按设计图所示,从端部外侧沿隔离栅中部丈量,以长度计算	1.开挖土方 2.浇筑基础 3.安装隔离栅(含金属立柱、斜撑、紧固件等)
		2		刺铁丝隔离栅				
		3		钢板网隔离栅				
		4		电焊网隔离栅				
		5		桥上防护网	材料规格	m	按设计图所示,以长度计算	安装防护网(含网片的支架、预埋件、紧固件等)
		6		钢筋混凝土立柱	1.材料规格 2.强度等级	根	按设计图所示,以数量计算	1.挖基 2.现浇或预制安装(含钢筋及立柱斜撑)
		7		钢立柱	材料规格	根	按设计图所示,以数量计算	安装(含钢筋及立柱斜撑)
		8		隔离墙工程				
			a	铁丝编织网隔离栅	1.材料规格 2.断面尺寸 3.强度等级	m	按设计图所示,从端部外侧沿隔离栅中部丈量,以长度计算	1.基础施工 2.砌筑或预制安装隔离墙
			b	刺铁丝隔离栅				
	4			道路交通标志工程				第604节
		1		单柱式交通标志	材料规格	个	按设计图所示,按不同规格以累计数量计算	1.基础施工 2.混凝土浇筑 3.安装(包括立柱和门架)
		2		双柱式交通标志				
		3		三柱式交通标志				
		4		门架式交通标志				
		5		单悬臂式交通标志				
		6		双悬臂式交通标志				
		7		悬挂式交通标志				
		8		里程碑	材料规格	个	按设计图所示,以累计数量计算	1.基础开挖 2.预制、安装
		9		公路界碑				
		10		百米桩				

续表 7.14

项目	节	细目	项目名称	项目特征	计量单位	工程量计算规则	工程内容
		11	示警桩	材料规格	根	按设计图所示,以累计数量计算	1. 基础开挖 2. 预制、安装 3. 油漆
	5		道路标线				第605节
		1	热熔型涂料路面标线				
			a 1号标线	1. 材料规格 2. 形式	m^2	按设计图所示,按涂敷厚度,以实际面积计算	1. 路面清洗 2. 喷洒下涂剂 3. 标线
			b 2号标线				
		2	溶剂常温涂料路面标线				
			a 1号标线	1. 材料规格 2. 形式	m^2	按设计图所示,按涂敷厚度,以实际面积计算	1. 路面清洗 2. 喷洒下涂剂 3. 标线
			b 2号标线				
		3	溶剂加热涂料路面标线				
			a 1号标线	1. 材料规格 2. 形式	m^2	按设计图所示,按涂敷厚度,以实际面积计算	1. 路面清洗 2. 喷洒下涂剂 3. 标线
			b 2号标线				
		4	突起路标	材料规格	个	按设计图所示,以累计数量计算	1. 安装
		5	轮廓标				
			a 柱式轮廓标	1. 材料规格 2. 涂料品种 3. 式样	个	按设计图所示,以累计数量计算	1. 挖基 2. 安装
			b 附着式轮廓标				安装
		6	立面标记	材料规格	处	按设计图所示,以累计数量计算	安装
	6		防眩设施				第606节
		1	防眩板	1. 材料规格 2. 间隔高度	m	按设计图所示,沿路线中线量测以累计长度计算	安装
		2	防眩网				
	7		管线预埋工程				第607节
		1	人(手)孔	1. 断面尺寸 2. 强度等级	个	按设计图所示,按不同断面尺寸,以累计数量计算	1. 开挖、清理 2. 人(手)孔浇制
		2	紧急电话平台	1. 断面尺寸 2. 强度等级	个	按设计图所示,按不同断面尺寸,以累计数量计算	1. 开挖、清理 2. 平台浇制
		3	管道工程				

续表 7.14

项目	节	细目	项目名称	项目特征	计量单位	工程量计算规则	工程内容
		a	铺设…孔 Φ… 塑料管(钢管)管道	1.材料规格 2.结构 3.强度等级	m	按设计图所示，按不同结构沿铺筑就位的管道中线量测，以累计长度计算	安装
		b	铺设…孔 Φ…塑料管(钢管)管道				
		c	铺设…孔 Φ…塑料管(钢管)管道				
		d	铺设…孔 Φ…塑料管(钢管)管道				
		e	制作安装过桥管箱(包括两端接头管箱)				安装(含托架)
	8		收费设施及地下通道工程				第608节
		1	收费亭				
		a	单人收费亭	1.材料规格 2.结构形式	个	按设计图的形式组装或修建，以累计数量计算	安装
		b	双人收费亭				
		2	收费天棚	1.材料规格 2.结构形式	m²	按设计图的形式组装架设，以面积计算	安装
		3	收费岛				
		a	单人收费岛	1.材料规格 2.强度等级	个	按设计图所示，以累计数量计算	混凝土浇筑
		b	双人收费岛				
		4	地下通道(高×宽)	1.材料规格 2.强度等级	m	按设计图所示，按不同断面尺寸以通道中心量测洞口间距离计算	1.挖基、基底处理 2.混凝土浇筑 3.装饰贴面及防、排水处理等
		5	预埋管线				
		a	(管线规格)	材料规格	m	按设计图规定铺设就位，以累计长度计算	1.安装 2.封缝料和牵引线及拉棒检验
		b	(管线规格)				
		6	架设管线				
		a	(管线规格)	材料规格	m	按设计图规定铺设就位，以累计长度计算	1.安装 2.封缝料和牵引线及拉棒检验
		b	(管线规格)				
		7	收费广场高杆灯				
		a	杆高…m	材料规格	m	按设计图所示，以累计数量计算	安装
		b	杆高…m				

7.5.3 安全设施及预埋管线工程计量方法

1. 通则

不作计量与支付。

2. 护栏

(1)设置在中央分隔带的混凝土护栏,应按图纸所示和监理人指示验收,其长度以米计量,混凝土基础以立方米计量。

(2)地基填筑、垫层材料、砌筑砂浆、嵌缝材料以及油漆涂料等均不另行计量。

(3)波形梁钢护栏(含立柱)安装就位(包括明涵、通道、小桥部分)并经验收合格,其长度沿栏杆面(不包括起、终端段)量取以米计量;钢护栏起、终端头以个计量。

(4)缆索护栏安装就位(包括明涵、通道、小桥、挡墙部分)并经验收合格,其长度按沿栏杆面量取的实际长度,以米为单位计量。

(5)中央分隔带开口处活动式钢护栏应拼装就位准确,验收合格,以个计量。

(6)明涵、通道、小桥、挡墙部分缆索护栏的立柱插座、预埋构件作为上述构造物的附属工作,不另计量。

3. 隔离栅和防落网

(1)隔离栅应安装就位并经验收,分别按铁丝编织网隔离栅、刺铁丝隔离栅、钢板网隔离栅、电焊网隔离栅等,从端柱外侧沿隔离栅中部丈量,以米计量。金属立柱及紧固件等均并入隔离栅计价中,不另行计量。

(2)桥上防护网以米计量,安设网片的支架、预埋件及紧固件等不另行计量。

(3)钢立柱及钢筋混凝土立柱安装就位并经验收,以根计量,钢筋及立柱斜撑不另计量。

(4)所需的清场、挖根、土地整平和设置地线等工程均为安装隔离栅的附属工作,不另计量。

4. 道路交通标志

(1)道路交通标志应按图纸规定提供、装好、埋设就位和经验收的不同种类、规格分别计量:

1)所有各式交通标志(包括立柱、门架)均以个为单位计量。

2)所有支撑结构、底座、硬件和为完成组装而需要的附件,均附属于各有关标志工程细目内,不另行计量。

(2)里程标和公路界碑等均应按埋设就位和验收的数量以个为单位计量。

5. 道路交通标线

(1)路面标线应按图纸所示,经检查验收后,以热熔型涂料、溶剂常温涂料和溶剂加热涂料的涂敷实际面积,以平方米为单位计量。反光型的路面标线玻璃珠应包含在涂敷面积内,不另计量。

(2)突起路标安装就位,经检查验收后以个计量。

(3)轮廓标安装就位,经检查验收后以个计量。

(4)立面标记设置经检查验收后以处计量。

(5)锥形交通路标安装就位经检查验收后以个数计量。

6. 防眩设施

(1)防眩板设置安装完成并经验收后以块计量。

(2)防眩网设置安装完成并经验收后以延米计量。

(3)为安装防眩板、防眩网的预埋件、连接件、立柱、基础混凝土以及钢构件的焊接等均作为防眩板、防眩网工程的附属工作,不另行计量。

7. 通信和电力管道与预埋(预留)基础

(1)人(手)孔应根据图纸所示的形式及不同尺寸按个计量。

(2)紧急电话平台应按底座就位和验收的个数计量。

(3)预埋管道工程应按铺筑就位并验收,以米计量,计量是沿着单管和多管结构的管中线进行。过桥管箱的制作、安装以米计量。所有封缝料和牵引线及拉棒检验等,作为承包的附属工作,不另行计量。

(4)挖基及回填,压实及接地系统作为相关工程的附属工作,不另计量。

(5)附属于桥梁、通道或跨线桥的预留管道及其他的电信设备应作为这些结构的一部分,在主体工程内计量,不单独计量。

(6)通信管道安装在桥上的托架作为制造、安装过桥管箱的附属工作,不另行计量。

8. 收费设施及地下通道

(1)收费亭按图纸所示的形式组装或修建,经监理人验收,分别按单人收费亭和双人收费亭以个为单位计量。

(2)收费天棚按图纸所示组装架设,经监理人验收以平方米为单位计量。

(3)收费岛浇筑按图纸所示形式及大小经监理人验收,分别按单向收费岛和双向收费岛以个为单位计量。

(4)地下通道按图纸要求经监理人验收,其长度沿通道中心量测洞口间距离,以米为单位计量,计量中包含了装饰贴面工程及防、排水处理等内容。

(5)预埋及架设管线按图纸规定铺设就位,经监理人验收以米为单位计量。

(6)收费设施的预埋件为各有关工程细目的附属工作,均不另予计量。

(7)所有挖基、挖槽以及回填、压实等均为各相关工程细目的附属工作,不另予计量。凡未列入计量细目的零星工程,均包含在相关工程细目内,不另予计量。

7.5.4 安全设施及预埋管线工程工程量清单计量应用实例

【示例 7.15】 ××市道路全长 1 700 m,路面宽度 14 m,在道路干道交叉口设置了人行横道,交叉口设置一警亭,如图 7.12、图 7.13 所示,每道线宽 23 cm,线长 2.8 m,每个路口有 6 条横道线,人行横道两侧的道路上每隔 100 m 设置一检查井,计算道路工程量并套用定额。

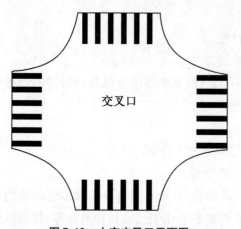

图7.12 十字交叉口平面图

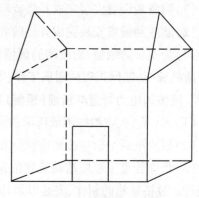

图7.13 值警亭示意图

【解】 清单工程量计算：

横道线面积：$0.23 \times 2.8 \times 6 \times 4 = 15.456 \text{ m}^2$

检查井的座数：$(1\,700/100 + 1) \times 2 = 36$ 座

值警亭的座数：1 座

【示例7.16】 ××市道路全长800 m，路面宽15 m，双向车道，如图7.14所示，行车道分向标线为1条，宽0.14 m，两侧车辆与行人之间用护栏隔离，计算分向标线、护栏长度。

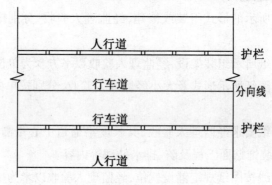

图7.14 道路平面示意图

【解】 清单工程量计算：

分向标线长度：800 m = 0.8 km

分向标线面积：$800 \times 0.14 = 112 \text{ m}^2$

护栏长度：$800 \times 2 = 1\,600$ m

【示例7.17】 ××市道路全长1 800 m，宽20 m，沥青混凝土路面，每50 m设置一标志板，如图7.15所示，标志板尺寸为60 cm×80 cm，计算标志板的工程量。

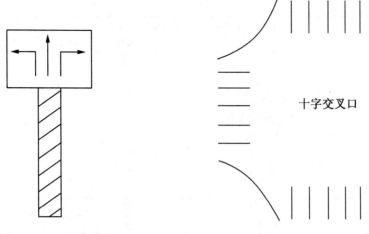

图 7.15 标志板示意图　　　图 7.16 交叉口示意图

【解】 清单工程量计算：

标志板的块数：$1800/50 + 1 = 37$（块）

【示例 7.18】 ××市干道交叉口处设置人行横道，人行横道线宽 18 cm，长度均为 1.8 m，如图 7.16 所示，普通喷线机标线，确定横道线的工程量并套用定额。

【解】 清单工程量计算：

人行横道线面积：$0.18 \times 1.8 \times 4 \times 5 = 6.48 \text{ m}^2$

7.6 绿化及环境保护工程工程量计量

7.6.1 绿化及环境保护工程细目

绿化及环境保护工程工程量清单细目见表 7.15 所示。

表 7.15 绿化及环境保护工程工程量清单细目

清单　第700章　绿化及环境保护					
细目号	项目名称	单位	数量	单价	合价
703 - 1	撒播草种	m²			
703 - 2	铺（植）草皮				
- a	马尼拉草皮	m²			
- b	美国二号草皮	m²			
- c	麦冬青草皮	m²			
- d	台湾青草皮	m²			
703 - 3	绿地喷灌管道	m			
704 - 1	人工种植乔木				
- a	香樟	棵			
- b	大叶樟	棵			
- c	杜英	棵			
- d	圆柏	棵			
- e	广玉兰	棵			

续表 7.15

清单 第700章 绿化及环境保护

细目号	项目名称	单位	数量	单价	合价
-f	桂花	棵			
-g	奕树	棵			
-h	意大利杨树	棵			
704-2	人工种植灌木				
-a	夹竹桃	棵			
-b	木芙蓉	棵			
-c	春杜鹃	棵			
-d	月季	棵			
-e	小叶女贞	棵			
-f	红继木	棵			
-g	大叶黄杨	棵			
-h	龙柏球	棵			
-i	法国冬青	棵			
-j	海桐	棵			
-k	凤尾兰	棵			
704-3	栽植攀缘植物	棵			
704-4	人工种植竹类				
-a	楠竹	丛			
-b	早园竹	丛			
-c	孝须竹	丛			
-d	凤尾竹	丛			
-e	青皮竹	丛			
-f	凤尾竹球	丛			
704-5	人工栽植棕榈类				
-a	薄葵	株			
-b	棕榈	株			
-c	五福棕榈	株			
-d	爬山虎	株			
-e	鸡血藤	株			
-f	五叶地绵	株			
704-6	栽植绿篱	m			
704-7	栽植绿色带	m^2			
706-1	消声板声屏障				
-a	H2.5 m 玻璃钢消声板	m			
-b	H3.0 m 玻璃钢消声板	m			
706-2	吸音砖声屏障	m^3			
706-3	砖墙声屏障	m^3			

清单 第700章合计 人民币_____

7.6.2 绿化及环境保护工程工程量清单计量规则

1. 工程内容

绿化及环境保护工程内容包括撒播草种和铺植草皮、人工中乔木、灌木、声屏障工程。

2. 有关问题的说明及提示

(1)本节绿化工程为植树及中央分隔带及互通立交范围内和服务区、管养工区、收费站、停车场的绿化种植区。

(2)除按图纸施工的永久性环境保护工程外,其他采取的环境保护措施已包含在相应的工程项目中,不另行计量。

(3)由于承包人的过失、疏忽、或者未及时按设计图纸做好永久性的环境保护工程,导致需要另外采取环境保护措施,这部分额外增加的费用应由承包人负担。

(4)在公路施工及缺陷责任期间,绿化工程的管理与养护以及任何缺陷的修正与弥补,是承包人完成绿化工程的附属工作,均由承包人负责,不另行计量。

3. 工程量清单计量规则

绿化及环境保护工程工程量清单计量规则见表 7.16 所示。

表 7.16 绿化及环境保护工程工程量清单计量规则

项目	目	节	细目	项目名称	项目特征	计量单位	工程量计算规则	工程内容
七				绿化及环境保护				第700章
		3		撒播草种和铺植草皮				第702节、第703节、第705节
			1	撒播草种	1.草籽种类 2.养护期	m²	按设计图所示尺寸,以面积计算	1.修整边坡、铺设表土 2.播草籽 3.洒水覆盖
			2	铺(植)草皮				
			a	马尼拉草皮	1.草皮种类 2.铺设方式 3.养护期	m²	按设计图所示尺寸,以面积计算	1.修整边坡、铺设表土 2.铺设草皮 3.洒水 4.养护
			b	美国二号草皮				
			c	麦冬草皮				
			d	台湾青草皮				
			3	绿地喷灌管道	1.土石类别 2.材料规格	m	按设计图所示尺寸,以累计长度计算	1.开挖 2.阀门井砌筑 3.管道铺设(含闸阀、水表、洒水栓等) 4.油漆防护 5.回填、清理
		4		人工种植乔木、灌木…				第702节、第704节、第705节
			1	人工种植乔木				

续表 7.16

项目	节	细目	项目名称	项目特征	计量单位	工程量计算规则	工程内容
		a	香樟	1. 胸径（高地1.2 m处树干直径） 2. 高度	棵	按累计株数计算	1. 挖坑 2 苗木运输 3. 铺设表土、施肥 4. 栽植 5. 清理、养护
		b	大叶樟				
		c	杜英				
		d	圆柏				
		e	广玉兰				
		f	桂花				
		g	奕树				
		h	意大利杨树				
	2		人工种植灌木				
		a	夹竹桃	冠丛高	棵	按累计株数计算	1. 挖坑 2 苗木运输 3. 铺设表土、施肥 4. 栽植 5. 清理、养护
		b	木芙蓉				
		c	春杜鹃				
		d	月季				
		e	小叶女贞				
		f	红继木				
		g	大叶黄杨				
		h	龙柏球				
		i	法国冬青				
		j	海桐				
		k	凤尾兰				
	3		栽植攀缘植物		棵		1. 挖坑 2 苗木运输 3. 铺设表土、施肥 4. 栽植 5. 清理、养护
	4		人工种植竹类				
		a	楠竹	1. 胸径 2. 冠幅	丛	以冠幅垂直投影确定冠幅宽度,按丛累计数量计算	1. 挖坑 2. 苗木运输 3. 栽植 4. 清理、养护
		b	早园竹				
		c	孝须竹				
		d	凤尾竹				
		e	青皮竹				
		f	凤尾竹球				
	5		人工栽植棕榈类				
		a	薄葵	1. 胸径 2. 株高	棵	离栽植苗林地1.2 m处棕榈干直径为胸径,按株的累计数量计算	1. 挖坑 2. 苗木运输 3. 栽植 4. 清理、养护
		b	棕榈				
		c	五福棕榈				
	5		人工栽植棕榈类				

续表 7.16

项目	目	细目	项目名称	项目特征	计量单位	工程量计算规则	工程内容
		d	爬山虎	高度	棵	离地自然垂直高度为高度,以株累计数量计算	1. 挖坑 2. 苗木运输 3. 栽植 4. 清理、养护
		e	鸡血藤				
		f	五叶地绵				
	6		栽植绿篱	1. 种类 2. 篱高 3. 行数	m	按设计图所示,以长诗计算	1. 挖沟槽 2. 种植 3. 清理、养护
	7		栽植绿色带	种类	m²	按设计图所示,以面积计算	1. 挖松地面 2. 种植 3. 养护
6			声屏障				第 706 节
	1		消声板声屏障				
		5	人工栽植棕榈类				
		a	H2.5 m 玻璃钢消声板	材料规格	m	按设计图所示,以长度计算	1. 开挖 2. 浇筑混凝土基础 3. 安装钢立柱 4. 焊接 5. 插装消声板 6. 防锈
		b	H3.0 m 玻璃钢消声板				
	1		吸音砖声屏障	1. 材料规格 2. 断面尺寸 3. 强度等级	m³	按设计图所示,以体积计算	1. 开挖 2. 砖浸水 3. 砌筑、勾缝 4. 填塞沉降缝 5. 洒水养生
	2		砖墙声屏障				

7.6.3 绿化及环境保护工程计量方法

1. 通则

不作计量与支付。

2. 铺设表土

(1)表土铺设应按完成的铺设面积并经验收以立方米为单位计量。

(2)铺设表土的准备工作(包括提供、运输等)为承包人应做的附属工作,不另予计量。

3. 撒播草种和铺植草皮

(1)撒播草种按经监理人验收的成活草种的面积以平方米为单位计量。

(2)草种、水、肥料等,作为承包人撒播草种的附属工作,均不另行计量。

(3)铺植草皮按经监理人验收的数量以平方米为单位计量,密铺、间铺按不同支付细目计量、支付。

(4)需要铺设的表土,按表土的来源,按《公路工程标准施工招标文件》(2009 版)第 702

节相关支付细目计量。

(5)绿地喷灌设施按图纸所示,敷设的喷灌管道以米为单位计量。喷灌设施的闸阀、水表、洒水栓等均不另行计量。

4. 种植乔木、灌木、攀缘植物

(1)人工种植由监理人按成活数验收,乔木、灌木及人工种植攀缘植物均以棵计量。

(2)需要铺设的表土,按表土的来源,依据《公路工程标准施工招标文件》(2009版)第702节细目计量。

(3)种植用水、设置水池储水,均作为承包人种植植物的附属工作,不另予计量。

5. 植物养护和管理

植物的养护及管理是承包人完成绿化工程的附属工作,不另计量与支付。

6. 声屏障

吸、隔声板声屏障应按图纸施工完成并经监理人验收的现场量测的长度,以米为单位计量,吸声砖及砖墙声屏障以立方米为单位计量。声屏障的基础开挖、基底夯实、基坑回填、立柱、横板安装等工作为砌筑吸声砖声屏障及砌筑砖墙声屏障所必需的附属工作,均不另行计量。

7.6.4 绿化及环境保护工程工程量清单计量应用实例

【示例7.19】 已知一预制板桥,桥宽15 m,桥面及栏杆示意图如图7.17(a)、(b)所示,试计算其清单工程量。

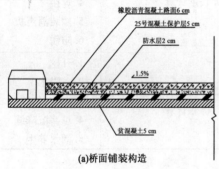
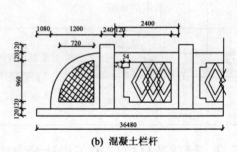

(a)桥面铺装构造   (b) 混凝土栏杆

图7.17 桥面及栏杆示意图

说明:1. 栏杆计算不计地袱工程量。

2. 栏板厚15cm。

【解】 (1)栏杆工程量:栏杆为素混凝土现浇制成,故只有混凝土工程量。

清单工程量计算:

$$l = 36.48 \text{ m}$$

(2)路面铺装:

清单工程量计算:

橡胶沥青混凝土:$S_1/m^2 = 15 \times 36.48 = 547.2$

25 号混凝土:$S_2/m^2 = 15 \times 36.48 = 547.2$

防水层:$S_3/m^2 = 15 \times 36.48 = 547.2$

贫混凝土:$S_4/m^2 = 15 \times 36.48 = 547.2$

7.7 房建工程工程量计量

7.7.1 房建工程细目

房建工程工程量清单细目见表 7.17 所示。

表 7.17 房建工程工程量清单细目

清单 第 700 章 绿化及环境保护					
细目号	项目名称	单位	数量	单价	合价
-g	混凝土有梁板	m³			
-h	预应力空心混凝土板	m³			
-i	混凝土无梁板	m³			
-j	混凝土平板	m³			
-k	混凝土天沟、挑檐板	m³			
-l	雨逢、阳台板	m³			
-m	钢筋混凝十小型构件	m³			
-n	混凝土直形墙	m³			
-o	混凝土楼梯	m³			
-p	台阶	m³			
-q	现浇混凝土钢筋(种类)	t			
-r	预制混凝土钢筋(种类)	t			
-s	钢筋网片	t			
-t	钢筋笼	t			
-u	预埋铁件(螺栓)	t			
804-1	砖砌体工程				
-a	实心砖墙	m³			
-b	填充墙	m³			
-c	空斗墙	m³			
-d	实心砖柱	m³			
-e	砖窨井、检查井	m³			
-f	砖水池、化粪池	m³			
-g	砖地沟、明沟	m			
-h	砖散水、地坪	m²			

续表 7.17

清单 第700章 绿化及环境保护

细目号	项目名称	单位	数量	单价	合价
804-2	石砌体				
-a	石挡土墙	m³			
-b	石护坡	m³			
-c	石台阶	m³			
-d	石地沟、明沟	m			
805-1	金属门				
-a	铝合金平开门	樘			
-b	铝合金推拉门	樘			
-c	铝合金地弹门	樘			
-d	塑钢门	樘			
-e	防盗门	樘			
-f	金属卷闸门	樘			
-g	防火门	樘			
805-2	木质门				
-a	木板门	樘			
-b	企口木板门	樘			
-c	实木装饰门	樘			
-d	胶合板门	樘			
-e	夹板装饰门	樘			
805-3	金属窗				
-a	铝合金窗(平开窗)	樘			
-b	铝合金推拉窗	樘			
-c	铝合金固定窗	樘			
-d	塑钢窗	樘			
-e	金属防盗窗	樘			
-f	铝合金纱窗	樘			
805-4	门窗套				
-a	实木门窗套	m²			
805-5	电动门				
-a	不锈钢电动伸缩门	套			
806-1	地面				
-a	细石混凝土地面	m²			
-b	水泥砂浆地面	m²			
-c	块料楼地面	m²			
-d	石材楼地面	m²			
-e	防静电活动地板	m²			
-f	竹木地板	m²			
806-2	楼地面层				
-a	块料楼梯面层	m²			
-b	石材楼梯面层	m²			
806-3	扶手、栏杆				

续表 7.17

清单　第 700 章　绿化及环境保护

细目号	项目名称	单位	数量	单价	合价
-a	硬木扶手带栏杆、栏板	m			
-b	金属扶手带栏杆、栏板	m			
806-4	台阶面层				
-a	块料台阶面层	m			
-b	石料台阶面层	m			
807-1	屋面				
-a	瓦屋面	m^2			
-b	型材屋面	m^2			
-c	屋面卷材防水	m^2			
-d	屋面涂膜防水	m^2			
-e	屋面刚性防水	m^2			
-f	屋面排水管	m^2			
-g	屋面天沟、尚沟	m^2			
808-1	钢结构工程				
-a	钢网架	m^2			
-b	钢楼梯	m^2			
-c	钢管柱	m^2			
-d	围墙大门	m^2			
-e	阳台晾衣架	m^2			
-f	室外晾衣棚	m^2			
809-1	抹灰、勾缝				
-a	墙面一般抹灰	m^2			
-b	墙面装饰抹灰	m^2			
-c	墙面勾缝	m^2			
-d	柱面一般抹灰	m^2			
-e	柱面装饰抹灰	m^2			
-f	柱面勾缝	m^2			
809-2	墙面				
-a	石材墙面	m^2			
-b	块料墙面	m^2			
-c	干挂石材钢骨架	m^2			
-d	石材柱面	m^2			
-e	块料柱面	m^2			
809-3	装饰墙面				
-a	装饰墙面	m^2			
-b	装饰柱(梁)面	m^2			
809-4	幕墙				
-a	带骨架幕墙	m^2			
-b	全玻幕墙	m^2			
809-5	抹灰				
-a	天棚抹灰	m^2			

续表7.17

清单 第700章 绿化及环境保护

细目号	项目名称	单位	数量	单价	合价
－b	天棚饰面吊顶	m²			
－c	灯带	m²			
810－1	路面				
－a	垫层	m²			
－b	石灰稳定土	m²			
－c	水泥稳定土	m²			
－d	石灰、粉煤灰、土	m²			
－e	石灰、碎(砾)石、土	m²			
－f	水泥稳定碎(砂砾)石	m²			
－g	水泥混凝土	m²			
－h	块料面层	m²			
－i	现浇混凝土人行道	m²			
810－2	树池砌筑	个			
811－1	管道				
－a	镀锌钢管	m			
－b	焊接钢管	m			
－c	钢管	m			
－d	塑料管(UPVC、PP－C、PP－R管)	套			
－e	塑料复合管	套			
811－2	阀门				
－a	螺纹阀门	个			
－b	螺纹法兰阀门	个			
－c	焊接法兰阀门	个			
－d	安全阀	个			
－e	法兰	副			
－f	水表	副			
811－3	卫生器具				
－a	洗脸盆	组			
－b	洗手盆	组			
－c	洗涤盆	组			
－d	淋浴器	组			
－e	大便器	套			
－f	小便器	套			
－g	排水栓	组			
－h	水龙头	个			
－i	地漏	个			
－j	热水器	台			
811－4	防火器材				
－a	消火栓	套			
－b	干粉灭火器	台			
－c	消防水箱制作安装	座			

续表7.17

清单 第700章 绿化及环境保护					
细目号	项目名称	单位	数量	单价	合价
-d	探测器(感烟)	套			
-e	探测器(感温)	套			
-f	水喷头	个			
-g	警报装置	套			
812-1	电气工程				
-a	电力变压器(箱式变电站)	台			
-b	避雷器	组			
-c	隔离开关	组			
-d	成套配电柜	台			
-e	动力(空调)配电箱	台			
-f	照明配电箱	台			
-g	插座箱	台			
-h	液位控制装置	套			
812-2	电缆及支架				
-a	电缆敷设	m			
-b	电缆保护管	m			
-c	电缆桥架	m			
-d	支架	t			
812-3	高压线路				
-a	电杆组立	根			
-b	导线架设	km			
812-4	室内供电线路				
-a	电气配管	m			
-b	线槽	m			
-c	电气配线	m			
812-5	灯柱、灯座				
-a	座灯、筒灯、吸顶灯	套			
-b	双管荧光灯	套			
-c	单管荧光灯	套			
-d	工矿灯、应急灯、防爆灯	套			
-e	柱顶灯	套			
-f	庭园灯	套			
-g	路灯	套			
-h	草坪灯	套			
-i	圆球灯	套			
812-6	开关				
-a	开关(单联、双联、三联)	套			
-b	带开关插座(防线型)	套			
812-7	吊风扇	套			
812-8	发电机设备				
-a	发电机组	套			
细目号	项目名称	单位	数量	单价	合价
812-9	防雷及接地装置				
-a	室内外接地线安装	m			
-b	避雷装置	套			
清单 第800章合计 人民币 _____					

7.7.2 房建工程工程量清单计量规则

1. 工程内容

房建工程内容包括建筑基坑、地基与地防水、混凝土、砖砌体、门窗、地面与楼面、屋面钢结构、抹灰、勾缝、室外及附属设施、暖卫及给排水、电气、收费设施工程。

2. 有关问题的说明及提示

(1)本节涉及的总则、清理场地与拆除、土石方开挖、土石方填筑、收费设施、地下通道等计量规则见有关章节。

(2)本节所列工程细目,涉及正负零以上支架搭设及拆除、模板安装及拆除、垂直起吊材料构件、预埋铁件的除锈、制作安装均包括在相应的工程项目中,不另行计量。

(3)本节所列工程项目的涉及的养护工作,包括在相应的工程项目中,不另行计量。

3. 工程工程量清单计量规则

房建工程工程量清单计量规则见表7.18所示。

表7.18 房建工程工程量清单计量规则

项目	目	节	细组	项目名称	项目特征	计量单位	工程量计算规则	工程内容
八				房建工程				
	1			建筑基坑				
		1		建筑基坑				
			a	挖土方	1.土石类别 2.深度 3.基础类别 4.弃方运距	m^3	按设计图所示以基础垫层底面积乘挖土深度计算	1.排地表水 2.土石方开挖 3.围护支撑 4.运输 5.边坡 6.基底钎探
			b	挖石方				
			c	回填土	1.土质 2.粒径要求 3.密实度 4.运距	m^3	按挖方体积减去设计室外地坪以下埋设的基础体积(包括基础垫层及其他构筑物)计算	1.土、石方装卸运输 2.回填 3.分层填筑
	2			地基与地下防水工程				
		1		地基				
			a	混凝土垫层	1.厚度 2.强度等级	m^3	按设计图所示以体积计算 (1)基础垫层:垫层底面积乘厚度; (2)地面垫层:按设计垫层外边线所围面积(不扣除单孔0.3 m^2 以内面积,扣除0.3 m^2 以外面积)乘以厚度计算	1.地基夯实 2.垫层材料制备、运输 3.垫层夯实 4.铺筑垫层
			b	砾(碎)石、砂及砾(碎)石灌浆垫层	1.厚度 2.强度等级 3.级配			
			c	灰土垫层	1.厚度 2.掺灰量			

续表 7.18

项目	节	细目	项目名称	项目特征	计量单位	工程量计算规则	工程内容
		d	混凝土灌注桩	1.桩长桩径 2.成孔方法 3.强度等级	m	按设计图所示,以桩长度(包括桩尖)计算	1.成孔、固壁 2.灌注混凝土 3.泥浆池、沟槽砌筑、拆除 4.泥浆装卸、运输 5.凿除桩头、清理运输
		e	砂石灌注桩	1.桩长桩径 2.成孔方法 3.砂石级配	m	按设计图所示,以桩长度(包括桩尖长度)计算	1.成孔 2.运输及填充砂石 3.震实
		f	桩基承台基础	强度等级	m³	按设计图示尺寸以体积计算,不扣除构件内钢筋、预埋铁件和伸入承台基础的桩头所占体积	1.混凝土制作、运输、浇捣、养护
		g	桩基检测	桩长桩径	根	按监理工程师验收的累计根数计算	1.钻芯 2.检测(按规定检测内容)
		h	砖基础	1.材料规格 2.基础类型 3.强度等级	m³	按设计图所示尺寸以体积计算,基础长度:外墙按中心线,内墙按净长线计算。应扣除地梁(圆梁)、构造柱所占体积。基础大放脚T型接头处的重叠部分以及嵌入基础内的钢筋、铁件、管道、基础砂浆防潮及单个面积在0.3 m²以内孔洞所占体积不予扣除,但靠墙暖气沟的挑檐亦不增加。附墙垛基础宽出部分体积应并入基础工程量内	1.材料运输 2.砌砖 3.铺设防潮层
		i	混凝土带形基础	1.断面尺寸 2.强度等级	m³	按设计图示尺寸以体积计算,不扣除构件内钢筋、预埋铁件和伸入承台基础的桩头所占体积	1.+1113 混凝土制作、运输、浇捣 2.养护
		j	混凝土独立基础		m³		
		k	混凝土满堂基础				

续表 7.18

项目	节	细目	项目名称	项目特征	计量单位	工程量计算规则	工程内容
		i	设备基础	1.断面尺寸 2.强度等级	m³	按设计图示尺寸以体积计算,不扣除构件内钢筋、预埋铁件和伸入承台基础的桩头所占体积	1.混凝土制作、运输、浇捣、模板、养护 2.地脚螺栓、二次灌浆
	2		地下防水工程				
		a	卷材防水	1.材料规格 2.涂膜厚度 3.防水部位	m²	按设计图所示以面积计算(1)地面防水:按主墙间净空面积计算,扣除凸出地面的构筑物、设备基础等所占面积,不扣除柱、垛、间壁墙、烟囱及 0.3 m² 以内空洞所占面积; (2)墙基防水:外墙按中心线,内墙按净长乘宽度计算	1.基层处理 2.抹找平层 3.涂刷黏结剂 4.铺设防水卷材 5.铺保护层 6.接缝、嵌缝
		b	涂膜防水				1.基层处理 2.抹找平层 3.刷基层处理剂 4.铺涂膜防水层 5.铺保护层
		c	砂浆防水(潮)	1.厚度 2.强度等级			1.基层处理 2.挂钢丝网片 3.设置分格缝 4.摊铺防水材料
		d	变形缝	1.部位做法 2.材料规格	m	按设计图所示,以长度计算	1.清缝 2.填塞防水材料 3.安设盖板 4.刷防护材料
	3		混凝土工程				
		1	混凝土工程				
		a	混凝土方柱	1.柱高度 2.断面尺寸 3.强度等级	m³	按设计图所示尺寸以体积计算,不扣除构件内钢筋、预埋铁件所占体积柱高:(1)有梁板柱高,应自柱基上表面(或楼板上表面)至上一层楼板上表面之间的高度计算;(2)框架柱高,应自柱基上表面至柱顶高度计算;(3)构造柱按全高计算(与砖墙嵌接部分的体积并入柱身体积)	1.混凝土制作 2.运输 3.浇捣 4.养护
		b	混凝土构造柱				
		c	混凝土圆柱				

续表 7.18

项目	节	细目	项目名称	项目特征	计量单位	工程量计算规则	工程内容
		d	混凝土梁	1.标高 2.断面尺寸 3.强度等级	m³	按设计图所示尺寸以体积计算,不扣除构件内钢筋、预埋铁件所占体积梁长: (1)梁与柱连接时,梁长算至柱侧面; (2)主梁与次梁连接时,次梁长算至主梁侧面; (3)伸入墙内的梁头、梁柱体积并入梁体积计算	1.混凝土制作 2.运输 3.浇捣 4.养护
		e	混凝土基础梁	1.标高 2.断面尺寸 3.强度等级	m³	按设计图所示尺寸以体积计算,不扣除构件内钢筋、预埋铁件所占体积梁长:梁与柱连接时,梁长算至柱侧面	1.混凝土制作 2.运输 3.浇捣 4.养护
		f	混凝土圆梁	1.标高 2.断面尺寸 3.强度等级	m³	按设计图所示以后以体积计算,不扣除构件内钢筋、预埋铁件所占体积	1.混凝土制作 2.运输 3.浇捣 4.养护
		g	混凝土有梁板	1.标高 2.断面尺寸 3.强度等级	m³	按设计图所示尺寸以体积计算,不扣除构件内钢筋、预埋铁件及0.3 m²以内孔洞所占体积	现浇或预制安装
		h	预应力空心混凝土板	1.标高 2.断面尺寸 3.强度等级	m³	空心板的空洞体积应扣除。其中: (1)有梁板包括主、次梁与板,按梁、板体积之间和计算; (2)无梁板按板和柱帽体积之和计算; (3)各类板伸入墙内的板头并入板体积内计算	现浇或预制安装
		i	混凝土无梁板				
		j	混凝土平板				

续表 7.18

项目	节	细目	项目名称	项目特征	计量单位	工程量计算规则	工程内容
		k	混凝土天沟、挑檐板	1. 标高 2. 断面尺寸 3. 强度等级	m³	按设计图所示尺寸,以体积计算	现浇或预制安装
		i	雨蓬、阳台板	1. 标高 2. 断面尺寸 3. 强度等级	m²	按设计图所示以墙外部分体积计算,伸出墙外的牛腿和雨蓬反挑檐合并在体积内计算	现浇或预制安装
		m	钢筋混凝土小型构件	1. 断面尺寸 2. 强度等级	m³	按设计图所示尺寸以体积计算,不扣除构件内钢筋、铁件及小于 300 mm×300 mm 以内孔洞面积所占体积	现浇或预制安装
		n	混凝土直形墙	1. 断面尺寸 2. 强度等级	m³	按设计图所示尺寸以体积计算,不扣除构件内钢筋、铁件及小于 300 mm×300 mm 以内孔洞面积所占体积,墙垛及突出部分并入墙体积计算	1. 混凝土制作 2. 运输 3. 浇捣 4. 养护
		o	混凝土楼梯	1. 断面尺寸 2. 强度等级	m³	按设计图所示尺寸的水平投影面积计算,不扣除宽度小于 500 mm 的楼梯井,伸入墙内部分不计	现浇或预制安装
		p	台阶	1. 断面尺寸 2. 强度等级	m³	按设计图所示以体积计算	现浇或预制安装
		q	现浇混凝土钢筋(种类)	材料规格	t	按设计图所示尺寸长度乘以单位理论重量计算	1. 制作 2. 运输 3. 安装
		r	预制混凝土钢筋(种类)	材料规格	t		
		s	钢筋网片	材料规格	t	按设计图所示的分类钢筋重量计算	1. 制作 2. 运输 3. 安装
		t	钢筋笼				
		u	预埋铁件(螺栓)	材料规格	t	按设计图所示尺寸,以重量计算	1. 螺栓、铁件制作 2. 运输 3. 安装
	4		砌体工程				

续表7.18

项目	节	细目	项目名称	项目特征	计量单位	工程量计算规则	工程内容
	1		砖砌体工程				
		a	实心砖墙	1.材料规格 2.断面尺寸 3.强度等级	m^3	按设计图所示尺寸以体积计算。应扣除门窗洞口,过人洞、空洞、嵌入墙内的钢筋混凝土柱、梁、圈梁、挑梁、过梁及凹进墙内的壁龛、管槽、暖气槽、消火栓箱所占体积。不扣除梁头、板头、檩头、垫木、木楞头、沿缘木、木砖、门窗走头、砖墙内加固钢筋、木筋、铁件、钢管及 0.3 m^2 以下孔洞所占体积。凸出墙面的腰线、挑檐、压顶、窗台线、虎头砖、门窗套体积也不增加。凸出墙面的砖垛并入墙体内 1.墙长度:外墙按中心线,内墙按净长计算 2.墙高度: (1)外墙:斜(坡)屋面无檐口天棚者算至屋面板底;有屋架且室外均有天棚者,算至屋架下弦底面另加 200 mm;无天棚者算至屋架下统底面加 300 mm,出檐宽度超过 600 mm 时,应按实砌高度计算;平屋面算至钢筋混凝土板度;	1.材料运输 2.砌砖 3.勾缝 4.搭拆脚手架

续表7.18

项	目	节	细目	项目名称	项目特征	计量单位	工程量计算规则	工程内容
			a	实心砖墙	1.材料规格 2.断面尺寸 3.强度等级	m³	(2)内墙:位于屋架下弦者,其高度算至屋架底;无屋架者算至天棚底另加100 mm;有钢筋混凝土楼板隔层者算至板顶;有框架梁时算至梁底; (3)女儿墙:从屋面板上表面算至女儿墙顶面(如有混凝土压顶时算至压顶时算至压顶下表面); (4)内、外山墙:按其平均高度计算; (5)围墙:围柱并入围墙体积内	1.材料运输 2.砌砖 3.勾缝 4.搭拆脚手架
			b	填充墙	1.材料规格 2.断面尺寸 3.强度等级	m³	按设计图所示尺寸以体积计算。墙角、内外墙交接处、门窗洞口立边、窗台砖、屋檐处的实砌部分并入空斗墙体积内计算	1.材料运输 2.砌砖 3.勾缝 4.搭拆脚手架
			c	空斗墙				
			d	实心砖柱	1.材料规格 2.断面尺寸 3.强度等级	m³	按设计图所示尺寸以体积计算。扣除混凝土及钢筋混凝土梁梁垫、梁头所占体积	1.材料运输 2.砌砖 3.勾缝 4.搭拆脚手架
			e	砖窨井、检查井	1.断面尺寸 2.垫层材料厚度 3.强度等级	m³	按设计图所示,以体积计算	1.挖运土方、材料运输 2.铺筑垫层夯实 3.铺筑底板 4.砌砖 5.勾缝 6.井池底、壁抹灰 7.抹防潮层 8.回填土 9.盖(钢筋)混凝土板或铸铁盖板
			f	砖水池、化粪池				

续表 7.18

项目	节	细目	项目名称	项目特征	计量单位	工程量计算规则	工程内容
		g	砖地沟、明沟	1.断面尺寸 2.垫层材料厚度 3.强度等级	m	按设计图所示,以体积计算	1.开挖 2.垫层 3.浇筑底板 4.砌砖 5.抹灰、勾缝 6.盖(钢筋)混凝土板或铸铁盖板
		h	砖散水、地坪	1.厚度 2.强度等级	m²	按设计图示,以面积计算	1.基地找平、夯实 2.材料运输 3.砌砖散水、地坪 4.抹砂浆面层
	2		石砌体				
		a	石挡土墙	1.材料规格 2.断面尺寸 3.强度等级	m³	按设计图所示尺寸,以体积计算	1.材料运输 2.砌石勾缝 3.压顶抹灰
		b	石护坡	1.材料规格 2.断面尺寸 3.强度等级	m³	按设计图所示尺寸,以体积计算	1.材料运输 2.砌石勾缝
		c	石台阶	1.材料规格 2.断面尺寸 3.强度等级	m³	按设计图所示尺寸,以体积计算	1.材料运输 2.砌石
		d	石地沟、明沟	1.断面尺寸 2.材料规格 3.垫层厚度 4.强度等级	m	按设计图所示,以长度计算	1.挖运土石方 2.铺筑垫层 3.砌石勾缝 4.回填土
5			门窗工程				
	1		金属门				
		a	铝合金平开门	1.框材质、外围尺寸 2.扇材质、外围尺寸 3.玻璃品种、规格 4.五金要求	樘	按设计图所示数量计算	1.门制作、运输、安装 2.五金安装
		b	铝合金推拉门				
		c	铝合金地弹门				
		d	塑钢门				
		e	防盗门				
		f	金属卷闸门	1.门材质、外围尺寸 2.启动装置、品种、规格品牌 3.五金要求	樘	按设计图所示数量计算	门、启动装置、五金配件安装
		g	防火门				

续表 7.18

项目	节	细目	项目名称	项目特征	计量单位	工程量计算规则	工程内容
	2		木质门				
		a	镶木板门	1. 框断面尺寸、单扇面积 2. 骨架材料种类 3. 面层材料品种、规格、品牌、颜色 4. 五金要求 5. 防护层材料种类 6. 油漆品种、刷漆遍数	樘	按设计图所示数量计算	1. 门制作、运输、安装 2. 五金安装 3. 刷防护材料 4. 刷油漆
		b	企口木板门				
		c	实木装饰门				
		d	胶合板门				
		e	夹板装饰门				
	3		金属窗				
		a	铝合金窗(平开窗)	1. 框材质、外围尺寸 2. 扇材质、外围尺寸 3. 玻璃品种、规格 4. 五金要求	樘	按设计图所示数量计算	1. 窗制作、运输、安装 2. 五金安装
		b	铝合金推拉窗				
		c	铝合金固定窗				
		d	塑钢窗				
		e	金属防盗窗				
		f	铝合金纱窗				
	4		门套窗				
		a	实木门窗套	1. 底层厚度、强度等级 2. 立筋材料种类、规格 3. 基层材料种类 4. 面层材料品种、规格、品牌、颜色 5. 防护材料种类 6. 油漆品种、刷油遍数	m²	按设计图所示,以展开面积计算	1. 底层抹灰 2. 立筋制作、安装、基层板安装、铺贴面层 3. 刷防护材料 4. 刷油漆
	5		电动门				

续表 7.18

项目	节	细目	项目名称	项目特征	计量单位	工程量计算规则	工程内容
		a	不锈钢电动伸缩门	品种、规格、品牌	套	按设计图所示数量计算	1. 制作安装 2. 附件装配 3. 维护调试
6			地面与楼面工程				
	1		地面				
		a	细石混凝土地面	1. 找平层厚度、强度等级 2. 防水层厚度、材料种类 3. 面层强度等级	m^2	按设计图所示面积计算,应扣除凸出地面构筑物、设备基础、室内、地沟等所占面积,不扣降柱、垛、间壁墙、附墙烟囱及面积在 0.3 m^2 以内的孔洞所占面积,但门洞、空圈、暖气包槽、壁龛的开口部分也不增强	1. 清理基层、抹找平层 2. 铺设防水层 3. 抹面层
		b	水泥砂浆地面		m^3		
		c	块料楼地面	1. 找平层厚度、强度等级 2. 防水层厚度、材料种类 3. 结合层厚度、强度等级 4. 面层材料品种、规格、品牌、颜色 5. 嵌缝材料种类 6. 防护材料种类 7. 酸洗打蜡要求	m^2	按设计图所示面积计算,门洞、空圈、暖气包槽、壁龛的开口部分并入相应的工程量内	1. 抹找平层 2. 铺设防水层 3. 铺设面层 4. 嵌缝 5. 刷防护材料 6. 酸洗打蜡
		d	石材楼地面				

续表 7.18

项目	节	细目	项目名称	项目特征	计量单位	工程量计算规则	工程内容
		e	防静电活动地板	1.找平层厚度、强度等级 2.支架高度、材料种类 3.面层材料品种、规格、品牌、颜色 4.防护材料种类	m²	按设计图所示以面积计算	1.抹找平层 2.刷防护材料 3.安装固定支架、活动面层
		f	竹木地板	1.找平层厚度、砂浆配合比 2.龙骨材料种类 3.基层材料种类 4.面层材料品种、规格、品牌、颜色 5.黏结材料种类 6.防护材料种类 7.油漆品种、刷漆遍数	m²	按设计图所示以面积计算,门洞、空圈、暖气包槽、壁龛的开口部分并入相应的工程量内	1.抹找平层 2.铺设龙骨、基层、面层 3.刷防护材 4.刷油漆
	2		楼地面层				
		a	块料楼梯面层	1.找平层厚度、强度等级 2.黏结层厚度、材料种类 3.面层材料品种、规格、品牌、颜色 4.防滑条材料种类、规格 5.勾缝材料种类 6.防护材料种类 7.酸洗打蜡要求	m²	按设计图所示以楼梯(包括踏步、休息平台以及 50 mm 以内的楼梯井)水平投影面积计算楼梯与楼地面相连时,算至梯口梁内侧边沿;无梯口梁者,算至最上一层踏步边沿加 300 mm	1.抹找平层 2.铺贴面层 3.贴嵌防滑条 4.刷防护材料 5.酸洗打蜡
		b	石材楼梯面层				

续表 7.18

项目	节	细目	项目名称	项目特征	计量单位	工程量计算规则	工程内容
	3		扶手、栏杆				
		a	硬木扶手带栏杆、栏板	1. 扶手材料种类、规格、品牌、颜色 2. 栏杆材料种类、规格、品牌、颜色 3. 栏板材料种类、规格、品牌、颜色 4. 固定配件种类 5. 防护材料种类 6. 油漆品种、刷漆遍数	m	按设计图所示以扶手中心线长度（包括弯头长度）计算	1. 扶手制作、安装 2. 栏杆、栏板制作、安装 3. 弯头制作、安装 4. 刷防护材料 5. 刷油漆
		b	金属扶手带栏杆、栏板				
	4		台阶面层				
		a	块料台阶面层	1. 找平层厚度、强度等级 2. 黏结层工、材料种类 3. 面层材料品种、规格、品牌、颜色 4. 勾缝材料种类 5. 防滑条材料种类、规格 6. 防护材料种类	m	按设计图所示以台阶（包括最上层踏步边沿加 300 mm）水平投影面积计算	1. 抹找平层 2. 铺贴面层 3. 贴嵌防滑条 4. 刷防扩材料
		b	石料台阶面层				
	7		屋面工程				

续表 7.18

项目	节	细目	项目名称	项目特征	计量单位	工程量计算规则	工程内容
	1		屋面				
		a	瓦屋面	1. 瓦品种、规格、品牌、颜色 2. 防水材料种类 3. 基层材料种类 4. 檩条种类、截面尺寸 5. 防护材料种类	m²	按设计图所示以斜面面积计算。不扣除房上烟囱、风帽底座、风道、小气窗、斜沟等所占面积。小气窗的出檐部分也不增加	1. 安檩条 2. 安椽子 3. 铺基层 4. 铺防水层 5. 安顺水条和挂瓦条 6. 刷防护材料
		b	型材屋面	1. 型材品种、规格、品牌、颜色 2. 骨架材料品种、规格 3. 接缝、嵌缝材料种类	m²	按设计图所示以斜面面积计算。不扣除房上烟囱、风帽底座、风道、小气窗、斜沟等所占面积。小气窗的出檐部分亦不增加	1. 骨架制作、安装 2. 屋面型材安装 3. 接缝、嵌缝
		c	屋面卷材防水	1. 卷材品种、规格 2. 防水层作法 3. 嵌缝材料种类 4. 防护材料种类	m²	按设计图所示以斜面面积计算： （1）斜屋顶（不包括平屋顶找坡）按斜面积计算；平屋顶按水平投影面积计算； （2）不扣除房上烟囱、风帽底座、风道、屋面小气窗和斜沟所占的面积； （3）屋面的女儿墙、伸缩缝和天窗等处的弯起部分，并入屋面工程量计算	1. 基层处理 2. 抹找平层 3. 刷底油 4. 铺油毡卷材、接缝嵌缝 5. 铺保护层
		d	屋面涂膜防水	1. 防水膜品种 2. 涂膜厚度 3. 嵌缝材料种类 4. 防护材料种类			1. 基层处理 2. 抹找平层 3. 涂防水膜 4. 铺保护层

续表 7.18

项目	节	细目	项目名称	项目特征	计量单位	工程量计算规则	工程内容
		e	屋面刚性防水	1.防水层厚度 2.嵌缝材料种类 3.强度等级	m²	按设计图所示以面积计算,不扣除房上烟囱、风帽底座、风道等所占的面积	1.基层处理 2.铺筑混凝土
		f	屋面排水管	1.排水管品种、规格、品牌、颜色 2.接缝、嵌缝材料种类 3.油漆品种、刷漆遍数	m	按设计图所示尺寸以长度计算,设计未标注尺寸的,以檐口至设计室外地面垂直距离计算	1.安装固定排水管、配件 2.安雨水斗、雨水子 3.接缝、嵌缝
		g	屋面天沟、尚沟	1.材料品种 2.宽工、坡度 3.接缝、嵌缝材料种类 4.防护材料种类	m²	按设计图所示以面积计算,铁皮和卷材天沟按展开面积计算	1.砂浆找坡 2.铺设天沟材料 3.安天沟配件 4.接缝嵌缝 5.刷防护材料
	8		钢结构工程				
		1	钢结构工程				
		a	钢网架	1.钢材品种、规格 2.网架节点形式、连接方式 3.网架跨度、安装高度 4.探伤要求 5.油漆品种、刷漆遍数	m²	按设计图所示尺寸以重量计算,不扣除孔眼、切边、切脚的重量,焊条铆钉、螺栓等的重量不另增加。不规则或多边形钢板,以其外接矩形面积乘以厚度计算	1.制作 2.运输 3.拼装 4.拼装台安拆 5.安装 6.探伤 7.刷油漆 8.搭拆脚手架
		b	钢楼梯	1.钢材品种、规格 2.钢梯形式 3.油漆品种、刷漆遍数	t		1.制作 2.运输 3.安装 4.探伤 5.刷油漆

续表 7.18

项目	目	节	细目	项目名称	项目特征	计量单位	工程量计算规则	工程内容
			c	钢管柱	1.钢材品种、规格 2.单根柱重量 3.探伤要求 4.油漆种类、刷漆遍数	t	按设计图所示尺寸以重量计算,不扣除孔眼、切边、切脚的重量,焊条、铆钉、螺栓等的重量不另增加。不规则或多边形钢板,以其外接矩形面积乘厚度计算。钢管柱上的节点板、加强环、内衬管、牛腿等并入钢管柱工程量内	1.制作 2.运输 3.安装 4.探伤 5.刷油漆 6.脚手架
			d	围墙大门	1.材质、规格 2.油漆种类、刷漆遍数	樘	按设计图所示数量计算	1.制作、运输 2.安装 3.刷油漆
			e	阳台晾衣架	材质、形式、规格	个	按设计图所示数量计算	1.制作、安装 2.刷油漆
			f	室外晾衣棚		m²		
	9			墙面工程				
		1		抹灰、勾缝				
			a	墙面一般抹灰	1.墙体类型 2.底层厚度、强度等级 3.装饰面材料种类、厚度、强度等级 4.装饰线条宽度、材料种类	m²	按设计图所示以面积计算,应扣除墙裙、门窗洞口和 0.3 m² 以上的孔洞面积,不扣除踢脚线、挂镜线和墙与构件交接处的面积,门窗洞口和孔洞的侧壁及顶面亦不增加。附墙柱、梁、垛、烟囱侧壁并入相应的墙面积内计算 1.外墙抹灰面积:按外墙垂直投影面积计算 2.外墙裙抹灰面积:按其长度乘高度计算	1.砂浆制作 2.墙面抹灰、分格嵌缝 3.抹装饰线条 4.搭拆脚手架
			b	墙面装饰抹灰				
			c	墙面勾缝	1.墙体类型 2.勾缝类别 3.勾缝材料种类		3.内墙抹灰面积:以主墙间的净长乘高度计算 高度的确定: (1)无墙裙的,按室内楼地面至天棚底面高度; (2)有墙裙的,按墙裙顶至天棚底面高度 4.内墙裙抹灰面:按内墙净长计算	1.拌和砂浆 2.勾缝 3.养生 4.搭拆脚手架

续表 7.18

项目	节	细目	项目名称	项目特征	计量单位	工程量计算规则	工程内容
		d	柱面一般抹灰	1.柱体类型 2.底层厚度、强度等级 3.装饰面材料种类、厚度、强度等级	m²	按设计图所示以柱断面周长乘高度计算	1.砂浆制作 2.柱面抹灰 3.分格 4.嵌条 5.搭拆脚手架
		e	柱面装饰抹灰				
		f	柱面勾缝	1.墙体类型 2.勾缝类型 3.勾缝材料种类	m²	按设计图所示,以面积计算	1.拌和砂浆 2.勾缝 3.养生 4.搭拆脚手架
	2		墙面				
		a	石材墙面	1.墙体材料 2.底层厚度、强度等级 3.结合层厚度、材料种类 4.挂贴方式 5.干挂方式(膨胀螺栓、钢龙骨) 6.面层材料品种、规格、品牌、颜色 7.缝宽、嵌缝材料种类 8.防护材料种类 9.碎石磨光、酸洗打蜡要求	m²	按设计图所示,以面积计算	1.底层抹灰 2.铺贴、干挂式或挂贴面层 3.刷防护材料 4.磨光、酸洗打蜡 5.脚手架
		b	块料墙面				
		c	干挂石材钢骨架	1.骨架种类、规格 2.油漆品种、刷漆遍数	m²	按设计图所示,以面积计算	1.骨架制作安装 2.骨架油漆 3.脚手架

续表 7.18

项目	节	细目	项目名称	项目特征	计量单位	工程量计算规则	工程内容
		d	石材柱面	1. 柱体材料 2. 柱断面尺寸 3. 底层厚度、强度和干细胞 4. 黏结层厚度、材料种类 5. 挂贴方式 6. 干挂方式 7. 面层材料品种、规格、品牌、颜色 8. 缝宽、嵌缝材料种类 9. 防护材料种类 10. 碎石磨光、酸洗打蜡要求	m²	按设计图所示，以面积计算	1. 底层抹灰 2. 铺贴、干挂式或挂贴面层 3. 刷防护材料 4. 磨光、酸洗打蜡 5. 脚手架
		e	块料柱面				
	3		装饰墙面				
		a	装饰墙面	1. 墙体材料 2. 底层厚度、强度等级 3. 龙骨材料种类、规格 4. 隔离层材料种类 5. 基层材料种类、规格 6. 面层材料品种、规格、品牌、颜色 7. 压条材料种类、规格 8. 防护材料种类 9. 油漆品种、刷漆遍数	m²	按设计图所示墙净长乘净高以面积计算，扣除门窗洞口及 0.3 m² 以上的孔洞所占面积	1. 底层抹灰 2. 龙骨制作、安装 3. 钉隔离层 4. 铺钉基层 5. 铺贴面层 6. 刷防护材料 7. 刷油漆、涂料 8. 搭拆脚手架

续表 7.18

项	目	细目	项目名称	项目特征	计量单位	工程量计算规则	工程内容
		b	装饰柱(梁)面	1.柱(梁)体材料 2.底层厚度、砂浆配合比 3.龙骨材料种类、规格 4.隔离层材料种类 5.基层材料种类、规格 6.面层材料品种、规格、品牌、颜色 7.压条材料种类、规格 8.防护材料种类 9.油漆品种、刷漆遍数	m²	按设计图所示外围饰面尺寸乘高度(或长度)以面积计算,柱帽、柱墩工程量并入相应柱面积内计算	1.底层抹灰 2.龙骨制作、安装 3.钉隔离层 4.铺钉基层 5.铺贴面层 6.刷防护材料 7.刷油漆、涂料 8.搭拆脚手架
	4		幕墙				
		a	带骨架幕墙	1.骨架材料种类、规格、间距 2.面层材料品种、规格、品牌、颜色 3.面层固定方式 4.嵌缝、塞口材料种类	m²	按设计图所示,以框外围面积计算	1.幕墙制作、安装 2.搭拆脚手架

续表 7.18

项目	节	细目	项目名称	项目特征	计量单位	工程量计算规则	工程内容
		b	天棚饰面吊顶	1. 吊顶形式 2. 龙骨材料种类、规格 3. 基层材料种类、规格 4. 面层材料品种、规律、品种、颜色 5. 压条材料种类、规格 6. 嵌缝材料种类 7. 防护材料种类 8. 油漆品种、刷漆遍数	m²	按设计图所示以水平投影面积计算。天棚面中的灯槽、跌级、锯齿形、吊挂式、澡井式展开增加的面积不另计算。不扣除间壁墙、检查洞、附墙烟囱、柱垛和管道所占面积。应扣除 0.3 m² 以上孔洞、独立柱及与天棚相边的窗帘盒所有的面积	1. 龙骨制作、安装 2. 铺贴基层板 3. 铺贴面层 4. 嵌缝 5. 刷防护材料 6. 刷渥漆、涂料 7. 脚手架
		e	灯带	1. 灯带规格 2. 格栅片材料品种、规格、品牌、颜色 3. 安装固定方式	m²	按设计图所示以框外围面积计算	1. 格栅片安装 2. 固定 3. 脚手架
	10		室外及附属设施工程				
		1	路面				
		a	垫层	1. 厚度 2. 材料品种规格 3. 级配			
		b	石灰稳定土	1. 厚度 2. 含灰量			1. 运料 2. 拌和 3. 铺筑 4. 找平 5. 碾压 6. 养生
		c	水泥稳定土	1. 厚度 2. 水泥含量	m²	按设计图所示,以面积计算	
		d	石灰、粉煤灰、土	1. 厚度 2. 配合比			
		e	石灰、碎(砾)石、土	1. 材料品种 2. 厚度 3. 配合比			
		f	水泥稳定碎(砂砾)石	1. 厚度 2. 材料规格 3. 配合比			

续表 7.18

项	目	节	细目	项目名称	项目特征	计量单位	工程量计算规则	工程内容
			g	水泥混凝土	1. 强度等级 2. 厚度 3. 外掺剂品种、用量 4. 传力杆及套筒安装要求	m²	按设计图所示,以面积计算	1. 拉杆、角隅钢筋、传力 2. 模板 3. 混凝土浇筑、运输 4. 拉毛或压痕 5. 锯缝 6. 嵌缝 7. 真空吸水 8. 路面养生
			h	块料面层	1. 材料品种 2. 规格 3. 垫层厚度 4. 强度等级	m²	按设计图所示,以面积计算	1. 铺筑垫层 2. 铺砌块料 3. 嵌缝、勾缝
			i	现浇混凝土人行道	1. 强度等级 2. 面层厚度 3. 垫层材料品种、厚度	m²	按设计图所示,以面积计算	筑树池
	11			暖卫及给排水工程				
		1		管道				
			a	镀锌钢管	1. 安装部位(室内、外) 2. 材料材质、规格 3. 连接方式 4. 套管形式 5. 管道泄露性试验设计要求 6. 除锈标准、刷油防腐、绝热及保护设计要求	m	1. 按设计图所示的管道中心线长度以延长米计算,不扣除阀门、管件及各种井类所占的长度 2. 方形补偿器以其所占长度计入管道安装工程量	1. 管道、管件及套管的制作安装 2. 套管(包括防水套管)制作安装 3. 钢管除锈、刷油、防腐 4. 管道绝热及保护层安装、除锈刷油 5. 泄漏性试验 6. 警示带、标志牌装设 7. 金属软管安装 8. 给水管道消毒、冲洗 9. 水压试验
			b	焊接钢管				
			c	钢管				

续表 7.18

项目	节	细目	项目名称	项目特征	计量单位	工程量计算规则	工程内容
		d	塑料管（PU-VC、PP-C、PP-R 管）	1.安装部位（室内、外）2.材料材质、规格 3.连接方式 4.套管形式 5.除锈标准、刷油防腐、绝热及保护层设计要求	套	1.按设计图所示的管道长度以延长米计算，不扣除阀门、管件及各种井类所占的长度 2.方形补偿器以其所占长度计入管道安装工程量	1.管道、管件及弯管的制作安装 2.管件安装（指铜管管件、不锈钢管管件）3.套管（包括防水套管）制作安装 4.钢管除锈、刷油、防腐 5.管道绝热及保护层安装、除锈刷油 6.给水管道消毒、冲洗 7.水压试验
		e	塑料复合管				
	2		阀门				
		a	螺纹阀门	1.类型（浮球阀、手动排气阀、液压式水位控制阀、不锈钢阀门、煤气减压阀、液相自动转换阀、过滤阀等）2.材质 3.型号规格 4.绝热及保护层设计要求	个	按设计图所示数量计量	1.阀门安装 2.阀门绝热及保护层
		b	螺纹法兰阀门				
		c	焊接法兰阀门				
		d	安全阀				
		e	法兰	1.材质、规格 2.连接方式	副	按设计图所示数量计量	法兰安装
		f	水表				水表安装
	3		卫生器具				
		a	洗脸盆	1.材质 2.组装形式 3.型号规格 4.开关品种	组	按设计图所示数量计算	洗脸盆及附件安装
		b	洗手盆				
		c	洗涤盆				
		d	淋浴器	1.材质 2.组装形式 3.型号规格	组	按设计图所示数量计算	淋浴器及附件安装
		e	大便器		套		大便器及附件安装
		f	小便器				小便器及附件安装

续表 7.18

项目	节	细目	项目名称	项目特征	计量单位	工程量计算规则	工程内容
		g	排水栓	1.弯头形式 2.材质 3.型号规格	组	按设计图所示数量计算	安装
		h	水龙头	1.材质 2.型号规格	组	按设计图所示数量计算	安装
		i	地漏				
		j	热水器	1.能源类型（电能、太阳能） 2.品牌规格	台	按设计图所示数量计算	1.热水器安装 2.热水器管道、管件、附件安装 4.绝热及保护层安装
	4		防火器材				
		a	消火栓	1.安装位置 2.型号规格 3.形式	套	按设计图所示数量计量	1.消火栓及附件安装 2.调试
		b	干粉灭火器	型号规格	台	按设计图所示数量计量	安装
		c	消防水箱制作安装	1.材质 2.形状、容量 3.支梁材质、型号规格 4.除锈标准、刷油设计要求	座	按设计图所示数量计量	1.水箱制作 2.水箱安装 3.支架制作安装 4.除锈、刷油
		d	探测器(感烟)	型号规格	套	按设计图所示数量计量，其产品为成套提供	1.装置及附件安装 2.调试
		e	探测器(感温)				
		f	水喷头	1.型号规格 2.材质	个	按设计图所示数量计算	1.喷头安装 2.密封式、试验
		g	警报装置	1.名称、型号 2.规格	套	按设计图所示数量计算，其产品为成套提供	1.装置及附件安装 2.调试
	12		电气设备安装工程				
		1		电气工程			
		a	电力变压器（箱式变电站）	1.品牌型号 2.容量(kVA)	台	按设计图所示数量计量	1.基础槽钢制安 2.本体安装 3.接地线安装、系统调试
		b	避雷器	1.型号规格 2.电压等级	组	按设计图所示数量计量	本体安装
		c	隔离开关	1.型号规格 2.容量(A)	组	按设计图所示数量计量	1.本体及部件安装 2.支架、油漆制安

续表 7.18

项目	节	细目	项目名称	项目特征	计量单位	工程量计算规则	工程内容
		d	成套配电柜	1.型号规格 2.母线设置方式 3.回路	台	按设计图所示数量计量	1.本体及部件安装 2.支架、油漆制安
		e	动力(空调)配电箱	1.型号规格 2.母线设置方式 3.回路	台	按设计图所示数量计量	1.基础槽钢制安、接地 2.柜体安装、接地 3.支持绝缘子、穿墙套管耐压试验及安装 4.穿通板制作及安装 5.小型号工程直接采用电缆系统调试
		f	照明配电箱				
		g	插座箱				
		h	液位控制装置		套		
	2		电缆及支架				
		a	电缆敷设	1.型号规格 2.地形	m	按设计图所示尺寸,以长度计算	1.揭(盖)盖板 2.铺砖盖板 3.电缆敷设 4.电缆头制作、试验及安装 5.电缆试验
		b	电缆保护管	1.材质 2.规格	m	按设计图所示尺寸,以长度计算	1.制作除锈刷油 2.安装
		c	电缆桥架	1.型号规格 2.材质 3.形式	m	按设计图所示尺寸,以长度计算	1.制作除锈刷油 2.安装
		d	支架	1.型号规格 2.材质 3.形式	t	按设计图所示尺寸,以重量计算	1.支架制作、除锈刷油 2.安装
	3		高压线路				
		a	电杆组立	1.规格 2.类型 3.地形	根	按设计图所示数量计算	1.工地运输 2.土石方工程 3.底盘、拉盘、卡盘安装 4.木电杆防腐 5.电杆组立 6.横担安装 7.拉线制作安装
		b	导线架设	1.型号规格 2.地形	km	按设计图所示尺寸,以长度计算	1.导线架线 2.导线跨越及进户线架设 3.铁构件制安、油漆
	4		室内供电线路				

续表7.18

项目	目	节	细目	项目名称	项目特征	计量单位	工程量计算规则	工程内容
			a	电气配管	1.材质 2.规格 3.配置形式及部位	m	按设计图所示以延长米计算,不扣除管路中间的接线箱(盒)、灯头盒、开关盒所占长度	1.刨沟槽 2.钢索架设(拉紧装置安装) 3.支架制作安装 4.电线管路敷设 5.接线盒(箱)、灯头盒、开关盒、插座盒安装 6.防腐油漆 7.接地跨接
			b	线槽	1.材质 2.规格	m	按设计图所示,以延长米计算	1.安装 2.油漆
			c	电气配线	1.材质 2.规格 3.配置形式 4.敷设部位或线制	m	按设计图所示,以单线延长米计算	1.支持体(夹板、绝缘子槽板等)安装 2.支架制作安装及油漆 3.钢索架设(接紧装置安装) 4.配线
		5		灯柱、灯座				
			a	座灯、筒灯、吸顶灯	1.型号规格 2.安装形式及高度	套	按设计图所示数量计算	安装
			b	双管荧光灯				
			c	单管荧光灯				
			d	工矿灯、应急灯、防爆灯				
			e	柱顶灯				
			f	庭园灯				
			g	路灯				
			h	草坪灯				
			i	圆球灯				
		6		开关				
			a	开关(单联、双联、三联)	1.型号规格 2.容量(A)	套	按设计图所示数量计量	本体安装
			b	带开关插座(防线型)	1.型号规格 2.容量(A)	套	按合同规定的型号、功率、数量配置验收合格为准	本体安装
		7		吊风扇	1.型号规格 2.品牌	套	按合同规定的型号、功率、数量配置验收合格为准	本体及部件安装

续表 7.18

项目	节	细目	项目名称	项目特征	计量单位	工程量计算规则	工程内容
	8		发电机设备				
		a	发电机组	1.型号 2.容量（kW）	套	按合同规定的型号、功率、数量配置验收合格为准	1.本体安装 2.检查接线 3.干燥 4.系统调试
	9		防雷及接地装置				
		a	室内外接地线安装	1.规格 2.材质	m	按设计图所示，以长度计算	1.接地极（板）制作安装 2.接地母线敷设 3.换土或化学接地装置 4.接地跨接线 5.构架接地 6.防腐及油漆 7.接地装置调试
		b	避雷装置	1.型号 2.长度	套	按设计图所示数量计算	1.避雷针制作安装 2.避雷网敷设 3.引下线敷设、断接卡子制作安装 4.接线制作安装 5.接地极（板、桩）制作安装 6.极间连接 7.油漆 8.换土或化学接地装置 9.钢铝窗接地 10.均压环敷设 11.柱主筋、圈梁钢筋焊接与避雷装置调试

7.7.3 房建工程工程量清单计量应用实例

【示例7.20】 如图7.18所示,求砖台阶清单工程量

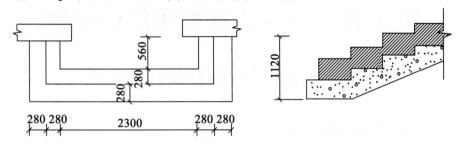

图7.18 台阶工程

【解】 砖台阶清单工程量 $= (2.3 + 0.28 \times 4) \times (0.56 + 0.28 \times 2)$
$= 3.42 \times 1.12$
$= 3.8304 \ m^2$

第8章 公路工程概预算的编制

8.1 公路工程概预算文件的组成

8.1.1 公路工程概预算的作用

概算、施工图预算(简称预算)都是由设计单位编制的技术经济文件,虽然它们的编制依据、精度等略有不同,但是由于其编制方法及文件、图表的组成格式完全相同,所以,在讲述其相关内容时,通常将概算、施工图预算共有的内容合为一体讲述。

概、预算在公路工程基本建设项目投资额测算体系中居主导地位,是其他测算方式的计算基础。公路工程概、预算的作用主要表现在以下几方面:

1. 概算是编制基本建设计划,确定和控制投资额的依据

概算是设计单位在初步设计或技术设计的基础上,根据设计文件的具体内容和交通部颁布的《编制办法》、《公路工程概算定额》等规定编制的技术经济文件。尽管是在初步设计或技术设计阶段,但是此时的工程结构设计及工程数量的计算已比估算阶段更明晰、更具体了。

2. 概、预算是设计、施工方案择优的依据

在工程设计阶段同一工程建筑物可以有不同的设计方案和不同的施工方法,除应满足功能、使用要求外,其技术经济指标也是方案评优的主要依据。由于每个方案的设计意图都会通过计算工程量和各项费用全部反映到概、预算文件中来。所以,通过对这些货币指标的比较,就可以从中选出既能满足设计要求,同时又经济合理的最佳方案,从而促使设计人员进一步改进设计、优化设计,进而得到一个最佳设计方案。

3. 概、预算是编制标底、签订工程合同的依据

对于招投标工作,建设单位必须准确地计算出工程的实际造价,并把它作为标底,作为评标的尺度。所以,概、预算的编制质量是十分重要的。

4. 概、预算是企业内部经营管理、经济核算的依据

工程概、预算不仅是确定工程价值的综合性文件,而且还可以反映工程建设的规模和经济活动的范围;分析工程结构的实物指标,例如钢筋、水泥、木材等主要材料及人工、机械的消耗数量。依赖施工图预算提供的有关数据,即可编制施工进度计算和劳动力、材料、成品、半成品、构件及机械设备等需要量及供应计划,并落实货源、组织购物、控制消耗。

公路工程施工企业以施工图预算为依据,通过编制施工图预算,进行"两算"对比、互审,从而达到加强经营管理,降低工程成本,完善经济责任制的目的。

8.1.2 公路工程概预算文件的组成

概、预算文件由封面、目录、编制说明及全部概、预算计算表格组成。并分甲、乙两组文件分别装订成册,每册不宜过厚或过薄,以便使用和保管。送审文件要求字迹清楚,整齐完善,

具体要求如下:

1. 封面

概、预算文件的幅面尺寸应采用 297 mm×420 mm(横式),当按照机密文件立卷归档时,应采用 210 mm×297 mm(立式)折叠归档。每册封面应列出建设项目的名称及里程全长、设计阶段及设计文件名称、册数(第××册共××册)、设计单位等。

每册扉页的内容应包括路段或建设项目名称及里程全长,设计阶段,设计文件名称,册篇组成,主办单位,设计证书等级及编号,各级负责人签署,参加测设人员(技术员以上)姓名,职务及工作项目或内容,设计文件编制年月。

送审文件封面颜色为:初步设计概算为淡豆绿色,技术设计修正概算为粉红色,施工图预算为奶油白色或象牙白色。

标准概、预算文件扉页的格式如图 8.1 所示。

```
        ×××公路初步设计概算
    (CK××+×××~CK××+×××)
           第  册  共  册
        编制:(签字并加盖资格印章)
        复核:(签字并加盖资格印章)
              (编制单位)
              年     月
```

图 8.1 公路工程概、预算文件扉页格式

2. 概、预算表格

概、预算文件中所有的计算数据都是通过计算表格进行的。一套完整的概、预算表格共有 12 种。它们是一个有机的整体,相互联系、相互补充,共同反映工程费用情况。概算与预算的表格虽然形式完全相同,但在印制时应将其分别印制。当各种计算表格计算结束后应由编制、复核人员签名,并注明造价工程师的执业资格证的等级及编号。

3. 甲组文件与乙组文件

概、预算文件是设计文件的组成部分,应按《公路工程基本建设项目设计文件编制办法》关于设计文件报送份数,随设计文件并报送。

概、预算文件按不同的需要分为两组,甲组文件为各项费用计算表,乙组文件为建筑安装工程费各项基础数据计算表,只供审批使用。乙组文件表式征得省、自治区、直辖市交通厅(局)同意后,结合实际情况允许变动或增加某些计算过渡表式,不需要分段汇总的可不编总概(预)算汇总表。

甲、乙组文件包括的内容如下:

(1)甲组文件:

1)编制说明。

2)总概(预)算汇总表(表01-1)。

3)总概(预)算人工、主要材料、机械台班数量汇总表(表02-1)。
4)总概(预)算表(表01)。
5)人工、主要材料、机械台班数量汇总表(表02)。
6)建筑安装工程费计算表(表03)。
7)其他工程费及间接费综合费率计算表(表04)。
8)设备、工具、器具购置费计算表(表05)。
9)工程建设其他费用及回收金额计算表(表06)。
10)人工、材料、机械台班单价汇总表(表07)。

(2)乙组文件:
1)建筑安装工程费计算数据表(表08-1)。
2)分项工程概(预)算表(表08-2)。
3)材料预算单价计算表(表09)。
4)自采材料料场价格计算表(表10)。
5)机械台班单价计算表(表11)。
6)辅助生产工、料、机械台班单位数量表(表12)。

甲组文件为各项费用计算表;乙组文件为建筑安装工程费各项基础数据计算表,只供审批使用。

总概算汇总表

建设项目名称:　　　　　　　　　　　　　　　　　第　页　共　页　01-1表

项次	工程或费用名称	单位	总数量	概(预)算金额/元		技术经济指标	各项费用比例/%	备注
					合计			

编制:　　　　　　　　　　　　　　　　　　　　　　　　　　　　　　　复核:

填表说明:
1. 一个建设项目分若干单项工程编制概算时,应通过本表汇总全部建设项目概算金额。
2. 本表反映一个建设项目的各项费用组成、概算总值和技术经济指标等。
3. 本表项次、工程或费用名称、单位、总数量、概算金额应由各单项或单位工程总概算表(01表)转来,"目""节"可视需要增减,"项"应保留。
4. 9栏=8栏÷4栏,"各项费用比例"以汇总的各项目概算金额合计除以总概算金额合计计算。

总概算人工、主要材料、机械台班数量汇总表

建设项目名称：　　　　　　　　　　　　　　　　　　　第　页　共　页　02-1表

序号	规格名称	单位	总数量	编制范围									

编制：　　　　　　　　　　　　　　　　　　　　　　　　　　　　复核：

填表说明：

1. 一个建设项目分若干个单项工程编制概算时，应通过本表汇总全部建设项目的人工、主要材料、机械台班数量。
2. 本表各栏数据均由各单项或单位工程概算中的人工、主要材料、机械台班数量汇总表（02表）（4栏）转来，编制范围指单项或单位工程。
3. 4栏 = 5～14栏之和。

总概算表

建设项目名称：

编制范围：　　　　　　　　　　　　　　　　　　　　　　第　页　共　页　01表

项	目	节	细目	工程或费用名称	单位	数量	概(预)算金额/元	技术经济指标	各项费用比例/%	备注

编制：　　　　　　　　　　　　　　　　　　　　　　　　　　　　复核：

填表说明：

1. 本表反映一个单项或单位工程的各项费用组成、概算金额、技术经济指标等。
2. 本表1、2、3、4、5、6栏应按概(预)算项目表的序列及内容填写。"目""节"可据需要增减，但"项"应保留。
3. 7、8栏由建筑安装工程费计算表(03表)，设备、工具、器具购置费计算表(05表)和工程建设其他费用及回收金额计算表(06表)转来。
4. 8栏 = 7栏÷6栏。
5. 9栏 = 7栏÷概(预)算总金额。
6. "建设项目名称"同01-1表，"编制范围"指各分段路线名称和起讫桩号，独立大、中桥填写桥梁名称。

人工、主要材料、机械台班数量汇总表

建设项目名称：
编制范围：   第 页 共 页 02表

序号	规格名称	单位	总数量	分项统计				场外运输消耗	
								%	数量

编制：   复核：

填表说明：

1. 本表各栏数据由分项工程概算表(08-2表)及辅助生产工、料、机械台班单位数量表(12表)统计而来。
2. 发生的冬、雨季及夜间施工增工及临时设施用工，根据有关规定计算后列入本表有关项目内。

建筑安装工程费计算表

建设项目名称：
编制范围：   第 页 共 页 03表

序号	工程名称	单位	工程量	直接费/元					间接费/元	利润/元费率/%	税金/元综合税率/%	建安工程费	
				直接工程费				其他工程费	合计				
				人工费	材料费	机械使用费	合计						合计/元	单价/元
1	2	3	4	5	6	7	8	9	10	11	12	13	14	15

编制：   复核：

填表说明：

1. 本表各栏数据之间关系，5~7栏均由08-2表经计算转来。
2. 8 = 5 + 6 + 7。
3. 9 = 8×9 的费率或(5+7)×9 的费率。
4. 10 = 8 + 9。
5. 11 = 5×规费综合费率。
6. 12 = (10 + 11 - 规费)×12 的费率。
7. 13 = (10 + 11 + 12)×综合税率。
8. 14 = 10 + 11 + 12 + 13。
9. 15 = 14÷4。

其他工程费及间接费综合费率计算表

建设项目名称：

编制范围：　　　　　　　　　　　　　　　　　　　　　第　页　共　页　04表

序号	工程类别	其他工程费率/%											综合费率		间接费费率%											
															规费						企业管理费					
		冬季施工增加费	雨季施工增加费	夜间施工增加费	高原地区施工增加费	风沙地区施工增加费	沿海地区施工增加费	行车拢工程施工增加费	安全及文明施工措施费	临时设施费	施工辅助费	工地转移费	Ⅰ	Ⅱ	养老保险费	失业保险费	医疗保险费	住房公积金	工伤保险费	综合费率	基本费用	主副食运费补贴	职工探亲路费	职工取暖补贴	财务费用	综合费率
1	2	3	4	5	6	7	8	9	10	11	12	13	14	15	16	17	18	19	20	21	22	23	24	25	26	27

编制：　　　　　　　　　　　　　　　　　　　　　　　　　　　　　　　复核：

填表说明：

本表应根据建设工程项目具体情况，按概(预)算编制办法有关规定填入数据计算。其中 $14 = 3 + 4 + 5 + 8 + 10 + 11 + 12 + 13$；$15 = 6 + 7 + 9$；$21 = 16 + 17 + 18 + 19 + 20$；$27 = 22 + 23 + 24 + 25 + 26$

设备、工具、器具购置费计算表

建设项目名称：

编制范围：　　　　　　　　　　　　　　　　　　　　　第　页　共　页　05表

序号	设备、工具、器具规格名称	单位	数量	单价/元	金额/元	说明

编制：　　　　　　　　　　　　　　　　　　　　　　　　　　　　　　　复核：

填表说明：

本表应根据具体的设备、工具、器具购置清单进行计算，包括设备规格、单位、数量、单价以及需要说明的有关问题。

工程建设其他费用及回收金额计算表

建设项目名称：

编制范围：　　　　　　　　　　　　　　　　　　　　　　第　页　共　页　06 表

序号	费用名称及回收金额项目	说明及计算式	金额/元	备注

编制：　　　　　　　　　　　　　　　　　　　　　　　　　　　　　　复核：

填表说明：本表按具体发生的工程建设其他费用项目填写，需要说明和具体计算的费用项目依次相应在说明及计算式栏内填写或具体计算，各项费用具体填写如下：

1. 土地征用及拆迁补偿费应填写土地补偿单价、数量和安置补助费标准、数量等，列式计算所需费用，列入金额栏。
2. 建设项目管理费包括建设单位(业主)管理费、工程质量监督费、工程管理费、工程定额测定费、设计文件审查费、竣(交)工验收试验检测费，按"建筑安装工程×费率"或有关定额列式计算。
3. 研究试验费应根据设计需要进行研究试验的项目分别填写项目名称及相应的金额或列式计算或进行说明。
4. 建设项目前期工作费按国家有关规定填入本表，列式计算。
5. 其余有关工程建设其他费用的填入和计算方式，根据规定以此类推。

人工、材料、机械台班单价汇总表

建设项目名称：

编制范围：　　　　　　　　　　　　　　　　　　　　　　第　页　共　页　07 表

序号	名称	单位	代号	预算金额/元	备注	序号	名称	单位	代号	预算金额/元	备注

编制：　　　　　　　　　　　　　　　　　　　　　　　　　　　　　　复核：

填表说明：本表预算单价主要由材料预算单价计算表(09 表)和机械台班单价计算表(11 表)转来。

建筑安装工程费计算数据表

建设项目名称：　　　　编制范围：　　　　数据文件编号：　　　　公路等级：

路线或桥梁长度/km：　　　　路基或桥梁宽度/m：　　　　第　页　共　页　08 - 1 表

项的代号	本项目数	目的代号	本目节数	节的代号	本节细目数	细目的代号	费率编号	定额个数	定额代号	项或目或节或细目或定额的名称	单位	数量	定额调整情况

编制：　　　　　　　　　　　　　　　　　　　　　　　　　　　　　　复核：

填表说明：

1. 本表应逐行从左到右横向跨栏填写。

2. "项""目""节""细目""定额"等的代号应根据实际需要按表5.1"概、预算项目表"及现行《公路工程概算定额》(JTG/T B06—01)、《公路工程预算定额》(JTG/T B06—2)的序列及内容填写。
3. 本表主要是为利用计算机软件编制概、预算提供基础数据,具体填表规则由软件用户手册详细制定。

分项工程概(预)算表

编制范围:

工程名称:　　　　　　　　　　　　　　　　　　　　　　　第　页　共　页　08-2表

编号	工程项目										
	工程细目										合计
	定额单位										
	工程数量										
	定额表号										
	工、料、机名称	单位	单价/元	定额数量	金额/元	定额数量	金额/元	定额数量	金额/元	数量	金额/元
1	人工	工日									
2	……										
	定额基价	元									
	其他工程费	Ⅰ	元								
	直接工程费	Ⅱ	元								
	现场经费	Ⅲ	元								
	间接费	规费	元								
	间接费	企业管理费	元								
	利润及税金		元								
	建筑安装工程费		元								

编制:　　　　　　　　　　　　　　　　　　　　　　　　　　　　　　　　复核:

填表说明:

1. 本表按具体分项工程项目数量、对应概(预)算定额子目填写,单价由07表转来,金额=工、料、机各项的单位×定额×数量
2. 其他工程费按相应项目的直接工程费或人工费与施工机械使用费之和×规定费率计算
3. 规费按相应项目的人工费×规定费率计算
4. 企业管理费按相应项目的直接费×规定费率计算
5. 利润按相应项目的(直接费+间接费-规费)×利润率计算
6. 税金按相应项目的(直接费+间接费+利润)×税率计算

材料预算单价计算表

建设项目名称：
编制范围：   第 页 共 页 09 表

序号	规格名称	单位	原价/元	运杂费				原价运费合计/元	场外运输消耗		采购及保管费		预算单价/元
				供应地点	运输方式、比重及运距	毛重系数或单位毛重	运杂费构成说明或计算式	单位运费/元		费率/%	金额/元	费率/%	金额/元	

编制：   复核：

填表说明：
1. 本表计算各种材料自供应地点或料场至工地的全部运杂费与材料原价及其他费用组成的预算单价。
2. 运输方式按火车、汽车、船舶等及所占运输比重填写。
3. 毛重系数、场外运输损耗、采购及保管费按规定填写。
4. 根据材料供应地点、运输方式、运输单价、毛重系数等，通过运杂费构成说明或计算式，计算得出材料单位运费。
5. 材料原价与单位运费、场外运输损耗、采购及保管费组成材料预算单价。

自采材料料场价格计算表

建设项目名称：
编制范围：   第 页 共 页 10 表

序号	定额号	材料规格名称	单位	料场价格/元	人工/工日		间接费/元（占人工费/%）	（ ）单价/元		（ ）单价/元		（ ）单价/元		（ ）单价/元	
					单价/元										
					定额	金额		定额	金额	定额	金额	定额	金额	定额	金额

编制：   复核：

填表说明：
1. 本表主要用于分析计算自采材料料场价格，应将选用的定额人工、材料、机械台班数量全部列出，包括相应的工、料、机单价。
2. 材料规格用途相同而生产方式（如人工捶石、机械轧碎石）不同时，应分别计算单价，再以各种生产方式所占比重根据合计价格加权平均计算料场价格。
3. 定额中机械台班有调整系数时，应在本表内计算。

机械台班单价计算表

编制范围：

工程名称：　　　　　　　　　　　　　　　　　　　　　　　第　页　共　页　11 表

序号	定额号	机械规格名称	台班单价/元	不变费用/元		可变费用/元								合计
				调整系数		人工/ (元·工日$^{-1}$)		汽油/ (元·kg^{-1})		柴油/ (元·kg^{-1})				
				定额	调整值	定额	金额	定额	金额	定额	金额	定额	金额	

编制：　　　　　　　　　　　　　　　　　　　　　　　　　　　　　　　　　复核：

填表说明：

1. 本表应根据公路工程机械台班费用定额进行计算。不变费用如有调整系数应填入调整值；可变费用各栏填入定额数量。
2. 人工、动力燃料的单价由"材料预算单价计算表(09 表)"转来。

辅助生产工、料、机械台班单位数量表

建设项目名称：

编制范围：　　　　　　　　　　　　　　　　　　　　　　　第　页　共　页　12 表

序号	规格名称	单位	人工/工日				

编制：　　　　　　　　　　　　　　　　　　　　　　　　　　　　　　　　　复核：

填表说明：

本表各栏数据由"自采材料料场价格计算表"(10 表)统计而来。

8.2 公路工程概预算文件的编制

8.2.1 公路工程概算文件的编制

1. 概算编制说明

概算表格编制完成后,应写出编制说明,文字力求简明扼要。应叙述的内容一般有:

(1)工程概况及其建设规模和范围。

(2)建设项目设计资料的依据及有关文号。

(3)采用的定额、费用标准,人工、材料、机械台班单价的依据或来源,补充定额及编制依据的详细说明。

(4)与概算有关的委托书、协议书、会谈纪要的主要内容(或将抄件附后)。

(5)总概算金额,人工、钢材、水泥、木材、沥青的总需要量情况,各设计方案的经济比较,以及编制中存在的问题。

(6)其他与概算有关但是不能在表格中反映的事项。

2. 公路工程设计概算文件的作用

根据国家规定,设计必须要有概算,由设计部门负责编制,并对其编制质量负责。设计概算的作用主要体现在以下几方面:

(1)设计概算是确定建设项目总投资的依据。

(2)设计概算是编制基本建设计划的依据。

(3)设计概算是签订建设项目总包合同、实行建设项目包干、订购主要材料和设备、安排重大科研项目、联系征用土地、拆迁等建设前期准备工作的依据。

(4)设计概算是分析比较设计方案和考核设计方案经济合理性的依据。

(5)设计概算是考核建设工程成本的依据。

(6)设计概算是编制修正设计概算或施工图预算的依据。

(7)若在初步设计阶段进行施工招标的,设计概算是编制标底的依据。

3. 公路工程设计概算文件的编制

编制公路工程设计概算,通常要求按如下先后次序进行有关的准备和编制工作。

(1)熟悉设计图纸资料,了解设计意图。对设计说明书及各类工程的设计图纸资料,要深入熟悉和研究,掌握和了解设计意图。当一些工程的施工有特殊要求时,要事先研究妥善的解决办法。当有新结构、新材料、新设备、新工艺而又无定额可适用时,则可按编制定额的原则和方法,编制补充概算定额。

(2)整理外业调查资料,根据现场条件,提出合理的施工组织方案。

(3)核对主要工程量,按照概算定额的要求,正确计取计价工程。

(4)按编制工程造价的有关规定及工程的实际情况,计算和填写人工、材料、施工机械台班预算价格的各种计算表和汇总表以及其他工程费及间接费综合费率计算表。

(5)根据计取的工程量套用概算定额,编制分项工程概算表及建筑安装工程费计算表。

(6)编制设备、工具、器具购置费计算表和工程建设其他费用计算表。

(7)编制汇总工程概算表和分段汇总表,以及人工、主要材料、机械台班数量汇总表。

(8)写出编制说明,经复核、审核后出版。

公路工程设计概算文件的编制程序如图 8.2 所示。

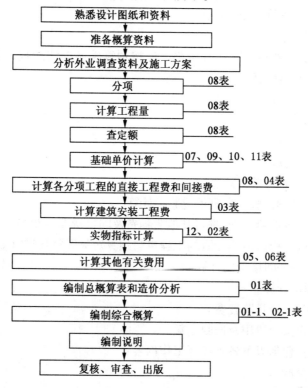

图 8.2 概算编制程序图

8.2.2 公路工程预算文件的编制

1. 预算文件编制说明

预算表格填写完成后,应写出预算文件编制说明,所述文字要求简明扼要。编制说明一般应包括以下内容:

(1)工程概况及建设规模和范围。

(2)建设项目设计资料的依据及有关文号。

(3)采用的定额、费用标准,人工、材料、机械台班单价的依据或来源,补充定额及编制依据的详细说明。

(4)与预算有关的委托书、协议书、会谈纪要的主要内容(或将抄件附后)。

(5)总预算金额,人工、钢材、水泥、木材、沥青的总需要量情况,各设计方案的经济比较,以及编制中存在的问题。

(6)其他与预算有关但是不能在表格中反映的事项。

2. 公路工程施工图预算编制程序

在编制公路工程施工图预算的工作中,应当根据施工设计图纸,在熟悉和掌握必备的基础资料的前提下,按照如下程序进行:

(1)熟悉施工设计图纸,收集并整理外业调查资料。编制施工图预算文件前,首先应对施工图设计图纸清点、整理、阅读和核对,然后拟定调查提纲进行调查,收集资料并应对外业调查资料进行分析,若还有不明确或不全的部分,应另行调查,以保证预算的准确和合理。

(2)分析施工组织设计。施工组织设计是建设项目实施的指导性文件,分析研究其对工程造价的影响是施工图预算编制程序中的一个关键环节。

(3)正确计取工程量。

(4)编制人工、材料、机械台班预算价格。应按预算编制办法所规定的计算表格的内容和要求,完成下列各项计算工作:

1)人工费单价的分析取定。

2)自采材料料场单价计算。

3)材料预算单价计算。

4)机械台班单价计算。

5)人工、材料、机械台班单价汇总。

6)辅助生产人工、材料、机械台班单位数量计算。

(5)确定各种费率的取费标准,进行其他工程费及间接费综合费率计算。

(6)进行工、料、机分析。根据计取的工程量与预算定额等资料进行如下两项计算工作:

1)分项工程直接费和间接费的计算。

2)建筑安装工程费计算。

(7)计算设备、工具、器具购置费。

(8)计算工程建设其他费用及回收金额。

(9)编制总预算。包括以下各项计算工作内容:

1)总预算计算(分段)。

2)总预算汇总计算。

3)辅助生产所需人工、材料、机械台班数量计算。

4)临时设施所需人工、材料及冬季、雨季和夜间施工增加工计算。

(10)编写预算编制说明书。

(11)进行复核、审核和出版。

第9章 公路工程竣工结(决)算

9.1 公路工程竣工结算

9.1.1 竣工结算的概念

竣工结算是一个单位工程或单项工程完工,经业主及工程质量监督部门验收合格,在交付使用前由施工单位根据合同价格和实际发生的增加或减少费用的变化等情况进行编制,并经业主或其委托方签认的,以表达该项工程最终造价为主要内容,作为结算工程价款依据的经济文件。

竣工结算也是公路工程建设项目建筑安装工程中的一项重要经济活动。正确、合理、及时地办理竣工结算,对于贯彻国家的方针、政策、财经制度,加强建设资金管理,合理确定、筹措和控制建设资金,高速优质完成建设任务,具有十分重要的意义。

9.1.2 竣工结算的依据

工程竣工结算应由承包人编制,发包人审查,双方最终确定。公路工程竣工结算的编制应依据下列资料:

(1)合同文件。
(2)竣工图纸和工程变更文件。
(3)有关技术核准资料和材料代用核准资料。
(4)工程计价文件、工程量清单、取费标准及有关调价规定。
(5)双方确认的有关签证和工程索赔资料。

9.1.3 竣工结算的程序

公路工程竣工结算的程序可按以下三种方式进行:
(1)一般工程结算程序,如图9.1所示。

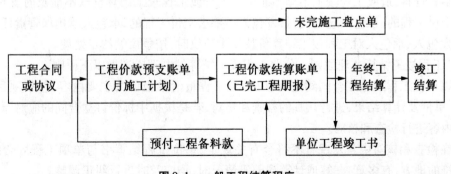

图9.1 一般工程结算程序

(2)竣工验收一次结算程序,如图 9.2 所示。

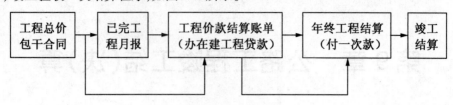

图 9.2　竣工验收一次结算程序

(3)分包工程结算程序,如图 9.3 所示。

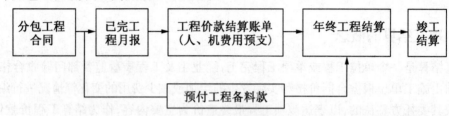

图 9.3　分包工程结算程序

9.1.4　竣工结算的办理

(1)工程竣工结算办理规定。公路工程竣工结算的办理应符合下列规定:

1)工程竣工验收报告经发包人认可后 28 天内,承包人向发包人递交竣工结算报告及完整的结算资料,双方按照协议书约定的合同价款及专用条款约定的合同价款调整内容,进行工程竣工结算。

2)发包人收到承包人递交的竣工结算报告及结算资料后 28 天内进行核实,给予确认或提出修改意见。发包人确认竣工结算报告后通知经办银行向承包人支付工程竣工结算价款。承包人收到竣工价款后 14 天内将竣工工程交付发包人。

3)发包人收到竣工结算报告及结算资料后 28 天内无正当理由不支付工程竣工结算价款,从第 29 天起按承包人同期向银行贷款利率支付拖欠工程价款的利息,并承担违约责任。

4)发包人收到竣工结算报告及结算资料后 28 天内不支付工程竣工结算价款,承包人可以催告发包人支付结算价款。发包人在收到竣工结算报告及结算资料后 56 天内仍不支付的,承包人可以与发包人协议将该工程折价转让,也可以由承包人申请人民法院将该工程依法拍卖,承包人就该工程折价或者拍卖的价款优先受偿。

5)工程竣工验收报告经发包人认可后 28 天内,承包人未向发包人递交竣工结算报告及完整的结算资料,造成工程竣工结算不能正常进行或工程竣工结算价款不能及时支付,发包人要求交付工程的,承包人应当交付;发包人不要求交付工程的,承包人承担保管责任。

6)发包人、承包人对工程竣工结算价款发生争议时,按争议的约定处理。

(2)工程竣工结算办理原则。公路工程竣工结算的办理应遵循以下原则:

1)以单位工程或施工合同约定为基础,对工程量清单报价的主要内容,包括项目名称、工程量、单价及计算结果,进行认真的检查和核对,若是根据中标价订立合同的应对原报价单的主要内容进行检查和核对。

2)在检查和核对中若发现有不符合有关规定,单位工程结算书与单项工程综合结算书有不相符的地方,有多算、漏算或计算误差等情况时,均应及时进行纠正调整。

3）工程项目由多个单项工程构成的，应按建设项目划分标准的规定，将各单位工程竣工结算书汇总，编制单项工程竣工综合结算书。

4）若工程是由多个单位工程构成的项目，实行分段结算并办理了分段验收计价手续的，应将各单项工程竣工综合结算书汇总编制成建设项目总结算书，并撰写编制说明。

9.1.5 竣工结算的审查

工程竣工结算是施工单位向建设单位提出的最终工程造价。对于国家计划建设项目来说，竣工结算是施工企业向国家提出的最终工程造价。所以，必须本着负责的精神，力求做到符合实际、符合规定、兑现合同，所以结算一定要经过审核程序。建设工程项目竣工结算审核的内容包括工程量、材料价、直接费、套定额、总表等。

1. 竣工结算的审核程序

(1) 自审：结算初稿编定后，施工单位内部先组织校审。

(2) 建设单位审：自审后编印成正式结算书送交建设单位审查；建设单位也可委托有权机关批准的工程造价咨询单位审查。

(3) 造价管理部门审：建设单位与施工单位协商无效时，可以提请造价管理部门裁决。

2. 竣工结算的审核方法

(1) 高位数法：着重审查高位数，诸如整数部分或者十位以前的高位数。单价低的项目从十位甚至百位开始查对，单价高总金额大的项目从个位起查对。

(2) 抽查法：抽查建设项目中的单项工程，单项工程中的单位工程。抽查的数量，可以根据已经掌握的大致情况决定一个百分率，如果抽查未发现大的原则性的问题，其他未查的就不必再查。

(3) 对比法：根据历史资料，用统计法编写出各种类型建筑物分项工程量指标值。用统计指标值去对比结算数值，一般可以判断对错。

(4) 造价审查法：结算总造价对比计划造价（或设计预算、计划投资额），对比相差的大小一般可以判断结算的准确度。

9.2 公路工程竣工决算

9.2.1 工程竣工决算的概念

竣工决算是在公路、桥梁建设项目完工后，由建设单位（业主）根据工程结算及其他有关工程资料为基础，按一定的格式和要求进行编制的。竣工决算全面反映了竣工项目从筹建到交付使用全过程各项资金的使用情况和设计概算执行的结果，是公路建设成果和财务情况的总结性文件。

公路建设项目工程决算（以下简称工程决算）是项目实际完成的工程量、采用的单价和费用支出，以及与批准的概（预）算对比情况。

工程决算是建设项目竣工验收工作的重要组成部分。未编制工程决算报告的建设项目，不得组织竣工验收。

建设项目法人应加强建设项目投资管理工作，配备具有相应资格的公路工程造价人员，做好工程决算资料的收集、整理和分析工作,工程决算文件的编制应真实、准确和完整。

工程决算总费用由建筑安装工程费,设备、工具及器具购置费,工程建设其他费用三部分构成。对于概(预)算编制办法规定的项目及批准概(预)算文件中未列明且不能列入第一、二部分的费用列入第三部分。

9.2.2 工程竣工决算的作用

竣工决算的作用是编制竣工决算报告的目的所决定的,主要有以下几个方面:

(1)全面反映竣工项目最初计划和最终建成的工程概况。

竣工决算报告要求编制的概况表及有关说明,反映了竣工项目计划和实际的建设规模、技术标准、建设工期、投资、用地、质量及主要工程数量、材料消耗等工程的全面情况。

(2)考核竣工项目设计概算的执行结果。

竣工决算与设计概算逐项进行比较,可以反映设计概算的实际执行情况。通过比较分析,总结成绩与经验教训,为今后修订概(预)算定额与补充定额,改进设计,推广先进技术,降低建设成本、提高投资效益,提供了参考资料。

(3)竣工决算核定竣工项目的新增固定资产和流动资产价值,是建设单位向使用或管理单位移交财产的依据。

9.2.3 工程竣工决算的内容

公路工程项目竣工决算应包括从筹建到竣工投产全过程的全部实际支出费用,即建筑工程费用、安装工程费用、设备工器具购置费用和其他费用等。工程竣工决算的内容主要包括竣工财务决算说明书、竣工财务决算报表、造价分析资料表三部分。

1. 竣工财务决算说明书

公路工程竣工决算报告情况说明书反映竣工工程建设成果和经验,是全面考核分析工程投资与造价的书面总结,是竣工决算报告的重要组成部分,其主要包括以下内容:

(1)建设项目概况。主要是对项目的建设工期、工程质量、投资效果,以及设计、施工等各方面的情况进行概括分析和说明。

(2)建设项目投资来源、占用(运用)、会计财务处理、财产物资情况,以及项目债权债务的清偿情况等作分析说明。

(3)建设项目资金节超、竣工项目资金结余、上交分配等说明。

(4)建设项目各项主要技术经济指标的完成比较、分析评价等。

(5)建设项目管理及竣工决算中存在的问题和处理意见。

(6)建设项目竣工决算中需要说明的其他事项等。

2. 竣工财务决算报表

根据财政部的规定,公路工程项目竣工财务决算报表分为大中型项目竣工财务决算报表和小型项目竣工财务决算报表。

(1)大中型公路建设项目竣工财务决算报表。大中型公路建设项目竣工财务决算报表包括竣工工程概况表见表9.1,竣工财务决算表见表9.2、交付使用财产总表见表9.3。

第9章 公路工程竣工结(决)算

表9.1 竣工构成概况表

建设地址						项目	概算/元	实际/元	说明
建设地址			占地面积			建筑安装工程			
			设计	实际		设备、工具、器具			
						其他基本建设			
新增生产能力	能力或效益名称		设计	实际	建设成本	其中:土地征用费			
						生产职工培训费			
						施工机构迁移费			
						建设单位管理费			
建设时间	计划	从 年 月 开工至 年 月竣工				联合试车费			
	实际	从 年 月 开工至 年 月竣工				出国考察费			
	初步设计和概算批准机关日期、文号					勘察设计费			
						合计			
完成主要工程量	名称		单位	数量	主要材料消耗	名称	单位	概算	实际
						钢材	t		
建筑面积和设备		m²	设计	设计		木材	m³		
		台/t				水泥	t		
收尾工程	工程内容	投资额	负责单位	完成时间	主要技术经济指标:				

表9.2 竣工财务决算表

次金来源	金额/千元	资金运用	金额/千元	
一、基建预算拨款		一、交付使用财产		补充资料
二、基建其他拨款		二、在建工程		基本建设收入
三、基建收入		三、应核销投资支出		总计
四、专项基金		1.拨付其他单位基建款		其中:应上交财政
五、就会款		2.移交其他单位未完工程		已上交财政
		3.报废工程损失		支出
		四、应核销其他支出		
		1.器材销售专损		
		2.器材折价损失		
		3.设备报废盈亏		
		五、器材		
		1.需要安装设备		
		2.库存材料		
		六、专用基金财产		
		七、应收款		
		八、银行存款及现金		
合计		合计		

表9.3 交付使用财产总表

建设项目名称: 　　　　　　　　　　　　　　　　　　　　　　　　　单位:元

工程项目名称	总计	固定资产				流动资产
		合计	建筑安装工程	设备	其他费用	

交付单位盖章　　　　　　　　　　　　　　　　　　　　　　接收单位盖章
　年　月　日　　　　　　　　　　　　　　　　　　　　　　　年　月　日

（2）小型公路建设项目竣工财务决算报表。小型公路建设项目竣工决算报表包括：小型公路建设项目交付使用财产明细表见表9.4，小型公路建设项目竣工决算总表见表9.5。

表9.4 小型公路建设项目交付使用财产明细表

建设项目名称:

工程项目名称	建设工程				设备、器具、工具、家具					
	结构	面积/m²	价值/元	名称	规格型号	单位	数量	价值/元	设备安装费	

交付单位盖章　　　　　　　　　　　　　　　　　　　　　　接收单位盖章
　年　月　日　　　　　　　　　　　　　　　　　　　　　　　年　月　日

表9.5 小型公路建设项目竣工决算总表

	建设地址						项目	金额	主要事项说明
	建设地址			占地面积	设计	实际			
新增生产能力	能力或效益名称	设计	实际	初步设计或概算批准机关日期			资金来源 1. 基建预算拨款 2. 基建其他拨款 3. 应付款 4. …… 合计		
建设时间	计划	从 年 月 开工至 年 月竣工							
	实际	从 年 月 开工至 年 月竣工							
建设成本	项目			概算/元	实际/元		资金运用 1. 交付使用固定资产 2. 交付使用流动资产 3. 应核销投资支出 4. 应核销其他支出 5. 库存设备、材料 6. 银行存款及现金 7. 应收款 8. …… 合计		
	建筑安装工程 设备、工程、器具 其他基本建设 1. 土地征用费 2. 生产职工培训费 3. 试车费 …… 合计								

3. 造价分析资料表

在公路工程建设工程竣工决算报告中必须对控制工程造价所采取的措施、效果以及其动态的变化进行认真的比较分析,总结经验教训。批准的概算是考核建设工程造价的依据,在分析时,可将决算报表中所提供的实际数据和相关资料与批准的概算、预算指标进行对比,以确定竣工项目总造价是节约还是超支。

为考核概算执行情况,正确核实建设工程造价,财务部门首先必须积累各种概算动态变化资料表(例如材料价差表、设备价差表、人工价差表、费率价差表等)和设计方案变化,以及对工程造价有重大影响的设计变更资料;其次,考查竣工形成的实际工程造价节约或超支的数额,为了便于进行比较,可先对比整个项目的总概算,之后对比工程项目(或单项工程)的综合概算和其他工程费用概算,最后再对比单位工程概算,并分别将建筑安装工程、设备工器具购置和其他基建费用逐一与项目竣工决算编制的实际工程造价进行对比,找出节约或超支的具体环节,在实际工作中,应主要分析以下内容:

(1)主要实物工作量。
(2)主要材料消耗量。
(3)考核建设单位管理费、建筑及安装工程间接费的取费标准。

9.2.4 工程竣工决算的编制

公路工程竣工决算的编制应遵循下列程序:

(1)收集、整理有关项目竣工决算依据。在项目竣工决算编制之前,应认真收集、整理各种有关的项目竣工决算依据,做好各项基础工作,保证项目竣工决算编制的完整性。项目竣工决算的编制依据是各种研究报告、投资估算、设计文件、设计概算、批复文件、变更记录、招标标底、投标报价、工程合同、工程结算、调价文件、基建计划、竣工档案等各种工程文件资料。

(2)清理项目账务、债务和结余物资。项目账务、债务和结余物资的清理核对是保证项目竣工决算编制工作准确有效的重要环节。要认真核实项目交付使用资产的成本,做好各种账务、债务和结余物资的清理工作,做到及时清偿、及时回收。清理的具体工作要做到逐项清点、核实账目、整理汇总、妥善管理。

(3)填写项目竣工决算报告。项目竣工决算报告的内容是项目建设成果的综合反映。项目竣工决算报告中各种财务决算表格中的内容应依据编制资料进行计算和统计,并符合有关规定。

(4)编写竣工决算说明书。项目竣工决算说明书具有建设项目竣工决算系统性的特点,综合反映项目从筹建开始到竣工交付使用为止全过程的建设情况,包括项目建设成果和主要技术经济指标的完成情况。

(5)报上级审查。项目竣工决算编制完毕,应将编写的文字说明和填写的各种报表,经过反复认真校稿核对,无误后装帧成册,形成完整的项目竣工决算文件报告,及时上报审批。

9.2.5 工程竣工决算的审查

公路工程建设项目竣工决算编制完成后,在建设单位或委托咨询单位自查的基础上,应及时上报主管部门并抄送有关部门审查,必要时,应经有权机关批准的社会审计机构组织的外部审查。大中型建设项目的竣工决算,必须报交该建设项目的批准机关审查,并抄送省、自治区、直辖市财政厅、局和财政部审查。

1. 竣工决算审查的内容

公路工程建设竣工决算一般由建设主管部门会同建设银行进行会审。重点审查以下内容:

(1)根据批准的设计文件,审查有无计划外的工程项目。
(2)根据批准的概(预)算或包干指标,审查建设成本是否超标,并查明超标原因。
(3)根据财务制度,审查各项费用开支是否符合规定,有无乱挤建设成本、扩大开支范围和提高开支标准的问题。
(4)报废工程和应核销的其他支出中,各项损失是否经过有关机构的审批同意。
(5)历年建设资金投入和结余资金是否真实准确。
(6)审查和分析投资效果。

2. 竣工决算审查的程序

公路工程建设项目竣工决算的审查一般按照以下程序进行:

(1)建设项目开户银行应签署意见并盖章。
(2)建设项目所在地财政监察专员办事机构应签署审批意见盖章。
(3)主管部门或地方财政部门签署审批意见。

附录1 全国冬季施工气温区划分表

全国冬季施工气温区划分表

省、自治区、直辖市	地区、市、自治州、盟(县)	气温区	
北京	全境	冬二	Ⅰ
天津	全境	冬二	Ⅰ
河北	石家庄、邢台、邯郸、衡水市(冀州市、枣强县、故城县)	冬一	Ⅱ
河北	廊坊、保定(涞源县及以北除外)、衡水(冀州市、枣强县、故城县除外)、沧州市	冬二	Ⅰ
河北	承德(围场县除外)、张家口(沽源县、张北县、尚义县、康保县除外)、保定市(涞源县及以北)	冬三	
河北	承德(围场县)、张家口市(沽源县、张北县、尚义县、康保县)	冬四	
山西	运城市(万荣县、夏县、新绛县、稷山县、闻喜县除外)	冬一	Ⅱ
山西	运城市(万荣县、夏县、新绛县、稷山县、闻喜县)、临汾(尧都区、侯马市、曲沃县、翼城县、襄汾县、洪洞县)、阳泉(孟县除外)、长治(黎城县)、晋城市(城区、泽州县、沁水县、阳城县)	冬二	Ⅰ
山西	太原(娄烦县除外)、阳泉(孟县)、长治(黎城县除外)、晋城(城区、泽州县、沁水县、阳城县除外)、晋中(寿阳县、和顺县、左权县除外)、临汾(尧都区、侯马市、曲沃县、翼城县、襄汾县、洪洞县除外)、吕梁市(孝义市、汾阳市、文水县、交城县、柳林县、石楼县、中阳县)	冬二	Ⅱ
山西	太原(娄烦县)、大同(左云县除外)、朔州(右玉县除外)、晋中(寿阳县、和顺县、左权县)、忻州、吕梁市(离石区、临县、岚县、方山县、兴县)	冬三	
山西	大同(左云县)、朔州市(右玉县)		
内蒙古	乌海市,阿拉善盟(阿拉善左旗、阿拉善右旗)	冬二	Ⅰ
内蒙古	呼和浩特(武川县除外)、包头(固阳县除外)、赤峰、鄂尔多斯、巴彦淖尔、乌兰察布市(察哈尔右翼中旗除外),阿拉善盟(额济纳旗)	冬三	
内蒙古	呼和浩特(武川县)、包头(固阳县)、通辽、乌兰察布市(察哈尔右翼中旗)、锡林郭勒(苏尼特右旗、多伦县)、兴安盟(阿尔山市除外)	冬四	
内蒙古	呼伦贝尔市(海拉尔区、新巴尔虎右旗、阿荣旗),兴安(阿尔山市)、锡林郭勒盟(冬四区以外各地)	冬五	
内蒙古	呼伦贝尔市(冬五区以外各地)	冬六	
辽宁	大连(瓦房店市、普兰店市、庄河市除外)、葫芦岛市(绥中县)	冬二	Ⅰ
辽宁	渔阳(康平县、法库县除外)、大连(瓦房店市、普兰店市、庄河市)、鞍山、本溪(桓仁县除外)、丹东、锦州、阜新、营口、辽阳、朝阳(建平县除外)、葫芦岛(绥中县除外)、盘锦市	冬三	
辽宁	沈阳(康平县、法库县)、抚顺、本溪(桓仁县)、朝阳(建平县)、铁岭市	冬四	

续表

省、自治区、直辖市	地区、市、自治州、盟(县)	气温区	
吉林	长春(榆树市除外)、四平、通化(辉南县除外)、辽源、白山(靖宇县、抚松县、长白县除外)、松原(长岭县除外)、白城市(通榆县除外)，延边自治州(敦化市、汪清县、安图县除外)	冬四	
	长春(榆树市)、吉林、通化(辉南县)、白山(靖宇县、抚松县、长白县)、白城(通榆县除外)、松原市(长岭县除外)，延边自治州(敦化市、汪清县、安图县)	冬五	
黑龙江	牡丹江市(绥芬河市、东宁县)	冬四	
	哈尔滨(依兰县除外)、齐齐哈尔(讷河市、依安县、富裕县、克山县、克东县、拜泉县除外)、绥化(安达市、肇东市、兰西县)、牡丹江(绥芬河市、东宁县除外)、双鸭山(宝清县)、佳木斯(桦南县)、鸡西、七台河、大庆市	冬五	
	哈尔滨(依兰县)、佳木斯(桦南县除外)、双鸭山(宝清县除外)、绥化(安达市、肇东市、兰西县除外)、齐齐哈尔(讷河市、依安县、富裕县、克山县、克东县、拜泉县)、黑河、鹤岗、伊春市、大兴安岭地区	冬六	
上海	全境	准二	
江苏	徐州、连云港市	冬一	Ⅰ
	南京、无锡、常州、淮安、盐城、宿迁、扬州、泰州、南通、镇江、苏州市	准一	
浙江	杭州、嘉兴、绍兴、宁波、湖州、 州、舟山、金华、温州、台州、丽水市	准二	
安徽	亳州市	冬一	Ⅰ
	阜阳、蚌埠、淮南、滁州、合肥、六安、马鞍山、巢湖、芜湖、铜陵、池州、宣城、黄山市	准一	
	淮北、宿州市	准二	
福建	宁德(寿宁县、周宁县、屏南县)、三明市	准一	
江西	南昌、萍乡、景德镇、九江、新余、上饶、抚州、宜春市	准一	
山东	全境	冬一	Ⅰ
河南	安阳、商丘、周口(西华县、淮阳县、鹿邑县、扶沟县、太康县)、新乡、三门峡、洛阳、郑州、开封、鹤壁、焦作、济源、濮阳、许昌市	冬一	Ⅰ
	驻马店、信阳、南阳、周口(西华县、淮阳县、鹿邑县、扶沟县、太康县除外)、平顶山、漯河市	准二	
湖北	武汉、黄石、荆州、荆门、鄂州、宜昌、咸宁、黄冈、天门、潜江、仙桃市、恩施自治州	准一	
	孝感、十堰、襄樊、随州市，神农架林区	准二	
湖南	全境	准一	
四川	阿坝(黑水县)、甘孜自治州(新龙县、道孚县、泸定县)	冬一	Ⅱ
	甘孜自治州(甘孜县、康定县、白玉县、炉霍县)	冬二	Ⅰ
	阿坝(壤塘县、红原县、松潘县)、甘孜自治州(德格县)	冬二	Ⅱ
	阿坝(阿坝县、若尔盖县、九寨沟县)、甘孜自治州(石渠县、色达县)	冬三	
	广元市(青川县)，阿坝(汶川县、小金县、茂县、理县)、甘孜(巴塘县、雅江县、得荣县、九龙县、理塘县、乡城县、稻城县)、凉山自治州(盐源县、木里县)	准一	
	阿坝(马尔康县、金川县)、甘孜自治州(丹巴县)	准二	

续表

省、自治区、直辖市	地区、市、自治州、盟(县)	气温区	
贵州	贵阳、遵义(赤水市除外)、安顺市、黔东南、黔南、黔西南自治州	准一	
	六盘水市,毕节地区	准二	
云南	迪庆自治州(德钦县、香格里拉县)	冬一	Ⅱ
	曲靖(宣威市、会泽县)、丽江(玉龙县、宁蒗县)、昭通市(昭阳区、大关县、威信县、陆良县、镇雄县、鲁甸县),迪庆(维西县)、怒江(兰坪县)、大理自治州(剑川县)	准一	
西藏	拉萨市(当雄县除外),日喀则(拉孜县)、山南(浪卡子县、错那县、隆子县除外)、昌都(芒康县、左贡县、类乌齐县、丁青县、洛隆县除外)、林芝地区	冬一	Ⅰ
	山南(隆子县)、日喀则地区(定日县、聂拉木县、亚东县、拉孜县除外)	冬二	Ⅱ
	昌都地区(洛隆县)冬一	Ⅰ	
	昌都(芒康县、左贡县、类乌齐县、丁青县)、山南(浪卡子县)、日喀则(定日县、聂拉木县)、阿里地区(普兰县)	冬二	Ⅱ
	拉萨市(当雄县),那曲(安多县除外)、山南(错那县)、日喀则(亚东县)、阿里地区(普兰县除外)	冬三	
	那曲地区(安多县)	冬四	
陕西	西安、宝鸡、渭南、咸阳(彬县、旬邑县、长武县除外)、汉中(留坝县、佛坪县)、铜川市(耀州区)	冬一	Ⅰ
	银川(印台区、王益区)、咸阳市(彬县、旬邑县、长武县)	冬一	Ⅱ
	延安(吴起县除外)、榆林(清涧县)、铜川市(宜君县)	冬二	Ⅱ
	延安(吴起县)、榆林市(清涧县除外)	冬三	
	商洛、安康、汉中市(留坝县、佛坪县除外)	准二	
甘肃	陇南市(两当县、徽县)	冬一	Ⅱ
	兰州、天水、白银(会宁县、靖远县)、定西、平凉、庆阳、陇南市(西和县、礼县、宕昌县)、临夏、甘南自治州(舟曲县)	冬二	Ⅱ
	嘉峪关、金昌、白银(白银区、平川区、景泰县)、酒泉、张掖、武威市,甘南自治州(舟曲县除外)	冬三	
	陇南市(武都区、文县)	准一	
	陇南市(成县、康县)	准二	
青海	海东地区(民和县)	冬二	Ⅱ
	西宁市,海东地区(民和县除外),黄南(泽库县除外)、海南、果洛(班玛县、达日县、久治县)、玉树(囊谦县、杂多县、称多县、玉树县)、海西自治州(德令哈市、格尔木市、都兰县、乌兰县)	冬三	
	海北(野牛沟、托勒除外)、黄南(泽库县)、果洛(玛沁县、甘德县、玛多县)、玉树(曲麻莱县、治多县)、海西自治州(冷湖、茫崖、大柴旦、天峻县)	冬四	
	海北(野牛沟、托勒)、玉树(清水河)、海西自治州(唐古拉山区)	冬五	
宁夏	全境	冬二	Ⅱ

续表

省、自治区、直辖市	地区、市、自治州、盟(县)	气温区	
新疆	阿拉尔市、喀什(喀什市、伽师县、巴楚县、英吉沙县、麦盖提县、莎车县、叶城县、泽普县)、哈密(哈密市沁城镇)、阿克苏(沙雅县、阿瓦提县)、和田地区、伊犁(伊宁市、新源县、霍城县霍尔果斯镇)、巴音郭楞(库尔勒市、若羌县、且末县、尉犁县铁干里可)、克孜勒苏自治州(阿图什市、阿克陶县)	冬二	I
	喀什地区(岳普湖县)	冬二	II
	乌鲁木齐市(牧业气象试验站达板城区、乌鲁木齐县小渠子乡),塔城(乌苏市、沙湾县、额敏县除外)、阿克苏(沙雅县、阿瓦提作外)、哈密(哈密市十三间房、哈密市红柳河、伊吾县淖毛湖)、喀什(塔什库尔干)、吐鲁番地区,克孜勒苏(乌恰县、阿合奇县)、巴音郭楞(和静县、焉耆县、和硕县、轮台县、尉犁县、且末塔中)、伊犁自治州(伊宁市、霍城县、察布查尔县、尼勒克县、巩留县、昭苏县、特克斯县)	冬三	
	乌鲁木齐市(冬三区以外各地)、塔城(额敏县、乌苏县)、阿勒泰市、哈巴河县、吉木乃县、哈密地区(巴里坤县)、昌吉(昌吉市、米泉市、木垒县、奇台县北塔山镇、阜康市天池)、博尔塔拉(温泉县、精河县、阿拉山口口岸)、克孜勒苏自治州(乌恰县吐尔尕特口岸)	冬四	
	克拉玛依、石河子市、塔城(沙湾县)、阿勒泰地区(布尔津县、福海县、富蕴县、青河县)、博尔塔拉(博乐市)、昌吉(阜康市、玛纳斯县、呼图壁县、吉木萨尔县、奇台县、米泉市蔡家湖)、巴音郭楞自治州(和静县巴音布鲁克乡)	冬五	

注:表中行政区划以 2006 年地图出版社出版的《中华人民共和国行政区划简册》为准。为避免敏冗,各民族自治州名称予以简化,如青海省的"海西蒙族藏族自治州"简化为"海西自治州"。

附录2 全国雨季施工雨量区及雨季期划分表

全国雨季施工雨量区及雨季期划分表

省、自治区、直辖市	地区、市、自治州、盟(县)	雨量区	雨季期/月数
北京	全境	Ⅱ	2
天津	全境	Ⅰ	2
河北	张家口、承德市(围场县)	Ⅰ	1.5
河北	承德(围场县除外)、保定、沧州、石家庄、廊坊、邢台、衡水、邯郸、唐山、秦皇岛市	Ⅱ	2
山西	全境	Ⅰ	1.5
内蒙古	呼和浩特、通辽、呼伦贝尔(海拉尔区、满洲里市、阿巴尔虎旗、鄂温克旗)、鄂尔多斯(东胜区、准格尔旗、伊金霍洛旗、达拉特旗、乌审旗)、赤峰、包头、乌兰察布市(集宁区、化德县、商都县、兴和县、四子王旗、察哈尔右翼中旗、察哈尔右翼后旗、卓资县及以南)、锡林郭勒盟(锡林浩特市、多伦县、太仆寺旗、西乌珠穆沁旗、正蓝旗、正镶白旗)	Ⅰ	1
内蒙古	呼伦贝尔市(牙克石市、额尔古纳市、鄂伦春旗、扎兰屯市及以东)、兴安盟	Ⅰ	2
辽宁	大连(长海县、瓦房店市、普兰店市、庄河市除外)、朝阳市(建平县)	Ⅰ	2
辽宁	沈阳(康平县)、大连(长海县)、锦州(北宁市除外)、营口(盖州市)、朝阳市(凌原市、建平县除外)	Ⅰ	2.5
辽宁	沈阳(康平县、辽中县除外)、大连(瓦房店市)、鞍山(海城市、台安县、岫岩县除外)、锦州(北宁市)、阜新、朝阳(凌原市)、盘锦、葫芦岛(建昌县)、铁岭市	Ⅰ	3
辽宁	抚顺(新宾县)、辽阳市	Ⅰ	3.5
辽宁	沈阳(辽中县)、鞍山(海城市、台安县)、营口(盖州市除外)、葫芦岛市(兴城市)	Ⅱ	2.5
辽宁	大连(普兰店市)、葫芦岛市(兴城市、建昌县除外)	Ⅱ	3
辽宁	大连(庄河市)、鞍山(岫岩县)、抚顺(新宾县除外)、丹东(凤城市、宽甸县除外)、本溪市	Ⅱ	3.5
辽宁	丹东市(凤城市、宽甸县)	Ⅱ	4
吉林	辽源、四平(双辽市)、白城、松原市	Ⅰ	2
吉林	吉林、长春、四平(双辽市除外)、白山市、延边自治州	Ⅱ	2
吉林	通化市	Ⅱ	3
黑龙江	哈尔滨(市区、呼兰区、五常市、阿城市、双城市)、佳木斯(抚远县)、双鸭山(市区、集贤县除外)、齐齐哈尔(拜泉县、克东县除外)、黑河(五大连池市、嫩江县)、绥化(北林区、海伦市、望奎县、绥棱县、庆安县除外)、牡丹江、大庆、鸡西、七台河市,大兴安岭地区(呼玛县除外)	Ⅰ	2
黑龙江	哈尔滨(市区、呼兰区、五常市、阿城市、双城市除外)、佳木斯(抚远县除外)、双鸭山(市区、集贤县)、齐齐哈尔(拜泉县、克东县)、黑河(五大连池市、嫩江县除外)、绥化(北林区、海伦市、望奎县、绥棱县、庆安县)、鹤岗、伊春市,大兴安岭地区(呼玛县)	Ⅱ	2

续表

省、自治区、直辖市	地区、市、自治州、盟(县)	雨量区	雨季期/月数
上海	全境	Ⅱ	4
江苏	徐州、连云港市	Ⅱ	2
	盐城市	Ⅱ	3
	南京、镇江、淮安、南通、宿迁、扬州、常州、泰州市	Ⅱ	4
	无锡、苏州市	Ⅱ	4.5
浙江	舟山市	Ⅱ	4
	嘉兴、湖州市	Ⅱ	4.5
	宁波、绍兴市	Ⅱ	6
	杭州、金华、温州、 州、台州、丽水市	Ⅱ	7
安徽	亳州、淮北、宿州、蚌埠、淮南、六安、合肥市	Ⅱ	1
	阜阳市	Ⅱ	2
	滁州、巢湖、马鞍山、马鞍山、芜湖、铜陵、宜城市	Ⅱ	3
	池州市	Ⅱ	4
	安庆、黄山市	Ⅱ	5
福建	泉州市(惠安县崇武)	Ⅰ	4
	福州(平潭县)、泉州(晋江市)、厦门(同安区除外)、漳州市(东山县)	Ⅱ	5
	三明(永安市)、福州(市区、长乐市)、莆田市(仙游县除外)	Ⅱ	6
	南增(顺昌县除外)、宁德(福鼎市、霞浦县)、三明(永安市、尤溪县、大田县除外)、福州(市区、长乐市、平潭县除外)、龙岩(长汀县、连城县)、泉州(晋江市、惠安县崇武、德化县除外)、莆田(仙游县)、厦门(同安区)、漳州市(东山县除外)	Ⅱ	7
	南平(顺昌县)、宁德(福鼎市、霞浦县除外)、三明(尤溪县、大田县)、龙岩(长汀县、连城县除外)、泉州市(德化县)	Ⅱ	8
江西	南昌、九江、吉安市	Ⅱ	6
	萍乡、景德镇、新余、鹰潭、上饶、抚州、宜春、赣州市	Ⅱ	7
山东	济南、潍坊、聊城市	Ⅰ	3
	淄博、东营、烟台、济宁、威海、德州、宾州市	Ⅰ	4
	枣庄、泰安、莱芜、临沂、菏泽市	Ⅰ	5
	青岛市	Ⅱ	3
	日照市	Ⅱ	4
河南	郑州、许昌、洛阳、济源、新乡、焦作、三门峡、开封、濮阳、鹤壁市	Ⅰ	2
	周口、驻马店、漯河、平顶山、安阳、商丘市	Ⅰ	3
	南阳市	Ⅰ	4
	信阳市	Ⅱ	2
湖北	十堰、襄樊、随州市,神农架林区	Ⅰ	3
	宜昌(秭归县、远安县、兴山县)、荆门市(钟祥市、京山县)	Ⅱ	2
	武汉、黄石、荆州、孝感、黄冈、咸宁、荆门(钟祥市、京山县除外)、天门、潜江、仙桃、鄂州、宜昌市(秭归县、远安县除外),恩施自治州	Ⅱ	6
湖南	全境	Ⅱ	6

续表

省、自治区、直辖市	地区、市、自治州、盟（县）	雨量区	雨季期/月数
广东	茂名、中山、汕头、潮州市	I	5
	广州、江门、肇庆、顺德、湛江、东莞市	I	6
	珠海市	I	5
	深圳、阳江、汕尾、佛山、河源、梅州、揭阳、惠州、云浮、韶关市	II	6
	清远市	II	7
广西	百色、河池、南宁、崇左市	II	5
	桂林、玉林、梧州、北海、贵港、钦州、防城港、贺州、柳州、来宾市	II	6
海南	全境	II	6
重庆	全境	II	4
四川	甘孜自治州（巴塘县）	I	1
	阿坝（若尔盖县）、甘孜自治州（石渠县）	I	2
	乐山（峨边县）、雅安市（汉源县），甘孜自治州（甘孜县、色达县）	I	3
	雅安（石棉县）、绵阳（平武县）、泸州（古蔺县）、遂宁市、阿坝（若尔盖县、汶川县除外）、甘孜自治州（巴塘县、石渠县、甘孜县、色达县、九龙县、得荣县除外）	I	4
	南充（高坪区）、资阳市（安岳县）	I	5
	宜宾市（高县），凉山自治州（雷波县）	II	3
	成都、乐山（峨边县、马边县除外），德阳、南充（南部县）、绵阳（平武县除外）、资阳（安岳县除外）、广元、自贡、攀枝花、眉山市、凉山（雷波县除外）、甘孜自治州（九龙县）	II	4
	乐山（马边县）、南充（高坪区、南部县除外）、雅安（汉源县、石棉县除外）、广安（邻水县除外）、巴中、宜宾（高县除外）、泸州（古蔺县除外）、内江市	II	5
	广安（邻水县）、达州市	II	6
四川	贵阳、遵义市、毕节地区	II	4
	安顺市，铜仁地区，黔东南自治州	II	5
	黔西南自治州	II	6
	黔南自治州	II	7
云南	昆明（市区、嵩明县除外）、玉溪、曲靖（富源县、师宗县、罗平县除外）、丽江（宁蒗县、永胜县、思茅墨江县）、昭通市、怒江（兰坪县、泸水县六库镇）、大理（大理市、漾濞县除外）、红河（个旧市、开远市、蒙自县、红河县、石屏县、建水县、弥勒县、泸西县）、迪庆，楚雄自治州	I	5
	保山（腾冲县、龙陵县除外）、临沧市（凤庆县、云县、永德县、镇康县），怒江（福贡县、泸水县）、红河自治州（元阳县）	I	6
	昆明（市区、嵩明县）、曲靖（富源县、师宗县、罗平县）、丽江（古城、华坪县）、思茅市（翠云区、景东县、镇沅县、普洱县、景谷县）、大理（大理市、漾濞县）、文山自治州	II	5
	保山（腾冲县、龙陵县）、临沧（临湘区、双江县、耿马县、沧源县）、思茅市（西盟县、澜沧县、孟连县、江城县）、怒江（贡山县）、德宏、红河（绿春县、金平县、屏边县、河口县）、西双版纳自治州	II	6

续表

省、自治区、直辖市	地区、市、自治州、盟(县)	雨量区	雨季期/月数
西藏	那曲(索县除外),山南(加查县除外)、日喀则(定日县)、阿里地区	I	1
	拉萨市,那曲(索县)、昌都(类乌齐县、丁青县、芒康县除外)、日喀则(拉孜县)、林芝区(察隅县)	I	2
	昌都(类乌齐县)、林芝地区(米林县)	I	3
	昌都(丁青县)、林芝地区(米林县、波密县、察隅县除外)	I	4
	林芝地区(波密县)	I	5
	山南(加查县)、日喀则地区(定日县、拉孜县除外)	II	1
	昌都地区(芒康县)	II	2
陕西	榆林、延安市	I	1.5
	铜川、西安、宝鸡、咸阳、渭南市、杨凌区	I	2
	商洛、安康、汉中市	I	3
甘肃	天水(甘谷县、武山县)、陇南市(武都区、文县、礼县),临夏(康乐县、广河县、永靖县)、甘南自治州(夏河县)	I	1
	天水(北道区、秦城区)、定西(渭源县)、庆阳(西峰区)、陇南市(西和县),临夏(临夏市)、甘南自治州(临潭县、卓尼县)	I	1.5
	天水(秦安县)、定西(临洮县、岷县)、平凉(崆峒区)、庆阳(华池县、宁县、环县)、陇南市(宕昌县),临夏(临夏县、东乡县、积市山县)、甘南自治州(合作市)	I	2
	天水(张家川县)、平凉(静宁县、庄浪县)、庆阳(镇原县),陇南市(两当县),临夏(和政县)、甘南自治州(玛曲县)	I	2.5
	天山(清水县)、平凉(泾川县、灵台县、华亭县、崇信县)、庆阳(西峰县、合水县、正宁县)、陇南市(徽县、成县、康县)、甘南自治州(碌曲县、迭部县)	I	3
青海	西宁市(湟源县),海东地区(平安县、乐都县、民和县、化隆县),海北(海晏县、祁连县、刚察县、托勒)、海南(同德县、贵南县)、黄南(泽库县、同仁县)、海西自治州(天峻县)	I	1
	西宁市(湟源县除外),海东地区(互助县),海北(门源县)、果洛(达日县、久治县、班玛县)、玉树自治州(称多县、杂多县、囊谦县、玉树县),河南自治县	I	1.5
宁夏	固原地区(隆德县、泾源县)	I	2
新疆	乌鲁木齐市(小渠子乡、牧业气象试验站、大西沟乡),昌吉地区(阜康市天池),克孜勒苏(吐尔尕特、托云、巴音库鲁提)、伊犁自治州(昭苏县、霍城县二台、松树头)	I	1
台湾	(资料暂缺)		

注:1. 表中未列的地区除西藏林芝地区墨脱县因无资料未划分外,其余地区均因降雨天数或平均日降雨量未达到计算雨季施工增加费的标准,故未划分雨量区及雨季期。
2. 行政区划依据资料及自治州、市的名称列法同冬季施工气温区划分说明。

附录3　全国风沙地区公路施工区划分表

全国风沙地区公路施工区划分表

区划	沙漠(地)名称	地理位置	自然特征
风沙一区	呼伦贝尔沙地、嫩江沙地	呼伦贝尔沙地位于内蒙古呼伦贝尔平原,嫩江沙地位于东北平原西北部嫩江下游	属半干旱、半湿润严寒区,年降水量208～400 mm,年蒸发量1 400～1 900 mm,干燥1.2～1.5
	科尔沁沙地	散布于东北平原西辽河中、下游主干及支流沿岸的冲积平原上	属半湿润冷区,年降水量300～450 mm,年蒸发量1 700～2 400 mm,干燥度1.2～2.0
	浑善达克沙地	位于内蒙古锡林郭勒盟南部和照明乌达盟西北部	属半湿润温冷区,年降水量100～400 mm,年蒸发量2 200～2 700 mm,干燥度1.2～2.0,年平均风速3.5～5 m/s,年大风日数50～80 d
	毛乌素沙地	位于内蒙古鄂尔多斯北部,黄河河套平原以南	属半干旱温热区,年降水量150～400 mm,西部仅250～320 mm,年蒸发量2 100～2 600 mm,干燥度1.6～2.0
	库布齐沙漠	位于内蒙古鄂尔多斯北部,黄河河套平原以南	属半干旱温热区,年降水量150～145 mm,年蒸发量2 100～2 700 mm,干燥度2.0～4.0,年平均风速3～4 m/s
风沙二区	乌兰布和沙漠	位于内蒙古阿拉善东北部,黄河河套平原西南部	属干旱温热区,年降水量100～145 mm,年蒸发量2 400～2 900,干燥度8.0～16.0,地下水相当丰富,埋深一般为1.5～3 m
	腾格里沙漠	位于内蒙古阿拉善东南部及甘肃武威部分地区	属干旱温热区,沙丘、湖盆、山地、残丘及平原交错分布,年降水量116～148 mm,年蒸发量3 000～3 600 mm,干燥度4.0～12.0
	巴丹吉林沙漠	位于内蒙古阿拉善西南边缘及甘肃酒泉部分地区	属干旱温热区,沙山高大密集,形态复杂,起伏悬殊,一般高200～300 m,最高可达420 m,年降水量40～80 mm,年蒸发量1 720～3 320 mm,干燥度7.0～16.0
	柴达木沙漠	位于青海柴达木盆地	属极干旱寒冷区,风蚀地、戈壁、盐湖和盐土平原相互交错分布,盆地东部年平均气温2～4 ℃,西部为1.5～2.5 ℃,年降水量东部为50～170 mm,西部为10～25 mm,年蒸发量2 500～3 000 mm,干燥度16.0～32.0
	古尔班通古特沙漠	位于新疆北部准噶尔盆地	属干旱温冷区,其中固定、半固定沙丘面积占沙漠面积的97%,年降水量70～150 mm,年蒸发量1 700～2 200 mm,干燥度2.0～10.0
风沙三区	塔克拉玛干沙漠	位于新疆南部塔里木盆地	属极干旱炎热区,年降水量东部20 mm左右,南部30 mm左右,西部40 mm左右,北部50 mm以上,年蒸发量在1 500～3 700 mm,中部达高限,干燥度>32.0
	库姆达格沙漠	位于新疆东部、甘肃西部、罗布泊低地南部和阿尔金山北部	属极干旱炎热区,全部为流动沙丘,风蚀严重,年降水量10～20 mm,年蒸发量2 800～3 000 mm,干燥度>32.0,8级以上大风天数在100 d以上

附录4 设备与材料的划分标准

工程建设设备与材料的划分,直接关系到投资构成的合理划分、概(预)算的编制以及施工产值的计算等方面,为合理确定工程造价,加强对建设过程投资管理,统一概(预)算编制口径,现对交通工程中设备与材料的划分提出如下划分原则和规定。本规定如与国家主管部门新颁布的规定相抵触时,按国家规定执行。

1. 设备与材料的划分原则

(1)凡是经过加工制造,由多种材料和部件按各自用途组成生产加工、动力、传送、储存、运输、科研等功能的机器、容器和其他机械、成套装置等均为设备。

设备分为标准设备和非标准设备。

标准设备(包括通用设备和专用设备):是按国家规定的产品标准批量生产的、已进入设备系列的设备。

非标准设备:是国家未定型、非批量生产的、由设计单位提供制造图纸,委托承制单位或施工企业在工厂或施工现场制作的设备。

设备一般包括以下各项:

1)各种设备的本体及随设备到货的配件、备件和附属于设备本体制作成型的梯子、平台、栏杆及管道等。

2)各种计量器、仪表及自动化控制装置、实验的仪器及属于设备本体部分的仪器仪表等。

3)附属于设备本体的油类、化学药品等设备的组成部分。

4)无论用于生产或生活或附属于建筑物的水泵、锅炉及水处理设备、电气、通风设备等。

(2)为完成建筑、安装工程所需的原料和经过工业加工在工艺生产过程中不起单元工艺生产用的设备本体以外的零配件、附件、成品、半成品等均为材料。

材料一般包括以下各项:

1)设备本体以外的不属于设备配套供货,需由施工企业进行加工制作或委托加工的平台、梯子、栏杆及其他金属构件等,以及成品、半成品形式供货的管道、管件、阀门、法兰等。

2)设备本体以外的各种行车轨道、滑触线、电梯的滑轨等均为材料。

2. 设备与材料的划分界限

(1)设备。

1)通信系统。市内、长途电话交换机、程控电话交换机、微波、载波通信设备,电报和传真设备,中、短波通信设备及中短波电视天馈线装置、移动通信设备、卫星地球站设备,通信电源设备,光纤通信数字设备,有线、一播设备等各种生产及配套设备和随机附件等。

2)监控和收费系统。自动化控制装置、计算机及其终端、工业电视、检测控制装置、各种探测器、除尘设备、分析仪表、显示仪表、基地式仪表、单元组合仪表、变送器、传送器及调节阀、盘上安装器、压力、温度、流量、差压、物位仪表,成套供应的盘、箱、柜、屏(包括箱和已经安装就位的仪表、元件等)及随主机配套供应的仪表等。

3)电气系统。各种电力变压器、互感器、调压器、感应移相器、电抗器、高压断路器、高压熔断器、稳压器、电源调整器、高压隔离开关、装置式空气开关、电力电容器、蓄电池、磁力启动器、交直流报警器、成套箱式变电站、共箱母线、封闭式母线槽、成套供应的箱、盘、柜、屏及其随设备带来的母线和支持瓷瓶等。

4)通风及管道系统。空气加热器、冷却器、各种空调机、风尘管、过滤器、制冷机组、空调机组、空调器、各类风机、除尘设备、风机盘管、净化工作台、风淋室、冷却塔、公称直径 300 mm 以上的人工阀门和电动阀门等。

5)房屋建筑。电梯、成套或散装到货的锅炉及其附属设备、汽轮发电机及其附属设备、电动机、污水处理装置、电子秤、地中衡、开水炉、冷藏箱,热力系统的除氧器水箱和疏水箱,工业水系统的工业水箱,油冷却系统的油箱,酸碱系统的酸碱储存槽,循环水系统的旋转滤网、启闭装置的启闭机等。

6)消防及安全系统。隔膜式气压水罐(气压罐)、泡沫发生器、比例混合器、报警控制器、报警信号前端传输设备、无线报警发送设备、报警信号接收机、可视对讲主机、联动控制器、报警联动一体机、重复显示器、远程控制器、消防广播控制柜、广播功放、录音机、广播分配器、消防通信电话交换机、消防报警备用电源、X 射线安全检查设备、金属武器探测门、摄像设备、监视器、镜头、云台、控制台、监视器柜、支台控制器、视频切换器、全电脑视频切换设备、音频、视频、脉冲分配器、视频补偿器、视频传输设备、汉字发生设备、录像、录音设备、电源、CRT 显示终端、模拟盘等。

7)炉窑砌筑。装置在炉窑中的成品炉管、电机、鼓风机和炉窑传动、提升装置,属于炉窑本体的金属铸体、锻件、加工件及测温装置、仪器仪表、消烟、回收、除尘装置,随炉供应已安装就位的金具、耐火衬里、炉体金属预埋件等。

8)各种机动车辆。

9)各种工艺设备在试车时必须填充的一次性填充材料(如各种瓷环、钢环、塑料环、钢球等),各种化学药品(如树脂、珠光砂、触媒、干燥剂、催化剂等)及变压器油等,不论是随设备带来的,还是单独订货购置的,均视为设备的组成部分。

(2)材料。

1)各种管道、管件、配件、公称直径 300 mm 以内的人工阀门、水表、防腐保温及绝缘材料、油漆、支架、消火栓、空气泡沫枪、泡沫炮、灭火器、灭火机、灭火剂、泡沫液、水泵接合器、可曲橡胶接头、消防喷头、卫生器具、钢制排水漏斗、水箱、分气缸、疏水器、减压器、压力表、温度计、调压板、散热器、供暖器具、凝结水箱、膨胀水箱、冷热水混合器、除污器、分水缸(器)、各种风管及其附件和各种调节阀、风口、风帽、罩类、消声器及其部(构)件、散流器、保护壳、风机减震台座、减震器、凝结水收集器、单双人焊接装置、煤气灶、煤气表、烘箱灶、火管式沸水器、水型热水器、开关、引火棒、防雨帽、放散管拉紧装置等。

2)各种电线、母线、绞线、电缆、电缆终端头、电缆中间头、吊车滑触线、接地母线,接地极、避雷线、避雷装置(包括各种避雷器、避雷针等)高低压绝缘子、线夹、穿墙套管、灯具、开关、灯头盒、开关盒、接线盒、插座、闸盒保险器、电杆、横担、铁塔、各种支架、仪表插座、桥架、梯架、立柱、托臂、人孔手孔、挂墙照明配电箱、局部照明变压器、按钮、行程开关、刀闸开关、组合开关、转换开关、铁壳开关、电扇、电铃、电表、蜂鸣器、电笛、信号灯、低音扬声器、电话单机、熔断器等。

3) 循环水系统的钢板闸门及拦污栅、启闭构架等。

4) 现场制作与安装的炉管及其他所需的材料或填料、现场砌筑用的耐火、耐酸、保温、防腐、捣打料、绝热纤维、天然白泡石、玄武岩、金具、炉门及窥视孔、预埋件等。

5) 所有随管线（路）同时组合安装的一次性仪表、配件、部件及元件（包括就地安装的温度计、压力表）等。

6) 制造厂以散件或分段分片供货的塔、器、罐等，在现场拼接、组装、焊接、安装内件或改制时所消耗的物料均为材料。

7) 各种金属材料、金属制品、焊接材料、非金属材料、化工辅助材料、其他材料等。

（3）对于一些在制造厂未整体制作完成的设备，或分片压制成型，或分段散装供货的设备，需要建筑安装工人在施工现场加工、拼装、焊接的，按上述划分原则和其投资构成应属于设备购置费。为合理反映建筑安装工人付出的劳动和创造的价值，可按其在现场加工组装焊接的工作量，将其分片或组装件按其设备价值的一部分以加工费的形式计入安装工程费内。

（4）供应原材料，在施工现场制作安装或施工企业附属生产单位为本单元承包工程制作并安装的非标准设备，除配套的电机、减速机外，其加工制作消耗的工、料（包括主材）、机等均应计入安装工程费内。

（5）凡是制造厂未制造完成的设备，已分片压制成型、散装或分段供货，需要建筑安装工人在施工现场拼装、组装、焊接及安装内件的，其制作、安装所需的物料为材料，内件、塔盘为设备。

附录5　某公路工程工程量清单计价案例

总说明

一、工程概况：本工程为某市××路××工程。建设单位为某市××建设投资有限公司，施工单位为××工程公司，设计单位为××交通规划勘察设计院，监理单位为××建设监理公司。

二、本次预算采用工程量清单形式。清单标准采用《公路工程标准施工招标文件》（2009版）。工程量清单应与合同条款、技术规范及图纸结合起来查阅和理解。工程量清单中仅作为预算总造价的形式，不能作为最终结算与支付的依据。实际支付应按实际完成的工程量、合同规定的计价办法结算。

三、工程量清单各章是按技术规范相应章次编号的，因此工程量清单中各章的工程细目与计量等应与技术规范相应章节的范围、计量与支付条款结合起来理解或解释。

四、其他详见预算书。

工程量清单汇总表

合同段：××工程

序号	章次	科目名称	金额/元
1	100	总则	783 700
2	200	路基	28 939 585
3	300	路面	43 041 671
4	400	桥梁、涵洞	15 226 830
5	700	绿化及环境保护设施	433 285
6	第100章至700章清单合计		88 425 071
7	已包含在清单合计中的专项暂定金额小计		
8	清单合计减去专项暂定金额		88 425 071
9	计日工合计		
10	不可预见费（暂定金额）5%		4 421 254
11	投标价		92846325

工程细目工程量清单

清单100章　总则

合同段：××工程　　　　　　　　　　　　　　　　　　　　　　　货币单位：人民币元

细目号	细目名称	单位	数量	单价	合价
102-1	竣工文件	总额	1.000	50 000.00	50 000
103-1	临时道路修建、养护与拆除（包括原道路的养护费）	总额	1.000	433 700.00	433 700
103-3	临时供电设施	总额	1.000	100 000.00	100 000
104-1	承包驻地建设	总额	1.000	200 000.00	200 000
清单100章合计					783 700

清单200章 路基

合同段：××工程　　　　　　　　　　　　　　　　　　　　　货币单位：人民币元

细目号	细目名称	单位	数量	单价	合价
202-1	清理与掘除				
-a	清理现场	m²	226 473.000	0.70	158 531
-c	挖除树根	棵	1 186.000	52.46	62 218
202-3	拆除结构物				
-b	混凝土结构	m²	232.000	41.83	9 705
203-1	路基挖方				
-a	挖土方	m³	72 377.020	3.45	249 701
-c	挖除非使用材料(包括淤泥)	m³	38 635.400	16.46	635 939
203-2	改河、改渠、改路挖方				
-a	开挖土方	m³	4 234.300	3.45	14 608
204-1	路基填筑				
-a	原地面翻松掺5%石灰	m²	226 473.000	4.37	989 687
-b	利用土方				
-1	素土	m³	1 168.000	6.19	7 230
-2	5%石灰土	m³	8 804.650	27.78	244 593
-e	借土填方(含1.5km运距)				
-1	素土	m³	35 330.000	19.94	704 480
-2	5%石灰土	m³	214 802.350	40.45	8 688 755
-3	6%石灰土	m³	233 520.500	44.82	10 466 389
-4	每增减1%石灰含量	m³		3.50	
-5	4t自卸汽车每立方米增运1千米	Km.m³		2.16	
-6	6t自卸汽车每立方米增运1千米	km.m³		1.80	
204-2	改路、改河、改渠填筑				
-a	利用土方	m³	638.700	7.36	4 701
205-1	软土地基处理				
-a	回填碎石	m³	38 388.000	122.07	4 686 023
-d	预压与超载预压	m³	1 576.000	9.79	15 429
207-1	边沟				
-a	土边沟	m	14 076.000	2.26	31 812
-b	M7.5浆砌片石	m³	348.000	299.78	104 323
208-1	种草、铺草皮	m²	132 718.600	8.31	1 102 892
208-2	M7.5级浆砌片石护坡	m³	2 194.800	280.06	614 676
208-3	预制混凝土块衬砌拱				
-a	M7.5浆砌片石	m³	3.200	280.00	896
-b	C20砼预制坡	m³	38.000	584.87	22 225
215-5	锥坡				
-a	C20砼六角块	m³	130.400	429.32	55 983
-b	M7.5浆砌片石	m³	228.200	301.44	68 789
	清单200章　合计				28 939 585

清单300章 路面

合同段：××工程　　　　　　　　　　　　　　　　　　　货币单位：人民币元

细目号	细目名称	单位	数量	单价	合价
305-1	三灰土底基层				
-a	厚20cm	m²	223 996.900	30.00	6 719 907
305-2	水泥稳定碎石基层				
-a	厚36cm	m²	203 999.200	79.47	16 211 816
-b	厚20cm	m²	1 459.000	43.53	63 510
306-4	玻纤格栅	m²	19 769.900	10.55	208 572
307-3	封层	m²	197 183.200	5.40	1 064 789
308-1	细粒式沥青混凝土(AC-13C)				
-a	厚40 mm	m²	194 908.000	34.45	6 714 581
308-3	粗粒式沥青混凝土(AC-25)				
-a	厚80 mm	m²	190 030.200	55.79	10 601 785
-b	厚60 mm	m²	4 637.600	48.89	226 732
309-1	沥青表面处治				
-a	厚3cm	m²	650.000	20.66	13 429
309-2	泥灰结碎石	m³	142.000	130.25	18 496
312-1	土路肩	m	17 896.000	3.69	66 036
312-2	中央分隔带	m	8 583.700	93.72	804 464
312-5	混凝土预制块缘石	m	17 167.400	19.08	327 554
	清单300章 合计				43 041 671

清单400章 桥梁、涵洞

合同段：××工程　　　　　　　　　　　　　　　　　　　货币单位：人民币元

细目号	细目名称	单位	数量	单价	合价
403-1	基础钢筋(包括灌注桩、承台、井等)沉柱	kg			
-a	光圆钢筋(Ⅰ级)	kg	25 972.800	4.99	129 604
-b	带肋钢筋(HRB355、HRB400)	kg	192 623.000	5.06	974 672
403-2	下部结构钢筋				
-a	光圆钢筋(Ⅰ级)	kg	27 005.000	4.95	133 675
-b	带肋钢筋(HRB355、HRB400)	kg	96 769.900	5.09	492 559
403-3	上部结构钢筋				
-a	光圆钢筋(Ⅰ级)	kg	95 446.000	5.23	499 183
-b	带肋钢筋(HRB355、HRB400)	kg	279 554.200	5.21	1 456 477
-d	预埋钢板	kg	15 343.000	7.01	107 554
-c	钢筋网片				
-1	D12 型	kg	24 147.000	6.64	160 336
-2	D5 型	kg	11 429.200	6.64	75 890
403-4	附属结构钢筋				
-a	光圆钢筋(Ⅰ级)	kg	5 833.400	4.94	28 817
-b	带肋钢筋(HRB355、HRB400)	kg	42 233.800	4.92	207 790
-c	钢板、钢管及其他钢材	kg	7 142.600	6.99	49 927
404-1	干处挖土方	m³	283.100	17.43	4 934
405-1	钻孔灌注桩				

续表

细目号	细目名称	单位	数量	单价	合价
-a	桩径 Φ1.2m	m	988.460	943.63	932 741
-b	桩径 Φ1.5 m	m	1 734.930	1 397.67	2 424 860
-c	声测管	kg	21 132.400	7.86	166 101
410-1	C25 混凝土基础(包括支撑梁、桩基承台；但不包括桩基础)	m³	190.400	495.20	94 286
410-2	C30 混凝土下部结构	m³	851.320	608.57	518 088
410-4	预制梁板砼(含堵头砼)				
-a	C40 砼	m³	250.600	863.76	216 458
-b	C50 砼	m³	1 822.200	980.39	1 786 467
410-5	上部结构现浇整体混凝土				
-a	C40 砼	m³	42.400	479.46	20 329
-b	C50 砼	m³	223.000	1 096.58	244 537
410-6	C30 现浇混凝土附属结构				
-a	护栏	m³	181.700	585.41	106 369
-b	搭板	m³	231.600	385.44	89 268
411-2	先张法预应力钢绞线 φs12.7	kg	6 812.400	10.04	68 396
411-5	后张法预应力钢绞线 φs15.2	kg	89 440.600	12.00	1 073 287
415-2	水泥混凝土桥面铺装				
-a	C40 砼	m³	79.200	479.43	37 971
-b	C50 砼	m³	238.100	518.37	123 424
415-3	防水层	m²	4 420.600	15.34	67 812
416-2	圆形板式橡胶支座				
-a	GYZΦ150×28	个	88.000	56.34	4 958
-b	GYZΦ200×35	个	88.000	125.19	11 017
-c	GYZF4Φ150×30	个	88.000	129.67	11 411
-d	GYZF4Φ275×72	个	32.000	820.81	26 266
-e	GYZΦ400×88	个	64.000	884.95	56 637
417-2	伸缩装置				
-a	D60 型	m	55.600	863.69	48 021
-b	D100 型	m	67.900	1 509.01	102 462
418-1	铸铁泄水管	套	84.000	67.85	5 699
419-3	单孔钢筋混凝土圆管涵				
-a	Φ1.0 m	m	110.930	870.51	96 566
-b	Φ1.5 m	m	611.200	1 274.37	778 895
-c	Φ0.75 m	m	91.000	711.27	64 726
420-2	钢筋混凝土箱涵				
-a	4 m×3 m	m	126.700	9 943.30	1 259 816
-b	2.5 m×2.2 m	m	87.800	5 336.49	468 544
	清单 400 章 合计				15 226 830

清单 700 章 绿化及环境保护设施

合同段：××工程　　　　　　　　　　　　　　　　　　　　　货币单位：人民币元

细目号	细目名称	单位	数量	单价	合价
703-2	铺植草皮				
-a	土路肩植草	m²	13756.000	8.31	114312
-b	中央分隔带植草	m²	32803.000	8.31	272593
704-2	中央分隔带人工种植灌木	棵	4583.000	10.12	46380
	清单700章　合计				433285

价分析表

合同段：××工程　　　　　　　　　　　　　　　　　　　　　货币单位：人民币元

编号	项目名称	单位	工程量	人工费	材料费	机械费	工料机合计	综合费费率%	综合费	摊消费	合计	单价
102-1	竣工文件	总额	1.000	0	50000	0	50000	0.000	0		50000	50000.00
103-1	临时道路修建、养护与拆除（包括原道路的养护费）	总额	1.000	45339	179680	132755	357774	21.222	75926		433700	433700.00
103-3	临时供电设施	总额	1.000	0	100000	0	100000	0.000	0		100000	100000.00
104-1	承包驻地建设	总额	1.000	0	200000	0	200000	0.000	0		200000	200000.00
-a	清理现场	m²	226473.000	26158	0	104532	130690	21.303	27841		158531	0.70
-c	挖除树根	棵	1186.000	49456	0	0	49456	25.805	12762		62218	52.46
-b	混凝土结构	m²	232.000	8129	31	0	8160	18.934	1545		9705	41.83
-a	挖土方	m³	72377.020	10857	0	192644	203501	22.703	46200		249701	3.45
-c	挖除非使用材料（包括淤泥）	m³	38635.400	11591	0	518629	530219	19.939	105720		635939	16.46
-a	开挖土方	m³	4234.300	635	0	11269	11904	22.715	2704		14608	3.45
-a	原地面翻松掺5%石灰	m²	226473.000	0	901352	0	901352	9.800	88335		989687	4.37
-1	素土	m³	1168.000	501	0	5452	5953	21.451	1277		7230	6.19
-2	5%石灰土	m³	8804.650	3022	175216	40062	218299	12.045	26294		244593	27.78
-1	素土	m³	35330.000	20456	0	567397	587853	19.839	116627		704480	19.94
-2	5%石灰土	m³	214802.350	103427	4274474	3233524	7611425	14.154	1077330		8688755	40.45
-3	6%石灰土	m³	233520.500	112440	5576369	3515300	9204110	13.714	1262279		10466389	44.82
-a	利用土方	m³	638.700	326	0	3547	3874	21.347	827		4701	7.36
-a	回填碎石	m³	38388.000	215357	3778819	96861	4091037	14.544	594986		4686023	122.07
-d	预压与超载预压	m³	1576.000	574	0	12043	12618	22.278	2811		15429	9.79
-a	土边沟	m	14076.000	25231	0	0	25231	26.083	6581		31812	2.26
208-1	种草、铺草皮	m²	132718.600	97548	846479	0	944027	16.828	158865		1102892	8.31
208-2	M7.5级浆砌片石护坡	m³	2194.800	117202	392862	0	510065	20.509	104611		614676	280.06
-a	M7.5浆砌片石	m³	3.200	171	573	0	744	20.430	152		896	280.00
-b	C20砼预制坡	m³	38.000	5592	12485	146	18224	21.955	4001		22225	584.87
-a	C20砼六角块	m³	130.400	15194	29620	502	45316	23.539	10667		55983	429.32
-b	M7.5浆砌片石	m³	228.200	15951	41048	0	56999	20.685	11790		68789	301.44
-a	厚20cm	m²	223996.900	376315	4972458	764327	6113100	9.926	606807		6719907	30.00
-a	厚36cm	m²	203999.200	396250	12261496	1964150	14621897	10.874	1589919		16211816	79.47
-b	厚20cm	m²	1459.000	1462	48499	7359	57320	10.799	6190		63510	43.53
306-4	玻纤格栅	m²	19769.900	17793	153218	0	171011	21.965	37562		208572	10.55
307-3	封层	m²	197183.200	43183	875621	36576	955380	11.452	109409		1064789	5.40

续表

编号	项目名称	单位	工程量	人工费	材料费	机械费	工料机合计	综合费率%	综合费	摊消费	合计	单价
-a	厚40 mm	m²	194908.000	105953	4770402	1128414	6004769	11.821	709812		6714581	34.45
-a	厚80 mm	m²	190030.200	178539	7301823	2041937	9522299	11.336	1079486		10601785	55.79
-b	厚60 mm	m²	4637.600	9166	148160	45590	202917	11.736	23815		226732	48.89
-a	厚3cm	m²	650.000	501	11143	473	12117	10.828	1312		13429	20.66
309-2	泥灰结碎石	m³	142.000	1004	15044	1001	17049	8.487	1447		18496	130.25
312-1	土路肩	m	17896.000	7671	50333	2846	60849	8.524	5187		66036	3.69
312-2	中央分隔带	m	8583.700	214603	387300	0	601903	33.653	202561		804464	93.72
312-5	混凝土预制块缘石	m	17167.400	101936	150514	4944	257394	27.258	70160		327554	19.08
-a	光圆钢筋(Ⅰ级)	kg	25972.800	5258	92092	5809	103159	25.635	26445		129604	4.99
-b	带肋钢筋(HRB355、HRB400)	kg	192623.000	39224	686727	41559	767509	26.992	207163		974672	5.06
-a	光圆钢筋(Ⅰ级)	kg	27005.000	7036	94805	4638	106478	25.542	27197		133675	4.95
-b	带肋钢筋(HRB355、HRB400)	kg	96769.900	25561	342116	20937	388613	26.748	103946		492559	5.09
-a	光圆钢筋(Ⅰ级)	kg	95446.000	43672	335927	16381	395980	26.063	103203		499183	5.23
-b	带肋钢筋(HRB355、HRB400)	kg	279554.200	117609	984798	50159	1152565	26.368	303912		1456477	5.21
-d	预埋钢板	kg	15343.000	11001	72950	1867	85818	25.328	21736		107554	7.01
-1	D12型	kg	24147.000	16806	87659	25453	129919	23.412	30417		160336	6.64
-2	D5型	kg	11429.200	7955	41490	12047	61492	23.414	14398		75890	6.64
-a	光圆钢筋(Ⅰ级)	kg	5833.400	1165	20750	909	22824	26.257	5993		28817	4.94
-b	带肋钢筋(HRB355、HRB400)	kg	42233.800	10440	149639	3371	163450	27.128	44340		207790	4.92
-c	钢板、钢管及其他钢材	kg	7142.600	5207	34282	155	39644	25.938	10283		49927	6.99
404-1	干处挖土方	m³	283.100	3924	0	0	3924	25.739	1010		4934	17.43
-a	桩径Φ1.2 m	m	988.460	141997	337944	279755	759696	22.778	173045		932741	943.63
-b	桩径Φ1.5 m	m	1734.930	347903	905620	720993	1974515	22.808	450345		2424860	1397.67
-c	声测管	kg	21132.400	0	0	0	160002	3.812	6099		166101	7.86
410-1	C25混凝土基础(包括支撑梁、桩基承台;但不包括桩基础)	m³	190.400	18121	54852	4616	77589	21.520	16697		94286	495.20
410-2	C30混凝土下部结构	m³	851.320	85379	291383	46618	423380	22.370	94708		518088	608.57
-a	C40砼	m³	250.600	36989	84914	52645	174547	24.011	41911		216458	863.76
-b	C50砼	m³	1822.200	359156	711112	386656	1456924	22.619	329543		1786467	980.39
-a	C40砼	m³	42.400	1959	12624	1883	16467	23.453	3862		20329	479.46
-b	C50砼	m³	223.000	77336	120370	2958	200664	21.864	43873		244537	1096.58
-a	护栏	m³	181.700	26710	57237	3216	87163	22.035	19206		106369	585.41
-b	搭板	m³	231.600	7017	60664	6061	73742	21.054	15526		89268	385.44
411-2	先张法预应力钢绞线 Φs12.7	kg	6812.400	6931	38204	4998	50133	36.429	18263		68396	10.04
411-5	后张法预应力钢绞线 Φs15.2	kg	89440.600	112426	646944	58284	817654	31.264	255633		1073287	12.00
-a	C40砼	m³	79.200	3659	23582	3517	30758	23.451	7213		37971	479.43
-b	C50砼	m³	238.100	11000	78780	10573	100353	22.990	23071		123424	518.37

续表

编号	项目名称	单位	工程量	人工费	材料费	机械费	工料机合计	综合费费率%	综合费	摊消费	合计	单价
415-3	防水层	m²	4420.600	11936	45487	0	57423	18.092	10389		67812	15.34
-a	GYZΦ150×28	个	88.000	261	3492	0	3753	32.108	1205		4958	56.34
-b	GYZΦ200×35	个	88.000	581	7760	0	8341	32.082	2676		11017	125.19
-c	GYZF4Φ150×30	个	88.000	280	8340	118	8738	30.591	2673		11411	129.67
-d	GYZF4Φ275×72	个	32.000	821	18715	347	19883	32.103	6383		26266	820.81
-e	GYZΦ400×88	个	64.000	21	42465	0	42486	33.307	14151		56637	884.95
-a	D60型	m	55.600	9424	24135	4529	38088	26.079	9933		48021	863.69
-b	D100型	m	67.900	13811	59413	6638	79861	28.300	22601		102462	1509.01
418-1	铸铁泄水管	套	84.000	101	4777	0	4878	16.831	821		5699	67.85
-a	Φ1.0 m	m	110.930	22668	53947	3188	79803	21.005	16763		96566	870.51
-b	Φ1.5 m	m	611.200	167566	453556	19636	640759	21.558	138136		778895	1274.37
-c	Φ0.75 m	m	91.000	19669	30058	3516	53243	21.567	11483		64726	711.27
-a	4m×3m	m	126.700	205783	656579	172345	1034708	21.756	225108		1259816	9943.30
-b	2.5 m×2.2m	m	87.800	75625	246816	63033	385473	21.550	83071		468544	5336.49
-a	土路肩植草	m²	13756.000	10111	87736	0	97846	16.828	16466		114312	8.31
-b	中央分隔带植草	m²	32803.000	24110	209218	0	233328	16.828	39265		272593	8.31
704-2	中央分隔带人工种植灌木	棵	4583.000	6875	25533	0	32408	43.113	13972		46380	10.12

参考文献

[1] 国家标准. GB 50500—2008 建筑工程工程量清单计价规范[S]. 北京:中国计划出版社,2008.

[2] 中华人民共和国交通部. 公路工程工程量清单计量规则[S]. 北京:人民交通出版社,2005.

[3] 中华人民共和国交通部. JTG/T B06—01—2007 公路工程概算定额[S]. 北京:人民交通出版社,2008.

[4] 中华人民共和国交通部. JTG/T B06—02—2007 公路工程预算定额[S]. 北京:人民交通出版社,2007.

[5] 中华人民共和国交通部. JTG/T B06—03—2007 公路工程机械台班费用定额[S]. 北京:人民交通出版社,2007.

[6] 中华人民共和国交通部. JTG B06—2007 公路工程基本建设项目概算预算编制办法 [S]. 北京:人民交通出版社,2007.

[7] 建设部标准定额研究所.《建筑工程工程量清单计价规范》宣贯辅导教材[M]. 北京:中国计划出版社,2008.

[8] 中华人民共和国交通运输部. 公路工程标准施工招标文件(交公路发[2009]221号)[M]. 北京:人民交通出版社,2009.

[9]《公路工程造价员培训教材》编写组. 公路工程造价员培训教材[M]. 北京:中国建材工业出版社,2010.

[10]《公路工程造价员一本通》编委会. 公路工程造价员一本通[M]. 哈尔滨:哈尔滨工程大学出版社,2008.